W0324793

Marsha Linehan:

TRAININGSMANUAL

zur Dialektisch-Behavioralen Therapie der Borderline-Persönlichkeitsstörung

CIP-Medien München 1996

Die Autorin: Marsha Linehan istProfessorin für Psychologie an der Universität Seattle im Staat Washington. Dort leitet sie u.a. ein Intensivtherapiezentrum für Borderline-Persönlichkeitsstörungen. Sie hat ihre jahrzehntelangen verhaltenstherapeutischen Forschungen mit einer beispiellosen Konsequenz auf das Thema "Therapie suizidaler Borderline-Patientinnen" ausgerichtet und kann nunmehr das erste empirisch in seiner therapeutischen Wirksamkeit geprüfte Behandlungskonzept vorstellen. Ausgehend von der kognitiven Verhaltenstherapie, die sich als unzureichend für diese therapeutische Aufgabe erwies, hat sie ein innovatives komplexes Therapiesystem entwickelt, in dem sich interaktionelle Beziehungsarbeit in Einzelsitzungen einerseits und das Training psychosozialer Fertigkeiten im Gruppensetting andererseits die Waage halten.

Übersetzung: Martin Bohus, Ulrike Pohl und Ingrid Sender

ISBN 3-9803074-9-2
Linehan, Marsha : TRAININGSMANUAL zur Dialektisch-Behavioralen Therapie der Borderline-Persönlichkeitsstörung.
CIP-Medien 1996, 202 Seiten, Paperback, DM 68.-

US-Original: Linehan, Marsha: Skills Training Manual for Treating Borderline Personality Disorder. The Guilford Press, New York, 1993 (copyright)

Bezugsquelle: CIP-Medien, Nymphenburger Str. 185, 80634 München,
Fax 089/132133

Vorwort zur deutschen Ausgabe

„Das Training psychosozialer Fertigkeiten (skills) stellt den Ton dar, aus dem Einzeltherapeut und Patienten eine Figur modellieren können."
(Marsha Linehan zur Bedeutung des Fertigkeitentrainings im Gesamtkonzept der Dialektisch-Behavioralen Psychotherapie)

Gerade weil die Dialektisch-Behaviorale Psychotherapie (DBT) als störungsspezifische Behandlungsform Therapeuten mit unterschiedlicher Ausbildung und Schulenorientierung anspricht, erscheint es notwendig, an dieser Stelle auf die Bedeutung der strukturellen Integration von Einzeltherapie und Fertigkeitstraining hinzuweisen.

Wenn therapeutische Behmühungen nicht aktiv und veränderungsorientiert sind, nicht darauf zielen, den Patientinnen neue Fertigkeiten beizubringen und sich nicht mit deren Motiven befassen, erleben Borderline-Patientinnen den Therapeuten oft so, als mißachte er ihren Schmerz und ihr Drängen auf Veränderung. Sie werden unfähig, sich selbstständig zu verändern, und möglicherweise eskaliert das dysfunktionale Verhalten, bis mehr Hilfe zur Verfügung steht. Wird andererseits der Fokus zu sehr auf Veränderung der Patientin gelegt. sei es auf der Motivationsebene oder durch Verbesserung ihrer Fertigkeiten, wird dies von Borderline-Patientinnen oft als mißachtend erlebt und führt zu plötzlichem Rückzug, Noncompliance und manchmal zum Gegenangriff oder Therapieabbruch. Das Aufrechterhalten einer Balance zwischen diesen auf den ersten Blick so widersprüchlichen Interaktionsmustern, also zwischen Akzeptanz und Drängen auf Veränderung, wie sie als grundlegend für jede therapeutische Arbeit mit Persönlichkeitsstörungen gilt, ist gerade bei Borderline-Patientinnen von hoher Wichtigkeit und besonders schwierig. Die DBT entschärft dieses Problem etwas, indem eine Trennung vorgenommen wird zwischen der Vermittlung von neuen Fertigkeiten in der Gruppe und der primär motivationalen Arbeit in der Einzeltherapie. Dennoch organisiert sich der therapeutische Prozeß erst im Zusammenwirken beider Module. So angenehm eine Trennung dieser beiden Therapiebestandteile für Patientin und Therapeuten zunächst erscheint, so birgt sie doch die Gefahr, daß gerade die Bedeutung des Fertigkeitstraining unterschätzt wird. Da die Praxis es erfordert, die in der Gruppe neu erlernten und trainierten Fertigkeiten in die Einzeltherapie zu integrieren, sollte auch der Einzeltherapeut diese Fertigkeiten kennen und auf deren Generalisierung achten.

Als wir an der Abteilung für Psychiatrie und Psychotherapie der Universität Freiburg begannen, die DBT im deutschsprachigen Raum zu etablieren, hatten wir zunächst Bedenken, daß die Patientinnen die US-amerikanische Sicht- und Sprachweise nicht akzeptieren würden. Diese Befürchtungen wurden nicht bestätigt. Vielmehr findet sich nach anfänglicher Skepsis ein hohes Maß an Interesse und Akzeptanz, vor allem wenn die Nützlichkeit dieser Fertigkeiten im sozialen Alltag erfahren wird. Ein Problem erwächst sicherlich für Therapeuten in der freien Praxis, die selten gleichzeitig Gruppen und Einzeltherapie anbieten können. Da die therapeutische Arbeit mit Borderline-Patientinnen jedoch immer einen kollegialen Supervisions-Rahmen erfordert, eröffnet sich vielleicht die Möglichkeit der Kooperation. Falls keine Gruppe zur Verfügung steht, sollten die Fertigkeiten im Rahmen der Einzeltherapie durch einen zweiten Therapeuten vermittelt werden. Ist auch dies nicht möglich, sollte der Einzeltherapeut eine klare, eventuell räumliche Trennung zwischen den beiden Therapiemodulen vornehmen, keinesfalls jedoch auf die Vermittlung der Fertigkeiten verzichten. Denn, so M. Linehan, :"Wenn sie jemandem beibringen wollen, wie man inmitten eines Orkans ein Zelt aufbaut, so muß er wissen, wie die Zeltstangen zusammengesteckt werden."

Freiburg 1996 Dr. M Bohus Dipl. Psych.Ch. Stiglmayr

Vorwort zur englischen Ausgabe

Dieses Manual hat sich im Laufe der letzten 20 Jahre entwickelt. Die hier vorgestellte Version ist die aktuellste von Dutzenden, welche über Jahre hinweg erstellt wurden (und die erste noch vieler folgender Versionen, welche sich durch zukünftige Erfahrungen sicherlich noch ergeben). Die spezifischen Fertigkeiten- und Patienten Arbeitsblätter wurden mit über 100 Patienten in diversen settings getestet. Wie auch immer, jede neue Patientengruppe scheint zumindest einen Teil des Fertigkeitentraining-Programms kritisierbar und verbesserungswürdig zu finden. Auf diese Weise wurde das Manual regelmäßig überarbeitet. Der Benutzer sollte sich ähnlich frei fühlen, diese zu verändern, zu kürzen, zu ergänzen und/oder die hier beschriebenen Module neu zu ordnen.

Ich empfehle eine verkürzte Version dieses Fertigkeitentrainings (z. B. 10 Lektionen) für den Gebrauch in Akut-Settings. Jede Lektion könnte sich mit eine oder mehreren Patienten-Arbeitsblättern befassen mit den dazugehörigen Hausaufgabenblättern. Eine Anzahl klinischer stationärer Einrichtungen, welche mit psychiatrischen Akutpatienten arbeiten, haben dies bereits umgesetzt, um das Training an ihre eigenen Bedürfnisse anzupassen. Bemerkenswert fand ich, die verschiedenen gekürzten Versionen betrachtend, die Unterschiede, wie dies von einzelnen Teams durchgeführt wurde. Einige Teams bieten nur Fertigkeitentraining zu Stresstoleranz und Achtsamkeit an, eingebettet in 8 oder 10 tägliche Sitzungen. Andere haben zwei oder drei Arbeitsblätter aus jedem Fertigkeitentraining ausgewählt. Wieder andere wählten einige aus dem Bereich "Bewußter Umgang mit Gefühlen" und "Stresstoleranz" und ergänzten diese mit nur wenigen Fertigkeiten-Arbeitsblättern aus den anderen Behandlungspaketen. Ich glaube, daß es wahrscheinlich keine "allerbeste" Auswahl in nur 10 Lektionen geben kann. Stattdessen ermutige ich den interessierten Benutzer , mit einer unterschiedlichen Auswahl gekürzter Versionen zu experimentieren.

Danksagung

Viel von dem, was in diesem Manual verwirklicht ist, lernte ich von den vielen Patienten meiner Fertigkeitentraining-Gruppen, welche ich über Jahre hinweg geleitet habe. Ich danke allen, die es auf sich nahmen mit Versionen zu arbeiten, welche nicht funktionierten oder sich als nicht nützlich herausstellten und allen jenen, welche mir genug Feedback gaben, die nötigen Überarbeitungen der bereits gelehrten Fertigkeiten zu machen.

Viele Verbesserungen und Feinheiten für die Strategien des Therapeuten, die Fertigkeiten zu lehren, besonders in einer Gruppensitzung, kamen in all den Jahren aus dem klinischen Wissen meiner Cotherapeuten: Douglas Allmon, Ph.D., Beatriz Aramburu Ph.D., Hugh Armstrong, Ph.D., Katherine Draper, Alan Fruzzetti, Ph. D., Mary Ann Goodwyn, Ph.D., Heidi Heard, Gerald Hover, Ph.D., Connie Kehrer, Walter Kuciej, Maxine Lilie, Kay Olheiser, Wendy Pava, Edward Shearin, Ph.D., Darrren Tutek, Amy Wagner, Jennifer Waltz and Elthabeth Wasson. Als ich begann zum ersten Mal Therapeuten zu lehren, wie Fertigkeitentraining bei Borderline-Patienten geleitet werden, hatte ich wenig Vorstellung von den tatsächlichen Strategien, welche zur Durchführung einer solchen Aufgabe benötigt werden. Meine Cotherapeuten waren Vorbilder in Geduld und Beharrlichkeit (Hartnäckigkeit) aller meiner Versuche, die Vorgehensweisen aus dem Begleittext zu diesem Manual zu ordnen und in eine zusammenhängende und brauchbare Form zu bringen. Mein Forschungsteam und Kollegen über all die Jahre - John Chiles, M.D., Kelly Egan, Ph.D., Heidi Heard, Andre Ivanoff, Ph.D., Connie Kehrer, Joan Lockard, Ph.D., Steve McCutcheon,Ph.D., Evelyn Mercier, Steve Nelson, Ph.D., Kirk Strosahl, Ph.D. and Darren Tutek - waren eine unschätzbare Stütze und viele Anregungen, aus welchen sich die empirische Grundlage einer Behandlung der Borderline-Persönlichkeitsstörung entwikkelt hat, kamen von ihnen.

Es waren die empirischen Daten, welche die Wirksamkeit der Dialektisch-Behavioralen Therapie im Ganzen zeigten, die mich dazu brachten, dieses Manual zu schreiben. Das Forschungsteam erhob jene Daten. Der letzte Entwurf entstand im Cornell Medical Center/ New York Hospital Center in White Plains, New York. Während ich dort war, hat Charles Swenson, M.D. mit seinem Team dieses Fertigkeitentrainingprogramm auf der Station für Borderline-Patienten durchgeführt. Ich überdachte meine Methoden hier noch einmal und lernte von ihnen noch bessere Wege, mein Material zu ordnen und zu vermitteln. Leslie Horton, meine Sekretärin im Forschungsprojekt zur Behandlung von Borderline-Störungen, und Chihae Yun verdienen viel Anerkennung dafür, mich mit meinem ganzen Material, das dieses Buch nun enthält, organisatorisch zu betreuen.

Die Entwicklung und Entstehung dieses Behandlungsmanuals wurden teilweise unterstützt durch Grant Nr. H34486 des National Institute of Mental Health. Morris Parloff, Ph.D. , Irene Elkin, Ph. D., Barry Wolfe, Ph.D. und Tracy Shea, Ph.D. haben diese Arbeit unterstützt und dafür von Anfang an gekämpft, weshalb sie für den Erfolg dieser Forschungsarbeit große Anerkennung verdient haben.

Zuletzt, aber sicherlich nicht am geringsten, möchte ich Marie Sprayberry (copy-editor) danken, Rowena Howells (Managering Editor) und dem Team der Guilford Press. Damit dieses Manual rechtzeitig erscheinen konnte, hatte jeder von ihnen Gelegenheit sämtliche Stresstoleranz-Fertigkeiten in diesem Buch selbst anzuwenden. Ihr Engagement für dieses Manuskript und für diese Behandlungsform war zu jeder Zeit spürbar.

Prof. Marsha Linehan

Inhaltsverzeichnis

5. DIE ANWENDUNG WEITERER STRATEGIEN UND VERFAHREN IM FERTIGKEITEN-TRAINING

6. ÜBERBLICK ÜBER DEN AUFBAU DER SITZUNGEN

7. INNERE ACHTSAMKEIT

8. TRAINING DER INTERPERSONELLEN WIRKSAMKEIT

9. TRAINING DER EMOTIONSREGULIERUNG

10. STRESSTOLERANZ

1

Grundlagen des psychosozialen Fertigkeitentrainings für Klientinnen mit einer Borderline-Störung[1]

In den letzten Jahren kommen immer mehr Menschen in psychiatrische Praxen und Kliniken, die die Kriterien der Borderline-Persönlichkeitsstörung erfüllen. Selbst wenn diese Klientinnen oft erfolgreich mit Psychopharmaka behandelt werden können, so benötigen sie doch auch dringend therapeutische oder psychosoziale Hilfe. In diesem Manual wird ein psychosoziales Fertigkeitentraining vorgestellt, das auf den Grundlagen der „Dialektisch-Behavioralen Therapie" (DBT) basiert.

Die DBT ist eine kognitiv-behaviorale Breitspektrumstherapie, die speziell für die Borderline-Persönlichkeitsstörung (BPS) entwickelt wurde. Es ist die erste Psychotherapieform, deren Wirksamkeit bei dieser Störung durch kontrollierte klinische Studien belegt werden konnte (*Linehan, Armstrong, Suarez, Allmon & Heard, 1991; Linehan & Heard 1993; Linehan, Heard & Armstrong, im Druck*). Das psychosoziale Fertigkeitentraining ist ein Teil der Behandlung, deren Effektivität für Borderline-Klientinnen bei einer Kombination von Einzeltherapie und Fertigkeitentraining nachgewiesen wurde. Grundlage der DBT sind dialektische und biosoziale Theorien bezüglich der Borderlinc-Persönlichkeitsstörung (BPS). Daher beginnt dieses Kapitel mit einem kurzen Überblick über die dialektische Weltanschauung und die damit verbundenen Annahmen. Anschließend folgt eine Darstellung der biosozialen Theorie der BPS und der typischen Verhaltensmerkmale sowie der sog. dialektischen Dilemmata.

Ein Verständnis der Behandlungsphilosophie und der theoretischen Grundlagen der DBT ist entscheidend für die sachgemäße Anwendung des Manuals. Philosophische und theoretische Grundlagen beeinflussen ganz wesentlich die Haltung der Therapeutinnen der Behandlung und den Klientinnen gegenüber. Diese Haltung prägt die Qualität der therapeutischen Beziehung, die bei der Behandlung suizidaler Menschen und Klientinnen mit einer Borderline-Störung von besonderer Bedeutung ist.

Das Manual ist ein Begleitbuch zu meiner wesentlich ausführlicheren Darstellung der DBT in dem Handbuch „Cognitive Behavioral Therapy for Borderline Personality-Disorder". Dort werden diese Gedanken eingehend diskutiert. (Da ich mich in diesem Manual sehr häufig auf dieses Buch beziehen werde, nenne ich es von jetzt an das „Handbuch".) Die theoretischen und empirischen Grundlagen sowie Literaturhinweise für den Großteil meiner Ausführungen finden sich in Kapitel 1 bis 3 des Handbuches. In diesem Manual werden daher keine Angaben mehr dazu gemacht.

Weltanschauung und Grundannahmen

Wie der Name ausdrückt, basiert die DBT auf einer dialektischen Weltanschauung. Auf die Verhaltenstherapie bezogen, hat der Begriff „dialektisch" zwei Bedeutungen: Zum einen bezieht er sich auf das Wesen der Realität und zum anderen auf die Art des Dialoges und der Beziehung in der Therapie.

Dialektik als Weltanschauung oder philosophische Position ist die theoretische Grundlage der DBT. Dialektik im Sinne von Dialog und Beziehung bezieht sich auf den Behandlungsansatz bzw. die Strategien, die eingesetzt werden, um Veränderungen herbeizuführen. Diese Strategien sind in Kapitel 7 des Handbuches ausführlich beschrieben und in Kapitel 5 dieses Manuals zusammengefaßt.

Eine dialektische Sichtweise der Realität und des menschlichen Verhaltens hat drei grundlegende Merkmale; jedes davon ist wesentlich für ein Verständnis der BPS. In der dialektischen Anschauung wird, wie in anderen dynamischen, systemischen Sichtweisen auch, die grundlegende wechselseitige Bezogenheit oder Ganzheit der Realität betont. Das bedeutet, daß in der dialektischen Theorie die Analyse von einzelnen Teilen eines Systems nur einen begrenzten Wert hat, wenn in dieser Analyse nicht auch die Beziehung zum Ganzen betrachtet wird. Dialektik richtet unsere Aufmerksamkeit daher auf den engeren und weiteren Kontext von Verhalten und auch auf die wechselseitige Bezogenheit individueller Verhaltensmuster. Therapeutinnen müssen beim Fertigkeitentraining berücksichtigen, daß Defizite in Fertigkeiten nicht unabhängig voneinander sind. Es ist sehr schwierig, eine neue Fertigkeit zu lernen, ohne gleichzeitig über andere Fertigkeiten zu verfügen, die damit in Zusammenhang stehen. Die dialektische Sichtweise ist auch vereinbar mit einer systemischen und feministischen Sichtweise von Psychopathologie. Das Erlernen von psychosozialen Fertigkeiten ist sehr schwierig, wenn die unmittelbare Umgebung oder die Kultur ein solches Lernen nicht unterstützt. Eine Person muß daher nicht nur Selbststeuerung lernen, sondern darüber hinaus auch Fertigkeiten, die es ihr ermöglichen, ihre Umgebung zu beeinflussen.

Ein zweites Merkmal der dialektischen Sichtweise ist, daß die Realität nicht als statisch betrachtet wird: Sie umfaßt innere gegensätzliche Kräfte (These und Antithese), aus deren Synthese sich wiederum neue gegensätzliche Kräfte entwickeln. Zentral ist die dialektische Vorstellung, daß jede Annahme in sich ihren eigenen Widerspruch enthält. Goldberg formuliert es folgendermaßen: „I assume that truth is paradoxical, that each article of wisdom contains within it ist own contradictions, *truths* stand side by side" (*Goldberg*, 1980, S. 295f.; Hervorhebung von Goldberg). Dialektik in diesem Sinne ist vereinbar mit dem psychodynamischen Konfliktmodell von Psychopathologie. Dichotomes und extremes Denken, Verhalten und damit in Zusammenhang stehende Gefühle, die charakteristisch für die Borderline-Persönlichkeitsstörung sind, werden als dialektische Fehler betrachtet. Die Person wird in den Polaritäten festgehalten, ist unfähig, zu einer Synthese zu gelangen. Bei dem psychosozialen Fertigkeitentraining sind es v.a. drei Polaritäten, die eine Veränderung erschweren. Die Therapeutin muß ihnen Aufmerksamkeit widmen und jeder Klientin helfen, zu einer realistischen Synthese zu kommen.

Die erste dieser Polaritäten ist die Dialektik zwischen der Notwendigkeit, sich so anzunehmen, wie man im Moment ist, und der Notwendigkeit, sich zu verändern. Diese Dialektik ist grundlegend in jeder Psychotherapie. Die Therapeutin muß geschickt und sorgsam mit ihr umgehen, um Veränderung zu ermöglichen. Die zweite Dialektik wird wichtig, wenn die Klientin allmählich kompetenter wird. Auf der einen Seite gewinnt sie etwas sehr Wichtiges hinzu, auf der anderen Seite verliert sie aber auch etwas für sie Wesentliches. Ich hatte einmal eine Klientin, die jede Woche berichtete, daß sie keine der aufgegebenen Hausaufgaben durchgeführt habe; sie bestand darauf, daß die Behandlung ihr nicht helfen würde. Als ich nach Monaten zu ihr sagte, daß dies vielleicht nicht die richtige Behandlung für sie sei, erwiderte sie, daß sie während der ganzen Zeit die neuen Fertigkeiten geübt habe und daß sie geholfen hätten. Sie habe mir dies jedoch nicht erzählt - aus Angst, daß sie nicht weiter am Training teilnehmen könne, wenn es ihr besser gehen würde. Eine dritte sehr wichtige Polarität liegt einerseits in der Aufrechterhaltung der persönlichen Integrität und der Bestätigung der Sichtweisen der Klientin in bezug auf ihre Probleme und andererseits dem Erlernen neuer Fertigkeiten, die ihr helfen, sich von dem Leiden zu lösen. Wenn es der Klientin durch das Erlernen von Fertigkeiten allmählich besser geht, dann bestätigt das auf der einen Seite ihre Ansicht, daß sie vorher einfach nicht in der Lage war, sich selbst zu helfen. Sie hat also zum Beispiel nicht versucht, andere Menschen zu manipulieren, wie es ihr von anderen vorgeworfen wurde. Sie wollte auch nicht andere Menschen verletzen und hatte auch nicht zu wenig Motivation. Durch das Erlernen neuer Fertigkeiten kann auf der anderen Seite aber auch die Sichtweise anderer Menschen bestätigt werden: Sie hatten doch recht, die Klientin befand sich im Irrtum; das Problem lag bei der Klientin und nicht in der Umgebung. Bei der dialektischen Vorgehensweise wird nicht nur die Aufmerksamkeit der Klientin auf diese Polaritäten gelenkt, sondern es werden auch mögliche Lösungswege angeboten (wie in Kapitel 7 des Handbuches beschrieben). Aus den beiden oben genannten Merkmalen der dialektischen Sichtweise folgt ein drittes: Das grundlegende Wesen der Realität besteht eher in Veränderung und Prozeß als in Inhalt oder Struktur. Die wichtigste Folgerung daraus ist, daß sowohl das Individuum als auch die Umgebung sich in einer ständigen Veränderung befinden. Die Therapie strebt daher nicht eine stabile Umgebung an, sondern unterstützt vielmehr der Klientin darin, Veränderungen annehmen und wertschätzen zu können. Therapeutinnen müssen sich im Fertigkeitentraining nicht nur der Veränderungen ihrer Klientinnen bewußt sein, sondern sie sollen auch darauf achten, wie sie sich selbst und die Behandlungsdurchführung im Laufe der Zeit ändern.

Die biosoziale Theorie der Borderline-Persönlichkeitsstörung[2]

Die biosoziale Theorie postuliert eine Störung der Emotionsregulation als das zentrale Problem der BPS. Es wird angenommen, daß die emotionale

Dysregulation durch eine biologische Disposition und spezifische Umweltbedingungen sowie deren Wechselwirkungen während der (kindlichen) Entwicklung entsteht. Dieser Theorie nach haben Menschen mit einer Borderline-Störung Schwierigkeiten mit der Steuerung verschiedener, wenn nicht aller Emotionen. Die Dysregulation ist Folge einer emotionalen Vulnerabilität und maladaptiver und inadäquater Strategien im Umgang mit Emotionen.

Emotionale Vulnerabilität ist durch folgende Merkmale gekennzeichnet: 1) erhöhte Empfindsamkeit gegenüber emotionalen Stimuli, 2) sehr intensive Reaktionen auf emotionale Stimuli, 3) eine langsame Rückkehr zu einem emotionalen Grundniveau, wenn eine emotionale Erregung einmal aufgetreten ist. Steuerung von Emotionen ist die Fähigkeit, 1) unangemessene Verhaltensweisen infolge von intensiven negativen oder positiven Emotionen zu hemmen, 2) die durch eine intensive Emotion induzierte physiologische Erregung selbst zu verringern, 3) die Aufmerksamkeit auch während des Erlebens intensiver Gefühle fokussieren zu können. Emotionale Dysregulation bei Menschen mit einer Borderline-Störung ist gekennzeichnet durch das Zusammenwirken eines emotionalen Reaktionssystems, das übersensitiv und überreaktiv ist, und einer Unfähigkeit, die daraus resultierenden starken Gefühle und die damit verbundenen Handlungen zu regulieren. Als Ganzes gesehen, ist die Disposition zur emotionalen Dysregulation biologisch bedingt (aber nicht notwendigerweise genetisch). Eine Dysfunktion in irgendeinem Teil des sehr komplexen menschlichen Emotionsregulationssystem kann die biologische Grundlage für eine anfängliche emotionale Vulnerabilität und die daraus resultierenden Schwierigkeiten in der Emotionsregulation darstellen. Daher kann die biologische Disposition bei verschiedenen Menschen unterschiedlicher Natur sein. Es ist sehr unwahrscheinlich, daß man jemals eine biologische Abweichung finden wird, die allen Fällen von BPS zugrunde liegt.

Die Bedeutung eines invalidierenden Umfeldes für die emotionale Dysregulation

Der entscheidende Faktor für die Entstehung von emotionaler Dysregulation ist das sogenannte „invalidierende Umfeld“. Ein solches Umfeld ist für ein Kind, das von Geburt an emotional vulnerabel ist, besonders schädlich. Umgekehrt löst ein emotional besonders empfindsamer Mensch invalidierendes Verhalten vermehrt auch in einer Umgebung aus, die ansonsten vielleicht unterstützend gewesen wäre.

Ein typisches Merkmal einer invalidierenden Umgebung ist die Tendenz, unangemessen und unberechenbar auf persönliche Erfahrungen (zum Beispiel Einstellungen, Gedanken, Gefühle, Wahrnehmungen) zu reagieren. Es herrscht eine mangelnde Sensibilität für persönliche Erfahrungen, die nicht direkt geäußert werden. Auf Erfahrungen hingegen, die mitgeteilt werden, wird auf extreme Weise reagiert (zu stark oder zu wenig). Die phänomenologischen, physiologischen und kognitiven Begleiterscheinungen von Emotionen sind prototypische Erfahrungen, die in solchen Umgebungen invalidiert werden. Um die Bedeutung einer invalidierenden Umgebung für die Entwicklung von typischen Verhaltensweisen von Borderline-Klientinnen zu verdeutlichen, wird im folgenden eine Umwelt beschrieben, die einen angemessenen Umgang mit Emotionen fördert.

In der optimalen Familie werden persönliche Erfahrungen häufig validiert. Wenn zum Beispiel ein Kind sagt, daß es durstig ist, geben die Eltern ihm etwas zu trinken (anstatt zu sagen: „Nein, du bist nicht durstig, du hast gerade etwas getrunken“). Wenn ein Kind weint, dann beruhigen es die Eltern oder sie versuchen herauszufinden, was nicht in Ordnung ist (anstatt zu sagen: „Hör auf zu weinen“). Wenn ein Kind Ärger oder Enttäuschung zeigt, dann nehmen die Familienmitglieder dies ernst (anstatt es als unwichtig abzutun). Wenn ein Kind sagt: „Ich habe es so gut gemacht, wie ich konnte“, dann stimmen die Eltern zu (anstatt zu sagen, „Nein, das hast du nicht“). In der optimalen Familie werden die Vorlieben des Kindes respektiert (zum Beispiel die Farbe des Zimmers, die Aktivitäten oder die Kleidung); den Einstellungen und Gedanken des Kindes wird Interesse entgegengebracht, und sie werden ernstgenommen; die Gefühle des Kindes werden als wichtige Mitteilungen betrachtet. In einer solchen Familie folgen der Mitteilung von persönlichen Erfahrungen Veränderungen im Verhalten der anderen Familienmitglieder, so daß die Wahrscheinlichkeit, daß die Bedürfnisse des Kindes erfüllt werden, erhöht und gleichzeitig die Wahrscheinlichkeit von negativen Konsequenzen verringert wird. Elterliches Verhalten, das in Einklang mit den Bedürfnissen des Kindes steht und nicht aversiv ist, führt dazu, daß das Kind in der Lage ist, seine eigenen Emotionen von denen anderer Menschen zu unterscheiden.

In einer invalidierenden Familie dagegen stehen die Reaktionen der Mitglieder nicht im Einklang mit der Mitteilung von Vorlieben, Gedanken und Gefühlen; es wird entweder überhaupt nicht oder auf eine extreme Weise reagiert. Dies verstärkt die Diskrepanz zwischen der persönlichen Erfahrung eines emotional vulnerablen Kindes und den Reaktionen seiner sozialen Umwelt. Andauernde Diskrepanzen zwischen den persönlichen Erfahrungen eines Kindes und dem, was andere als seine Erfahrung benennen, schaffen eine Lernumwelt, die verantwortlich ist für viele der Schwierigkeiten von Borderline-Klientinnen.

Zudem bewirkt eine invalidierende Umgebung auch das Unterdrücken von Gefühlen, insbesondere von negativen Emotionen. Schmerzhafte Erfahrungen werden heruntergespielt und negativen Persönlichkeitszügen zugeschrieben, wie zum Beispiel Motivationsmangel, Disziplinlosigkeit oder Unfähigkeit, eine positive Einstellung einzunehmen. Intensive positive Gefühle und damit verbundene Handlungen hingegen werden oft auf einen Mangel an Urteils- und Reflektionsfähigkeit oder auch Impulsivität zurückgeführt.

Andere Merkmale der invalidierenden Umgebung sind das Zurückweisen von Wünschen, die ein Kind an seine Umwelt hat, Herabsetzen des Kindes aufgrund seines Geschlechts oder anderer willkürlich gewählter Eigenschaften und Bestrafungen (von Kritik bis hin zu körperlichem und sexuellem Mißbrauch).

Die invalidierende Umgebung trägt zur emotionalen Dysregulation bei, indem sie es versäumt, dem Kind beizubringen, wie es Erregung benennen und regulieren und emotionale Spannungen aushalten kann. Weiterhin hat das Kind so nicht die Möglichkeit, zu lernen, sich auf seine eigenen emotionalen Reaktionen als gültige Interpretation von Ereignissen zu verlassen. In der invalidierenden Umgebung muß das Kind ständig nach Hinweisen suchen, wie es zu handeln und zu fühlen hat, und lernt so schließlich, seine eigenen Erfahrungen selbst zu invalidieren. In einem solchen sozialen Umfeld werden Lebensprobleme stark vereinfacht und als leicht lösbar dargestellt; so wird versäumt, dem Kind beizubringen, sich realistische Ziele zu setzen. Die Familie bestraft den Ausdruck negativer Emotionen und verstärkt auf unberechenbare Weise die emotionale Kommunikation bei Gefühlsausbrüchen des Kindes - dadurch fördert sie einen Gefühlsausdruck, der zwischen extremer Hemmung und extremer Enthemmung schwankt. Durch die invalidierenden Reaktionen der Eltern auf Gefühlsäußerungen des Kindes wird die kommunikative Funktion von Gefühlen zerstört.

Emotionale Invalidierung, besonders von negativen Gefühlen, ist ein Interaktionsstil, der charakteristisch ist für Gesellschaften, die Individualität, einschließlich individueller Selbstkontrolle und individueller Leistung, sehr hoch schätzen. Daher ist sie ganz typisch für die westliche Kultur im allgemeinen. Ein gewisses Ausmaß an Invalidierung ist bei der Erziehung und dem Vermitteln von Selbstkontrolle natürlich notwendig. Nicht alle Mitteilungen von Gefühlen, Wünschen oder Einstellungen können auf eine positive Weise beantwortet werden. Ein Kind, das sehr emotional ist, und das Schwierigkeiten hat, emotionale Verhaltensweisen zu kontrollieren, wird seine Umgebung (besonders die Eltern, aber auch Freunde und Lehrer) dazu bringen, zu versuchen, diese Emotionalität von außen zu kontrollieren. Invalidierung kann zeitweilig wirksam sein, um emotionalen Ausdruck zu verhindern. Invalidierende Umgebungen haben unterschiedliche Auswirkungen auf verschiedene Kinder. Auf Kinder, die von ihrer physiologischen Ausstattung her gut ausgerüstet sind für den Umgang mit Emotionen, haben invalidierende Strategien vermutlich nur wenig negativen Einfluß, oder sie können bei ihnen sogar auch nützlich sein. Bei emotional vulnerablen Kindern dagegen werden sie wahrscheinlich eher einen sehr destruktiven Einfluß haben. Man nimmt an, daß diese Interaktion von Biologie und Umfeld zur Entstehung der Borderline-Störung führt.

Diese transaktionelle Sicht der Entstehung von Borderline-Störungen sollte aber nicht dazu verleiten, die Bedeutung von Mißbrauch herabzuspielen. Eine der traumatischsten invalidierenden Erfahrungen ist sexueller Mißbrauch in der Kindheit. Aufgrund empirischer Untersuchungen wird angenommen, daß bis zu 75% der Menschen mit einer Borderline-Persönlichkeitsstörung irgendeine Form von sexuellem Mißbrauch in der Kindheit erlebt haben. Das häufige Vorkommen eines solchen Mißbrauchs scheint Borderline-Klientinnen von anderen Störungsgruppen zu unterscheiden.

Die Forschung weist deutlich darauf hin, daß sexueller Mißbrauch in der Kindheit ein wesentlicher Faktor für die Entwicklung der Borderline-Störung ist. Es ist allerdings unklar, ob der Mißbrauch an sich die Entstehung von borderlinetypischen Verhaltensmustern fördert oder ob der Mißbrauch und die Entwicklung der Störung Folgen der familiären Dysfunktion und Invalidierung sind.

Möglicherweise entstehen Mißbrauch und Schwierigkeiten der Emotionsregulierung infolge der gleichen Entwicklungsbedingungen. Dessen ungeachtet weist das hohe Vorkommen von sexuellem Mißbrauch bei Menschen mit einer Borderline-Persönlichkeitsstörung aber darauf hin, daß dieser ein charakteristisches Merkmal bei der Entstehung der Störung ist.

Die Pathogenese der emotionalen Dysregulation

Maccoby (1980) vertritt die Auffassung, daß die Hemmung von Handlungen die Grundlage für die Organisation von Verhalten darstellt. Die Entwicklung eines selbstregulatorischen Repertoires, insbesondere der Fähigkeit, Affekte zu hemmen und zu kontrollieren, spielt eine wichtige Rolle in der Entwicklung des Kindes. Die Fähigkeit, Erleben und Ausdruck von Emotionen zu steuern, ist von großer Bedeutung, da ansonsten die Entwicklung von zielgerichtetem und sozialem Verhalten beeinträchtigt wird. Intensive Gefühle können auf der anderen Seite auch Handlungen motivieren, die in Konkurrenz treten mit Verhaltensweisen, die weniger oder überhaupt nicht durch Gefühle motiviert sind; auf diese Weise können sie Verhalten neu gestalten oder neu ausrichten.

Die Verhaltensmerkmale von Menschen mit einer Borderline-Störung können als eine Folge von emotionaler Dysregulation und maladaptiven Strategien zur Emotionsregulierung verstanden werden. Impulsive und vor allem parasuizidale Verhaltensweisen lassen sich als maladaptive, aber sehr effektive Strategien zur Emotionsregulierung begreifen. Eine Überdosierung zum Beispiel führt zu einem verlängerten Schlaf, der wiederum die Anfälligkeit gegenüber emotionaler Dysregulation verringert. Menschen mit einer Borderline-Störung berichten sehr häufig, daß sie nach selbstschädigenden Handlungen ein Nachlassen von Angst und anderen intensiven Gefühlen verspüren. Allerdings ist weitgehend unklar, auf welche Weise Selbstverletzung zu einer Affektregulierung führt. Suizidales Verhalten löst auch sehr häufig unterstützendes Verhalten seitens der Umwelt aus, was wiederum sehr wirksam sein kann, um Situationen zu vermeiden oder zu verändern, die emotional sehr belastend sind. Zum Beispiel ist für einen nicht-psychotischen Menschen suizidales Verhalten im allgemeinen der wirksamste Weg, um stationär in eine Klinik aufgenommen zu werden. Schließlich kann eine parasuizidale Handlung auch schmerzhafte Gefühle verringern, indem sie eine intensive Ablenkung von ihnen verschafft.

Die Unfähigkeit zur Gefühlsregulierung beeinträchtigt auch die Entwicklung und die Aufrechterhaltung eines Identitätsgefühls. Ein Gefühl für sich selbst entsteht durch die Beobachtung der eigenen Person und durch die Reaktionen der Umwelt auf die eigenen Handlungen. Die Übereinstimmung und Vorhersagbarkeit von Gefühlen über verschiedene Zeiträume und ähnliche Situationen hinweg sind Voraussetzung für die Entwicklung der Identität. Eine unberechenbare emotionale Labilität führt zu unvorhersagbarem Verhalten und zu kognitiver Inkonsistenz und beeinträchtigt damit die Entwicklung der Identität. Die Neigung von Menschen mit einer Borderline-Störung, emotionale Reaktionen zu hemmen, oder auch der Versuch, diese zu hemmen, kann auch zu einem Mangel an Identitätsgefühl führen. Das Gefühl von Betäubung, das mit gehemmten Gefühlen verbunden ist, wird häufig als eine Leere wahrgenommen. Diese führt wiederum zu einem unangemessenen und manchmal auch völlig fehlenden Identitätsgefühl. Und wenn die Wahrnehmung eines Menschen von Ereignissen niemals „richtig" ist - die Situation in einer invalidierenden Umgebung - dann wird er wahrscheinlich eine übermäßige Abhängigkeit von anderen entwickeln.

Befriedigende zwischenmenschliche Beziehungen setzen ein stabiles Identitätsgefühl und die Fähigkeit zum Ausdrücken von Gefühlen voraus. Erfolgreiche Beziehungen erfordern die Fähigkeit, Gefühle auf angemessene Weise regulieren und emotional belastende Situationen ertragen zu können. Da Menschen mit einer Borderline-Störung solche Fähigkeiten fehlen, ist es verständlich, daß sie chaotische Beziehungen entwickeln. Die Schwierigkeiten dieser Menschen, impulsive Verhaltensweisen und den Ausdruck von sehr negativen Gefühlen zu kontrollieren, haben in vielerlei Hinsicht eine zerstörerische Wirkung auf ihre Beziehungen. Insbesondere die Schwierigkeiten im Umgang mit Wut behindern die Aufrechterhaltung von stabilen Beziehungen.

Das Behandlungsprogramm

In der DBT wird ein breites Spektrum von kognitiven und behavioralen Therapietechniken eingesetzt. Wie in anderen kognitiven Verhaltenstherapieprogrammen auch, wird in der DBT den folgenden Aspekten eine große Bedeutung zugemessen: fortlaufende Beobachtung des Verhaltens, klare und präzise Definition der Behandlungsziele, eine kooperative Arbeitsbeziehung zwischen Therapeutin und Klientin, eine Förderung der Mitarbeit der Klientin und eine Verpflichtung von Therapeutin und Klientin in bezug auf die Behandlungsziele.

Viele Bestandteile der DBT - Problemlösen, Expositionstraining, Fertigkeitentraining, Kontingenzmanagement und kognitive Umstrukturierung - werden seit Jahren in der kognitiven Therapie und der Verhaltenstherapie praktiziert.

Aktuellen und früheren suizidalen Handlungen und anderen dysfunktionalen Verhaltensweisen wird in der DBT mit einer Haltung begegnet, die auf der einen Seite nüchtern, etwas respektlos und manchmal auch provozierend ist, und auf der anderen Seite Wärme, Flexibilität, Verständnis und eine gezielte Selbstöffnung beinhaltet. Zum einem wird versucht, suizidale und andere dysfunktionale Verhaltensweisen als Teil des von der Klientin gelernten Problemlöserepertoires umzudeuten; die Therapie zielt hier auf die Entwicklung aktiver Problemlösestrategien. Zum anderen werden aber auch die aktuellen emotionalen, kognitiven und behavioralen Reaktionen der Klientin, so wie sie gerade sind, bestätigt. Es gilt eine Balance zu finden zwischen einem Vorgehen, das auf Veränderung abzielt, und einem Annehmen des aktuell Gegebenen.

Im Rahmen des problemlösungsorientierten Vorgehens werden von der Therapeutin systematisch alle problematischen Verhaltensweisen der Klientin (innerhalb und außerhalb der Sitzungen) und alle problematischen Therapiesituationen thematisiert. Dazu gehört das gemeinsame Erstellen einer Verhaltensanalyse, das Formulieren von Hypothesen über mögliche Einflußfaktoren auf das Problem, das Suchen nach möglichen Handlungsalternativen sowie das Ausprobieren und Einschätzen dieser Lösungen. Kontingenzen im therapeutischen Setting wird eine große Bedeutung zugeschrieben. Die Therapeutin ist daher gehalten, genau auf den wechselseitigen Einfluß zu achten, den Therapeutin und Klientin aufeinander haben. Natürliche Kontingenzen werden als wichtigstes Mittel zur Beeinflussung des Verhaltens der Klientin betrachtet. Allerdings kann die Therapeutin durchaus auch willkürliche Verstärker und aversive Kontingenzen benutzen, wenn das betreffende Verhalten lebensbedrohlich ist oder wenn das erwünschte Verhalten unter normalen therapeutischen Bedingungen nicht gleich gezeigt wird. Ein weiterer Fokus der DBT liegt auf der Neigung von Borderline-Klientinnen, bedrohliche Situationen aktiv zu vermeiden. Daher hat die Exposition gegenüber angstauslösenden Reizen sowohl in den Therapiesitzungen als auch in vivo eine große Bedeutung. Kognitive Umstrukturierung hat zwar einen geringeren Stellenwert als in der reinen kognitiven Therapie, gilt aber als wesentlicher Bestandteil der Verhaltensanalyse und dient der Unterstützung von Veränderung.

Die Bestätigung der Gedanken, Gefühle und Handlungen der Klientin hat eine große Bedeutung in der DBT. Die Therapeutin sollte daher fortwährend nach einem Hauch von Sinn oder Wahrheit in den Verhaltensweisen der Klientin suchen und dies der Klientin mitteilen. Der Glaube an den tiefen Wunsch der Klientin nach Wachstum und Entwicklung sowie der Glaube an ihre grundsätzliche Fähigkeit zur Veränderung ist sehr hilfreich in der Behandlung. Validierung bedeutet auch ein häufiges einfühlsames Eingehen auf das Gefühl der Verzweiflung bei der Klientin. Insgesamt betont die Behandlung den Aufbau und die Aufrechterhaltung einer positiven interpersonellen, kooperativen Beziehung zwischen Klientin und Therapeutin. Ein weiteres wichtiges Merkmal der therapeutischen Beziehung ist, daß die Therapeutin Beraterin für die Klientin ist, und nicht für andere - die Therapeutin steht konsequent auf der Seite der Klientin.

Modifikationen der kognitiven Therapie und Verhaltenstherapie bei der Behandlung von Borderline-Klientinnen

Kognitive Therapie und Verhaltenstherapie wurden ursprünglich für Menschen entwickelt, die nicht an Persönlichkeitsstörungen leiden. Im Laufe der Zeit wurden sie aber zunehmend bei Personen angewendet, die neben einer anderen Störung auch an Persönlichkeitsstörungen leiden, zum Beispiel einer Borderline-Persönlichkeitsstörung. Die Anwendung der kognitiv-behavioralen Therapie bei Borderline-Klientinnen machte sowohl Veränderungen in der Schwerpunktsetzung als auch Ausweitungen der theoretischen Grundlagen notwendig. In der DBT werden vier Bereiche in den Vordergrund gestellt, die zwar nicht neu sind, in der traditionellen kognitiv-behavioralen Anwendung aber wenig Berücksichtigung gefunden haben: 1) Die Akzeptanz und Validierung von Verhalten, so wie es aktuell ist; 2) der Umgang mit therapiegefährdendem Verhalten von seiten der Klientin oder der Therapeutin; 3) die therapeutische Beziehung als wesentlicher Bestandteil der Behandlung; 4) der dialektische Prozeß. In der DBT wird das Annehmen von aktuellem Verhalten und der Realität stärker betont als in den meisten kognitiven und behavioralen Therapien. Die kognitive Verhaltenstherapie zielt vor allem auf Veränderung ab. Sie leitet viele ihrer Techniken vom Konzept des Lernens her. In der DBT dagegen wird betont, wie wichtig es ist, Veränderung und Annehmen in einem Gleichgewicht zu halten. Das Annehmen der Klientin, so wie sie gerade ist, ist ein wesentlicher Bestandteil einer jeder guten Therapie. In der DBT geht man hierbei allerdings weiter als in der kognitiv-behavioralen Standardtherapie und betont, daß es notwendig ist, den Klientinnen beizubringen, sich selbst und ihre Welt vollständig so anzunehmen, wie sie im Augenblick sind. Diese Akzeptanz ist radikal - sie ist keine, die auf Veränderung abzielt. Die Art von Annehmen, die in der DBT vermittelt wird, stellt eine Integration von östlichen, psychologischen und spirituellen Praktiken (in erster Linie des Zen) und westlichen Behandlungsansätzen dar.

Das Verständnis der DBT von therapiegefährdenden Verhaltensweisen hat große Ähnlichkeit mit den psychodynamischen Konzepten von „Übertragung" und „Gegenübertragung". Verhaltenstherapeutinnen haben dem therapiegefährdenden Verhalten ihrer Klientinnen im allgemeinen wenig Aufmerksamkeit geschenkt (Ausnahmen hierzu finden sich in der umfangreichen Literatur zur Therapie-Compliance und in den verschiedenen Ansätzen, die im allgemeinen unter dem Begriff des „Shaping" beschrieben werden. Sie haben vor allem bei der Behandlung von Kindern, chronisch psychiatrischen Patienten und geistig Behinderten Beachtung gefunden). Damit soll nicht gesagt werden, daß das Problem vollständig ignoriert wurde. Patterson et al. haben sogar eine Methode zur Erfassung des Behandlungswiderstandes entwickelt, die in der verhaltenstherapeutischen Familientherapie nach Patterson eingesetzt wurde (*Chamberlain, Patterson, Reid, Kavanagh & Forgatch, 1984; Patterson & Forgatch*, 1985). Dem Verständnis von Verhaltensweisen der Therapeutin, die eine wirksame kognitiv-behaviorale Behandlung beeinträchtigen, wurde allerdings bis heute kaum Beachtung geschenkt; dies ändert sich aber allmählich.

Meine Betonung der therapeutischen Beziehung als wesentlichem Element des therapeutischen Prozesses ist in erster Linie Folge meiner Arbeit mit suizidalen Menschen. Manchmal ist es allein die Beziehung, die einen solchen Menschen am Leben erhält. Im Fertigkeitentraining ist die Beziehung zwischen Klientin und Therapeutin (im Gruppensetting auch die Beziehung der Klientinnen untereinander) eine wirksame Kraft, um die Klientinnen in der Therapie zu halten. Menschen mit einer Borderline-Störung sind im allgemeinen dafür bekannt, daß sie oft vorzeitig eine Therapie abbrechen. Daher müssen die Faktoren berücksichtigt werden, die ihre Bindung an die Therapie und an ihr Leben selbst verstärken.

Der Fokus auf dialektische Prozesse hebt die DBT von der kognitiv-behavioralen Standardtherapie ab, wenngleich auch nicht so sehr, wie es auf den ersten Blick erscheinen mag. Systemische Theorien stehen zum Beispiel in großer Nähe zum dialektischen Denken. Die Betonung der Wechselbeziehungen zwischen verschiedenen Verhaltensweisen einer Person (zum Beispiel der Einfluß von kognitivem Verhalten auf emotionales Verhalten) ist ebenso mit einer dialektischen Perspektive vereinbar.

Ob diese Unterschiede zwischen der DBT und den kognitiven und behavioralen Standardtherapien überhaupt von grundlegender Bedeutung sind, ist natürlich eine empirische Frage. Insgesamt werden wohl vermutlich in erster Linie die kognitiv-behavioralen Therapieelemente für die Wirksamkeit der DBT verantwortlich sein. Wenn jedoch in Zukunft Erweiterungen der kognitiven Therapie und Verhaltenstherapie vorgenommen werden, so wird sich wahrscheinlich zeigen, daß Unterschiede gegenüber der DBT nicht so gravierend sind, wie ich es hier dargestellt habe.

Die Beziehung zwischen Einzeltherapie und Fertigkeitentraining

Die DBT wurde aus einem Modell der Borderline-Persönlichkeitsstörung entwickelt, das eine Kombination von motivationalen Schwierigkeiten und Defiziten in bestimmten Fähigkeiten zugrunde legt. Wie oben bereits dargelegt wurde, mangelt es Menschen mit einer Borderline-Persönlichkeitsstörung an Selbststeuerung, an interpersonellen Fertigkeiten und an Fertigkeiten zur Streßtoleranz. Sie sind insbesondere unfähig, maladaptives, stimmungsabhängiges Verhalten zu kontrollieren oder sich stimmungsunabhängiges Verhalten anzueignen, das zum Erreichen langfristiger Ziele notwendig ist.

Intensive Gefühle und damit verbundene Annahmen und Einstellungen, die in der ursprünglichen invalidierenden Umgebung gelernt wurden, können durch eine gegenwärtige invalidierende Umgebung noch verstärkt werden. Diese erschwert den Gebrauch von Fertigkeiten, über die die Klientin eigentlich verfügt, und verstärkt auch häufig unangemessene, borderlinespezifische Verhaltensweisen. Als meine Mitarbeiterinnen und ich diesen Behandlungsansatz entwickelten, zeigte sich bald, daß ein psychosoziales Fertigkeitentraining in dem von uns für notwendig befundenen Ausmaß kaum durchführbar ist innerhalb einer Therapie, die auf Verringerung der Suizidneigung und borderlinetypischer Verhaltensweisen ausgerichtet ist. Zudem wurde deutlich, daß in der sehr strukturierten Vorgehensweise des Fertigkeitentrainings motivationalen Fragen nicht genügend Aufmerksamkeit gewidmet werden kann. Aus diesen Beobachtungen entstand die Idee, die Therapie in zwei Teile aufzugliedern: In dem einen Teil beschäftigen wir uns in erster Linie mit dem psychosozialen Fertigkeitentraining. Im anderen richtet sich der Fokus vorwiegend auf motivationale Fragen: Ziel ist hier die Verbesserung der Motivation, weiterzuleben, borderlinetypische durch adaptive Verhaltensweisen zu ersetzen und sich ein lebenswertes Leben aufzubauen.

Die Beziehung der borderlinetypischen Verhaltensweisen zum Fertigkeitentraining

Die heutigen diagnostischen Kriterien der Borderline-Störung (für eine ausführliche Diskussion siehe Kapitel 1 des Handbuches) beziehen sich auf ein spezifisches Muster von behavioraler, emotionaler und kognitiver Instabilität und Dysregulation. Diese Schwierigkeiten können in fünf Kategorien zusammengefaßt werden. Die vier Module des DBT-Fertigkeitentrainings beziehen sich direkt auf diese fünf Kategorien.

Wie bereits erwähnt, leiden Menschen mit einer Borderline-Störung vor allem an einer mangelnden Fähigkeit zur Steuerung von Emotionen. Sie haben zumeist Schwierigkeiten, mit Ärger und Reizbarkeit sowie mit vorübergehender Depressivität und Angst umzugehen. Ein Modul des DBT-Fertigkeiten-Trainings beschäftigt sich mit der Vermittlung eines angemessenen Umgangs mit Gefühlen.

Menschen mit einer Borderline-Störung leiden zudem häufig auch an einer zwischenmenschlichen Dysregulation. Ihre Beziehungen sind im allgemeinen intensiv, chaotisch und voller Spannungen. Dabei ist es häufig sehr schwer für sie, solche Beziehungen loszulassen. Statt dessen unternehmen sie oft intensive und verzweifelte Anstrengungen, um wichtige Menschen davon abzubringen, sie zu verlassen. Menschen mit einer Borderline-Persönlichkeitsstörung geht es im allgemeinen recht gut, wenn sie sich in einer stabilen positiven Beziehung befinden, und es geht ihnen zumeist schlecht, wenn sie keine solche Beziehung haben. Ein anderes Modul des DBT-Fertigkeiten-Trainings zielt daher auf die Vermittlung von interpersoneller Kompetenz.

Dysregulation zeigt sich auch auf der Verhaltensebene; hierzu zählen extreme und problematische impulsive Verhaltensweisen wie zum Beispiel Selbstverletzungen und Suizidversuche. Impulsives und suizidales Verhalten wird in der DBT als ein maladaptiver Problemlöseversuch betrachtet, der daraus entsteht, daß die Klientin offensichtlich unfähig ist, emotionale Belastungen so lange auszuhalten, bis wirksamere Lösungen gefunden werden können. In einem Modul des DBT-Fertigkeiten-Trainings werden daher Techniken zur Streßtoleranz vermittelt. Die vierte Kategorie bezieht sich auf das Identitätsgefühl; eine Dysregulation in diesem Bereich ist bei Menschen mit einer Borderline-Störung sehr häufig. Sie berichten oft, daß sie überhaupt kein Gefühl für sich selbst haben, daß sie sich leer fühlen und daß sie nicht wissen, wer sie sind. Die fünfte Kategorie sind kurze, nicht psychotische kognitive Störungen einschließlich Depersonalisation, Dissoziation und Wahnvorstellungen (die fünfte Kategorie), die in belastenden Situationen entstehen und im allgemeinen zurückgehen, wenn die Belastung nachläßt. Ein Modul des DBT-Fertigkeitentrainings zielt auf diese beiden Arten von Dysregulation. Es werden Wege zur Achtsamkeit vermittelt, wodurch die Fähigkeit zu einem bewußten Wahrnehmen und Erleben gesteigert wird.

Ausblick auf die folgenden Kapitel

In den folgenden vier Kapiteln werde ich einige praktische Aspekte des Fertigkeitentrainings besprechen: Aufbau der Sitzungen und Beginn des Fertigkeitentrainings, die Anwendung der strukturellen DBT-Strategien und -Verfahren auf das Fertigkeitentraining sowie die Anwendung weiterer DBT-Strategien und Vorgehensweisen. Mit Hilfe dieser Kapitel läßt sich die Durchführung des Fertigkeitentrainings in einem bestimmten Setting planen. In den anschließenden fünf Kapiteln werden Richtlinien für die Vermittlung der verschiedenen Fertigkeiten gegeben.

An dieser Stelle ist noch darauf hinzuweisen, daß das Fertigkeitentraining, das wir in unseren klinischen Studien untersucht haben, in Gruppen durchgeführt wurde; allerdings gibt es in meiner Klinik auch Einzeltraining. Die Behandlungsrichtlinien in diesem Manual beziehen sich auf ein Fertigkeitentraining in Gruppen. Der Hauptgrund hierfür ist, daß es leichter ist, die Techniken des Gruppentrainings auf ein Einzeltraining abzustimmen als umgekehrt. (Die Frage von Gruppen- versus Einzeltraining wird im folgenden Kapitel diskutiert.)

Anmerkungen

1. Da die Diagnose einer Borderline-Störung überwiegend bei Frauen gestellt wird und weil die klinischen Studien über die Wirksamkeit der DBT ausschließlich mit Frauen durchgeführt wurden, beziehe ich mich in diesem Manual allein auf Frauen. Es spricht allerdings nichts dagegen, daß die Behandlung auch für Männer wirksam sein könnte. Psychotherapeutinnen verwenden für eine Person, die in psychotherapeutischer Behandlung ist, im allgemeinen die Begriffe „Patientin" oder „Klientin". In diesem Manual gebrauche ich durchgehend den Ausdruck „Klientin"; in dem Handbuch hingegen benutze ich den Ausdruck „Patientin". Für jeden dieser Begriffe gibt es überzeugende Argumente. Ein Grund für den Gebrauch des Begriffes „Klientin" kann man in der Definition in *Original Oxford Dictionary on Compact Disc* (1987) finden: „A person who employs the services of a professional or business

man or woman in any branch of business, or for whom the latter acts in a professional capacity; a customer". Die Betonung liegt hier eher auf der professionellen Art der Beziehung und der angebotenen Dienstleistungen (Fertigkeitentraining) als auf einer angenommenen „Krankheit" der Person, die die Dienstleistungen in Anspruch nimmt. Andere, weniger gebräuchliche Definitionen des Begriffs, so wie „jemand, der sich unter dem Schutz eines anderen befindet, ein Abhängiger" („Schüler eines Meisters") sind weniger gut anwendbar, da sie der Unabhängigkeit entgegenstehen, die der Klientin im DBT-Fertigkeitentraining zugeschrieben wird.

2. Grundlage für diesen Abschnitt ist, neben dem Handbuch, eine Veröffentlichung von *Linehan und Koerner* (1992), in der die biosoziale Theorie der Borderline-Störung dargestellt wird.

2

Praktische Aspekte des psychosozialen Fertigkeitentrainings

Ein psychosoziales Fertigkeitentraining ist dann notwendig, wenn Problemlösungen und das Erreichen von angestrebten Zielen Verhaltensfertigkeiten erfordern, die sich nicht im aktuell verfügbaren Verhaltensrepertoire einer Person befinden. Das heißt, daß die Person auch unter idealen Bedingungen (das heißt, wenn das Verhalten nicht durch Ängste, widerstreitende Motive, unrealistische Vorstellungen usw. beeinträchtigt ist) das erforderliche Verhalten nicht zeigen kann. Der Ausdruck „Fertigkeiten" wird in der DBT synonym mit „Fähigkeiten" gebraucht. Er beinhaltet im weitesten Sinne kognitive, emotionale und behaviorale Fertigkeiten sowie deren Integration, die für ein effektives Funktionieren der Person notwendig ist. Die Effektivität von Verhalten wird über direkte und indirekte Wirkung des Verhaltens beurteilt. Als effektives Funktionieren bzw. Verhalten gelten solche Verhaltensweisen, die zu einem Maximum an positiven Ergebnissen und einem Minimum an negativen Ergebnissen führen. Der Ausdruck „Fertigkeiten" soll daher andeuten, daß „geschickte Mittel" eingesetzt werden und daß adaptiv und effektiv auf Situationen reagiert wird.

Die Integration verschiedener Verhaltensweisen ist zentrale Voraussetzung für effektives Verhalten. Sehr häufig verfügt ein Mensch zwar durchaus über die einzelnen Verhaltenselemente einer Fertigkeit, ist aber nicht in der Lage, diese zu einem Ganzen zusammenzusetzen, wenn dies erforderlich ist. Ein interpersonell wirksames Verhalten zum Beispiel erfordert, daß einzelne Worte, die der Person bereits bekannt sind, zu Sätzen zusammengefügt werden, daß eine angemessene Körpersprache, Tonfall, Blickkontakt usw. hinzukommen. Die einzelnen Teile sind selten neu; ihre Kombination dagegen ist häufig nicht vertraut. In der Terminologie der DBT kann fast jedes erwünschte Verhalten als eine Fertigkeit verstanden werden. In diesem Sinne wird das aktive und effektive Bewältigen von Problemen und das Vermeiden von maladaptiven oder ineffektiven Reaktionen als Gebrauch von Fertigkeiten betrachtet. Es ist das Hauptziel der DBT, ineffektive oder maladaptive Verhaltensweisen durch wirksame Reaktionen zu ersetzen. Das DBT-Fertigkeitentraining hat zum Ziel, der betroffenen Person beim Erlernen der erforderlichen Fertigkeiten zu helfen.

Einzel- versus Gruppentraining

Ein erfolgreiches psychosoziales Fertigkeitentraining verlangt Disziplin sowohl von der Klientin als auch der Therapeutin. Im Fertigkeitentraining werden die Sitzungen durch die zu lernenden Fertigkeiten bestimmt. In der typischen Psychotherapie und in der DBT-Einzeltherapie dagegen werden die Sitzungen entsprechend den augenblicklichen Problemen der Klientin gestaltet. Wenn die augenblicklichen Probleme sehr drängend sind, erfordert die Beibehaltung des Therapieplans im Fertigkeitentraining eine sehr aktive Rolle der Therapeutin; der Fokus und die Struktur der Sitzung muß kontrolliert werden. Die meisten Therapeutinnen sind nicht für eine solche direktive Rolle ausgebildet. Trotz aller guten Vorsätze sind sie daher im Fertigkeitentraining oft hilflos, sobald die aktuellen Probleme ihrer Klientinnen sich zuspitzen.

Sogar Therapeutinnen, die in direktiven Behandlungsstrategien gut ausgebildet sind, haben große Schwierigkeiten, ein direktives Vorgehen aufrechtzuerhalten, wenn sie Borderline-Klientinnen behandeln. Die unvermeidbaren Krisen und die geringe emotionale Belastbarkeit dieser Klientinnen stellen ein großes und andauerndes Problem dar. Es ist schwierig für solche Klientinnen und entsprechend auch für ihre Therapeutinnen, sich während der Behandlungssitzungen mit etwas anderem als der aktuellen Krise zu beschäftigen. Für manche Klientinnen könnten selbst tägliche Sitzungen das Problem nicht lösen, da sie sich in einem permanenten Krisenzustand zu befinden scheinen. Es ist sehr schwierig, an den Fertigkeiten zu arbeiten, wenn eine Klientin droht, sich zu suizidieren, wenn man ihr aktuelles Leiden nicht ernst nimmt. Es ernstzunehmen, bedeutet gewöhnlich, daß man auf den jeweiligen Trainingsinhalt verzichtet und sich statt dessen mit der augenblicklichen Krise befaßt.

Andere Klientinnen beanspruchen vielleicht weniger Zeit und Energie der Therapeutinnen, allerdings können ihre Passivität, Hoffnungslosigkeit und/ oder ihr mangelndes Interesse am Fertigkeitentraining ein großes Hindernis darstellen. In solchen Fällen kann es leicht passieren, daß die Therapeutinnen bei diesen Klientinnen resignieren und ihre Bemühungen aufgeben. Dies geschieht besondere dann, wenn die Therapeutinnen selbst nicht fest von dem Fertigkeitentraining überzeugt sind. Das Fertigkeitentraining kann für manche Therapeutinnen auch ziemlich langweilig sein, besonders für jene, die schon häufig Fertigkeitentrainings mit anderen Klientinnen durchgeführt haben. Es ist so, als ob man die gleiche Tätigkeit immer wieder durchführt. Die von Woche zu Woche und innerhalb der Sitzungen schwankenden Stimmungen der Klientinnen, verbunden mit dem schwankenden Interesse der Therapeutinnen können auf jedes noch so sorgfältig geplante Fertigkeitentraining einen ungünstigen Einfluß haben.

Beim Einzeltraining kann es leichter als im Gruppentraining geschehen, daß das Vermitteln von Fertigkeiten in den Hintergrund tritt und es so zu einem allmählichen Abschweichen von dem eigentlichen Ziel des Trainings kommt. Ein Grund dafür ist, daß es in einem Einzeltraining zumeist keine äußere Instanz gibt, die dafür sorgt, daß die Therapie in ihrer Bahn bleibt. Wenn sich sowohl Klientin als auch Therapeutin einem anderen Thema zuwenden wollen, dann hindert sie nichts daran. In der Gruppentherapie dagegen sorgen die anderen Klientinnen oder auch das Verantwortungsgefühl der Therapeutinnen gegenüber den anderen Klientinnen dafür, daß die Therapeutinnen bei den vorgegebenen Themen bleiben, selbst dann, wenn eine Klientin davon abweichen möchte. Das Training wird auch dadurch auf seiner Bahn gehalten, daß situative Stimmungstiefs einzelner Klientinnen, die das Erlernen der Fertigkeiten beeinträchtigen, durchaus durch die anderen Teilnehmerinnen ausgeglichen werden kann. Die Verstärkung, die die Therapeutinnen von den anderen Klientinnen für das Fortfahren mit dem Training bekommen, kann wirksamer sein als die Bestrafung durch die Klientin, die nicht zum Lernen bereit ist.

Das zentrale Problem liegt darin, daß das Fertigkeitentraining häufig weder für die Klientinnen noch für die Therapeutinnen unmittelbar verstärkend ist. Nur selten taucht ein unmittelbares Gefühl von Erleichterung auf. Das psychosoziale Fertigkeitentraining ist auch nicht so attraktiv wie das „empathische Miteinander“, ein Thema, das in Kapitel 12 des Handbuches dargestellt ist. Das Fertigkeitentraining erfordert eine wesentlich aktivere Arbeit von Klientin und Therapeutin. Für eine erfolgreiche Durchführung des individuellen Fertigkeitentrainings müssen daher besondere Maßnahmen ergriffen werden, damit das Fortsetzen des Trainings für die Therapeutin wie auch für die Klientin ausreichend verstärkend ist.

Die Entwicklung der DBT war zu einem Großteil von zwei Zielen bestimmt: Die Behandlung sollte eine wirksame Unterstützung für Menschen mit einer Borderline-Störung bieten und gleichzeitig so beschaffen sein, daß Therapeutinnen sie in ihrer Alltagspraxis anwenden können. Wie in Kapitel 1 des Manuals bereits dargestellt wurde, haben mich die Schwierigkeiten bei der Durchführung des Fertigkeitentrainings innerhalb einer Einzeltherapie dazu motiviert, die Behandlung in zwei Teile aufzugliedern: Das Ziel des Fertigkeitentrainings ist der Erwerb von Fertigkeiten, das Ziel der Einzeltherapie ist es, die Klientinnen dazu zu motivieren, diese Fertigkeiten anstelle von maladaptiven Verhaltensweisen einzusetzen. Das Training versucht, der Klientin die Fertigkeiten zu vermitteln, und die Einzeltherapie versucht, sie zu aktivieren.

Aus den bereits beschriebenen Gründen ist die Standardform des Fertigkeitentrainings das Gruppensetting. Eine Reihe von Umständen können es allerdings wünschenswert oder auch notwendig machen, das Fertigkeitentraining mit einer einzelnen Klientin anstatt in einer Gruppe durchzuführen. In einer Praxis oder in einer kleinen Klinik kann es passieren, daß es zu einem bestimmten Zeitpunkt nur eine Klientin gibt, die von einem Fertigkeitentraining profitieren könnte, oder es kann für die Therapeutinnen unmöglich sein, zu einem bestimmten Zeitpunkt mehr als eine Klientin für das Fertigkeitentraining zu motivieren. Manche Klientinnen sind auch nicht für Gruppen geeignet. Selbst wenn dies meiner Erfahrung nach sehr selten vorkommt, kann es sein, daß eine Klientin ein offen feindseliges Verhalten gegenüber anderen Gruppenmitgliedern nicht kontrollieren kann; sie sollte dann nicht an einer Gruppe teilnehmen, bevor dieses Verhalten nicht unter Kontrolle ist. Es kann auch sein, daß Klientinnen bereits ein oder mehrere Jahre an einer Trainingsgruppe teilgenommen haben, aber noch eine Vertiefung von bestimmten Fertigkeiten benötigen. Und möglicherweise ist eine Klientin auch einfach nicht in der Lage, an den angebotenen Gruppensitzungen teilzunehmen.

Einzeltraining

Wie bereits erwähnt, erfordert ein Einzeltraining mit einer Borderline-Klientin ein großes Maß an Selbstdisziplin und Ausdauer der Therapeutin. Die größten Hindernisse seitens der Klientin sind ihre Versuche, die Trainingssitzungen auf andere, drängendere Probleme umzulenken, und ihre Weigerung oder auch Unfähigkeit, an dem angebotenen Fertigkeitentraining teilzunehmen. Die wichtigsten Schwierigkeiten auf seiten der Therapeutin sind ein Widerstreben gegenüber aktiven, direktiven Interventionen oder ein Mangel an Interesse, Langeweile oder auch die Unfähigkeit, die notwendige Anleitung zum Fertigkeitentraining zu geben. In diesen Fällen kann die Behandlung leicht zu einem Machtkampf zwischen Klientin und Therapeutin werden. Wenn die Therapeutin den Versuchen der Klientin, das Fertigkeitentraining zu untergraben, widerstehen kann und es gelingt, den Fokus mehr auf die langfristigen Bedürfnisse der Klientin als auf die kurzfristigen zu richten, dann kann ein Einzeltraining gelingen. Bei massiven Lebenskrisen ist es allerdings oft sehr schwierig, diesen Fokus aufrecht zu erhalten. Im Hinblick auf die Widerstände seitens der Therapeutin soll dieses Manual Interesse (und vielleicht sogar auch etwas Begeisterung) für das Fertigkeitentraining wecken. Darüber hinaus bietet es Richtlinien und Ratschläge zur Durchführung des Fertigkeitentrainings. Aber selbst für interessierte und geschickte Therapeutinnen ist ein Training mit Borderline-Klientinnen schwierig. Es ist in etwa so, als würde man versuchen, jemandem beizubringen, wie man inmitten eines Orkans ein Zelt aufbaut.

Wenn eine Klientin über wirksamere Fertigkeiten verfügen würde, wäre sie in der Lage, adäquater mit Krisensituationen umzugehen. Und genau das ist das Dilemma: Wie kann die Therapeutin die für eine bessere Bewältigung notwendigen Fertigkeiten vermitteln, wenn die Klientin momentan überhaupt nicht für das Erlernen neuer Verhaltensweisen empfänglich ist? Eine Lösungsmöglichkeit für die Therapeutinnen ist es, die Techniken des Fertigkeitentrainings kontinuierlich in jede Sitzung einzubeziehen. Ein Problem dieser Vorgehensweise ist, daß es dann für die Klientin in einer Einzeltherapie häufig nicht klar ist, welche Kontingenzen zu einem bestimmten Zeitpunkt jeweils wirksam sind. Die Regeln sind nicht eindeutig. Die Klientin, die über eine sofortige Lösung einer akuten Krise sprechen möchte, hat keinen Anhaltspunkt dafür, wann ein Beharren darauf angemessen ist und wahrscheinlich verstärkt werden wird und wann nicht. Und für die Therapeutin ist es bei dieser Vorgehensweise sehr schwierig, bei dem Therapieplan zu bleiben. Meine eigenen Schwierigkeiten damit brachten mich zur Entwicklung der heutigen Form der DBT.

Eine zweite Möglichkeit besteht darin, mit einer zweiten Therapeutin zusammenzuarbeiten, die das Fertigkeitentraining mit der einzelnen Klientin durchführt. In diesem Fall sind die Regeln klar, nach denen sich Klientin und Therapeutin zu verhalten haben. Bei diesem Vorgehen werden die allgemeinen Verhaltensfertigkeiten bei der Trainerin gelernt; Krisen und die Anwendung der gelernten Fertigkeiten auf Krisensituationen werden in der Einzeltherapie behandelt. Dieser Ansatz bietet recht viele Vorteile. In unserer Universitätsklinik zum Beispiel gibt es eine ganze Reihe von Studentinnen, die sehr gerne Erfahrungen in der Arbeit mit Borderline-Klientinnen machen möchten, allerdings nicht in der Lage sind, eine längere Einzeltherapie durchzuführen. Die Durchführung des Fertigkeitentrainings bietet eine gute Gelegenheit für diese Studentinnen und war meiner Erfahrung nach für die Klientinnen auch hilfreich. In einem anderen Setting kann dies gleichermaßen von Assistenzärztinnen, Sozialarbeiterinnen und vom Pflegepersonal durchgeführt werden. In einem Team können Therapeutinnen das Fertigkeitentraining jeweils füreinander durchführen. Im Verlauf der Zeit stellt sich vielleicht heraus, daß einige Therapeutinnen ein besonderes Talent auf diesem Gebiet haben. Das Behandlungsmodell ist ähnlich wie bei Allgemeinärztinnen, die ihre Klientinnen für eine besondere Behandlung an Spezialistinnen überweisen. Die Besonderheit in der DBT liegt darin, daß regelmäßige (möglichst wöchentliche) Treffen zwischen Einzeltherapeutinnen und Fertigkeitentrainerinnen als wesentliche Voraussetzung für den Erfolg des Fertigkeitentrainings angesehen werden. Ich werde auf diesen Punkt später noch einmal zurückkommen.

Eine Einzeltherapeutin, die keine Trainerinnen kennt oder die das Training selbst durchführen möchte, sollte das Fertigkeitentraining von der üblichen Psychotherapie trennen. Man kann zum Beispiel ein wöchentliches Treffen einrichten, das sich ausschließlich dem Fertigkeitentraining widmet. Wenn möglich, sollte die Sitzung auch nicht in dem Raum stattfinden, der für die Einzeltherapie benützt wird. Weitere Möglichkeiten sind, die Stühle umzustellen, einen Tisch oder Schreibtisch neben oder zwischen Therapeutin und Klientin für die Ablage der Trainingsmaterialien hinzustellen, eine Tafel anzubringen, den Raum heller zu beleuchten, die Trainingssitzungen zu anderen Tageszeiten als die Einzelsitzungen abzuhalten, sie länger oder kürzer zu gestalten, die Sitzungen auf Tonband oder Video aufzuzeichnen, falls dies nicht schon in der Einzeltherapie geschieht, oder eine andere Art der Bezahlung. Für Therapeutinnen mit einer besonders schwierigen Klientin ist es sehr wichtig, an einer Supervisions- oder Beratungsgruppe teilzunehmen, damit die Motivation und die Konzentration auf die

Fertigkeiten ausreichend unterstützt werden.

Fertigkeitentraining in der Gruppe

Ich habe bereits eine Reihe von Nachteilen des individuellen Fertigkeitentrainings genannt. Hinzu kommt noch ein weiterer Nachteil: Es ist weniger wirksam als das Gruppentraining. Obwohl unserer Erfahrung nach Borderline-Klientinnen anfänglich fast nie an einer Gruppe teilnehmen möchten, so bietet eine Gruppenbehandlung doch viel mehr als irgendeine Einzeltherapie jemals leisten kann. Erstens bietet Gruppentherapie den Therapeutinnen die Gelegenheit, interpersonelle Verhaltensweisen zu beobachten und zu bearbeiten, die möglicherweise nur selten in der Einzeltherapie auftreten. Zudem haben Klientinnen so die Möglichkeit, Menschen zu begegnen, die ähnliche Schwierigkeiten haben; die daraus entstehende Bestätigung und Unterstützung sind meiner Ansicht nach besonders heilsam. Gruppentherapie bietet den Klientinnen auch die Möglichkeit, voneinander zu lernen, und schafft so neue Formen der therapeutischen Einflußnahme. Gruppen vermindern auch die Intensität der Beziehung zwischen Klientin und Gruppentherapeutin; psychodynamisch formuliert wird die Übertragung abgemildert. Dies kann von großer Bedeutung sein, da die Intensität der Therapie für Borderline-Klientinnen manchmal zu mehr Problemen führt als sie lösen kann. Und schließlich bekommen Borderline-Klientinnen durch eine Trainingsgruppe auch eine relativ unbedrohliche Gelegenheit zu üben, sich in einer Gruppe zu bewegen. Dies ist aus zwei Gründen sehr wichtig: Erstens müssen Menschen im allgemeinen, wie auch Borderline-Klientinnen im besonderen, in der Lage sein, gut in Gruppen zu funktionieren. Zweitens werden in unserem Behandlungsprogramm auch unterstützende Prozeßgruppen angeboten. Diese Gruppen haben nicht nur in Kombination mit Einzeltherapie eine große therapeutische Wirkung, sondern sie bieten auch eine Langzeitbehandlung, die verläßlicher und ökonomischer ist als eine Langzeiteinzeltherapie.

In meinem Psychotherapie-Forschungsprogramm nehmen alle Klientinnen in Einzeltherapie auch an einem Fertigkeitentraining in der Gruppe teil. Diese Bedingung wird jeder Klientin beim Erstgespräch mitgeteilt. Wenn ich den Eindruck habe, daß die Defizite einer Klientin ohne ein zusätzliches Fertigkeitentraining ihre Einzeltherapie ernsthaft beeinträchtigen würden, dann lehne ich manchmal die Einzelarbeit ab, wenn die Klientin nicht bereit ist, an einem Gruppentraining teilzunehmen. Ein Grund für den Fokus auf den Aufbau einer engen, tragfähigen therapeutischen Beziehung ist so auch, daß diese es der Therapeutin ermöglicht, die Klientin selbst dann zu einer Teilnahme am Gruppenfertigkeitstraining zu überzeugen, wenn die Klientin diesem sehr ablehnend gegenübersteht. In unserem Forschungsprogramm war ein anfänglicher Widerstand gegen das Gruppenfertigkeitentraining eher die Regel als die Ausnahme.

Eine Gruppe besteht aus mindestens zwei Klientinnen. Bei unserer Arbeit mit sehr gestörten Klientinnen versuchen wir, Gruppen von sechs bis acht Personen zu bilden. Eine ganze Reihe von Aspekten sind besonders in der Gruppentherapie von großer Bedeutung. Ich werde viele von ihnen in diesem Manual besprechen. (Wenn Sie ein Einzeltraining durchführen, können Sie diese natürlich einfach außer Acht lassen.)

Offene versus geschlossene Gruppen

In offenen Gruppen können ständig neue Mitglieder eintreten. In geschlossenen Gruppen wird zu einem bestimmten Zeitpunkt eine Gruppe gebildet. Diese bleibt für eine bestimmte Zeit zusammen; wenn die Gruppenzusammensetzung feststeht, werden keine neuen Mitglieder aufgenommen. Ob man mit einer offenen oder geschlossenen Gruppe arbeiten sollte, hängt häufig von pragmatischen Gesichtspunkten ab. In vielen klinischen Settings, besonders bei der stationären Behandlung, sind offene Gruppen eine Notwendigkeit. Im ambulanten Setting ist es häufig möglich, mehrere Teilnehmerinnen zu finden, die das Fertigkeitentraining machen möchten, und die bereit sind, eine gewisse Zeit zusammen zu bleiben. Falls man die Wahl zwischen einer offenen und einer geschlossenen Gruppe hat, welche Art von Gruppe ist dann vorzuziehen?

Ich habe mit beiden Arten von Gruppen gearbeitet und bin zu der Auffassung gekommen, daß offene Gruppen für das Fertigkeitentraining besser geeignet sind. Allerdings können geschlossene Gruppen genausogut oder auch besser für die anschließende unterstützende Prozeßgruppentherapie sein. Warum? Hierfür gibt es zwei Gründe: Erstens bieten offene Gruppen den Klientinnen die Möglichkeit, in einer relativ stabilen Umgebung zu lernen, wie man mit Veränderungen umgehen kann. Menschen mit einer Borderline-Störung haben häufig sehr große Schwierigkeiten damit. Sie haben häufig auch Schwierigkeiten Vertrauen zu entwickeln. Vielleicht bitten sie die Therapeutinnen, die Gruppe stabil und unverändert zu halten. Eine offene Gruppe mit gesteuerten, aber ständigen Veränderungen ermöglicht die therapeutische Exposition gegenüber Veränderungen. Dies geschieht in einem Rahmen, in dem die Klientinnen unterstützt werden, angemessen mit Veränderungen umzugehen. Ich habe einmal eine Klientin gefragt, wie sie das Eintreten neuer Mitglieder und das Ausscheiden von Mitgliedern in einer offenen Gruppe empfunden habe. Sie antwortete, daß sie verstanden habe, daß ich es so gestaltet habe, damit sie ihre Fertigkeiten zur Streßtoleranz habe üben können. In einer geschlossenen Gruppe, in der wir versuchten, für Konstanz und Stabilität zu sorgen, war ich am Ende des ersten Jahres schockiert, als ich merkte, daß wir nicht die kleinsten Veränderungen vornehmen konnten, ohne daß sich intensiver Widerstand seitens der Gruppenmitglieder zeigte. Wir versuchten zum Beispiel, den Tisch, um den die Mitglieder saßen, im Raum zu verschieben und kamen dann in einen dreiwöchigen Machtkampf (bis ich aufgab und den Tisch an seinem alten Platz ließ). Ein zweites Argument für offene Gruppen ist die Tatsache, daß es in einer geschlossenen Gruppe im Verlauf leicht geschehehen kann, daß man vom Plan des Fertigkeitentrainings abweicht. Wenn die Teilnehmerinnen allmählich immer vertrauter miteinander werden, tritt der Gruppenprozeß häufig in den Vordergrund. Die Gruppe als Ganzes kann allmählich von dem engen Fokus auf das Lernen neuer Verhaltensfertigkeiten abdriften. Obwohl Fragen des Gruppenprozesses sehr wichtig sind und nicht ignoriert werden können, gibt es aber einen großen Unterschied zwischen einer Fertigkeitentrainings-Gruppe und einer interpersonellen Prozeßgruppe. Die unterstützenden Prozeßgruppen in der DBT schließen sich den Fertigkeiten-Gruppen an; sie werden nicht angeboten, bis eine Person nicht das ganze Fertigkeitentrainingsprogramm durchlaufen hat. Die gelegentliche Aufnahme neuer Gruppenmitglieder in eine offene Gruppe zwingt die Gruppe, immer wieder zu ihrer eigentlichen Aufgabe zurückzukehren.

Behandlungsmodule

In der DBT sind vier Module des Fertigkeitentrainings entwickelt worden: 1) Innere Achtsamkeit; 2) Zwischenmenschliche Fähigkeiten; 3) Bewußter Umgang mit Gefühlen 4) Streßtoleranz. Die Gründe für die Fokussierung auf diese speziellen Fertigkeiten wurden bereits kurz im Kapitel 1 dieses Manuals und ausführlicher in Kapitel 5 des Handbuches diskutiert. Gruppenaufbau, therapeutische Strategien und Vorgehensweisen und auch der Inhalt der einzelnen Module werden in späteren Kapiteln dargestellt.

Die Module „Zwischenmenschliche Fähigkeiten", „Bewußter Umgang mit Gefühlen" und „Streßtoleranz" können jeweils in acht Wochen durchgeführt werden (falls das Training konzentriert durchgeführt wird). Das Modul „Innere Achtsamkeit" kann zunächst in zwei bis drei Sitzungen vermittelt werden und wird später zu Beginn jedes der anderen Module immer wieder neu besprochen und vertieft. In meiner Klinik bleiben die Klientinnen zumindest ein Jahr lang im psychosozialen Fertigkeitentraining. Dies bedeutet, daß jede Klientin jedes 8-Wochen-Modul zweimal mitmacht. Da Achtsamkeit zu Beginn eines jeden Moduls von neuem besprochen wird, und sie Bestandteil der anderen drei Module ist, werden die hier vermittelten Fertigkeiten viele Male während des Jahres behandelt. Einige Klientinnen in unserer Klinik haben länger als ein Jahr am Fertigkeitentraining teilgenommen. (Im allgemeinen aber gehen die Klientinnen in eine fortgeschrittene Gruppe, nachdem sie jedes Modul zweimal durchlaufen haben.) Eine kompetente Klientin kann das Fertigkeitentraining im allgemeinen aber bereits nach sechs Monaten abschließen.

Gegenwärtig wird die DBT in einer ganzen Reihe von stationären psychiatrischen Einrichtungen eingesetzt. In einer psychiatrischen Klinik mit Langzeitbehandlung wird ein sechsmonatiges strukturiertes Behandlungsprogramm durchgeführt. Die Klientinnen durchlaufen jedes Modul einmal; es besteht für sie auch die Möglichkeit, sich die auf Video aufgezeichneten Sitzungen noch einmal anzuschauen. Wenn erforderlich, können die Module auch in einer ambulanten Therapie wiederholt werden. In einem tagesklinischen Setting können auch verschiedene Module zur gleichen Zeit angeboten werden; die Klientinnen nehmen dann an mehr als einem Modul gleichzeitig teil. In einer akut-psychiatrischen Einrichtung können vielleicht nur ein oder zwei Module angeboten werden. Eine Reihe solcher Kliniken bietet zum Beispiel eine Kombination von Achtsamkeits- und Streßtoleranzfertigkeiten an. In anderen Ein- richtungen wurden aus jedem Modul einige wenige Fertigkeiten ausgewählt; so entstand eine Kurzversion des DBT-Fertigkeitentrainings. Wie diese Beispiele zeigen, bietet sich an, die Behandlungsmodule untereinander zu kombinieren und sie den jeweiligen Bedürfnissen und Behandlungsprogrammen anzupassen. Alle Vorgehensweisen haben ihre Berechtigung. Es ist jedoch sinnvoll, das Fertigkeitentraining zunächst einige Male genau nach dem Manual durchzuführen, bevor eigene Modifikationen eingeführt werden.

Massiertes versus graduiertes Vorgehen

Obwohl jedes Trainingsmodul für eine Dauer von acht Wochen konzipiert wurde, kann man sie auch auf den Zeitraum von bis zu einem Jahr ausdehnen. Für einen kurzen Zeitraum von acht Wochen ist der Inhalt der einzelnen Module sehr umfassend und komplex. Die Bearbeitung des Fertigkeitenmaterials in so wenigen Wochen erfordert eine sehr strikte Zeiteinteilung. Die Therapeutinnen müssen auch bereit sein, mit dem Material weiterzumachen, wenn einige (oder sogar alle) Klientinnen noch nicht die gegenwärtig vermittelten Fertigkeiten erworben haben. Beim ersten Durchgang durch die Module sind die Klientinnen häufig überfordert von der Menge an Information. Was spricht also dagegen, jedes Modul auf ein 16-Wochen-Modul (massiertes Vorgehen) auszudehnen, anstatt zwei 8-Wochen-Module in zeitlichen Abständen (graduiertes Vorgehen) durchzuführen? Es gibt eine ganze Reihe von Gründen für das graduierte Vorgehen. Zum einen unterliegen Stimmung und Leistungsfähigkeit bei Menschen mit einer Borderline-Störung gewissen Schwankungen. Häufig gibt es Phasen von mehreren Wochen, in denen sie nicht bei den Treffen erscheinen oder sie nur wenig bzw. überhaupt keine Aufmerksamkeit aufbringen können. Das wiederholte Durchgehen der Übungen erhöht die Wahrscheinlichkeit, daß jede Person bei der Vermittlung des Materials zumindest einmal sowohl physisch als auch psychisch anwesend ist. Des weiteren haben verschiedene Klientinnen auch unterschiedliche Bedürfnisse. Daher sind die Module für die einzelnen Teilnehmerinnen unterschiedlich relevant; sie erfreuen sich auch unterschiedlicher Beliebtheit. Es ist sehr schwierig für eine Teilnehmerin, 16 Wochen lang bei einem Modul mitzumachen, das keine Bedeutung für sie hat, oder das sie ablehnt. Ein Zeitraum von 8 Wochen ist hier leichter auszuhalten.

Ein weiterer Grund für ein graduiertes Vorgehen ist, daß bei einem 16-Wochenblock dem zweiten Modul und den nachfolgenden Modulen weniger Übungszeit zukommt als bei einem 8-Wochen-Vorgehen. Dies wäre kein Nachteil, wenn es triftige Gründe dafür gäbe, daß ein bestimmtes Modul in der Tat das wichtigste ist und die meiste Übung erfordert. Für die Entscheidung, welches Modul dies sein könnte, liegen mir aber keine kontrollierten empirischen Daten vor. Zudem ist es sehr fraglich, ob eines der Module das optimale für alle Klientinnen sein kann. Die zentrale Annahme des Trainings ist, daß der Erwerb von Verhaltensfertigkeiten eine intensive Praxis erfordert. Obwohl das Material im 8-Wochen-Vorgehen überwältigend erscheint, sind die Klientinnen dennoch in der Lage, diese Fertigkeiten in ihrem Alltag zu üben. Wenn man jedes Modul einmal während der ersten 6 Monate der Behandlung darstellt, dann bleiben noch mindestens 6 Monate für das Üben der Fertigkeiten, bevor das Training endet. Es kann für die Klientinnen auch sehr vorteilhaft sein, das Material noch einmal durchzuarbeiten, nachdem sie bereits die Möglichkeit zum Üben der Fertigkeiten hatten. Das Material wird verständlicher und neue Bedeutungsebenen lassen sich erschließen. Die Klientinnen können dadurch erfahren, daß zunächst unlösbar scheinende Probleme dennoch gelöst werden können, wenn sie immer wieder versuchen, sie zu bewältigen. Schließlich hat die Erfahrung auch gezeigt, daß bei einem 16-Wochen-Block Krisen einzelner Klientinnen und Prozeßfragen leichter in den Vordergrund treten können. Diese Themen erfordern einige Aufmerksamkeit. Da insgesamt mehr Zeit zur Verfügung steht, kann sich das Fertigkeiten-Training schnell in Richtung einer unterstützenden Prozeßtherapie entwickeln. Wenn dies einmal geschehen ist, kann man nach meiner Erfahrung nur schwer wieder zum Therapieplan zurückkehren.

Obwohl meiner Ansicht nach vieles für die 8-Wochen-Abschnitte spricht, gibt es dennoch keinen a priori Grund dafür. Zudem ist eine so schnelle Bearbeitung der einzelnen Module auch weitgehend von einer sehr engen Zusammenarbeit mit der jeweiligen Einzeltherapeutin abhängig (falls diese nicht auch gleichzeitig eine Fertigkeitentrainerin ist). Wie bereits erwähnt, besteht die Aufgabe der Einzeltherapie in der DBT darin, der Klientin zu helfen, die neuen Verhaltensweisen im Alltag einzusetzen, wann immer sie erforderlich sind, einschließlich Krisenzeiten. In der Einzeltherapie werden auch motivationale Probleme analysiert, die es erschweren, die maladaptiven Verhaltensweisen durch DBT-Verhaltensweisen zu ersetzen.

Reihenfolge der Module

Zum gegenwärtigen Zeitpunkt liegen noch keine empirischen Daten zur Reihenfolge der Module vor. Da innere Achtsamkeit Bestandteil jedes der drei anderen Trainingsmodule ist, sollte dieses Modul als erstes vermittelt werden. In unserem jetzigen Programm folgen in der genannten Reihenfolge die Module „Zwischenmenschliche Fähigkeiten", „Bewußter Umgang mit Gefühlen" und „Streßtoleranz". Dieser Reihenfolge liegt die Überlegung zugrunde, daß mit diesen drei Modulen der Grad an Abstraktheit der Fertigkeiten und Prinzipien ansteigt. Zudem wird in den drei Modulen in dieser Reihenfolge auch zunehmend weniger Bestätigung des subjektiven Leidens vermittelt. Im Modul „Zwischenmenschliche Fähigkeiten" werden Fertigkeiten vermittelt, wie sich belastende Umgebungen verändern lassen. Es wird davon ausgegangen, daß die Situation so belastend ist, daß sie verändert werden muß. Das Modul „Bewußter Umgang mit Gefühlen" geht von folgender Annahme aus: Selbst wenn die Situation für die psychischen Schmerzen verantwortlich sein mag, so ist doch die Reaktion der Person selbst schon so schmerzhaft, daß sie verändert werden sollte; und sie kann verändert werden. Im Modul „Streßtoleranz" wird vermittelt, daß, selbst wenn es sehr viel Schmerzhaftes im Leben geben mag, dies doch ertragen werden kann und daß man das Leben annehmen und trotz der Schmerzen leben kann. Dies ist gewiß für jeden eine schwierige Lektion, besonders für unsere Klientinnen.

Es gibt auch gute Gründe für eine andere Reihenfolge der Module. In meiner eigenen Klinik (einige andere Einrichtungen gehen ebenso vor) geben wir der Klientin beim ersten Treffen das Arbeitsblatt „Krisenbewältigungsstrategien" (Teil des Moduls „Streßtoleranz"). Diese Fertigkeiten erklären sich mehr oder weniger aus sich selbst heraus, und viele Klientinnen empfinden sie für sich als sehr hilfreich. Wir besprechen sie dann ausführlich bei der Vermittlung des Moduls „Streßtoleranz".

Heterogene versus homogene Gruppen

In meiner Klinik sind die Mitglieder des DBT-Gruppentrainings homogen in bezug auf ihre Diagnose: Die Teilnahme ist auf Personen begrenzt, die die Kriterien für BPS erfüllen und die in der Vergangenheit parasuizidale Handlungen durchführten (absichtliche Selbstverletzungen; für eine ausführliche Erklärung dieses Begriffes siehe Kapitel 1 des Handbuches). Bezüglich anderer Aspekte sind die Gruppenmitglieder nicht homogen. Die Altersspanne liegt zwischen 16 und 48 Jahren; in einigen Gruppen sind Frauen und Männer gemischt; weitere Faktoren wie sozioökonomischer Status, Ehestand und Kinder sind sehr unterschiedlich. Bis jetzt haben alle Klientinnen in unserer Gruppe zum ersten mal die Erfahrung gemacht, mit Menschen zusammenzusein, die sehr ähnliche Schwierigkeiten wie sie selbst haben. Obwohl nach meiner Erfahrung bei dieser Klientel eine homogene Gruppe ein Vorteil für die Durchführung von Gruppentherapie ist, so haben doch heterogene wie homogene Gruppen jeweils ihre eigenen Vor- und Nachteile.

Gründe gegen eine homogene Gruppe

Es gibt eine ganze Reihe von Argumenten gegen eine homogene Gruppe von suizidalen Borderline-Klientinnen. Ein erster Grund ist, daß eine ambulante Behandlung bei einer solchen Gruppe risikoreich ist. Jede Art von Therapie, ob Einzel- oder Gruppentherapie, kann für Borderline-Klientinnen sehr belastend sein. Wegen ihrer extremen emotionalen Ansprechbarkeit ist es nahezu sicher, daß intensive Emotionen entstehen, die einen sehr geschickten therapeutischen Umgang erfordern. Eine Therapeutin muß es sehr gut verstehen, nonverbale Hinweise und indirekte verbale Mitteilungen wahrzunehmen und angemessen darauf zu reagieren. Dies ist auch unter optimalen Bedingungen eine schwierige Aufgabe. Äußerungen der Therapeutin werden häufig mißverstanden oder in einer Weise verstanden, die von der Therapeutin nicht gemeint war; unsensible Bemerkungen können fatale Auswirkungen haben. Selbst den wachsamsten und sensibelsten Therapeutinnen wird es häufiger passieren, daß eine Klientin am Ende einer Einzelsitzung emotional aufgewühlter ist als am Anfang. Oft sind mehrere Telefonanrufe notwendig, um das Problem zu lösen.

In einer Gruppentherapie verschlimmern sich diese Probleme noch. Für ein oder zwei Therapeutinnen ist es unmöglich, auf alle emotionalen Reaktionen jeder Teilnehmerin zu achten und angemessen darauf zu reagieren. Bei mehr Klientinnen und einer größeren Geschwindigkeit im Vorgehen als in der Einzeltherapie gibt es auch mehr Gelegenheiten dafür, daß die Therapeutinnen Fehler und unsensible Bemerkungen machen, und auch, daß die Klientinnen das Geschehen falsch deuten. Zudem ist es für eine Klientin auch schwieriger, vor anderen Gruppenmitgliedern ihre Gefühle gegenüber den Gruppentherapeutinnen auszudrücken. Daher ist die Wahrscheinlichkeit, daß die Klientinnen sich am Ende der Sitzung in einem emotional aufgewühltem Zustand befinden, und daß Gefühle auftauchen, mit denen sie nicht umgehen können, in einer Gruppentherapie größer als in einer Einzeltherapie.

Ein weiteres Argument gegen homogene Gruppen ist die Neigung der Klientinnen, sich von den Problemen und Tragödien der anderen emotional beeinflussen zu lassen. Die Klientinnen werden häufig nicht nur wegen ihrer eigenen Probleme ängstlich, wütend, depressiv und hoffnungslos, sondern auch wegen der Schwierigkeiten anderer Menschen, die ihnen nahestehen. Das Hören von Lebensgeschichten anderer Menschen kann so das Auftreten von intensiven schmerzlichen Gefühlen auslösen. Dies ist auch ein großes Problem für uns Teammitglieder; auch wir müssen fortwährend den sehr belastenden Geschichten unserer Klientinnen zuhören. Stellen Sie sich vor, wieviel schwieriger dies noch für Menschen ist, die nur wenig darin geübt sind, ihre Reaktionen auf emotional belastende Informationen zu steuern.

Gegen homogene Gruppen spricht auch die Vorstellung, daß es in einer Gruppe mit ausschließlich Borderline-Klientinnen kein Modell für angemessene adaptive Verhaltensweisen gibt bzw. daß unangemessene Verhaltensweisen dort in einer extremen Weise vorgeführt werden. Nach meiner Erfahrung scheint dies allerdings nicht der Fall zu sein. Ich bin in der Tat häufig verblüfft über die Fähigkeit unserer Klientinnen, sich gegenseitig bei der Bewältigung von Lebensproblemen zu unterstützen. Beim Umgang mit extrem negativen Gefühlen allerdings scheint ein Defizit an angemessenen modellhaften Verhaltensweisen zu bestehen. Besonders zu Beginn der Behandlung ist es oft notwendig, daß die Gruppenleiterinnen modellhaft zeigen, wie man mit negativen Gefühlen umgehen kann, ohne suizidal zu werden.

Ein viertes Argument gegen homogene Gruppen hängt mit der sog. aktiven Passivität der Borderline-Klientinnen zusammen (für eine Beschreibung dieses Verhaltensmusters siehe Kapitel 3 des Handbuches), mit ihrer Fähigkeit, die Stimmungen und Verhaltensweisen anderer Menschen aufzunehmen und ihrer Unfähigkeit, stimmungsunabhängig zu handeln. Eine gegenseitige Ansteckung mit suizidalem Verhalten kann ein besonders schwieriges Problem darstellen. Wenn ein Gruppenmitglied in einer entmutigten oder depressiven Stimmung zu einer Sitzung kommt, kann es manchmal passieren, daß sich nach kurzer Zeit alle Gruppenmitglieder in dem gleichen Zustand befinden. Wenn die Gruppenleiterinnen nicht achtgeben, kann es geschehen, daß sie sich ebenfalls davon anstecken lassen. Einer der Gründe, warum wir in unserer Klinik jede Gruppe mit zwei Gruppenleiterinnen durchführen (dieser Punkt wird später noch genauer ausgeführt) ist, daß in diesem Fall jede Therapeutin eine andere Person zur Seite hat, die ihr hilft, die Aufmerksamkeit und Energie aufrechtzuerhalten. Dies kann sehr schwierig sein. Manchmal wird auch behauptet, daß Borderline-Klientinnen mehr als andere Menschen dazu neigen, auf sich aufmerksam zu machen, und daß diese Neigung sich destruktiv auf jeden Gruppenprozeß auswirken kann. Wie bereits erwähnt, hat sich das in meiner klinischen Arbeit jedoch nicht bestätigt.

Gründe für eine homogene Gruppe

Aus meiner Sicht sprechen zwei Gründe für eine homogene Gruppe. Erstens ermöglicht Homogenität den Gruppenleiterinnen, die Fertigkeiten und theoretischen Konzepte auszuwählen, die speziell für die Probleme suizidaler Menschen und Borderline-Klientinnen entwickelt wurden. Die meisten der Fertigkeiten sind für viele Klientengruppen anwendbar. Eine heterogene Gruppe würde aber eine allgemeinere Darstellung der Fertigkeiten erfordern, und die Anwendung der Fertigkeiten auf die speziellen Schwierigkeiten jeder einzelnen Person müßte individuell ausgearbeitet werden. Ein allgemeingültiges Konzept wäre nur schwer zu entwickeln, es sei denn, es wäre sehr unspezifisch gehalten. Ein zweites Argument für eine homogene Gruppe ist, daß sie den Klientinnen die Möglichkeit bietet, mit anderen Menschen zusammenzusein, die die gleichen Probleme und Sorgen haben. Nach meiner Erfahrung ist das für unsere Klientinnen eine sehr intensive validierende Erfahrung. Viele von ihnen waren bereits in anderen Gruppen. Dort haben sie aber im allgemeinen nicht die Erfahrung gemacht, mit Menschen zusammenzutreffen, die auch wirklich ihr Erleben verstehen können: den oft unerklärlichen Drang, sich selbst zu verletzen, den Wunsch, tot zu sein, die Enttäuschung darüber, unfähig zu sein, Gefühle und Verhalten steuern zu können, und das Leiden bei Erfahrungen, die nicht emotional validiert werden. In einer einheitlichen Gruppe kennen alle genau die Schwierigkeit, emotionalen Schmerzen nicht in einer maladaptiven Weise zu begegnen.

Die Vorteile von homogenen Gruppen können allerdings dadurch eingeschränkt werden, daß die einzelnen Teilnehmerinnen in unterschiedlichem Maße Behandlungsfortschritte machen. Wenn eine Klientin sich selbst verletzt und Suizidversuche unternimmt, fühlt sie sich bestätigt, wenn andere Gruppenmitglieder mit den gleichen Schwierigkeiten kämpfen. Wenn die Klientin aber einmal solche Verhaltensweisen aufgegeben hat, kann es für sie sehr schwierig sein, wenn die anderen weiterhin selbstverletzendes Verhalten zeigen. Zu hören, daß andere sich selbst verletzen oder sich impulsiv verhalten, vergrößert den Impuls, das gleiche zu tun. Dies ist natürlich eine bedrohliche Erfahrung für jemanden, der sich darum bemüht, Selbstverletzungen zu vermeiden. In unseren Gruppen ließ sich auch häufig beobachten, daß eine Klientin mit zunehmenden Fortschritten in der Therapie häufig beginnt, ihr Selbstbild zu ändern: Aus einer „Borderlinerin" wird eine „Nicht-Borderlinerin". Besonders wenn sie noch immer zum Bewerten neigt, kann es sehr schwierig für sie sein, in einer Gruppe zu bleiben, die als Borderline-Gruppe definiert ist. Soll eine Klientin weiterhin in der Gruppe bleiben, dann müssen die Gruppenleiterinnen sehr sorgsam mit diesen beiden Schwierigkeiten umgehen - dem Impuls, suizidales Verhalten nachzuahmen und dem Bedürfnis, das eigene Selbstbild von Borderline zu Nicht-Borderline zu verändern.

Die Bedeutung der Einzeltherapie für das Fertigkeitentraining

Wie ich oben bereits erwähnt habe, wird das Fertigkeitentraining mit suizidalen Borderline-Klientinnen immer in Zusammenhang mit einer Einzeltherapie durchgeführt; es stellt nur einen Teil der DBT dar. Die zentrale Idee beim DBT-Fertigkeitentraining ist, daß es der Einzeltherapie dienlich sein soll. In einem Bild ausgedrückt: Das Fertigkeitentraining stellt den Ton dar, aus dem Einzeltherapeutin und Klientin eine Figur modellieren können. Bei schwer gestörten Borderline-Klientinnen ist das Fertigkeitentraining allein nicht ausreichend. Dieser Punkt darf nicht außer Acht gelassen werden.

Welche Art von Einzeltherapie paßt am besten zum Fertigkeitentraining? Unsere Untersuchungen haben gezeigt, daß eine DBT-Einzeltherapie kombiniert mit einem DBT-Fertigkeitentraining wirksamer ist als eine andere Einzeltherapieform zusammen mit dem Fertigkeitentraining (*Linehan, Heard & Armstrong* 1993). Es wird allerdings häufig vorkommen, daß die Gruppentrainerinnen keinen Einfluß auf die Art der Einzeltherapie ihrer Klientinnen haben. Das wird vor allem bei der stationären psychiatrischen Behandlung der Fall sein. In Einrichtungen, in denen die DBT erst unlängst eingeführt wurde, mag es auch einfach nicht genügend DBT-Einzeltherapeutinnen geben. Vielleicht versucht eine Einrichtung auch, verschiedene Behandlungsansätze zu integrieren. Eine Reihe von stationären psychiatrischen Kliniken hat zum Beispiel den Versuch unternommen, das DBT-Fertigkeitentraining mit einer psychodynamischen Einzeltherapie zu kombinieren. In akut-psychiatrischen Einrichtungen besteht die psychosoziale Behandlung vielleicht vorwiegend aus Milieutherapie zusammen mit Fertigkeitenübungen, und die Einzeltherapie beschränkt sich auf Pharmakotherapie.

Wenn das Fertigkeitentraining außerhalb der Standard-DBT durchgeführt wird, dann werden einige Modifikationen bei der Durchführung des Fertigkeitentrainings notwendig sein. Welche Modifikationen genau erforderlich sind, hängt zum einen davon ab, welche Art von Einzeltherapie angeboten wird, und zum anderen von der Beziehung zwischen Fertigkeitentrainerinnen und den Einzeltherapeutinnen.

Wenn die Einzeltherapeutinnen das Einüben der Fertigkeiten nicht in die Therapie einbeziehen

Im Fertigkeitentraining wird die Integration der neuen Verhaltensweisen in das Alltagsleben auf verschiedene Art und Weise unterstützt. Der Mangel an Zeit und die Komplexität einer solchen Integration machen es aber erforderlich, daß die Einzeltherapeutinnen ihre Klientinnen zusätzlich aktiv bei der Anwendung der Fertigkeiten unterstützen. Die Einzeltherapeutinnen müssen den Klientinnen Tag für Tag dazu Anregung und Unterstützung bieten.

Wenn die Klientinnen in der Einzelsitzung versuchen, Lösungen für ihre momentanen Probleme zu finden, dann ist es Aufgabe der DBT-Therapeutinnen, sie dabei dadurch zu unterstützen, daß sie das Problem durch die „Brille" der Verhaltensfertigkeiten betrachten. Das heißt, wenn gegenwärtig das Modul „Streßtoleranz" behandelt wird, werden die Probleme im Licht der Streßtoleranz betrachtet. Wenn zwischenmenschliche Fähigkeiten Fokus der Arbeit sind, dann könnte die Einzeltherapeutin zum Beispiel fragen, wie sich das Problem oder die Lösung in bezug auf interpersonelles Verhalten verstehen ließe. Im allgemeinen werden Probleme zu „Problemen", weil die Situation mit aversiven emotionalen Reaktionen verbunden ist. Für die Klientin kann dann eine Lösung sein, ihre emotionalen Reaktionen auf die Situation zu verändern. Eine angemessene Reaktion ließe sich auch im Sinne der inneren Achtsamkeit vermitteln.

Die Fähigkeit, eine der Verhaltensfertigkeiten auf eine problematische Situation anzuwenden, ist wichtig und zugleich schwierig. Die Einzeltherapeutinnen müssen selbst sehr gut mit den Verhaltensfertigkeiten vertraut sein, und sie müssen in der Lage sein, in einer Sitzung oder in einer Krise schnell auf sie zurückgreifen zu können. Wenn die Einzeltherapeutinnen nicht mit den Fertigkeiten vertraut sind, sollten sie unbedingt darüber informiert werden. Strategien hierfür werden weiter unten dargestellt.

Die erforderliche aktive Intervention ist vielleicht nicht vereinbar mit der Art von Psychotherapie, die eine bestimmte Therapeutin durchführen möchte. Einige Therapeutinnen zum Beispiel betrachten das Vermitteln neuer Fertigkeiten als eine Behandlung der „Symptome" statt der „Krankheit". In einer Klinik, in der die DBT gerade eingeführt wurde, sagten die Einzeltherapeutinnen, (die Medizinerinnen waren), den Klientinnen, daß das Pflegepersonal sie beim Einüben der Fertigkeiten unterstützen und ermutigen würde. Nach meiner Erfahrung brauchen Klientinnen mit solchen Therapeutinnen, eine zusätzliche Hilfe, um die Fertigkeiten auch wirklich anwenden zu können, die sie gerade lernen. Sie brauchen auch Unterstützung, die neuen Fertigkeiten als wichtig betrachten zu können, da ihre Einzeltherapeutinnen ihnen zu verstehen geben, daß die „wirkliche Therapie" mit ihnen stattfindet.

Die Fertigkeitentrainerinnen haben eine ganze Reihe von Möglichkeiten, um mit diesen Schwierigkeiten umzugehen. Sie können zum Beispiel eine zusätzliche wöchentliche Trainingssitzung einrichten, in der den Klientinnen Wege vermittelt werden, wie sie ihre Fertigkeiten in streßreichen Lebenssituationen einsetzen können. Menschen brauchen häufig gerade dann Hilfe, wenn sie sich in einer Krise befinden. Das Fertigkeitentraining ist wie das Lehren von Basketballspielen. Die Trainerinnen führen nicht nur Trainingstreffen während der Woche durch, sondern sie besuchen auch das wöchentliche Spiel, um die Spielerinnen darin zu unterstützen, das während der Woche Geübte auch wirklich einzusetzen. Bei ambulanten Klientinnen tut man das im allgemeinen am besten durch Telefongespräche. In der Standard-DBT werden Telefongespräche mit den Fertigkeitentrainerinnen stark eingeschränkt; fast alle Anrufe in Krisensituationen werden mit den Einzeltherapeutinnen geführt. Für den Fall, daß eine Einzeltherapeutin keine Anrufe entgegennimmt oder keine Unterstützung für den Einsatz der Fertigkeiten bietet, kann eine Fertigkeitentrainerin sich allerdings auch dazu entscheiden, Anrufe zu akzeptieren - zumindest dann, wenn die Klientin anruft, weil sie Unterstützung beim Einsatz von Fertigkeiten braucht.

In einer stationären Einrichtung sollte das Pflegeteam die Verhaltensfertigkeiten gemeinsam mit den Klientinnen lernen. Auf diese Weise kann es die Klientinnen beim Einsatz der Fertigkeiten unterstützen. Es sollten wöchentliche Beratungstermine für die Fertigkeiten angeboten werden. Diese Treffen ähneln Sprechzeiten in der Universität; während der Sprechzeiten können die Klien- tinnen sich beraten lassen. (Diese Idee wurde von Charles Swenson im Cornell Medical Center/New York Hospital in White Plains entwickelt). Im Idealfall bitten die Klientinnen sich auch gegenseitig um Hilfe. In einer anderen stationären Einrichtung zum Beispiel werden die neuen Fertigkeiten von Therapeutinnen vermittelt. Das Pflegepersonal leitet die Gruppen, in denen die Hausaufgaben besprochen werden. Hier kommen die Klientinnen zusammen, um sich über ihre Versuche auszutauschen, die neuen Fertigkeiten zu üben, und um Unterstützung in besonders schwierigen Situationen zu erhalten. Die Einzeltherapeutinnen verstärken den Einsatz der Fertigkeiten (*Barley et al., im Druck*).

Wenn die Einzeltherapeutinnen sich bei suizidalen Krisen auf die Unterstützung der Fertigkeitentrainerinnen verlassen

Einer der zentralen Unterschiede zwischen der DBT und anderen Einzeltherapien liegt darin, daß in der DBT zunächst gegenwärtiges maladaptives Verhalten verändert wird und erst anschließend langandauernde interpersonelle Konflikte und die Auswirkungen von frühen Traumata und Mißbrauchserfahrungen bearbeitet werden. In der DBT wird davon ausgegangen, daß zunächst gegenwärtiges risikoreiches suizidales Verhalten (einschließlich parasuizidalen Verhaltens), therapiegefährdendes Verhalten und die Lebensqualität extrem beeinträchtigendes Verhalten verändert werden müssen, bevor langfristig belastende interpersonelle Konflikte und frühere Mißbrauchserfahrungen oder Traumata exploriert und gelöst werden können. Eine therapeutische Konfrontation mit Belastungen erfordert zumindest ein Minimum an Fähigkeit, Streß zu ertragen, ohne auf suizidales oder parasuizidales Verhalten, extreme Suizidphantasien, stark therapiegefährdendes Verhalten oder andere dysfunktionale Verhaltensweisen zurückzugreifen.

Der wichtigste Punkt ist aber, daß die Verringerung dieser maladaptiven Verhaltensweisen nicht das vorrangige Ziel des DBT-Fertigkeitentrainings ist. Das Fertigkeitentraining richtet sich vielmehr auf die Vermittlung allgemeiner Fertigkeiten, die den Klientinnen bei gegenwärtigen Lebensschwierigkeiten helfen können. Im ersten Trainingsjahr wird nicht unbedingt der Versuch unternommen, diese Fertigkeiten auf aktuelles suizidales Verhalten, auf therapiegefährdendes Verhalten und andere dysfunktionale Verhaltensweisen anzuwenden.

Die Behandlung von aktuellem parasuizidalem Verhalten wird im Fertigkeitentraining aktiv vermieden, wie ich später noch ausführlicher darstellen werde. In den frühen Phasen des Fertigkeitentrainings wird die Anwendung der Fertigkeiten auf extrem belastende Situationen nicht gefördert, da dies die Prinzipien des Shaping verletzen würde. Die Bearbeitung von therapiegefährdendem Verhalten einschließlich gravierender Probleme mit dem Fertigkeitentraining selbst wird an die Einzeltherapeutinnen delegiert. Der wichtigste Grund dafür ist die zeitliche Beschränkung im Fertigkeitentraining.

Diese Ausrichtung des Trainings kann zu Problemen führen, wenn eine Einzeltherapeutin statt der aktuellen und maladaptiven Verhaltensweisen eher langandauernde Konflikte und frühe Kindheitserfahrungen bearbeiten möchte. Ein solcher Fokus und eine mangelnde Berücksichtigung von Bewältigungsfertigkeiten in der Einzeltherapie können zu einer Exazerbation von aktuellen dysfunktionalen Verhaltensweisen führen. Diese Schwierigkeiten können besonders gravierend werden, wenn die Einzeltherapeutin die Ziele des DBT-Fertigkeitentrainings mißversteht und es als eine Behandlung auffaßt, die direkt auf die Veränderung aktueller dysfunktionaler und suizidaler Verhaltensweisen abzielt.

Meiner Erfahrung nach haben viele Nicht-DBT-Therapeutinnen wenig Interesse, sich mit der direkten Modifikation von aktuellem Verhalten zu beschäftigen. Diese Abneigung ist verständlich, wenn sie nicht verhaltenstherapeutisch ausgebildet sind und sie sich darauf verlassen, daß diese Arbeit von einem verhaltenstherapeutisch orientierten Fertigkeitentraining geleistet wird. Bedauerlicherweise verlassen sich die DBT-Fertigkeitentrainerinnen umgekehrt auf die Einzeltherapeutinnen. In diesem Fall hilft dann niemand der Klientin dabei, adäquate Bewältigungsstrategien für belastende Erfahrungen (zum Beispiel posttraumatische Belastung, intrapsychische Konflikte, interpersonelle Konflikte) zu entwickeln.

Dieses Problem wird weiter verschärft, wenn die Einzeltherapeutinnen (die sich darauf verlassen, daß die Fertigkeitentrainerinnen modifizierte Bewältigungsstrategien mit der Klientin entwickeln) zunehmend belastende Themen in der Einzeltherapie bearbeiten, ohne ihrerseits genügend Bewältigungsstrategien zu vermitteln. In diesem Fall ist absehbar, daß die zusätzliche Anwendung des DBT-Fertigkeitentrainings zu einer Nicht-DBT-Einzeltherapie eher schädigend als therapeutisch wirken wird.

Unter solchen Umständen sollten Klientinnen, die sich nicht in DBT-Einzeltherapie befinden, sinnvollerweise ein separates Fertigkeitentraining erhalten. In diesem Training sollte beträchtlich langsamer als üblich vorgegangen werden, und es muß ein Weg gefunden werden, suizidales Verhalten im Setting des Fertigkeitentrainings zu besprechen, zum Beispiel kann für diesen Zweck eine zweite wöchentliche Sitzung eingerichtet werden. Da solche Themen für die anderen Klientinnen häufig sehr belastend und verwirrend sind, sollten gleichzeitig positive Bewältigungsstrategien besprochen werden. Man sollte dabei auch auf Klientinnen achten, die nichts sagen; sie werden vielleicht noch suizidaler, ohne es ausdrücken zu können. Darüber hinaus ist es wichtig, individuelle Pläne für Bewältigungsstrategien für die Zeit zwischen den Treffen zu entwickeln. Für die Klientinnen, die während der Treffen zunehmend suizidal werden, sollten auch externe Unterstützungsmöglichkeiten gesucht werden.

Diese Maßnahmen sind notwendig, da suizidale Menschen meiner Erfahrung nach häufig einen verstärkten Impuls zu parasuizidalem Verhalten verspüren, wenn über suizidales Verhalten (einschließlich entsprechender Impulse) in der Vergangenheit gesprochen wird. Dieses ist genau der Grund, warum viele Einzeltherapeutinnen es vermeiden, das Thema offen mit ihren Klientinnen zu besprechen. Wenn die Verantwortung dafür an die Fertigkeitentrainerinnen delegiert wird, erhöht sich die Wahrscheinlichkeit traumatischer Erfahrungen natürlich beträchtlich.

Austausch zwischen Einzeltherapeutinnen und Fertigkeitentrainerinnen

Eine unzureichende Kommunikation zwischen Einzeltherapeutinnen und Fertigkeitentrainerinnen kann Ursache für die oben beschriebenen Probleme sein. Wenn die Erwartungen jeder Seite an die andere nicht deutlich ausgesprochen und wiederholt diskutiert werden, ist es nicht verwunderlich, daß beide Behandlungen nicht optimal wirken. Supervisions- und Beratungsstrategien gehören zu den wichtigsten Aspekten der DBT (sie werden in Kapitel 13 des Handbuches näher beschrieben). Diese Strategien erfordern regelmäßige Treffen aller DBT-Therapeutinnen. Die Treffen dienen dazu, Informationen auszutauschen und die Einhaltung des DBT-Konzeptes zu überprüfen.

In meiner Klinik werden wöchentliche Supervisions- und Beratungstreffen mit zweistündiger Dauer abgehalten. Während der Treffen werden die einzelnen Klientinnen diskutiert. Die Fertigkeitentrainerinnen informieren die Einzeltherapeutinnen darüber, welche Fertigkeiten aktueller Fokus der Gruppensitzungen sind. Falls notwendig, vermitteln die Fertigkeitentrainerinnen auch den anderen Therapeutinnen die Fertigkeiten. Es ist sehr hilfreich für die Klientinnen, wenn Einzeltherapeutinnen und Fertigkeitentrainerinnen eine gemeinsame Terminologie für die Verhaltensfertigkeiten haben; das beugt Unklarheiten vor. Im allgemeinen hat eine Übereinstimmung verschiedener Therapeutinnen keinen besonderen Stellenwert in der DBT; in diesem Kontext aber ist sie nützlich, da die Anzahl der zu lernenden Fertigkeiten recht groß ist. Die wöchentlichen Konsultationen fördern eine solche Übereinstimmung. Bei den Treffen werden auch die Schwierigkeiten besprochen, die die einzelnen Klientinnen mit der Anwendung von Fertigkeiten und/oder der Interaktion bei den Trainingstreffen haben. Die Einzeltherapeutinnen beziehen diese Informationen mit in ihre individuelle Therapieplanung ein.

Die Bedeutung, die ich hier der Beratung zwischen Einzel- und Fertigkeitentherapeutinnen beimesse, scheint im Widerspruch zu den „Strategien zur Beratung der Klientinnen" zu stehen; letztere sind ebenso zentraler Bestandteil der DBT. (Für eine nähere Darstellung dieser Strategien siehe Kapitel 13 des Handbuches.) Zunächst ist darauf hinzuweisen, daß die verschiedenen Beratungsstrategien ein sehr sorgfältiges Vorgehen der DBT-Therapeutinnen erfordert. Dies ist ein recht komplexes Thema.

Eine therapeutische Einheit läßt sich definieren als Gruppe von Menschen (zum Beispiel Einzel- und Fertigkeitentherapeutinnen), als eine Klinik, Station oder andere Einrichtung, in der verschiedene

Therapeutinnen in einem koordinierten Behandlungsprogramm mit einer bestimmten Gruppe von Klientinnen interagieren. In einer therapeutischen Einheit sind Rücksprache und Beratung zwischen den Therapeutinnen besonders wichtig (vorausgesetzt natürlich, daß die Klientinnen über diese Zusammenarbeit informiert und mit ihr einverstanden sind). Die Anwendung der Beratungsstrategien erfordert hier lediglich, daß die Therapeutinnen es bei den gemeinsamen Besprechungen vermeiden, im Auftrag einer Klientin zu handeln. Sie müssen achtgeben, daß sie nicht in die Falle geraten, als Vermittlerin einer Klientin zu fungieren.

Eine besonders schwierige Situation entsteht, wenn Einzeltherapeutinnen unabhängig von den Fertigkeitentrainerinnen arbeiten und sich nicht mit ihnen beraten möchten oder nicht die Zeit dazu haben. Sind dann Fortschritte in der Therapie möglich? Die Antwort hängt davon ab, ob die Einzeltherapeutinnen über die Bereitschaft und Fähigkeit verfügen, die Klientin selbständig bei der Integration der Fertigkeiten zu unterstützen. Gute Verhaltenstherapeutinnen können auch unter diesen Bedingungen bemerkenswerte Arbeit leisten. Hier müssen dann einige Voraussetzungen gegeben sein. Erstens müssen die Einzeltherapeutinnen Informationen über die im Training vermittelten Fertigkeiten erfragen; nur so ist es möglich, die Klientin bei der Anwendung der Fertigkeiten in problematischen Bereichen zu unterstützen. Zweitens müssen Therapeutinnen selbst die Fertigkeiten kennen und auch in der Lage sein, sie anzuwenden. Dies ist nicht so einfach wie es scheint. Drittens müssen die Therapeutinnen der Versuchung widerstehen, sich auf Interventionen seitens der Fertigkeitentrainerinnen zu verlassen, die aktuelle suizidale und andere dys- funktionale Verhaltensweisen verringern sollen. Wenn in unserer Klinik Klientinnen ohne DBT-Einzeltherapeutinnen das Fertigkeitentraining angeboten wird, akzeptieren wir sie nur unter der Voraussetzung, daß die betreffenden Nicht-DBT-Therapeutinnen sich bereit erklären, ihre Klientinnen bei der Anwendung der Fertigkeiten zu unterstützen. Wir schicken dann den Therapeutinnen unsere Trainingsmaterialien. Richtlinien für den Umgang mit suizidalem Verhalten und Krisen werde ich später noch ausführlicher darstellen.

Gruppentherapeutinnen

Meiner Erfahrung nach ist es sehr wichtig, daß das Gruppenfertigkeitentraining in der DBT von zwei Leiterinnen (bzw. einer Leiterin und einem Leiter) durchgeführt wird. Der Hauptgrund dafür ist, daß der Versuch, eine Gruppe allein zu leiten, sehr schnell zu einem Burn-out-Syndrom führen kann. Die andauernde Passivität, Hoffnungslosigkeit, emotionale Verletzlichkeit und Invalidierung, die die ersten Monate des Gruppentrainings durchziehen, sind für eine Person allein nahezu unerträglich.

Die Gruppenteilnehmerinnen neigen dazu, sich emotional zurückzuziehen, wenn Gruppenspannungen und Konflikte auftreten oder wenn eine Therapeutin versucht, eine einzelne Teilnehmerin zu etwas zu drängen oder aus der Reserve zu locken. Dies führt bei der Therapeutin im Gegenzug zu der Tendenz, einen Rückzieher zu machen, das „Opfer“ zu beschuldigen und dann die anderen Gruppenteilnehmerinnen anzugreifen. Steht man als Therapeutin allein, ist es fast unmöglich, dieser Tendenz über einen längeren Zeitraum hinweg zu widerstehen. Die Hauptfunktion der zweiten Therapeutin ist, für ein dialektisches Gegengewicht und eine Unterstützung der anderen Person zu sorgen; so kann das fragile Gleichgewicht in der Gruppe für eine weitere Woche aufrechterhalten werden.

In unseren Gruppen arbeiten wir mit dem Modell Haupttherapeutin und Co-Therapeutin. In einer typischen Sitzung haben die beiden zum Teil unterschiedliche Funktionen. Die Haupttherapeutin eröffnet die Sitzung, leitet die Verhaltensanalysen beim Besprechen der Hausaufgaben, stellt das neue Material dar und ist auch für den zeitlichen Ablauf der Sitzungen verantwortlich - damit auch für die Entscheidung, wieviel Zeit den einzelnen Mitgliedern gewidmet wird. Die Haupttherapeutin trägt somit insgesamt die Verantwortung für den Ablauf des Fertigkeitentrainings.

Die Funktionen der Co-Leiterin sind unterschiedlicher Art: Einmal ist es ihre Aufgabe, zu vermitteln, wenn Spannungen zwischen Gruppenteilnehmerinnen und Haupttherapeutin auftauchen; sie stellt ein Gegengewicht dar, aus dem eine Synthese geschaffen werden kann. Die Hauptleiterin hat die Gruppe als Ganzes im Auge. Die zweite Funktion der Co-Leiterin besteht darin, auf jedes einzelne Mitglied zu achten, zu sehen, bei wem individuelle Aufmerksamkeit notwendig ist und dies entweder direkt während der Gruppensitzungen anzusprechen oder sich mit der Hauptleiterin während der Pausen darüber zu beraten. Drittens fungiert die Co-Leiterin als Co-Lehrerin; sie bietet alternative Erklärungen, Beispiele, etc an.

Wenn es in der Gruppe eine „Böse“ gibt, dann ist es meistens die Hauptleiterin, die auf die Einhaltung der Gruppennormen achtet. Und wenn es eine „Gute“ gibt, dann ist es die Co-Leiterin, die immer versucht, die Dinge aus der Sicht der Person zu sehen, die gerade in der schwachen Position ist. Häufig, wenn auch nicht immer, ist die Person, die gerade das Nachsehen hat, eine Gruppenteilnehmerin. Hier ist nun die Co-Leiterin die „Gute". Solange es beide Leiterinnen schaffen, die dialektische Perspektive im Auge zu behalten, kann diese Arbeits- und Rollenaufteilung sehr therapeutisch wirken. Dafür ist allerdings ein gewisses Maß an innerer Sicherheit bei den Therapeutinnen erforderlich.

Eine besonders wichtige Funktion erhalten in diesem Zusammenhang die DBT-Strategien zur Supervison und Beratung. Die Supervisionsgruppe achtet auf mögliche Konflikte bzw. das dialektische Gleichgewicht zwischen den beiden Leiterinnen und dient so als eine Art dritte Instanz. Sie hat die gleiche Funktion wie die Co-Leiterin, die während der Gruppensitzungen für das Gleichgewicht zwischen Hauptleiterin und Gruppenmitgliedern achtet. Die Aufgabe der Supervisions-/ Beratungsgruppe ist es somit, den Wahrheitsgehalt in beiden Seiten des Konfliktes zu finden und so auf Versöhnung und Synthese hin zuarbeiten.

3

Aufbau der Sitzungen und Beginn des Fertigkeitentrainings

Zeitlicher Aufbau und Struktur der Sitzungen

Es gibt verschiedene Möglichkeiten für die zeitliche Gestaltung des Fertigkeitentrainings. In meiner Klinik dauern die Gruppensitzungen zweieinhalb Stunden; nach der Hälfte der Zeit wird im allgemeinen eine Pause eingelegt. Dieser Aufbau wird während des ganzen Jahres beibehalten. Die erste Stunde ist zunächst Begrüßung und Eröffnungsritualen gewidmet; danach berichten die Gruppenmitglieder von ihren Versuchen, die Fertigkeiten zu üben - oder auch von unterlassenem Üben. In der zweiten Stunde werden neue Fertigkeiten vorgestellt und besprochen. In den letzten 15 Minuten läßt man die Sitzung mit einer Übung ausklingen (*Wind-down*).

In einigen stationären Einrichtungen wurden statt einer zwei wöchentliche Sitzungen eingeführt. In der einen Sitzung werden die Hausaufgaben besprochen; und in der anderen werden neue Fertigkeiten vermittelt. In stationären und tagesklinischen Einrichtungen ist dies ein sinnvolles Vorgehen, da die Teammitglieder dort die Möglichkeit haben, die Klientinnen dazu zu bewegen, an beiden Sitzungen teilzunehmen. In einem ambulanten Rahmen hingegen besteht bei einem solchen Vorgehen die Gefahr, daß die Klientinnen nicht zu den Hausaufgabensitzungen erscheinen, falls sie die Fertigkeiten während der vergangenen Woche nicht geübt haben.

In anderen Settings wurde versucht, die Sitzungsdauer zu verkürzen, meist von zweieinhalb auf eineinhalb Stunden. Unserer Erfahrung nach sind eineinhalb Stunden aber nicht ausreichend für eine Gruppensitzung. Sogar bei einer Dauer von zweieinhalb Stunden und 50 bis 60 Minuten für die Besprechung der Hausaufgaben bleiben bei einer Gruppe von acht Mitgliedern nur sechs bis acht Minuten für jede Person - das ist nicht sehr viel. Und 50 bis 60 Minuten für die Einführung von neuem Material ist ebenfalls knapp bemessen. Die Gruppenleiterinnen können in dieser Zeit zwar viel von dem neuen Material besprechen; sie brauchen aber auch genügend Zeit für weitere Punkte: Üben der neuen Fertigkeiten, Fragen diskutieren, Überprüfen, ob die einzelnen Teilnehmerinnen das Material auch verstanden haben und die neuen Hausaufgabenblätter besprechen, damit den Klientinnen klar ist, wie die Übungen durchzuführen und zu notieren sind. Ein Einzeltraining kann in wöchentlichen Sitzungen von 45 bis 50 Minuten durchgeführt werden.

Wird ein neues Trainingsmodul eingeführt, dann werden in den ersten 30 bis 60 Minuten der Sitzung die Grundgedanken des jeweiligen Moduls vorgestellt. (In einer fortlaufenden Gruppe wird in der ersten Sitzung eines neuen Moduls nur kurz auf die Hausaufgaben eingegangen.) Dabei sollten die Gruppenleiterinnen die Klientinnen möglichst davon überzeugen, daß die neuen Fertigkeiten von Bedeutung für ihr Leben sind, daß sich ihre Lebensqualität verbessern wird, falls sie sich diese Fertigkeiten aneignen - und vor allem, daß sie diese Fertigkeiten auch wirklich lernen können. Die Therapeutinnen sollten deutlich machen, wie sich die jeweiligen Fertigkeiten auf bestimmte Probleme anwenden lassen, und dabei so kreativ wie möglich sein. Die Grundgedanken der einzelnen Module werden in den Kapiteln 7 bis 10 beschrieben.

Beginn der Sitzung

In unseren Gruppensitzungen bieten wir (koffeinfreien) Kaffee und Tee, eventuell auch einen kleinen Imbiß an. Zu Beginn der Sitzung erhält jede Teilnehmerin ihren Kaffee oder Tee und hat so Gelegenheit, erst einmal ein wenig zur Ruhe zu kommen. Die erste Aufgabe besteht darin, die jeweils von uns ausgegeben Fragebögen zur Behandlung auszufüllen. Wenn eine Gruppenteilnehmerin zu einer der vorigen Sitzungen nicht gekommen ist, kann sie der Gruppe den Grund dafür mitteilen. Falls das Nichterscheinen zu Sitzungen ein Problem der betreffenden Klientin ist, kann noch etwas darauf eingegangen werden (etwa fünf Minuten), was sie am Kommen hindert und wie dies überwunden werden kann. Themen, die die

Gruppe betreffen (zum Beispiel Ankündigungen, nicht erfolgtes Absagen eines Termins oder Zuspätkommen) werden am Anfang der Sitzung behandelt. Diese kurze Besprechung von therapiegefährdendem Verhalten ist sehr wichtig und sollte nicht versäumt werden.

Austausch über die Übungsversuche / Besprechung der Hausaufgaben

In der nächsten Phase der Sitzung berichten die Teilnehmerinnen über ihre Versuche, die jeweils vermittelten Verhaltensfertigkeiten (Innere Achtsamkeit, Zwischenmenschliche Fähigkeiten, Bewußter Umgang mit Gefühlen, Streßtoleranz) zu üben. In unseren Gruppensitzungen bittet die Therapeutin die Teilnehmerinnen nacheinander, der Gruppe mitzuteilen, was sie während der vergangenen Woche geübt haben. (Das Warten auf freiwillige Beiträge der Mitglieder braucht meiner Erfahrung nach zuviel Zeit. Ich lasse die Mitglieder allerdings entscheiden, wer zuerst beginnen mag.) Das Vokabular kann hier sehr wichtig sein. Verhaltenstherapeutinnen sind daran gewöhnt, Üben als Hausaufgaben zu bezeichnen und daher die Klientinnen nach dem Üben der Hausaufgaben zu fragen. Manche unserer Klientinnen mögen diese Terminologie und betrachten das Fertigkeitentraining gerne als eine Art Unterricht, ähnlich wie in einem Seminar. Andere fühlen sich durch diesen Ausdruck erniedrigt, als würden sie wie Schulkinder behandelt und müßten wieder den Erwachsenen Rede und Antwort stehen. Eine Diskussion der Wortwahl gleich zu Beginn der Behandlung kann dieses Thema entschärfen.

Der wöchentliche Austausch über Übungsversuche ist ein wesentlicher Bestandteil des Fertigkeitentrainings. Die Tatsache, daß nicht nur alle Teilnehmerinnen über ihre Versuche befragt werden, sondern daß auch das Nichtüben genau analysiert wird, erhöht die Motivation, die Fertigkeiten während der Woche zumindest einmal zu probieren. Jede Klientin sollte gebeten werden, ihre Erfahrungen mitzuteilen, auch die, bei denen ein extremes Widerstreben oder eine Aversion gegenüber der Aufgabe deutlich wird. Dieser Teil der Sitzung ist so wichtig, daß er Vorrang gegenüber allen anderen Aufgaben hat. Wie oben bereits erwähnt wurde, erfordert das Durchführen des gemeinsamen Austausches in 50 bis 60 Minuten eine gute Zeiteinteilung. Es ist aber zu berücksichtigen, daß häufig ein oder zwei Klientinnen nicht anwesend sind und daß auch zumeist ein oder zwei Klientinnen nur zu kurzen Mitteilungen bereit sind; dadurch hat dann jede Teilnehmerin mehr Zeit zur Verfügung. Von den Therapeutinnen erfordert die Anleitung dieses gegenseitigen Austausches viel Sensibilität. Die Aufgabe besteht darin, jede Klientin sanft zu einer Auseinandersetzung mit ihrem Verhalten anzuregen, ihre Schwierigkeiten zu validieren und ihrer Neigung entgegenzuarbeiten, sich selbst negativ zu beurteilen oder hartnäckig an unerreichbaren Maßstäben festzuhalten. Gleichzeitig soll ihr geholfen werden, effektivere Strategien für die nächste Woche zu entwickeln, falls dies erforderlich ist. Zudem müssen die Therapeutinnen gleichzeitig die Analyse der Verhaltensweisen der vergangenen Woche und die Versuche zum Beschreiben, Analysieren und Problemlösen in den Sitzungen im Auge behalten. Angst vor Kritik oder die Angst, „dumm“ zu wirken, Scham, Demütigung, Verlegenheit, Selbsthaß und Wut sind Gefühle, die sich sehr häufig hemmend auf die Kommunikation auswirken. Durch einen geschickten Umgang mit diesen Emotionen - durch die Kombination von validierenden Strategien mit Problemlösestrategien sowie von Provokationen mit reziproker Kommunikation - läßt sich der gemeinsame Austausch therapeutisch nutzen.

Wenn eine Klientin geübt hat und die Fertigkeiten hilfreich für sie waren, sollte sie von den Therapeutinnen darin bestärkt und ermutigt werden. Die anderen Klientinnen werden gebeten, sich zu ähnlichen Übungen, Situationen und Erfahrungen zu äußern. Lob und Ermutigung der Klientinnen untereinander werden verstärkt. Es ist sehr wichtig, jede Klientin zu ermutigen, ihren Einsatz der Fertigkeiten in den problematischen Situationen der jeweiligen Woche detailliert zu beschreiben. Der genauen Beschreibung der Erfolge wie auch der Schwierigkeiten der Woche muß jeweils das gleiche Ausmaß an Aufmerksamkeit geschenkt werden. Im Verlauf der Zeit können die Gruppenleiterinnen diese Informationen auch dazu nutzen, die speziellen Anwendungsmuster der Fertigkeiten einzelner Klientinnen zu identifizieren. Dies ist dann besonders wichtig, wenn eine Klientin immer nur über eine Fertigkeitenstrategie berichtet. Eine Klientin aus einer meiner Gruppen hatte im Umgang mit ihren Stimmungsschwankungen die Strategie gewählt, die jeweils problematische Situation zu verändern. Obwohl ihre Problemlösefertigkeiten hervorragend waren, war es für sie sehr wichtig, auch die anderen Methoden (zum Beispiel kognitive Umstrukturierung, das Ertragen der Situation, sich selbst ablenken, usw.) zu lernen. Nicht jede problematische Situation kann verändert werden.

Wenn dem gegenseitigen Austausch nur eine begrenzte Zeit zur Verfügung steht, dann neigen Borderline-Klientinnen meiner Erfahrung nach dazu, immer nur ihre Erfolge beim Einsatz der Fertigkeiten zu berichten und sich nur selten zu ihren Schwierigkeiten und Mißerfolgen zu äußern. Ein aufmerksames Zuhören bei dem Berichten von Erfolgen ist daher bei Borderline-Klientinnen vermutlich noch wichtiger als bei anderen Klientengruppen.

Wenn die Fertigkeiten nicht hilfreich waren

Wenn eine Klientin die vermittelten Fertigkeiten nicht einsetzen konnte oder berichtet, daß die Anwendung nicht hilfreich war, dann sollten die Gruppenleiterinnen Problemlösestrategien einsetzen, um der Klientin dabei zu helfen, zu analysieren, was geschehen ist, was falsch gelaufen ist und wie sie die Fertigkeiten beim nächsten Mal besser einsetzen könnte. Dies ist eine sehr gute Gelegenheit für die Gruppenleiterinnen, modellhaft vorzuführen, wie sich Situationen und Verhaltensweisen analysieren lassen und wie Selbstmanagementfertigkeiten angewendet werden können. Im Laufe der Zeit sollten die Klientinnen auch dazu ermutigt und darin bestärkt werden, sich gegenseitig bei dem Analysieren und Lösen von schwierigen Problemen zu unterstützen.

Wenn eine Klientin Schwierigkeiten mit den Hausaufgaben hat

Während des gegenseitigen Austausches geschieht es häufig, daß eine Klientin berichtet, während der vergangenen Woche überhaupt nicht geübt zu haben. Es wäre ein Fehler, diese Aussage wörtlich zu nehmen. Bei näherer Betrachtung stellen wir häufig fest, daß die Klientin sehr wohl geübt hat; sie konnte aber das Problem nicht lösen. In diesem Fall werden dann das Shaping und das Setzen von realistischen Zielen besprochen. Häufig zeigt sich auch, daß die Klientin nicht genau weiß, wie sie die jeweiligen Fertigkeiten üben kann. Wir stellen oft auch fest, daß die Klientin viele der zuvor besprochenen Fertigkeiten nicht verstanden hat, aber Angst hatte zu fragen. In diesem Fall sollten sowohl die Ängste vor dem Fragen wie auch die Probleme bei den Hausaufgaben diskutiert werden. Wann immer es möglich ist, sollten die anderen Klientinnen ermutigt oder gebeten werden, der Teilnehmerin zu helfen, die Schwierigkeiten hat. Bei dem Thema „Zwischenmenschliche Fähigkeiten" zum Beispiel, können wir eine andere Klientin bitten, im Rollenspiel zu zeigen, wie sie mit der Situation umgehen würde. Der Umgang mit Stimmungsschwankungen und Streßtoleranz können nicht so leicht demonstriert werden; die anderen Klientinnen können aber mitteilen, wie sie mit einer ähnlichen Situation umgegangen sind oder wie sie dies tun würden. Es kommt auch vor, daß eine Klientin geübt hat, obwohl sie sagt, sie habe es nicht getan. Sie übte entweder ohne zu realisieren, daß sie es tat, oder indem sie Fertigkeiten einsetzte, die sie außerhalb des Fertigkeitentrainings gelernt hat. Diese Tatsache kann völlig übersehen werden, wenn die Erfahrungen der Klientin nicht intensiv genug untersucht werden.

Jedes Fertigkeitenmodul enthält eine große Anzahl von spezifischen Verhaltensfertigkeiten. Bei der Durchführung des Trainings ist es im allgemeinen nicht günstig, zu viele dieser Fertigkeiten darzustellen. Es ist besser, sich einige wenige Fertigkeiten gut anzueignen, anstatt eine Vielzahl von Fertigkeiten oberflächlich zu lernen. Andererseits wirkt meiner Erfahrung nach die Vermittlung von vielen Fertigkeiten zwei Problemen entgegen. Erstens macht die Vermittlung einer Vielzahl von Fertigkeiten deutlich, daß die Therapeutinnen die zu lösenden Probleme nicht vereinfachen. Zweitens wird es dadurch einer Klientin schwerge- macht, glaubwürdig sagen zu können, daß absolut nichts gewirkt habe. Wenn eine Strategie nichts genützt hat, kann die Therapeutin immer noch eine andere Fertigkeit vorschlagen. Bei einer Vielzahl von Fertigkeiten gibt die Patientin gewöhnlich eher ihren Widerstand auf, als daß die Therapeutin die Geduld verliert, neue Strategien vorzuschlagen. Außerdem ist es individuell sehr verschieden, welche Fertigkeit bei wem hilft. Allerdings sollten die Therapeutinnen nicht vorschnell davon ausgehen, daß eine Klientin die falsche Fertigkeit angewandt hat. Unerfahrene Gruppenleiterinnen verwerfen eine Strategie oft zu früh, weil sie annehmen, daß die angewandte Fertigkeit für die Problemsituation oder die Klientin nicht angebracht ist, während diese sie nur nicht richtig eingesetzt hat.

Wenn eine Klientin überhaupt keine Hausaufgaben macht

Falls eine Klientin tatsächlich keine Hausaufgaben oder Übungsversuche gemacht hat, wird dies analysiert. Die üblichen von Klientinnen angegebenen Gründe sind: keine Lust gehabt, vergessen oder keine Gelegenheit dazu gehabt. Sie können selten die Faktoren nennen, die zu ihrer mangelnden Motivation, der Vergeßlichkeit oder der Unfähigkeit, passende Gelegenheiten wahrzunehmen, geführt haben. Untersucht man diese Probleme mit dem Üben mittels der Problemlösestrategien, so zeigt sich oft, daß sie darauf zurückzuführen sind, daß die Klientin nicht in der Lage ist, ihr eigenes Verhalten zu analysieren oder Lernprinzipien anzuwenden, um erwünschte Veränderungen zu erreichen. Klientinnen mit einer Borderline-Störung benutzen häufig Bestrafung in Form von Selbstbeschuldigung, um ihr Verhalten zu kontrollieren. Ein oft geäußerter Kommentar ist: „Wenn ich es nicht gemacht habe, dann wollte ich es wohl nicht machen". Diese Aussage sollte aber genau analysiert werden: Interpretationen bezüglich der Motivation wurden häufig in vorhergehenden Therapien gelernt, auch wenn sie wenig mit der Realität zu tun haben.

Selbst wenn das Problem durch mangelnde Motivation entsteht, muß die Frage gestellt werden, wodurch die Motivation beeinträchtigt wurde. Mangelnde Motivation und Vergeßlichkeit bieten den Gruppenleiterinnen wichtige Gelegenheiten, Selbstmanagement und Lernstrategien zu vermitteln. Das Ziel ist, dadurch allmählich die negative Haltung von Borderline-Klientinnen zu ihrer Willensstärke und psychischen Erkrankung zu verändern. Das Problem des Nichtübens kann gelöst werden.

Wenn eine Klientin in der vergangenen Woche nicht geübt habt, wird sie im allgemeinen nicht gerne darüber diskutieren wollen und die Gruppenleiterin bitten, zur nächsten Teilnehmerin überzugehen. Meiner Erfahrung nach sollten die Gruppenleiterinnen dies aber auf keinen Fall tun, denn die Analyse, warum die Hausaufgaben nicht gemacht wurden, kann sehr wichtig sein. Für den Fall, daß die Klientin eine Aufgabe aus Angst oder Scham vermeidet, kann entgegen diesem Gefühl gehandelt werden, eine Fertigkeit aus dem Modul für den Umgang mit Gefühlen. Zudem werden in einer solchen Situation die übrigen Teilnehmerinnen angeregt, ihr Verhalten in entsprechenden Situationen und ihre eigenen Problemlösestrategien direkt in der Gruppe zu üben. Es ist natürlich wichtig, daß die Therapeutin sich nicht dazu verleiten läßt, die Klientin in ihrer Selbstbestrafung zu verstärken, wenn sie keine Hausaufgaben gemacht hat.

Pause

Die meisten Klientinnen werden nach etwa einer Stunde Gruppensitzung unruhig. Wir machen daher üblicherweise nach der Hälfte der Zeit eine 10 bis 15minütige Pause . Die Teilnehmerinnen können dann Tee, Kaffee und eventuell einen Imbiß zu sich nehmen. Die meisten Klientinnen gehen in den Raucherraum oder an die frische Luft. Dieser Teil der Sitzung ist sehr wichtig, weil er den Klientinnen unstrukturierte Zeit zur Interaktion bietet. Die Gruppenleiterinnen bleiben zwar in der Nähe, aber in einigem Abstand zur Gruppe. Auf diese Weise wird der Gruppenzusammenhalt gefördert. Wenn eine Teilnehmerin besondere Aufmerksamkeit benötigt, sollte man zu diesem Zeitpunkt darauf eingehen. Eines der Hauptprobleme war bisher, daß die Klientinnen, die während der Sitzung große Schwierigkeiten hatten, die Pause nutzten, um wegzugehen. Wir finden es daher ratsam, jeder Klientin, die möglicherweise gehen will, verstärkte Aufmerksamkeit entgegenzubringen bevor sie hinausgeht.

Die Besprechung von neuem Material

Nach der Pause werden die neuen Fertigkeiten vorgestellt und diskutiert (oder falls notwendig nochmals auf die bereits behandelten Fertigkeiten eingegangen). Inhalt und die Art der Einführung neuer Fertigkeiten werden in den Kapiteln 7 bis 10 beschrieben.

Ausklingen der Sitzung (*Wind-down*)

Es ist sinnvoll, mit den Borderline-Klientinnen am Ende jeder Sitzung eine abschließende Übung (*Wind-down*) durchzuführen, weil die Sitzung für einige von ihnen sehr belastend und schmerzhaft gewesen sein mag. Borderline-Klientinnen sind sich oft schmerzlich bewußt, wie negativ sich ihre mangelnden sozialen Fertigkeiten auswirken. Da sie über keine ausreichenden Möglichkeiten zur Steuerung von Gefühlen verfügen, können sie nach einer Sitzung in große Bedrängnis geraten. Diese Gefahr ist vor allem dann besonders groß, wenn ihnen nicht dabei geholfen wird, ihre Emotionen zu regulieren und die Sitzung innerlich abzuschließen.

Für Klientinnen, die während der Sitzung dissoziiert haben, um schmerzhafte Erinnerungen zu vermeiden, bietet das *Wind-down* eine Gelegenheit, wieder in die Gruppe zurückzukehren, bevor die Sitzung beendet wird. Ich wurde auf diese Notwendigkeit während meiner ersten DBT-Fertigkeitengruppen aufmerksam. Nach einigen Monaten kam in einer Gruppe zur Sprache, daß fast jede Teilnehmerin nach der Sitzung etwas trinken ging, um ihre Gefühle wieder unter Kontrolle zu bekommen. Therapeutinnen werden oft feststellen, daß Aufgaben, die harmlos erscheinen, für die Klientinnen sehr belastend sind. Ein Beispiel: Eine Klientin fühlte sich sehr belastet und reagierte überaus emotional, als ich das Modul zu den zwischenmenschlichen Fähigkeiten einführte. Ein wichtiges Thema in diesem Modul ist es, wirkungsvoll und überzeugend „nein" zu sagen. Die Klientin war zu der Zeit mit einer Gruppe von Drogendealern zusammen, die sie oft vergewaltigten. Sie sagte deshalb nicht nein, weil sie meinte, auf diese Leute angewiesen zu sein.

Ich habe verschiedene Methoden zum Ausklingen der Sitzung verwendet. Die bei unseren Teilnehmerinnen beliebteste Übung ist die Prozeßbeobachtung. Bei dieser Methode tauschen wir etwa 15 Minuten lang unsere Beobachtungen über den Verlauf der Sitzung aus. Teilnehmerinnen können über Wahrnehmungen bei sich selbst, bei den anderen Teilnehmerinnen, den Gruppenleiterinnen oder

der Gruppe als Ganzes berichten. Obwohl die Gruppenleiterinnen evtl. diese Methode zu Beginn der Gruppentherapie erst einführen müssen, indem sie sie selbst „vormachen", wird sie meist schnell von den Teilnehmerinnen aufgegriffen. Im Laufe der Zeit stellt sich dann heraus, daß die Teilnehmerinnen einander gewöhnlich sehr genau beobachten und Verhaltensweisen, Fortschritte, Stimmungsänderungen und auftretende Schwierigkeiten auf genaue Weise beschreiben können. Gegebenenfalls kann die Gruppenleiterin tiefergehende Beobachtungen und Kommentare fördern, indem sie allgemeine Fragen zu Beobachtungen stellt (zum Beispiel „Wie geht es Ihnen dabei?"). Oder sie kann ein Gruppenmitglied ermutigen, ihre Beobachtungen zu überprüfen, besonders dann wenn damit Schlußfolgerungen über Gefühle, Stimmungen oder Ansichten einer anderen Teilnehmerin verbunden sind. Eine andere wichtige Aufgabe der Therapeutinnen ist es, auf Teilnehmerinnen zu achten, die sich nicht spontan mit Beobachtungen zu Wort melden. Während der Abschlußübung sollte jede Teilnehmerin ermutigt werden, zumindest eine Beobachtung mitzuteilen, selbst wenn das womöglich nur die Feststellung ist, daß sie es schwierig findet, eine Beobachtung zu nennen.

Auch wenn diese Prozeßbeobachtung die beliebteste Methode am Ende der Sitzung sein mag, so birgt sie doch auch das größte Potential für Probleme. Diese Probleme bestehen fast immer darin, daß die Gruppenleiterin den Überblick über die Diskussion oder den zeitlichen Rahmen verliert und der Austausch in überkritischen Äußerungen endet oder sich in übersteigerten Reaktionen auf ein kritisches Feedback hin zuspitzt. Gelegentlich stürmt auch eine der Teilnehmerinnen hinaus, und weigert sich, wieder zurückzukommen. Dies kann besonders dann auftreten, wenn erfahrenere und fortgeschrittenere Klientinnen, die schon mehrere Module mitgemacht haben, zusammen mit Anfängerinnen in einem Kurs sind. Die fortgeschritteneren Klientinnen sind dann womöglich zu einem intensiveren Austausch bereit, als die neuen Teilnehmerinnen ertragen können. Das *Wind-down* ist dann für sie eine gute Gelegenheit, um sich in stärker konfrontierenden Äußerungen zu üben. Ich werde in Kapitel 5 dieses Manuals noch ausführlicher beschreiben, inwieweit sich zuviel Prozeßarbeit im ersten Therapiejahr problematisch auswirken kann.

Eine zweite Methode zum *Wind-down* besteht aus Entspannungsübungen, Visualisierung, Meditation und Atemübungen. Hierbei liegt der Fokus in der Beobachtung innerer Vorgänge (Körpergefühle, Atem, Gedanken, Gefühle, usw.). Als erstes werden die Klientinnen gebeten, auf ihren Stühlen eine angenehme Position einzunehmen und dabei den Rücken aufrecht zu halten. Meiner Erfahrung nach haben Borderline-Klientinnen häufig sehr wenig Gefühl für den eigenen Körper, so daß viele von ihnen während der ersten Monate, große Schwierigkeiten haben, eine aufrechte Haltung einzunehmen. Mit viel Zeit und Geduld werden die meisten aber nach und nach Zugang zu diesen Übungen finden. Die Klientinnen werden angewiesen, die Augen zu schließen oder nur teilweise offenzuhalten. Man kann davon ausgehen, daß einige Teilnehmerinnen Schwierigkeiten haben werden, ihre Augen in der Sitzung zu schließen; es ist auch nicht nötig, daß sie dies tun. Sie sollten sich dann einen Punkt zum Fixieren suchen, der sie nicht zu sehr ablenkt. Als drittes werden die Klientinnen angewiesen, sich auf ihren Atem zu konzentrieren. Sie sollen dreimal tief einatmen, dabei jeweils den Atem für ein, zwei Sekunden anhalten und jedes Mal anschließend lang und tief ausatmen. Die Konzentration auf diese drei Atemzüge erlaubt ein Zur-Ruhekommen und lenkt die Aufmerksamkeit auf das innere Erleben. Dann führt die Fertigkeitentrainerin die Teilnehmerinnen in eine spezifische Beobachtungsübung. Die Möglichkeiten dafür sind so zahlreich, daß ich sie hier nicht beschreibe. Wir können eine verkürzte Entspannungsübung durchführen, in der verschiedene Muskelgruppen angespannt und wieder entspannt werden. Die Trainerin kann auch die Aufmerksamkeit der Teilnehmerinnen auf körperliche Reaktionen und Wahrnehmungen lenken. Oder die Trainerin instruiert die Klientinnen, sich auf einzelne Körperbereiche zu konzentrieren und die Sinneswahrnehmungen zu registrieren, die dabei auftreten.

In meiner Arbeit hat sich eine Kombination aus Konzentration auf Körperempfindungen („Können Sie fühlen, wie Ihr Arm auf der Armlehne ruht?") und Visualisierung („Können Sie vor Ihrem inneren Auge eine aufknospende Rose sehen?") als sehr hilfreich gezeigt. Übungen mit Imagination können zum Beispiel die Vorstellung beinhalten, an einem warmen Strand zu liegen, auf einer Wolke zu schweben, wie ein Kieselstein zum Meeresgrund zu treiben und ähnliche entspannende Szenen. Meditationsübungen können sich auf die Wiederholung eines einfachen Wortes konzentrieren (zum Beispiel auf das Wort „eins"), auf das Zählen von auftauchenden Gedanken oder der Atemzüge. Bei der Meditation ist es besonders wichtig, die Teilnehmerinnen immer wieder sanft zur Übung zurückzuführen und sie anzuweisen, es nicht zu bewerten, wenn sie merken, daß ihre Gedanken abschweifen.

Nach meiner Erfahrung sollten Übungen zu inneren Körperempfindungen am Anfang sehr kurz sein, nicht länger als fünf Minuten. Außerdem muß unrealistischen Erwartungen beim Durchführen der Übungen entgegengewirkt werden. So ist zum Beispiel das Abschweifen der Aufmerksamkeit bei der Meditation durchaus zu erwarten und zu akzeptieren. Es sollte dem kein Widerstand entgegengebracht werden. Entscheidend ist, immer wieder die volle Aufmerksamkeit zurückzugewinnen. Versuche der Visualisierung können zunächst vielleicht erfolglos bleiben; nicht alle Menschen haben die gleiche Vorstellungskraft. Die Hauptsache ist auch hier, zu beobachten und anzunehmen, was immer auch geschieht.

Wie auch die Beschreibung der Fertigkeiten zur Steigerung der Inneren Achtsamkeit in Kapitel 7 zeigt, umfassen die Übungen zur Entspannung am Sitzungsende die Fertigkeiten des Beobachtens und des Nichtbewertens. Das Beobachten von Prozessen beinhaltet ebenfalls aktives Beschreiben. Entspannungsübungen und Meditation bieten Gelegenheit, zu lernen, sich auf den Augenblick zu konzentrieren.

Beginn des Fertigkeitentrainings

Aufbau von Beziehungen

Zu Beginn des Fertigkeitentrainings ist es außerordentlich wichtig, Strategien zum Aufbau der therapeutischen Beziehung einzusetzen (siehe Kapitel 15 des Handbuches). Im Gruppensetting gehört es zu den vorrangigen Aufgaben der Leiterin, zunächst eine Beziehung zwischen Teilnehmerinnen und Therapeutinnen herzustellen und dann den Gruppenzusammenhalt zu fördern. Wir fanden es hilfreich, einige Tage vor dem ersten Fertigkeitentraining jede einzelne Teilnehmerin anzurufen, um sie an die Sitzung zu erinnern, Sinn und Ziel zu erklären und ihr mitzuteilen, daß man sich darauf freut, sie bald zu sehen. Für die Gruppenleiterin ist dies auch ein guter Zeitpunkt, etwaige Zweifel und Ängste in letzter Sekunde oder gar Pläne, schon vor Beginn wieder auszusteigen (bei Borderline-Klientinnen nicht ungewöhnlich) anzusprechen.

Die Gruppenleiterinnen sollten ein paar Minuten vor jeder Sitzung (auch der ersten) erscheinen und die Klientinnen kurz einzeln begrüßen. Auf widerwillige oder sehr ängstliche Klientinnen kann das beruhigend wirken. So können die Therapeutinnen auch erfahren, ob jemand Bedenken hat oder früher gehen will und dem entgegenwirken. Wir versuchen, diese individuellen Interaktionen mit der Zusammenarbeit der Gruppe als Ganzes zu verbinden, um die Identität als Gruppe zu wahren. Dieser Punkt wird später noch ausführlicher besprochen. Es ist davon auszugehen, daß die Teilnehmerinnen in der ersten Gruppensitzung sehr schüchtern und ängstlich sind, denn sie haben keine klare Vorstellung davon, welches Verhalten angemessen ist, und wissen nicht, ob die anderen Gruppenmitglieder vertrauenswürdig sind. Gewöhnlich fragen wir in der ersten Sitzung des Fertigkeitentrainings jede Teilnehmerin nach ihrem Namen, auf welche Weise sie von der Gruppe erfahren hat und was sie sonst noch der Gruppe über sich mitteilen möchte. Die Gruppenleiterinnen berichten ebenfalls von sich (u.a. wie sie dazu kamen, die Gruppe zu leiten).

Die nächste Aufgabe der Fertigkeitentrainerinnen besteht darin, den Klientinnen deutlich zu machen, wie wichtig die einzelnen Fertigkeiten für ihr Leben sein können. Es wird ein Überblick über das gesamte Trainingsjahr, die DBT, suizidales Verhalten und inadäquate Bewältigungsstrategien gegeben; ebenso wird der Aufbau der folgenden Sitzungen beschrieben. Hierbei sollte immer wieder Bezug auf die persönlichen Erfahrungen der Klientinnen genommen werden. Ein Arbeitsblatt, das die Beziehung zwischen den Merkmalen der Borderline-Persönlichkeitstörung und dem Fertigkeitentraining veranschaulicht, wird verteilt und ebenfalls besprochen (ausführlich beschrieben in Kapitel 6 dieses Manuals); normalerweise schreibe ich das auch noch auf die Tafel im Therapieraum.

Die Therapeutinnen sollten die Aussicht vermitteln, daß die Behandlung den Klientinnen dabei helfen wird, ihre Lebensqualität deutlich zu verbessern. Die Behandlung muß den Klientinnen sozusagen gut „verkauft" werden (Siehe auch Kapitel 9 bis 14 zur Darstellung der Therapie und Anregung von Diskussionen). Zu diesem Zeitpunkt sage ich den Teilnehmerinnen auch, daß die DBT kein Programm zur Suizidprävention, sondern zur Verbesserung der Lebensqualität ist. Die Idee ist keineswegs, daß die Klientinnen ein nicht lebenswertes Leben aufrechterhalten sollen. Vielmehr wird ihnen geholfen, sich ihr Leben so zu gestalten, wie sie es sich wünschen. Validierung und didaktische Strategien (siehe Kapitel 8 und 9 des Handbuches) sind hierbei von größter Bedeutung für die Behandlung.

Regeln für das Fertigkeitentraining

Die Regeln für das Fertigkeitentraining sollten gleich am Anfang klargestellt werden; ebenso sollten Mißverständnisse darüber ausgeräumt werden, wie die Regeln womöglich „umgangen" werden könnten. Die Therapeutinnen sollten die Regeln genau beschreiben und erklären und von jeder Teilnehmerin ihr Einverständnis zum Behandlungsvertrag einholen. Im Gruppensetting kann es sinnvoll sein, nach Besprechung der Regeln jede Person nochmals einzeln nach ihrer Zustimmung zu fragen. Meiner Erfahrung nach kann die Darstellung und Diskussion der

Regeln schon in der ersten Sitzung abgeschlossen werden. In einer offenen Gruppe sollten die Regeln jedesmal besprochen werden, wenn eine neue Teilnehmerin aufgenommen wird; in diesem Fall ist es sinnvoll, ihr die Regeln von den übrigen Teilnehmerinnen erklären zu lassen.

Die Trainerinnen sollten sich bewußt sein, daß die Diskussion der Regeln nicht nur eine Vorbereitung, sondern auch ein wichtiger Bestandteil des Therapieprozesses ist. Daher wird sie im Verlauf des Fertigkeitentrainings immer wieder durchgeführt. Wenn die Regeln auf eine autoritäre Weise vorgetragen werden, wird das einige der Teilnehmerinnen befremden, vor allem jene, für die Kontrolle ein wichtiges Thema ist. Im folgenden stelle ich einige Regeln vor, die ich in meiner Arbeit als sinnvoll erlebt habe. (Sie werden den Klientinnen ebenfalls in einem Arbeitsblatt ausgeteilt; siehe Kapitel 6).

1. Klientinnen, die die Therapie vernachlässigen, sind von der Therapie ausgeschlossen

Klientinnen, die vier Wochen hintereinander das Fertigkeitentraining versäumen, scheiden aus der Therapie aus und können für die restliche Zeit ihres Therapievertrags nicht wieder zurückkehren. Hat eine Klientin zum Beispiel einen Vertrag für ein Jahr, verpaßt aber in den ersten sechs Monaten vier Wochen am Stück, ist sie für das restliche halbe Jahr oder mehr von der Therapie ausgeschlossen. Am Ende der Vertragszeit kann sie mit den Therapeutinnen und anderen Teilnehmerinnen der Gruppe (falls sie an einem Gruppentraining teilnahm und weitermachen will) über eine Wiederaufnahme verhandeln. Von dieser Regel gibt es keine Ausnahme. Die Regel gilt nicht nur für das Fertigkeitentraining, sondern ebenso für die DBT-Einzeltherapie.

Rein technisch betrachtet erlaubt es die Regel durchaus, dreimal hintereinander zu fehlen und dann beim vierten Mal zu erscheinen. Dies wäre aber ein Verstoß gegen den eigentlichen Sinn der Regel. In unseren fortgeschrittenen Gruppen gibt es unterschiedliche Regeln, ab wann jemand von der Therapie ausgeschlossen wird - und diese werden durch einen Gruppenkonsensus festgelegt. In einer Gruppe zum Beispiel führt eine dreimalige, unentschuldigte Abwesenheit während eines Zeitraums von vier Monaten zu einem Therapieausschluß. In allen Gruppen legen wir gleich zu Beginn fest, wie wir das Nichterscheinen zu Sitzungen handhaben werden - in den Anfängergruppen durch Darstellung der Regeln und in den fortgeschrittenen Gruppen durch gemeinsamen Beschluß.

Mit den Regeln soll explizit die Erwartung vermittelt werden, daß jede Teilnehmerin wöchentlich am Fertigkeitentraining teilnimmt. Es ist auch notwendig zu klären, was als akzeptabler Grund für ein Fernbleiben gilt. Keine Lust haben, leichtere Krankheiten, Verabredungen, Angst oder die Vorstellung „Keiner in der Gruppe mag mich“ zählen nicht als Gründe - ernsthafte Krankheiten, sehr wichtige Termine und unvermeidbare Reisen dagegen werden als Entschuldigung akzeptiert.

In unserem ersten Forschungsprojekt mit 24 Klientinnen im DBT-Gruppentraining (mit DBT-Einzeltherapie) hatten wir pro Jahr eine Drop-out-Rate von 16,4 % - erheblich unter der erwarteten Rate von 50 bis 80%. In einer zweiten Studie hatten wir 12 Klientinnen, die am DBT-Fertigkeitentraining und an einer Nicht-DBT-Einzeltherapie teilnahmen. Hier lag die Drop-out-Rate im Jahr bei 27%, was wieder deutlich niedriger als die erwarteten 50% war. Ich vermute, daß die zeitliche Begrenzung und expliziten Regeln zum Therapieabbruch ausschlaggebend für diese Ergebnisse waren. Die Klarheit der Regeln ist aus zwei Gründen von großer Bedeutung. Erstens wissen die Teilnehmerinnen, daß sie nach bis zu dreimaligen Fehlen auch ohne vorherigen Telefonanruf wieder in der Gruppe willkommen sind. Sie wissen auch schon zu Beginn des Trainings, daß ein Fehlen bei Sitzungen nicht völlig unerwartet ist und sie deswegen nicht vom Fertigkeitentraining ausgeschlossen werden. Zweitens wird auf diese Weise verhindert, daß eine Teilnehmerin allmählich aus der Gruppe aussteigt, ohne dies selbst richtig wahrzunehmen. Mit Hilfe der Regel sind sich die Klientinnen jederzeit bewußt, wann die Grenze zwischen Teilnehmen und Aussscheiden aus dem Fertigkeitentraining überschritten wird.

2. Jede Teilnehmerin muß sich in fortlaufender Einzeltherapie befinden

Zu Beginn der Gruppentherapie wird deutlich gemacht, daß das DBT-Fertigkeitentraining immer nur zusammen mit einer Einzeltherapie durchgeführt wird. Die Klientinnen können zwar im Verlauf des Fertigkeitentrainings ihre Einzeltherapeutinnen wechseln, aber sie dürfen nicht mehr als vier aufeinanderfolgende Wochen ohne Einzeltherapie teilnehmen. Vier Wochen ohne Einzeltherapie werden als ein Verlassen des Trainings betrachtet. Wenn Klientinnen an unserem DBT-Standardprogramm (Gruppenfertigkeitentraining plus Einzeltherapie) teilnehmen, ist das Beenden der Einzeltherapie (falls wir keine anderen Einzeltherapeutinnen in unserem Team oder in der Umgebung zur Verfügung haben) gleichbedeutend mit dem Verlassen des Fertigkeitentrainings und gilt somit als Aussteigen aus dem gesamten

Behandlungsprogramm.

Einzeltherapie ist aus verschiedenen Gründen notwendig. Erstens wären in einer Gruppe von acht suizidalen Klientinnen die erforderlichen Interventionen und Krisenanrufe von den Fertigkeitentrainern kaum zu bewältigen. Die Belastung wäre einfach zu hoch. Zweitens bleibt bei einem Fertigkeitentraining mit einem Treffen pro Woche kaum Zeit für die Bearbeitung individueller Probleme. Für die Umsetzung der Fertigkeiten in den Alltag der Klientin gibt es ebenfalls wenig Möglichkeit. Einige Teilnehmerinnen brauchen zum Lernen neuer Fertigkeiten mehr Zeit als andere. Die Notwendigkeit, die Geschwindigkeit des Vorgehens den durchschnittlichen Bedürfnissen anzugleichen, kann dazu führen, daß die meisten Klientinnen ohne weitere Unterstützung von außen die Fertigkeiten nicht ausreichend erlernen würden.

Gleich zu Beginn der Behandlung sollte betont werden, wie wichtig für die Teilnehmerinnen die Unterstützung ihrer Einzeltherapeutinnen beim Einsatz der Fertigkeiten und bei auftauchenden Schwierigkeiten sein wird. Es kann leicht geschehen, daß die Trainerinnen das Erlernen der Fertigkeiten als zu einfach darstellen. Dies bringt dann für die Klientinnen später nur Desillusionierung und Hoffnungslosigkeit. Den Klientinnen sollte zu diesem Zeitpunkt auch deutlich gemacht werden, daß das Training sich hauptsächlich auf das Lernen der Fertigkeiten und deren Anwendung im Alltag konzentrieren wird. Daher werden - mit kurzen und gelegentlichen Ausnahmen - Gespräche über aktuelle Probleme und Krisen nicht angeregt. Die Fertigkeitentrainerinnen müssen jedoch betonen, wie notwendig es ist, diese Probleme mit einer anderen Person zu besprechen. Die Einzeltherapie ist hier von großer Bedeutung.

Im Gruppensetting müssen an dieser Stelle auch die Unterschiede zwischen der Fertigkeitengruppe und anderen Arten der Gruppentherapie besprochen werden. Viele Klientinnen freuen sich auf eine Gruppe, in der sie mit Menschen mit ähnlichen Schwierigkeiten in Kontakt kommen können. Zwar gibt es in der Tat viel Austausch in der Gruppe, allerdings ist dieser beschränkt und konzentriert sich auf das Üben von Fertigkeiten und nicht auf Krisen, die während der Woche aufgetreten sind. Viele Teilnehmerinnen haben noch nie zuvor an einer Verhaltenstherapie geschweige denn einer fertigkeitenorientierten Therapie teilgenommen. Meiner Erfahrung nach kann dieser Unterschied nicht deutlich genug betont werden. Oftmals haben die Klientinnen bereits langjährige Erfahrung mit nichtverhaltenstherapeutischen Therapien, in denen ihnen verschiedene „wichtige Zutaten" für eine therapeutische Veränderung beigebracht wurden - Elemente, auf die im Fertigkeitentraining nicht näher eingegangen wird. Wir haben es bisher in jeder Gruppe erlebt, daß eine oder mehrere Klientinnen aufgebracht waren, weil sie in der Gruppe nicht darüber sprechen konnten, „was wirklich wichtig ist". Für eine Klientin war der Therapieprozeß so eng assoziiert mit dem Sprechen über alles, was ihr gerade in den Sinn kam, daß sie sich weigerte, das Fertigkeitentraining als eine Therapieform anzuerkennen. Es ist verständlich, daß es viele Schwierigkeiten mit ihr in der Gruppe gab.

Die Anforderungen an die Einzeltherapie können manchmal enorm sein. Unserer Erfahrung nach ist es nicht ungewöhnlich, daß Einzeltherapeutinnen an ihre Grenzen gelangen und dann überstürzt die Therapie mit einer Borderline-Klientin abbrechen. Ist dies einmal geschehen, dann kann es außerordentlich schwierig werden, eine Einzeltherapeutin zu finden, der bereit ist, mit einer solchen Klientin zu arbeiten, insbesondere wenn diese schon mehrere Therapeutinnen auf diese Weise verloren hat. Dies wird noch weiter erschwert, wenn die Klientin sich die hohen Therapiekosten nicht leisten kann, die von qualifizierten Therapeutinnen oft verlangt werden. Bedauerlicherweise sind einige Kliniken auch so unterbesetzt, daß sie keine Einzeltherapie anbieten können, oder die Klientinnen haben die Kapazitäten der Klinik bereits aufgebraucht. In diesen Fällen müssen die Fertigkeitentrainerinnen vorübergehend als unterstützende Krisentherapeutinnen einspringen und den Klientinnen dabei helfen, geeignete Einzeltherapeutinnen zu finden.

3. Klientinnen dürfen nicht unter Alkohol- oder Drogeneinfluß an Sitzungen teilnehmen

Wie bei der Regel zur Vertraulichkeit (siehe unten) ist der Sinn der dritten Regel offensichtlich; daher braucht sie nicht näher erläutert werden. Sie gibt jedoch Gelegenheit, auf die Belastung hinzuweisen, die die Teilnahme am Fertigkeitentraining häufig verursachen wird. Dies sollte sehr frühzeitig angesprochen werden, damit die Klientinnen davon später nicht überrascht und entmutigt werden. Hier können die Therapeutinnen darauf hinweisen, daß die Klientinnen Fertigkeiten zur Emotionsregulation erlernen werden, die ihnen den Umgang mit den durch das Training ausgelösten Belastungen erleichtern werden. Da dies ein sehr wichtiges Thema bei der Behandlung von Borderline-Klientinnen ist, wird es später noch ausführlicher besprochen.

4. Klientinnen dürfen außerhalb der Gruppe nicht mit anderen Teilnehmerinnen über früheres (oder aktuelles) parasuizidales Verhalten sprechen

Für diese Regel gibt es verschiedene Gründe. Zunächst ist es eines der Hauptziele in der DBT, die Verstärkung von suizidalem Verhalten zu vermindern. Klientinnen reagieren auf Schilderungen parasuizidalen Verhaltens häufig mit Sympathie, Interesse und Betroffenheit. Daher müssen die Klientinnen sich bereit erklären, nicht miteinander über solche Handlungen zu sprechen. Meiner Meinung nach führt die Kommunikation über selbstschädigendes Verhalten zu einem starken Nachahmungseffekt. Wenn die Klientinnen von Schneiden oder Überdosierungen einer anderen Teilnehmerin hören, überkommt sie ein oft starker Drang, dies ebenfalls zu tun.

Unsere Gruppenteilnehmerinnen sehen diese Regel im allgemeinen sehr positiv. Bevor ich diese Regel aufgestellt hatte, beschwerten sich Teilnehmerinnen oft, daß es für sie sehr bedrohlich sei, Berichten über parasuizidales Verhalten zuzuhören, wenn sie selber dies gerade aufgegeben hatten. Eine Diskussion über selbstschädigendes Verhalten innerhalb der Gruppe allerdings ist erlaubt (wenngleich sie nicht gefördert wird), weil sie den Klientinnen die Möglichkeit gibt, alternative Problemlösestrategien zu entwickeln.

5. Klientinnen, die einander anrufen und um Hilfe bitten, müssen von der angerufenen Person die Hilfe auch annehmen

Es ist nicht sinnvoll, daß eine Klientin jemanden anruft und sagt, „ich werde mich umbringen", und sich dann weigert, von dieser Person Hilfe anzunehmen. Wie in Kapitel 8 dieses Manuals beschrieben, ist die Unfähigkeit, auf angemessene Weise um Hilfe zu bitten, ein charakteristisches Merkmal von Borderline-Klientinnen. Die Regel hat eine große Bedeutung bei der Vermittlung dieser Fertigkeit. Wie die vierte, ist auch diese Regel im allgemeinen eine Erleichterung für die Teilnehmerinnen. Sie wurde von einer unserer Klientinnen vorgeschlagen. Vor Einführung dieser Regel geschah es gelegentlich, daß eine Teilnehmerin in verzweifelter Stimmung eine andere anrief, indirekt mit Suizid drohte, sich von ihr versprechen ließ, es für sich zu behalten, und dann auflegte. Die angerufene Person steckte dann in einem schwierigen Dilemma. Wenn ihr etwas an der anderen liegen würde, dann würde sie etwas unternehmen, um sie zu retten. Selbst konnte sie aber wenig machen, und Hilfe zu holen hätte einen Vertrauensbruch bedeutet. Die daraus resultierende Hilflosigkeit und Qual waren enorm. Als wir dieses Problem in der Gruppe besprachen, sagten die Teilnehmerinnen mir, daß sie einfach aufhören würden, einander um Hilfe zu bitten, wenn ich die Regel aufstellen würde, daß sie kein Versprechen über Vertraulichkeit geben dürfen.

Es ist eine der Stärken des Gruppenfertigkeitentrainings, daß die Teilnehmerinnen untereinander eine starke, unterstützende Gemeinschaft aufbauen. Sie sind manchmal die einzigen, die die Erfahrungen einer Klientin wirklich verstehen können. Wenn die suizidalen und selbstschädigenden Tendenzen einer jeden Teilnehmerin öffentlich gemacht werden, dann brauchen sich sie sich nicht mehr zu schämen, einander um Hilfe zu bitten. Dabei ist nicht nur wichtig, daß die hilfesuchende Person mögliche Problemlösungen bekommt, sondern auch daß die angerufene Person Gelegenheit hat, Problemlösestrategien zu entwickeln und Gründe zu nennen, warum das Leben lebenswert ist. Darüber hinaus sind solche Anrufe für die Klientinnen eine gute Gelegenheit zu beobachten, wo ihre Grenzen liegen und inwieweit sie zu Hilfeleistungen bereit sind.

6. Informationen aus Sitzungen, auch die Namen der Teilnehmerinnen, müssen vertraulich behandelt werden

Die Bedeutung dieser Regel liegt auf der Hand. Sie geht aber über das Vermeiden von „Tratschen" außerhalb der Sitzungen hinaus. Das Hauptanliegen ist, daß interpersonelle Probleme zwischen den betroffenen Teilnehmerinnen besprochen werden, inner- oder außerhalb der Sitzungen. Bei der Vertraulichkeitsregel gibt es zwei Ausnahmen. Zum einen dürfen Klientinnen über ihre Erfahrungen im Fertigkeitentraining mit ihren Einzeltherapeutinnen sprechen (auf diese Weise können die Klientinnen am besten von der Therapie profitieren). Allerdings werden sie dazu angehalten, die Nachnamen anderer Teilnehmerinnen nur dann zu nennen, wenn es unbedingt erforderlich ist. Die andere Ausnahme betrifft das Suizidrisiko. Wenn eine Klientin glaubt, daß eine andere Gruppenteilnehmerin suizidgefährdet ist, kann und sollte sie Hilfeleistung seitens anderer Personen veranlassen.

7. Klientinnen, die wissen, daß sie zu einer Sitzung später oder überhaupt nicht kommen werden, sollten vorher rechtzeitig anrufen.

Die siebte Regel dient mehreren Zwecken. Zum einen ist es eine Frage der Höflichkeit, die Therapeutinnen vor Beginn der Sitzung wissen zu lassen, daß sie nicht auf die Zuspätkommende zu warten brauchen. Zwar besteht in unser Gruppenarbeit die Regel, rechtzeitig anzufangen, aber es ist problematisch, in den ersten Minuten der Sitzung wichtiges neues Material vorzustellen oder Ankündigungen zu machen, wenn jeden Moment noch fehlende Teilnehmerinnen eintreffen können. Dies ist besonders in solchen Sitzungen schwierig, in denen nur eine oder zwei Personen pünktlich sind. Zum zweiten müssen die Teilnehmerinnen bei dem Telefonanruf erklären, warum sie zu spät kommen, und es wird ihnen signalisiert, daß Pünktlichkeit und Verbindlichkeit wünschenswert sind. Und schließlich erfährt man auf diese Weise auch, warum eine Klientin fehlt. Wenn eine Teilnehmerin nicht erscheint, ohne vorher Bescheid gesagt zu haben, fangen die anderen Gruppenteilnehmerinnen (ebenso die Leiterinnen) an, sich Sorgen um die Person zu machen. Suizid ist eine der ersten Erklärungen, die einem in den Sinn kommen (obwohl es bei uns nie ein unentschuldigtes Fehlen wegen eines Suizids gab), emotionale Belastung ist eine zweite mögliche Erklärung, ein stationärer Aufenthalt eine dritte. Manchmal fehlen Teilnehmerinnen auch aus Gründen, die nichts mit ihren Problemen zu tun haben. Deswegen verursacht unentschuldigtes Fehlen den anderen unnötige Sorgen. Die Tatsache, daß andere sich Sorgen machen könnten, ist für manche Klientinnen etwas Neues; für andere bedeuten die Sorgen der anderen emotionale Zuwendung und verstärken sie darin, nicht anzurufen. Die Regel bietet eine Gelegenheit, dieses Thema anzusprechen. Beim Besprechen der Regel ist es auch günstig, darauf hinzuweisen, daß Höflichkeit und Rücksichtnahme auf die anderen Klientinnen notwendig sind, ebenso wie die Verantwortlichkeit jeder Teilnehmerin für den Zusammenhalt der Gruppe.

8. Klientinnen sollten außerhalb der Sitzungen untereinander keine privaten Beziehungen aufbauen

Der zentrale Begriff der achten Regel ist „privat“. Damit ist gemeint, daß Klientinnen außerhalb der Sitzungen keine Beziehungen aufbauen sollten, die nicht innerhalb der Sitzungen besprochen werden können. In der DBT werden die Beziehungen der Teilnehmerinnen durchaus auch außerhalb der Sitzungen gefördert, denn die Unterstützung, die sich Klientinnen in Alltagsproblemen bieten können, ist gerade eine der Stärken des Gruppensettings. Das Modell ist ähnlich wie bei den Anonymen Alkoholikern oder anderen Selbsthilfegruppen, bei denen gegenseitige Anrufe, Kontakte und das Anbieten von Unterstützung als therapeutisch wirksam betrachtet werden. Die Förderung solcher Beziehungen bringt natürlich auch potentiellen Konfliktstoff mit sich, der ja in jeder Art von Beziehung liegt. In einer Gruppe, in der die Teilnehmerinnen zum Teil gerade wegen ihrer häufigen interpersonellen Schwierigkeiten ausgewählt wurden, kann der Aufbau von Beziehungen entweder eine Chance oder aber eine Belastung sein. Es ist daher von grundlegender Bedeutung, daß interpersonelle Probleme, die außerhalb der Sitzungen auftreten, in den Sitzungen besprochen werden können (oder, falls dies zu problematisch ist, mit den Gruppenleiterinnen). Werden Konflikte besprochen und adäquate Problemlösestrategien/Fertigkeiten angewandt, so ist eine solche Beziehung durchaus von Vorteil. Schwierig wird es dann, wenn über eine Beziehung nicht gesprochen werden kann und die Probleme derart eskalieren, daß es für eine Teilnehmerin schwierig oder unmöglich wird, an den Sitzungen teilzunehmen. Bei der Vorstellung dieser Regel sollte jede Teilnehmerin ausdrücklich darauf aufmerksam gemacht werden, daß die Gruppenleiterinnen gleichermaßen auf die Rechte jeder einzelnen achten werden. Sie bietet eine Art Schutz und wirkt vorbeugend, indem klargemacht wird, daß eine Klientin von einer anderen nicht strengste Vertraulichkeit verlangen kann. Dies betrifft ganz besonders Pläne für destruktives Verhalten, wichtige Informationen, über die eine Teilnehmerin in der Sitzung die Unwahrheit sagt, und andere Situationen, die eine der beiden Personen in Verlegenheit oder Schwierigkeiten bringen.

9. Paare können nicht gemeinsam am Fertigkeitentraining teilnehmen

Selbstverständlich ist es Aufgabe der Gruppenleiterinnen, bereits zu Beginn der Behandlung Sexualpartnerinnen unterschiedlichen Gruppen zuzuteilen. Die Regel soll die Teilnehmerinnen darauf hinweisen, daß, falls sie eine sexuelle Beziehung innerhalb der Gruppe eingehen, eine der beiden Partnerinnen die Gruppe verlassen muß. Wir hatten bisher zwei Fälle, in denen sexuelle Beziehungen innerhalb der Gruppe aufgenommen wurden, und beide Male hat dies für die Beteiligten zu ganz erheblichen Schwierigkeiten geführt. In einem Fall hat die Person, die die Beziehung initiiert hatte, diese abgebrochen; dadurch war es für die verlassene Person sehr schwierig, weiterhin zu den Gruppensitzungen zu kommen. Im anderen Fall ließ sich eine Person gegen ihren eigentlichen Willen verführen, was für sie traumatisch war und zu Spannungen innerhalb der Gruppe führte. Im allgemeinen ist diese Regel für alle Beteiligten selbstverständlich. Ohne diese explizite Regelung allerdings wäre es schwer, mit sich entwickelnden sexuellen Beziehungen umzugehen, denn eine nachträgliche Anwendung von Regeln ist bei der Arbeit mit Borderline-Klientinnen mit erheblichen Schwierigkeiten verbunden.

4

Die Verfahren des Fertigkeitentrainings und die Anwendung struktureller Strategien im psychosozialen Fertigkeitentraining

Die DBT-Therapiestrategien werden in fünf Hauptkategorien eingeteilt: 1) dialektische Strategien, 2) Basisstrategien, 3) stilistische Strategien, 4) sozialarbeiterische Strategien und 5) integrative Strategien. „Strategien" sind Aktivitäten, Taktiken und Vorgehensweisen, die eine Therapeutin anwendet, um Behandlungsziele zu erreichen - in diesem Fall die Aneignung psychosozialer Fertigkeiten. Strategien beschreiben auch die Rolle und den Fokus der Therapeutin und geben an, wie die Therapeutin auf bestimmte von der Klientin geäußerte Probleme reagieren sollte.

Die Basisstrategien des Problemlösens und Validierens sind gemeinsam mit den dialektischen Strategien die wichtigsten Bestandteile der DBT. Mit stilistischen Strategien sind bestimmte interpersonelle Stile und Kommunikationsstile gemeint. Sozialarbeiterische Strategien geben an, auf welche Weise die Therapeutin mit dem sozialen Netzwerk der Klientin umgehen sollte. Integrative Strategien beschreiben, wie mit den spezifischen Problemsituationen umgegangen werden kann, die gewöhnlich bei der Behandlung von Borderline-Patienten auftreten. Dazu gehören Konflikte innerhalb der therapeutischen Beziehung, suizidales Verhalten, therapiegefährdendes Verhalten und zusätzliche Behandlungen. Strukturelle Strategien, die eine spezielle Kategorie der integrativen Strategien darstellen, beziehen sich auf die Strukturierung der Behandlungszeit. Einige Strategien werden öfter als andere angewandt, und es ist möglich, daß eine oder mehrere Strategien nur selten gebraucht werden. Einige Strategien sind für eine bestimmte Sitzung eventuell nicht notwendig oder inadäquat und die sinnvolle Kombination der Strategien kann sich im Verlauf der Therapie ändern.

Die Strukturierung der Behandlungszeit (einschließlich der angestrebten Behandlungsziele) ist der wesentlichste Unterschied zwischen dem psychosozialen DBT-Fertigkeitentraining und der DBT-Einzeltherapie. Im Fertigkeitentraining werden die Tagesordnungspunkte durch die zu erlernenden Verhal- tensfertigkeiten bestimmt; der Aufbau der Sitzung ist von Anfang an festgelegt. In der DBT-Einzeltherapie dagegen wird das Vorgehen durch das Verhalten der Klientin seit der letzten Sitzung sowie während der gegenwärtigen Sitzung bestimmt; der Aufbau der Sitzung bleibt offen, bis die Klientin erscheint. Obwohl in meiner Klinik das Fertigkeitentraining in Gruppen durchgeführt wird, kann dies auch in Einzeltherapie geschehen. (Vermutlich läßt sich die DBT-Einzeltherapie ebenso als Gruppentherapie durchführen; hierzu habe ich allerdings noch nichts näheres ausgearbeitet.)

In diesem Kapitel werde ich zunächst beschreiben, wie die strukturellen DBT-Strategien im Fertigkeitentraining eingesetzt werden. (Über die anderen Hauptstrategien wird im nächsten Kapitel ein kurzer Überblick gegeben.) Anschließend werde ich einen Überblick über die Verfahren des Fertigkeitentrainings geben, die in Kapitel 11 des Handbuches beschrieben sind.

Die Verfahren des Fertigkeitentrainings stellen eine der vier Gruppen der Verfahren zum Erreichen von Veränderung dar; die anderen drei sind Verfahren zu Kontingenzen, Exposition und kognitiver Umstrukturierung. Die Verfahren des Fertigkeitentraining sind, wie der Begriff schon ausdrückt, das Gerüst der Interventionen des psychosozialen Fertigkeitentraining. Allerdings setzt ein gut durchgeführtes Fertigkeitentraining auch ein fundiertes Verständnis von Kontingenzen und die sachgerechte Anwendung der Expositionsverfahren und kognitiven Umstrukturierung voraus. Diese Verfahrensweisen sind mit denen des Fertigkeitentrainings eng verknüpft; an dieser Stelle und im Handbuch stelle ich sie aus didaktischen Gründen allerdings getrennt dar. (Im nächsten Kapitel werde ich einen kurzen Überblick über die Anwendung dieser Verfahren im psychosozialen Fertigkeitentraining geben.)

Strukturelle Strategien

Strukturelle Strategien beziehen sich auf die Gestaltung von Beginn und Ende des DBT-Behandlungsprogramms als Ganzes wie auch der Sitzungen des Fertigkeitentrainings. Darüber hinaus behandeln sie die Strukturierung der Behandlungszeit und den Aufbau der Sitzungen. Es werden fünf Arten struktureller Strategien unterschieden: 1) Strategien für den Behandlungsvertrag, 2) Strategien für die Eröffnung der Sitzungen, 3) Zielstrategien, 4) Strategien zur Beendigung der Sitzungen und 5) Strategien zur Beendigung der Behandlung. Die Strategien sind in Kapitel 14 des Handbuches ausführlich dargestellt.

Strategien für den Behandlungsvertrag

Es gibt sechs Strategien für den Behandlungsvertrag: 1) diagnostische Einschätzung vor Behandlungsbeginn; 2) Darstellung der biosozialen Theorie von Borderline-Verhaltensmustern und der Beziehung zwischen dem Fertigkeitentraining und diesen Verhaltensmustern; 3) Darstellung des Konzeptes des Fertigkeitentrainings; 4) die Erarbeitung einer Vereinbarung und Verpflichtung zur Zusammenarbeit im psychosozialen Fertigkeitentraining; 5) die Erfassung mangelnder Fertigkeiten und 6) der Aufbau einer therapeutischen Beziehung. Jeder dieser Schritte sollte sowohl beim ersten Einzelinterview vor der Aufnahme in das Fertigkeitentraining (mit jeder Klientin) als auch in der ersten Sitzung eines jeden neuen Fertigkeitenmoduls durchgegangen werden. Zudem sind viele der Strategien im Verlauf der Behandlung wiederholt anzusprechen.

Einzelgespräch vor Behandlungsbeginn

Alle potentiellen Teilnehmerinnen eines Fertigkeitentrainings-Programms, ob es nun einzeln oder in der Gruppe durchgeführt wird, sollten sich ein- oder mehrmals mit der Fertigkeitentrainerin treffen (bei Gruppen auch der Co-Therapeutin), um entscheiden zu können, ob das Fertigkeitentraining für sie geeignet ist, und, wenn ja, welche Form das Training haben sollte. Diese Gespräche sollten mit einer ausführlichen Exploration, inklusive eines diagnostischen Interviews (erste der oben aufgeführten Strategien), beginnen. In der Sitzung sollten auch die psychosozialen Fertigkeiten der Klientin eingeschätzt werden (fünfte Strategie); dies kann entweder informell oder formell mittels einer strukturierten Verhaltensanalyse geschehen. Nach dieser Einschätzung sollte die Therapeutin einen kurzen Überblick über die biosoziale Theorie der BPS geben (zweite Strategie), die kurz in Kapitel 1 dieses Manuals und ausführlich in Kapitel 2 des Handbuches beschrieben ist. Im Standard-DBT-Programm müssen diese drei Schritte durchlaufen sein, um in das gesamte Behandlungsprogramm aufgenommen zu werden. Daher brauchen sie bei der Vorbereitungssitzung zum Training nicht noch einmal ganz detailliert besprochen werden. Es ist jedoch sehr wichtig, die anderen drei Strategien durchzugehen, auch wenn sie bereits von der Erstinterviewerin oder anderen Teammitgliedern abgedeckt wurden. Im Einzelgespräch vor Behandlungsbeginn sollte die Klientin über das Konzept und die Bedingungen des Fertigkeitentrainings (dritte Strategie), die Funktion der Gruppe (falls es sich um ein Gruppentraining handelt) und über die Rolle sowohl der Klientin als auch der Therapeutinnen in der Behandlung unterrichtet werden. Die Therapeutin sollte auch entscheiden, ob für die Klientin ein Fertigkeitentraining, entweder einzeln oder in der Gruppe, geeignet scheint. Wenn das der Fall ist, macht sie der Klientin eine verbindliche Zusage für die Aufnahme in die Gruppe (vierte Strategie). Es ist sehr wichtig, daß die Therapeutinnen beim Abschluß der Therapievereinbarung alle entsprechenden DBT-Richtlinien befolgen; diese werden in Kapitel 9 und 14 des Handbuches beschrieben. Dieser Punkt kann nicht genug betont werden: lieber zu viele als zu wenige Vereinbarungen. Die Fertigkeitentrainerin sollte nicht davon ausgehen, daß andere (zum Beispiel die Einzeltherapeutin) bereits die erforderlichen Vereinbarungen abgeklärt haben. Das Gespräch vor Behandlungsbeginn ist auch eine gute Gelegenheit, mit dem Aufbau der therapeutischen Beziehung zu beginnen (sechste Strategie; siehe Kapitel 14 und 15 des Handbuches für weitere Erläuterungen).

Die erste Trainingssitzung

Die erste Sitzung des Fertigkeitentrainings wurde bereits in Kapitel 3 dieses Manuals beschrieben; einen Überblick gibt auch Kapitel 6. Wie in diesen Kapiteln dargestellt, werden die dritte, vierte und sechste Strategie für den Behandlungsvertrag in der ersten Sitzung des Trainings wiederholt. Weiterhin sollten die Gruppenleiterinnen sowohl die Zustimmung jeder einzelnen Teilnehmerin als auch die Zustimmung der Gruppe als Ganzes zu den Vereinbarungen einholen. Denn öffentlich geäußerte Zusagen sind verbindlicher und wirkungsvoller als private. In dieser Sitzung sollten alle Strategien zur Therapievereinbarung, die in Kapitel 9 des Handbuches beschrieben sind, angewendet werden.

Strategien zur Eröffnung und Beendigung der Sitzung

Wie Sitzungen begonnen und beendet werden sollen, ist bereits in Kapitel 3 dieses Manuals beschrieben worden und wird noch einmal in Kapitel 6 dargestellt. Die Prinzipien sind hier die gleichen wie in der DBT-Einzeltherapie, obgleich die Beendigung der Gruppensitzung strukturierter verläuft als die der Einzeltherapie. Eine Therapeutin, die das Fertigkeitentraining in Einzeltherapie durchführt, sollte die Richtlinien zu Sitzungsbeginn und -ende in Kapitel 14 des Handbuches befolgen. Falls allerdings Probleme in der therapeutischen Beziehung zu bearbeiten sind, sollte nur begrenzte Zeit darauf verwendet werden. Wenn möglich, sollte die Therapeutin der Klientin dabei helfen, ihre Streßtoleranz- und Krisenbewältigungsstrategien (siehe Kapitel 10 dieses Manuals) anzuwenden. Anschließend sollte sie das Fertigkeitentraining fortführen und die Bearbeitung der Probleme auf die nächste Einzeltherapiesitzung verschieben.

Strategien zur Beendigung der Behandlung

Es ist sehr wichtig, sich bewußt zu sein, daß der Abschluß eines einjährigen psychosozialen Fertigkeitenprogramms für Klientinnen und Therapeutinnen ebenso schwierig sein kann wie die Beendigung einer intensiven Einzeltherapie. Das wird oft leicht übersehen.

Zumindest oberflächlich betrachtet, scheint die Bindung im Gruppentraining nicht so stark zu sein. Meiner Erfahrung nach neigen Menschen, die an Einzeltherapie gewöhnt sind, eher dazu, die Bindung der Gruppenmitglieder untereinander sowie zur Gruppe als Ganzes und den Therapeutinnen zu unterschätzen. Die Therapeutinnen sollten darauf achten, daß sie im Fertigkeitentraining dem Ende ebensoviel Aufmerksamkeit widmen wie in anderen Therapieformen, wie zum Beispiel der Einzeltherapie. Alle Strategien zur Beendigung der Behandlung, die in Kapitel 14 des Handbuches dargestellt sind, sollten angewendet werden. Das Vorgehen beim Abschluß von Modulen des Fertigkeitentrainings ist in Kapitel 6 dieses Manuals beschrieben.

Zielstrategien

Die DBT-Zielstrategien befassen sich damit, wie die Zeit während der Trainingssitzungen strukturiert wird und welchen Themen Aufmerksamkeit geschenkt wird. Diese Strategien wurden entwickelt, um die Bedeutung der hierarchischen Organisation von Therapiezielen in der DBT hervorzuheben, und um sicherzustellen, daß die Therapeutinnen diese notwendige hierarchische Ordnung befolgen. Das Durchführen der Zielstrategien erfordert die Integration nahezu aller DBT-Behandlungsstrategien. Dies kann in der ersten Phase der Behandlung (für die Beschreibung der verschiedenen Behandlungsphasen in der DBT siehe Kapitel 6 des Handbuches) höchst schwierig sein, weil oft sowohl Klientin als auch Therapeutin das Fertigkeitentraining nicht durchführen möchten. Die Arbeit am therapeutischen Prozeß, intensive und tiefgehende Gespräche sowie die Lösung von Alltagskrisen können für Klientin und Therapeutin befriedigender sein als die manchmal banal erscheinende Arbeit an den psychosozialen Fertigkeiten.

Der Grundgedanke der Strategien sowie mögliche Einwände und Schwierigkeiten werden ausführlich in Kapitel 5 und 6 des Handbuches dargestellt. An dieser Stelle sei nochmals darauf hingewiesen, daß eine Therapeutin kein Fertigkeitentraining durchführt, wenn sie die Zielstrategien außer Acht läßt. Das heißt, in der DBT ist das, was besprochen wird, ebenso wichtig wie die Art und Weise, in der es besprochen wird. Schwierigkeiten der Klientin, die Strategien anzunehmen, sollten als zu lösende Probleme behandelt werden (siehe Protokoll zum therapiegebeeinträchtigenden Verhalten in Kapitel 15 des Handbuches). Eine Therapeutin, die beim Befolgen der Zielstrategien selbst in Schwierigkeiten kommt (was nicht unwahrscheinlich ist), sollte dies beim nächsten Supervisions/Konsultations-Treffen zur Sprache bringen. (In Kapitel 13 des Handbuches wird die Funktion dieser Treffen in der DBT besprochen.)

Da ich die Grundgedanken der Zielstrategien bereits im Handbuch ausführlich dargestellt habe, gehe ich an dieser Stelle nicht weiter darauf ein. Die Ziele des Fertigkeitentrainings sind (in der Reihenfolge ihrer Bedeutung): 1) Das Verhindern von therapiegefährdendem Verhalten, 2) der Erwerb von Fertigkeiten, ihre Verstärkung und Generalisierung und 3) die Reduzierung von therapiestörendem Verhalten. Die Zielprioritäten geben an, was vorrangiger Inhalt der Sitzungen ist; sie bestimmen die Tagesordnung der Sitzungen. Der Sitzungsablauf für den Erwerb der Fertigkeiten, Verstärkung und Generalisierung wird in Kapitel 6 bis 10 dieses Manuals beschrieben. Obwohl diese Tagesordnung die treibende Kraft für das Fertigkeitentraining ist, muß sie beiseite gelassen werden, wenn Verhalten auftritt, das die Therapie ernsthaft gefährdet - entweder von einer bestimmten Person ausgehend oder (im Gruppensetting) von der Gruppe als Ganzes. Im Gegensatz zur DBT-Einzeltherapie stehen Verhaltensweisen, die den Therapiefortschritt verlangsamen, eher an letzter als an zweiter Stelle in der Hierarchie.

Ein Vergleich dieser Hierarchie mit der Hierarchie für das gesamte DBT-Behandlungsprogramm und die Einzeltherapie (siehe Kapitel 5 und 6 des Handbuches) zeigt die Rolle des Fertigkeitentrainings im Gesamtzusammenhang auf. Eine Therapeutin, die sowohl Einzeltherapie als auch Fertigkeitentraining mit einer bestimmten Klientin durchführt, muß sich eindeutig darüber im klaren sein, welche Ziele in welchem Behandlungsmodus Priorität haben. Die Beachtung des Unterschiedes zwischen den verschiedenen Behandlungsmodi ist einer der Schlüssel zur erfolgreichen Anwendung der DBT.

Das Verhindern von therapiegefährdendem Verhalten

Das vorrangige Ziel besteht darin, Verhalten von Klientinnen zu unterbinden, das für die Fortdauer der Therapie eine ernsthafte Bedrohung darstellt. Das Verhalten muß ernsthaft beeinträchtigend sein, um erste Priorität zu bekommen. Die Betonung auf diesem Punkt hat einen einfachen, logischen Grund: Wenn die Therapie abgebrochen wird, können andere Ziele nicht mehr erreicht werden. Das Ziel ist, die Sitzungen des Fertigkeitentrainings weiterhin durchzuführen. Zu diesem Punkt gehören gewalttätiges Verhalten, wie zum Beispiel mit Gegenständen werfen, laut und aggressiv auf Dinge einschlagen sowie physische oder verbale Attacken gegen andere Gruppenteilnehmerinnen während der Sitzung. (Verbale Angriffe gegen die Therapeutinnen gelten nicht als therapiegefährdendes Verhalten.) Parasuizidale Handlungen (zum Beispiel die Handgelenke schneiden oder aufkratzen, Schorf blutig kratzen, exzessiv Medikamente einnehmen) und suizidales Verhalten (zum Beispiel auf glaubwürdige Weise mit Suizid drohen und dann aus der Sitzung stürmen) während der Sitzungen (einschließlich der Pausen) sind ebenfalls nicht erlaubt. Ebenso untersagt ist Verhalten, das die Konzentration aller Beteiligten stört und sie daran hindert, zuzuhören (zum Beispiel Kreischen, hysterisches Schreien, lautes Stöhnen oder ständiges Dazwischenreden). Es kann passieren, daß interpersonelle Probleme zwischen den Gruppenteilnehmerinnen, zwischen Teilnehmerinnen und Gruppenleiterinnen oder Probleme, die die Durchführung des Trainings betreffen, so schwerwiegend sind, daß das Fertigkeitentraining scheitert, wenn man sich nicht mit ihnen befaßt. Oder eine Teilnehmerin sieht sich nicht in der Lage, zum Fertigkeitentraining zurückzukehren aufgrund eines interpersonellen Konfliktes, verletzter Gefühle, extremer Hoffnungslosigkeit oder ähnlichem. In solchen Fällen sollte eine Lösung des Konfliktes angestrebt werden. Eine Therapeutin kann sich um solche individuellen Probleme entweder telefonisch zwischen den Sitzungen kümmern, wenn es während der Sitzung nicht möglich ist, oder vor den Sitzungen beziehungsweise im Anschluß daran. Wenn in einer unserer Gruppen ein Suizid geschah, ließen wir die Tagesordnung zum Erwerb der Fertigkeiten für die nächsten Wochen beiseite, um die durch den Suizid ausgelösten Gefühle der Gruppenteilnehmerinnen zu bearbeiten. Und schließlich muß auch eine geschlossene „Rebellion“ der Klientinnen gegen die Therapeutinnen, und umgekehrt, als vorrangig behandelt werden.

Das Ziel der Fertigkeitentrainerinnen ist es, therapiegefährdendes Verhalten zu beenden und Risse in der therapeutischen Beziehung so schnell und wirkungsvoll wie möglich zu kitten. Jede weitere Bearbeitung des destruktiven Verhaltens wird den Einzel- oder Haupttherapeutinnen überlassen. (Als therapiegefährdendes Verhalten wird in der DBT-Einzeltherapie jedes Verhalten betrachtet, das den Einsatz einer DBT-Strategie erschwert.) Obwohl es zur Reduktion destruktiven Verhaltens durchaus nützlich sein kann, den Klientinnen zwischenmenschliche Fähigkeiten, bewußten Umgang mit Gefühlen, Streßtoleranz und innere Achtsamkeit zu vermitteln, sind eventuell auch eine Reihe anderer Behandlungsstrategien notwendig (zum Beispiel die Anwendung aversiver Kontingenzen), um diese Verhaltensweisen rasch unter Kontrolle zu bekommen.

Wenn eine suizidale Krise auftritt, (die durch die hohe Wahrscheinlichkeit eines bevorstehenden Suizids definiert ist), führen die Fertigkeitentrainerinnen nur das absolut Notwendigste an Krisenintervention durch und übergeben das Problem dann so schnell wie möglich an die Einzeltherapeutin. Bis auf die Überprüfung, ob sofortige medizinische Hilfe nötig ist, schenken die Fertigkeitentrainerinnen den Berichten über parasuizidale Handlungen kaum Aufmerksamkeit. „Denken Sie daran, Ihrer Therapeutin davon zu erzählen“, ist die Standardantwort. Die einzige Ausnahme davon ist, wie bereits erwähnt, wenn sich diese Verhaltensweisen in der Gruppe für die Fortführung der Sitzung oder für andere Teilnehmerinnen destruktiv auswirken. In diesem Fall werden sie als vorrangige Themen besprochen. Der allgemeine Grundgedanke dabei ist, daß die Trainerinnen, im Gegensatz zu den Einzeltherapeutinnen, eine Klientin in einer suizidalen Krise so behandeln wie eine Schülerin, die in der Schule schwer erkrankt: Der nächste Angehörige (in diesem Fall die Einzeltherapeutin) wird informiert. Eine Fertigkeitentrainerin, die gleichzeitig auch die Einzeltherapeutin einer Klientin ist, sollte das Problem dementsprechend auch erst nach der Fertigkeitensitzung bearbeiten. Nur falls es gar nicht anders machbar ist, sollte das Fertigkeitentraining zur Bearbeitung einer suizidalen Krise unterbrochen werden. Von den Klientinnen geäußerte suizidale Vorstellungen, Gefühle und

Gedanken werden von den Trainerinnen nur insofern aufgegriffen, als den Klientinnen geholfen wird, herauszufinden, wie sie die gerade erlernten DBT-Fertigkeiten darauf anwenden können. Beim Achtsamkeitsmodul kann der Fokus auf das Beobachten und Beschreiben des Dranges gelegt werden, sich mit parasuizidalem Verhalten oder suizidalen Gedanken, so wie sie kommen und wieder gehen, zu beschäftigen. Während des Streßtoleranztrainings kann auf Schmerztoleranz oder Kriseninterventionsstrategien hingewiesen werden, um mit der Situation fertigzuwerden. Beim Training eines bewußten Umgangs mit Gefühlen kann man sich auf das Beobachten, Beschreiben und Verändern der Gefühle konzentrieren, die mit den suizidalen Impulsen verbunden sind. Im Rahmen der zwischenmenschlichen Fähigkeiten kann die Betonung auf die Fertigkeiten des Neinsagens und des um Hilfebittens gelegt werden. Es wird ebenso vorgegangen, wenn die Klientin über Lebenskrisen, Probleme, die ihre Lebensqualität beeinträchtigen, oder frühere traumatische Ereignisse spricht. Es ist sozusagen alles Wasser auf die Mühlen des Fertigkeitentrainings.

Erwerb der Fertigkeiten, Verstärkung und Generalisierung

Im Fertigkeitentraining wird - mit sehr wenigen Ausnahmen - die meiste Zeit dem Erwerb, der Verstärkung und Generalisierung der psychosozialen DBT-Fertigkeiten gewidmet: Innere Achtsamkeit, Streßtoleranz, bewußter Umgang mit Gefühlen und zwischenmenschliche Fähigkeiten. Sogar wenn therapiegefährdendes Verhalten auftritt, ist es manchmal die beste Strategie, dies zu ignorieren und konsequent mit dem Training der Fertigkeiten weiterzumachen, egal was geschieht; diese Strategie kann fast immer bei leichterem therapiegefährdendem Verhalten durchgeführt werden. Das Üben und die aktive Anwendung von Verhaltensfertigkeiten sind für Menschen mit einer Borderline-Störung extrem schwierig, da sie dadurch gezwungen werden, aus ihrem aktiv-passiven Verhaltensmuster herauszutreten. Es besteht das Risiko, dieses passive Verhalten, das durch das Fertigkeitentraining verändert werden soll, gerade noch zu verstärken, indem die Therapeutin sich einer anderen Teilnehmerin zuwendet oder eine Diskussion darüber beginnt, warum die Klientin sich nicht beteiligen möchte. Manchmal können die Therapeutinnen eine Klientin einfach durch schwierige Momente im Fertigkeitentraining „mitziehen“. Dieses Vorgehen erfordert allerdings eine große Sicherheit der Trainerinnen in ihrer Einschätzung des Verhaltens und sollte vor allem auf strategischen Beweggründen, und nicht auf purer Insensibilität basieren.

Therapiebeeinträchtigendes Verhalten

Mit Verhalten, das die Therapie beeinträchtigt, aber nicht gefährdet, beschäftigt man sich im Fertigkeitentraining gewöhnlich nicht systematisch. Dies beruht in erster Linie auf der Tatsache, daß die Therapeutinnen vermutlich nie zum eigentlichen Fertigkeitentraining kommen würden, wenn sie therapiebeeinträchtigendem Verhalten eine hohe Priorität einräumen würden. Das Fertigkeitentraining bezieht sich nur insofern auf den Therapieprozeß an sich, als daß dieser ein Mittel zum Lehren und Üben der zu erlernenden Fertigkeiten darstellt. Therapiestörendes Verhalten wird grundsätzlich ignoriert, wenn es nicht eine ernsthafte Bedrohung für die Therapie als Ganzes darstellt oder für die gegenwärtig gelernten Fertigkeiten als Übungsfeld dienen kann. Dieses Verhalten wird zumeist so kommentiert, daß eine Veränderung zwar sehr wünschenswert ist, daß aber Probleme, die sich nicht auf das aktuelle Erlernen der Fertigkeiten beziehen, nur wenig Zeit gewidmet werden kann. So werden Verhaltensweisen wie stimmungsabhängige Passivität, Unruhe, das Herumlaufen im Raum, Sitzen in merkwürdiger Haltung, Herumkritzeln, Versuche, die Krisen der Woche zu besprechen, Überempfindlichkeit gegenüber Kritik und Ärger oder Wut auf andere Klientinnen des öfteren ignoriert. Die Klientin wird (manchmal auf raffinierte Weise) so behandelt, als würde sie kein dysfunktionales Verhalten zeigen.

Bei anderen Gelegenheiten kann die Fertigkeitentrainerin die Klientin auffordern, die gelernten Verhaltensfertigkeiten auf das vorliegende Problem anzuwenden. Eine Klientin, die wütend wird und damit droht zu gehen, kann zum Beispiel instruiert werden, ihre Streßtoleranzfertigkeiten oder ihre Fertigkeiten zur Bewältigung von Wut zu benutzen. Eine Klientin, die sich zurückzieht, dissoziiert oder überaktiv ist, kann aufgefordert werden, innere Achtsamkeit (Teilnahme am augenblicklichen Geschehen) anzuwenden. Der entscheidende Punkt ist, daß das Fertigkeitentraining nicht mehr durchgeführt werden kann, wenn die Therapeutinnen sich zu sehr mit dem Therapieprozeß, Lebenskrisen, einschließlich die Lebensqualität beeinträchtigendem und suizidalem Verhalten der Klientinnen beschäftigen.

Wie ich in Kapitel 3 dieses Manuals beschrieben habe, wird am Ende jeder Fertigkeitensitzung eine 15minütige Übung zum Ausklingen der Sitzung (Wind-down) durchgeführt. Dies ist ein günstiger Zeitpunkt, um therapiestörendes Verhalten zur Kenntnis zu nehmen - oder, was noch wichtiger ist, eine Verbesserung von früherem therapiestörendem Verhalten. Wenn alle die Chance haben, ihre Beobachtungen zur Sprache zu bringen, kommt diese Zeit dem Therapieprozeß zugute. Einer der Vorteile des

Wind-down mit Beobachtungsübungen ist, daß es Zeit und Raum für die Diskussion therapiebeeinträchtigenden Verhaltens bietet. (Vorsichtsmaßnahmen bei diesem Verfahren sind in Kapitel 3 dargestellt.)

Ziele des Fertigkeitentrainings und der Wochenprotokolle

Wie die Einzeltherapeutinnen müssen auch die Trainerinnen über die Fortschritte (oder auch die ausbleibenden Fortschritte) der Klientinnen zwischen den Sitzungen informiert sein. Um diese Informationen zu erhalten, gibt es verschiedene Möglichkeiten. Erstens sind auf der Rückseite der Wochenprotokolle (Abb. 4.1; siehe Kapitel 6 des Handbuches für eine Beschreibung der Wochen- protokolle) die wichtigsten Fertigkeiten aufgelistet, die im Training vermittelt werden. Neben jeder Fertigkeit ist Platz, wo die Klientin eintragen kann, ob sie sie während der Woche angewendet hat oder nicht. Dieses Protokoll wird zu jeder Sitzung mitgebracht. Zusätzlich gibt es für jedes Trainingsmodul ein Set von Protokollblättern; diese werden ausgeteilt, sobald sie behandelt werden. Zu Beginn jeder Fertigkeitensitzung berichtet jede Klientin über ihre Bemühungen, in der vergangenen Woche die erlernten Fertigkeiten zu benutzen. Wird das Protokoll nicht mitgebracht oder berichtet eine Klientin weder über Bemühungen zum Üben noch über Anwendung der Fertigkeiten, wird dies als ein Problem des Selbstmanagement betrachtet und als solches analysiert und besprochen. Das Problem sollte unter dem Aspekt angegangen werden, daß jede Fertigkeit, die gegenwärtig durchgenommen wird, darauf angewandt werden kann.

Ziele für das Verhalten während der Telefongespräche

In der Standard-DBT wird den Klientinnen zu Beginn der Behandlung gesagt, daß nur solche Telefongespräche mit Trainerinnen erlaubt sind, die dazu dienen, wichtige Informationen, die sofort ausgetauscht werden müssen, zu erhalten oder weiterzugeben (zum Beispiel eine Mitteilung an die Therapeutin, daß die Klientin nicht zur nächsten Sitzung kommen wird). Telefongespräche zur Lösung interpersoneller Konflikte, ohne die die Klientin sich nicht in der Lage sieht, zur nächsten Sitzung zu kommen, sind ebenfalls möglich. Der Grund für diese Einschränkung ist, daß beim Fertigkeitentraining in der Gruppe die Therapeutinnen eventuell eine Flut von Telefonanrufen bekommen, wenn sie Anrufe von allen Teilnehmerinnen zulassen. Außerdem kann es für eine Gruppenleiterin schwierig sein, sich auf eine einzelne Klientin statt auf die Gruppe als Ganzes zu konzentrieren, insbesondere, wenn ein Anruf sehr unerwartet kommt. Es ist von zentraler Bedeutung, daß die Gruppenleiterinnen ihre eigenen Grenzen wahren.

Verfahren des Fertigkeitentrainings

Während des Fertigkeitentrainings wie auch der Gesamtbehandlung müssen die Therapeutinnen bei jeder Gelegenheit darauf bestehen, daß die Klientinnen sich aktiv um das Erlernen und Üben der Fertigkeiten bemühen, die notwendig sind, um das Leben, so wie es ist, bewältigen zu können. Mit anderen Worten, sie müssen direkt, mit Nachdruck und wiederholt den passiven Problemlösestil der Klientinnen herausfordern. Die unten aufgeführten Verfahren werden von jeder DBT-Therapeutin durchgängig in allen Behandlungsmodi angewendet, wann immer sie angebracht sind.

Es gibt drei Verfahren des Fertigkeitentrainings: 1) Erwerb von Fertigkeiten (zum Beispiel Instruktionen, Modelle bieten) 2) Verstärkung von Fertigkeiten (zum Beispiel Verhaltensübungen, Feedback) und 3) Generalisierung der Fertigkeiten (zum Beispiel Hausaufgaben, Diskussion von Ähnlichkeiten und Unterschieden in Situationen). Beim Erwerb der Fertigkeiten bringt eine Therapeutin den Klientinnen neue Verhaltensweisen bei. Beim Verstärken und Generalisieren der Fertigkeiten versucht die Therapeutin, sowohl die erlernten Verhaltensweisen zu verfeinern als auch die Wahrscheinlichkeit zu erhöhen, daß die Klientin die neuen Verhaltensweisen in ihr Verhaltensrepertoire aufnimmt und in entsprechenden Situationen benutzt. Die Verstärkung und Generalisierung der Fertigkeiten erfordern die Anwendung von Kontingenzen, Exposition und/oder kognitiver Modifikation. Das heißt, sobald die Therapeutin sicher ist, daß die Klientin ein bestimmtes Reaktionsmuster in ihr gegenwärtiges Verhaltensrepertoire aufgenommen hat, werden andere Verfahrensweisen angewandt, um die Fähigkeiten der Klientin im Alltagsleben zu verbessern.

Diese Betonung von aktivem Training, das für verhaltensorientierte und kognitive Therapien typisch ist, unterscheidet die DBT von vielen anderen psychodynamischen Ansätzen zur Behandlung von Borderline-Störungen. Einige der Vorgehensweisen des Fertigkeitentrainings stimmen jedoch auch mit denen der supportiven Psychotherapie überein. Die Ziele des Fertigkeitentrainings sind durch die Parameter der DBT festgelegt; die Betonung bestimmter Fertigkeiten gegenüber anderen hängt von der Verhaltensanalyse in jedem einzelnen Fall ab.

Dialektische Behaviorale Therapie
TAGEBUCH-KARTE

Name:	Therapiebeginn:

Datum	Alkohol		rezeptfreie Medikamente		verschriebene Medikamente		illegale Drogen		Suizid-gedan-ken (0-5)	Un-wohl-sein (0-5)	Selbst-Verletzung						Ange-wendete Fertig-keiten (0-7)*
	#	aufführen	#	aufführen	#	aufführen	#	aufführen			Drang (0-5)	ausgeführt ja/nein					
Mo																	
Di																	
Mi																	
Do																	
Fr																	
Sa																	
So																	

*

0 = nicht daran gedacht oder nicht angewendet	3 = versucht, konnte sie nicht anwenden	6 = nicht versucht, habe sie angewendet, aber sie haben nicht geholfen
1 = daran gedacht, nicht angewendet, wollte nicht	4 = versucht, konnte sie anwenden aber sie haben nicht geholfen	7 = nicht versucht, habe sie angewendet, sie haben geholfen
2 = daran gedacht, nicht angewendet, wollte sie anwenden	5 = versucht, konnte sie anwenden, sie haben geholfen	

FERTIGKEITEN TAGEBUCH-KARTE

1. Intuitives Verstehen und Wissen	Mo	Di	Mi	Do	Fr	Sa	So
2. Wahrnehmen	Mo	Di	Mi	Do	Fr	Sa	So
3. Beschreiben	Mo	Di	Mi	Do	Fr	Sa	So
4. Nichtbewertend	Mo	Di	Mi	Do	Fr	Sa	So
5. Konzentriert	Mo	Di	Mi	Do	Fr	Sa	So
6. Wirkungsvoll	Mo	Di	Mi	Do	Fr	Sa	So
7. Zieleffektivität	Mo	Di	Mi	Do	Fr	Sa	So
8. Beziehungseffektivität	Mo	Di	Mi	Do	Fr	Sa	So
9. Selbstachtungeffektiviät	Mo	Di	Mi	Do	Fr	Sa	So
10. Verwundbarkeit verringern	Mo	Di	Mi	Do	Fr	Sa	So
11. Selbstdisziplin	Mo	Di	Mi	Do	Fr	Sa	So
12. Positive Erfahrungen schaffen	Mo	Di	Mi	Do	Fr	Sa	So
13. Entgegengesetztes Handeln	Mo	Di	Mi	Do	Fr	Sa	So
14. Sich Ablenken	Mo	Di	Mi	Do	Fr	Sa	So
15. Sich Beruhigen	Mo	Di	Mi	Do	Fr	Sa	So
16. Den Augenblick verändern	Mo	Di	Mi	Do	Fr	Sa	So
17. Pro und Contra	Mo	Di	Mi	Do	Fr	Sa	So
18. Radikales Annehmen	Mo	Di	Mi	Do	Fr	Sa	So

Abb. 4.1. Vorderseite und Rückseite einer DVT-Tagebuch-Karte.

Einführung und Vereinbarungen: Ein Überblick über die Aufgaben

Die Einführung der Klientin in das Konzept des Trainings ist das wichtigste Mittel einer Fertigkeitentrainerin, um die Verhaltensweisen als lernenswert zu „verkaufen" und zu vermitteln, daß die Vorgehensweisen der DBT höchstwahrscheinlich wirksam sind. Ein Fertigkeitentraining kann nur dann durchgeführt werden, wenn eine Person aktiv im Behandlungsprogramm mitarbeitet. Einige Teilnehmerinnen haben Fertigkeitendefizite und fürchten sich gleichzeitig davor, neue Fertigkeiten zu erlernen. Hier kann es sinnvoll sein, klarzumachen, daß eine neue Fertigkeit zu erlernen nicht bedeutet, sie auch tatsächlich anwenden zu müssen. Das heißt, eine Klientin kann eine Fertigkeit erlernen und dann von Situation zu Situation entscheiden, ob sie sie benutzen möchte oder nicht. Manchmal wollen die Klientinnen keine neuen Fertigkeiten lernen, weil sie keine Hoffnung haben, daß ihnen irgend etwas wirklich helfen wird. Meiner Erfahrung nach ist es in solchen Situationen hilfreich, zu erwähnen, daß die Fertigkeiten entweder mir selbst oder jemandem, den ich kenne, geholfen haben. Allerdings kann eine Therapeutin nicht im voraus garantieren, daß spezielle Fertigkeiten einer bestimmten Person auch tatsächlich helfen werden. Bevor neue Fertigkeiten vermittelt werden, sollte die Therapeutin allgemeine Gründe nennen (oder diese durch einen sokratischen Dialog aus der Klientin „herauslocken"), warum diese spezielle Fertigkeit oder ein Set davon nützlich sein könnten. Manchmal sind dazu nur ein oder zwei Hinweise erforderlich, ein andermal muß ausführlich diskutiert werden.

Bei Gelegenheit sollte die Therapeutin auch die Gründe für ihre Lehrmethode erklären - das heißt, Gründe für das Verfahren des DBT-Trainings. An dieser Stelle sollte ausdrücklich betont und so oft wie nötig wiederholt werden, daß das Erlernen neuer Fertigkeiten Üben, Üben und nochmals Üben erfordert. Genauso wichtig ist das Üben in Situationen, in denen die Fertigkeiten auch tatsächlich benötigt werden. Wenn diese zwei Aspekte nicht bei einer Klientin ankommen, besteht nicht viel Hoffnung, daß sie tatsächlich etwas Neues lernen wird.

Der Erwerb von Fertigkeiten

Die Verfahren zum Erlernen von Fertigkeiten dienen dazu, Fertigkeitendefizite zu verringern. In der DBT wird nicht davon ausgegangen, daß alle oder die meisten Probleme von Menschen mit einer Borderline-Störung motivationaler Natur sind. Statt dessen liegt der Fokus auf der Einschätzung der Fähigkeiten einer Person auf einem bestimmten Gebiet; das Erlernen von Fertigkeiten wird dann angewandt, wenn Defizite vorliegen. Manchmal verwendet die Therapeutin, anstatt anderer Methoden zur Einschätzung des Verhaltens, auch einfach das Verfahren zum Fertigkeitenerwerb und beobachtet dann, ob sich im Anschluß Verhaltensänderungen zeigen.

Ein Hinweis zur Einschätzung von Fähigkeiten

Bei Borderline-Klientinnen kann es sehr schwierig sein, herauszufinden, ob sie zu bestimmten Handlungen unfähig sind, oder ob sie zwar fähig, aber emotional gehemmt sind oder durch ihre Umgebung daran gehindert werden. Obwohl dieses komplexe Problem der Einschätzung auch bei anderen Klientengruppen auftritt, kann es bei Borderline-Klientinnen wegen ihrer Unfähigkeit, ihr eigenes Verhalten zu analysieren und ihre Fähigkeiten einzuschätzen, besonders schwierig sein. Sie verwechseln zum Beispiel oft „Angst haben, etwas zu tun" mit „etwas nicht tun können". Zudem gibt es oft starke Kontingenzen, die es ihnen schwermachen, über vorhandene Fähigkeiten zu sprechen. (Viele der Kontingenzen habe ich in Kapitel 10 des Handbuches zusammengefaßt.) Klientinnen sagen zum Beispiel, daß sie nicht wissen, was sie fühlen oder denken, oder daß sie keine Worte dafür finden, wenn sie in Wirklichkeit Angst haben, ihre Gedanken oder Gefühle auszudrücken. Viele sagen auch, daß sie oft nicht so sehr verletzbar sein möchten. Manchen Klientinnen wurde von ihrer Therapeutin oder ihrer Familie beigebracht, all ihre Probleme als motivational bedingt zu betrach- ten. Sie haben ihnen dies entweder „abgekauft" und glauben also, daß sie zwar zu allem fähig sind, es aber nur nicht wollen, oder sie haben total dagegen rebelliert und glauben daher nicht, daß motivationale Faktoren genauso wichtig sein können wie das Vorhandensein von Fähigkeiten. Diese Dilemmata in der Therapie werden ausführlich im nächsten Kapitel besprochen.

Einige Therapeutinnen reagieren auf die Äußerung der Klientinnen, daß sie nichts tun können, mit einem ähnlich extremen Standpunkt: daß sie nämlich alles tun könnten, wenn sie nur wollten. Das Versagen bei Fertigkeiten und die Behauptung, nicht zu wissen, wie man sich anders verhalten kann, werden als Widerstand (oder zumindest als durch unbewußte Motive bedingt) betrachtet. Rat und Anleitung geben, Vorschläge machen oder auf andere Weise neue Verhaltensweisen vermitteln, wird als abhängigkeitsfördernd und als Bedürfnisbefriedigung betrachtet und soll demnach „richtige" Therapie beeinträchtigen. Wieder andere Therapeutinnen gehen in die Falle zu glauben, daß die Klientinnen kaum etwas tun können. Manchmal glauben sie sogar, die Klientinnen seien unfähig, neue Verhaltensweisen und Fertigkeiten zu erlernen. Akzeptanz, Fürsorge

und Interventionen im Umfeld der Klientin bestimmen das Vorgehen dieser Therapeutinnen. Wenn diese zwei Orientierungen innerhalb eines Behandlungsteams auftreten, überrascht es nicht, daß oft Konflikte und „Spaltungsprozesse" auftreten. Nach dem dialektischen Ansatz würde man hier versuchen, eine Synthese zu finden. (Dies ist ausführlich in Kapitel 13 des Handbuches dargestellt.)
Um einzuschätzen, ob eine Klientin ein bestimmtes Verhaltensmuster in ihr Repertoire aufgenommen hat, muß die Fertigkeitentrainerin für sie ideale Umstände schaffen, in denen sie dieses Verhalten zeigen kann. Für zwischenmenschliches Verhalten zum Beispiel kann man ein Rollenspiel innerhalb der Fertigkeitensitzung machen - oder (falls eine Klientin sich weigert) man fragt sie, was sie in einer bestimmten Situation sagen würde. Eine Klientin kann auch gebeten werden, einer anderen im Rollenspiel Anleitung zu geben. Ich bin oft erstaunt darüber, wie Personen, die scheinbar gute zwischenmenschliche Fähigkeiten besitzen, in bestimmten Rollenspielsituationen keine vernünftigen Antworten finden, und andererseits anscheinend passive, duckmäuserische und mit wenig zwischenmenschlichen Fähigkeiten ausgestattete Personen durchaus adaptiv im Rollenspiel reagieren, wenn dieses genügend angenehm gestaltet ist. Beim Analysieren der Streßtoleranz kann die Therapeutin danach fragen, welche Techniken oder Methoden die Klientin zur Bewältigung schwieriger oder streßreicher Situationen benutzt oder welche sie als hilfreich ansieht. Die Fähigkeit zum Umgang mit Gefühlen kann manchmal eingeschätzt werden, indem die Klientin, während sie in einem bestimmten emotionalen Zustand ist, gebeten wird zu schauen, ob sie diesen ändern kann. Selbstmanagement und innere Achtsamkeit können analysiert werden, indem das Verhalten der Klientin in den Sitzungen beobachtet wird (besonders wenn sie nicht im Zentrum der Aufmerksamkeit steht) und indem man sie nach ihrem Verhalten im Alltag fragt. Wenn die Klientin eine bestimmte Verhaltensweise zeigt, weiß die Fertigkeitentrainerin, daß diese sich in ihrem Repertoire befindet. Falls sie das Verhalten nicht zeigt, kann sie jedoch nicht sicher sein - ebenso wie es in der Statistik keine Möglichkeit gibt, die Null-Hypothese zu testen. Im Zweifelsfall ist es gewöhnlich sicherer, mit dem Fertigkeitentraining fortzufahren, denn dies kann im allgemeinen nicht schaden, und die meisten Verfahren betreffen auch andere auf Verhaltensfertigkeiten bezogene Faktoren. Zum Beispiel können sowohl Instruktionen und das Anbieten von Modellen (die Hauptverfahren zum Erlernen der Fertigkeiten; siehe unten) nicht nur deshalb wirksam sein, weil sie zum individuellen Verhaltensrepertoire dazukommen, sondern eher, weil sie die „Erlaubnis" zum Verhalten geben und so Hemmungen verringern.

Instruktionen

Instruktionen sind verbale Beschreibungen der Reaktionsweisen, die gelernt werden sollen. Sie können allgemeine Richtlinien sein („Wenn Sie Ihre Denkmuster verändern, prüfen Sie auch die Wahrscheinlichkeit, daß die schlimmsten Konsequenzen auftreten werden", „Denken Sie an Verstärkung") oder auch sehr konkrete Vorschläge, was die Klientin tun soll („Wenn Sie eine starke Spannung spüren, holen Sie sich einen Eiswürfel und halten ihn für 10 Minuten in der Hand") oder was sie denken soll („Sagen Sie sich wieder und wieder 'Ich kann es tun'"). Vor allem im Gruppensetting bietet es sich an, die Instruktionen wie in einer Vorlesung mit Hilfe einer Tafel zu präsentieren. Die Therapeutinnen können vorschlagen, die Instruktionen als Hypothesen zu betrachten, können sie als These und Antithese darstellen oder sie in einem sokratischen Dialog herausarbeiten. Immer sollte die Therapeutin jedoch darauf achten, adaptives Verhalten oder das Erlernen von Fertigkeiten als nicht zu einfach darzustellen. Die Arbeitsblätter am Ende dieses Manuals liefern schriftliche Instruktionen.

Modelle anbieten

Modelle können durch Therapeutinnen, andere Klientinnen, andere Menschen aus der Umgebung der Klientinnen, Tonaufnahmen, Videoaufnahmen, Filme oder gedrucktes Material demonstriert werden. Jedes Verfahren, das den Klientinnen als Anschauungsmaterial für adäquate alternative Reaktionen dient, ist eine Form von Modellgebung. Wenn die Fertigkeitentrainerinnen das Modell darstellen, besteht der Vorteil darin, daß die Situation und das Material genau auf spezielle Bedürfnisse der Klientinnen zugeschnitten werden können.

Es gibt eine Vielzahl von Möglichkeiten, Verhaltensfertigkeiten vorzuführen. Rollenspiele innerhalb der Sitzungen (mit den Therapeutinnen als Teilnehmerinnen) können benutzt werden, um adäquates interpersonelles Verhalten zu demonstrieren. Wenn Ereignisse zwischen Therapeutin und Klientin Ähnlichkeit mit solchen im natürlichen Umfeld der Klientin haben, kann die Therapeutin als Modell dafür dienen, wie mit solchen Situationen wirkungsvoll umgegangen werden kann. Die Therapeutin kann auch Verbalisierung (laut sprechen) benutzen, um Bewältigungsstrategien, Selbstinstruktionen oder die Umstrukturierung von problematischen Erwartungen und Einstellungen zu demonstrieren. Die Fertigkeitentrainerin kann zum Beispiel sagen, „O.k., das würde ich zu mir selber sagen: Ich fühle mich überwältigt. Was ist das erste, das ich tue, wenn ich mich überwältigt fühle? Die Situation in einzelne Schritte unterteilen und eine Liste machen. Dann tue ich das erste, was auf der Liste steht." Geschichten erzählen, auf historische Ereignisse hinweisen oder allegorische Beispiele bringen (siehe Kapitel 7 des Handbuches) kann oft hilfreich sein, um alternative Lebensstrategien aufzuzeigen. Schließlich kann auch Selbstöffnung als ein Modell für adaptives Verhalten benutzt werden, vor allem dann wenn eine Therapeutin aus ihrem Leben ähnliche Probleme kennt, wie eine Klientin sie gegenwärtig erlebt. Diese Technik ist ausführlich in Kapitel 12 des Handbuches besprochen und eine sorgfältige Beachtung der dort aufgelisteten Richtlinien wird empfohlen.

Alle Techniken zum Modellgeben, die oben beschrieben sind, können im Gruppensetting natürlich auch so benutzt werden, daß Teilnehmerinnen einander gegenseitig als Modell dienen. Ideal ist, wenn eine Teilnehmerin vor der ganzen Gruppe demonstriert kann, wie sie angemessen mit einer Situation umgeht und dabei ihre Fertigkeiten anwendet. Je wohler sich die Teilnehmerinnen miteinander und mit den Therapeutinnen fühlen, um so leichter kann man sie im allgemeinen ermuntern, als Modelle zu fungieren. Humor und Schmeicheleien können hierbei eine große Hilfe sein. Zusätzlich zu solchen Modellen innerhalb der Gruppe ist es günstig, die Klientinnen anzuregen, das Verhalten kompetenter Menschen in ihrer eigenen Umgebung zu beobachten. Das beobachtete Verhalten kann dann in den Sitzungen besprochen und von allen geübt werden. Die Arbeitsblätter zum Fertigkeitentraining bieten Modelle für die Anwendung bestimmter Fertigkeiten. Biographien, Autobiographien und Romane über Menschen, die ähnliche Erfahrungen gemacht haben, können ebenfalls neue Anregungen geben. In jedem Fall ist es wichtig, jedes von Therapeutinnen, anderen Klientinnen oder anderen Personen außerhalb der Therapie als Modell gezeigte Verhalten zu besprechen, um sicherzugehen, daß die Klientin auch die entscheidenden Aspekte bei dem Verhalten beobachtet.

Verstärkung der Fertigkeiten

Wenn Verhaltensfertigkeiten einmal erworben wurden, wird Verstärkung benutzt, um sie zu formen, zu verfeinern und die Wahrscheinlichkeit ihrer Anwendung zu erhöhen. Ohne Üben und Verstärkung kann eine Fertigkeit nicht erlernt werden. Dies kann nicht deutlich genug betont werden, denn das Üben der Fertigkeiten ist mühevoll und steht der Tendenz von Borderline-Klientinnen entgegen, einen passiven Verhaltensstil zu verwenden.

Verhaltensübungen

Verhaltensübungen sind alle Übungen von zu erlernenden Reaktionen. Dies kann in Interaktion mit den Therapeutinnen oder mit anderen Teilnehmerinnen geschehen - in simulierten oder in vivo-Situationen. Alle Verhaltensfertigkeiten - verbale und nonverbale Reaktionen, Denkmuster oder kognitives Problemlösen sowie manche Bestandteile physiologischer und emotionaler Reaktionen - kann im Prinzip geübt werden.

Das Üben kann entweder offen oder verdeckt geschehen. Bei offenen Verhaltensübungen sind verschiedene Formen möglich. Im Gruppensetting können zum Beispiel Rollenspiele zu problematischen Situationen durchgeführt werden, so daß jede Teilnehmerin adäquate Reaktionen üben kann. Mit Hilfe von Entspannungsübungen kann gelernt werden, physiologische Reaktionen zu kontrollieren. Bei der Vermittlung kognitiver Fertigkeiten kann man die Klientinnen bitten, förderliche Selbstaussagen zu formulieren. Bei der kognitiven Umstrukturierung kann jede Teilnehmerin aufgefordert werden, dysfunktionale Einstellungen, Verhaltensregeln oder mögliche Erwartungen zu verbalisieren, die durch die Problemsituation bei ihr hervorgerufen werden. Anschließend soll sie diese dann verändern, indem sie günstigere Einstellungen, Verhaltensregeln oder Bewältigungsstrategien entwickelt. In Gruppensitzungen können die Teilnehmerinnen dies schriftlich tun (auf den dafür vorgesehenen Arbeitsblättern), anschließend tauschen sie sich mit der Gruppe darüber aus, was sie aufgeschrieben haben. Verdeckte Verhaltensübungen - das heißt, Üben der erwünschten Verhaltensweise auf der Vorstellungsebene - können auch für die Verstärkung der Fertigkeiten effektiv sein. Beim Erlernen komplexerer kognitiver Fertigkeiten können sie nützlicher sein als die offenen Übungen. Sie sind ebenfalls angezeigt, wenn eine Klientin sich weigert, sich am offenen Üben zu beteiligen. Beim Üben vom Umgang mit Gefühlen zeigt sich, daß „emotionales Verhalten" im allgemeinen nicht direkt geübt werden kann. Das heißt, Klientinnen können nicht üben, wütend, traurig oder voller Freude zu sein. Statt dessen müssen sie spezifische Komponenten von Gefühlen üben (Änderung des Gesichtsausdrucks, Gedanken, die Gefühle hervorbringen oder hemmen, Änderung der Muskelspannung etc.). Meiner Erfahrung nach mögen Borderline-Klientinnen nur selten diese Verhaltensübungen, vor allem wenn sie vor anderen ausgeführt werden. Deswegen ist einiges Shaping und „gut zureden" nötig. Wenn sich eine Klientin zum Beispiel nicht am Rollenspiel beteiligen möchte, kann die Therapeutin versuchen, sie in einen Dialog einzubeziehen („Was könnten Sie jetzt sagen?"), oder sie kann versuchen, nur einen Teil der neuen Fertigkeit zu üben, so daß die Klientin sich nicht überfordert fühlt. Mit diesen Übungen soll vermittelt werden, daß man üben muß, sich anders zu verhalten, um anders zu sein.

Einige Therapeutinnen mögen die Verhaltensübungen ebenfalls nicht, vor allem wenn sie Rollenspiele mit den Teilnehmerinnen erfordern. Für Therapeutinnen, die hierbei gehemmt sind oder sich unwohl fühlen, ist es am besten, Rollenspiele mit Mitgliedern des Supervisions- oder Konsultationsteams zu üben. Andere Therapeutinnen haben Widerstände gegen Rollenspiele, weil sie den Klientinnen das Üben nicht aufzwingen wollen. Sie sind vielleicht nicht mit den vielen Forschungsergebnissen vertraut, die darauf hinweisen, daß Verhaltensübungen und Therapieerfolg miteinander in Beziehung stehen (zum Beispiel *Linehan, Goldfried & Goldfried*, 1979).

Verstärkung

Verstärkung durch die Therapeutin ist bei Borderline-Klientinnen und suizidalen Menschen eines der wirksamsten Mittel des Shaping und der Förderung von Verhaltensfertigkeiten. Oft sind diese Menschen in einer Umgebung aufgewachsen, die ein Zuviel an Strafe benutzt hat. Sie erwarten häufig ein negatives und strafendes Verhalten von der Umwelt im allgemeinen und von ihren Therapeutinnen im besonderen und verwenden im Umgang mit sich selbst oft ebenfalls Bestrafung. Auf die Dauer kann die Verstärkung von Fertigkeiten durch die Therapeutin das Selbstbild der Klientinnen auf positive Weise verändern, die Fertigkeiten verbessern sowie die Häufigkeit ihrer Anwendung erhöhen; ebenso läßt sich auf diese Weise ihr Gefühl stärken, positive Ergebnisse in ihrem Leben kontrollieren und erreichen zu können. Einer der Vorteile von Gruppentherapie gegenüber der Einzeltherapie ist, daß über die Verstärkung des adaptiven Verhaltens der einen Klientin auch dasselbe Verhalten bei den anderen Teilnehmerinnen indirekt verstärkt wird. Mit anderen Worten, man „schlägt zwei Fliegen mit einer Klappe". Darüber hinaus kann die Gruppentherapie auch große Wirksamkeit haben, wenn die Teilnehmerinnen die Fähigkeit entwickeln, gegenseitig günstiges Verhalten zu verstärken .

Die Techniken adäquater Verstärkung werden ausführlich in Kapitel 10 des Handbuches besprochen. Diese Prinzipien sind äußerst wichtig und sollten gründlich durchgegangen werden. Hierbei ist zu beachten, daß die Therapeutinnen für die Verhaltensverbesserungen der Klientinnen aufmerksam und wachsam bleiben müssen, selbst wenn das für sie selbst gelegentlich unangenehm sein kann. Den Klientinnen interpersonelle Fertigkeiten für den Umgang mit ihren Eltern beizubringen und dann in einer Therapiesitzung genau dieses Verhalten zu ignorieren oder zu bestrafen, ist nicht therapeutisch. Klientinnen zu ermutigen, selbständig zu denken, und sie dann zu bestrafen oder zu ignorieren, wenn sie nicht mit einer Therapeutin übereinstimmen, ist ebenfalls nicht therapeutisch. Ebensowenig ist es therapeutisch, zu sagen, daß es keine Katastrophe ist, sich nicht in allen Situationen anzupassen, und daß Spannungen ausgehalten werden können, und dann eine Klientin nicht zu akzeptieren, sobald sie nicht bequem in die Pläne einer Fertigkeitentrainerin oder in ihre vorgefaßten Begriffe paßt, wie sich Menschen mit einer Borderline-Störung verhalten.

Feedback und Coaching

Feedback liefert den Klientinnen Informationen über ihr Verhalten. Feedback sollte sich auf das gezeigte Verhalten an sich beziehen und nicht auf die vermuteten Motive dafür. Dieser Punkt ist sehr wichtig. Borderline-Klientinnen erhalten leider nur selten Feedback, das nicht durch Interpretationen über vermeintlich dahintersteckende Motive und Absichten kontaminiert ist. Wenn die vermuteten Motive nicht zutreffend sind, werten Borderline-Klientinnen dann oft wertvolles Feedback ab, das sie für ihr Verhalten bekommen. Das Feedback sollte spezifisch und konkret auf das Verhalten bezogen sein, daß heißt, eine Therapeutin sollte der Klientin genau erklären, was an ihrem Verhalten auf ein Andauern der Probleme oder auf eine Verbesserung schließen läßt. Es ist keine Hilfe, den Klientinnen nur zu sagen, daß sie manipulieren, Kontrolle ausüben wollen, überreagieren, nicht loslassen können oder ausagieren, wenn diese Begriffe nicht klar auf ein bestimmtes Verhalten bezogen werden. Das gilt vor allem dann, wenn eine Trainerin ein problematisches Verhalten zwar korrekt benennt, aber ungenaue Schlußfolgerungen über die Motivation dazu ableitet. Häufig beruht Streit zwischen Therapeutinnen und Klientinnen gerade auf dieser Ungenauigkeit. Die Rolle und der Gebrauch von Interpretationen ist ausführlich in Kapitel 9 des Handbuches beschrieben.

Die Fertigkeitentrainerinnen müssen nahe am Verhalten der Klientin bleiben (entweder berichtetes oder erlebtes Verhalten in der Sitzung) und die Reaktionen auswählen, die mit Feedback zu beantworten sind. Zu Beginn des Trainings mag nur wenig Verhalten der Klientinnen kompetent erscheinen; hier sind die Trainerinnen gewöhnlich gut beraten, wenn sie mit Feedback auf eine begrenzte Anzahl von Reaktionskomponenten antworten, auch wenn andere Defizite kommentiert werden könnten. Mehr Feedback könnte zu Reizüberflutung und/oder Entmutigung führen: Hier sollte man das Shaping einsetzen und mit Feedback, Coaching und Verstärkung auf eine allmähliche Annäherung an das erwünschte Verhalten hinarbeiten.

Borderline-Klientinnen wünschen sich oft verzweifelt Rückmeldung über ihr Verhalten, sind aber gleichzeitig auch sehr empfindlich gegenüber negativem Feedback. Die Lösung dafür ist, negatives Feedback in positives Feedback einzubetten. Man tut den Klientinnen keinen Gefallen, wenn man sie behandelt, als könnten sie kein negatives Feedback verkraften. Ein wichtiger Teil der Rückmeldung ist es, den Klientinnen Informationen darüber zu geben, wie ihr Verhalten auf ihre Therapeutinnen wirkt. Dies ist ausführlich in Kapitel 12 des Handbuches beschrieben.

Beim Coaching werden Rückmeldungen und Informationen miteinander verknüpft. Der Klientin wird erklärt, inwieweit eine bestimmte Reaktionsweise von einer erfolgreich ausgeführten Fertigkeit abweicht und wie sie verbessert werden könnte. Die klinische Erfahrung zeigt, daß die „Erlaubnis" zu einer bestimmten Verhaltensweise, die mit dem Coaching implizit gegeben wird, manchmal schon genügt, um eine Verhaltensänderung zu erreichen.

Generalisierung von Fertigkeiten

In der DBT wird nicht davon ausgegangen, daß in der Therapie erworbene Fertigkeiten automatisch auf Situationen des alltäglichen Lebens generalisieren. Daher ist es wichtig, daß die Fertigkeitentrainerinnen diesen Transfer der Fertigkeiten ermutigen und anregen. Obwohl die Generalisierung der Fertigkeiten in erster Linie in der Verantwortlichkeit der Haupt- oder Einzeltherapeutinnen liegt (wegen der zeitlichen Begrenzung des Fertigkeitentrainings), gibt es dennoch eine Anzahl spezifischer Verfahren, die auch von den Trainerinnen angewandt werden können.

Konsultation zwischen den Sitzungen

Wenn es den Klientinnen nicht möglich ist, die neuen Fertigkeiten in ihrem natürlichen Umfeld anzuwenden, sollten sie ermutigt werden, sich deswegen zwischen den Sitzungen mit ihren Einzeltherapeutinnen oder anderen Teilnehmerinnen zu beraten. Die Fertigkeitentrainerinnen können die Klientinnen unterrichten, wie sie ein adäquates Coaching geben können. In stationären und tagesklinischen Einrichtungen, können die Teilnehmerinnen ermutigt werden, sich bei Schwierigkeiten Unterstützung von anderen Mitgliedern des Pflegeteams zu holen. Eine weitere Technik hierzu wurde von Charles Swenson im Cornell Medical Center/New York Hospital in White Plains entwickelt (sie wurde bereits in Kapitel 2 dieses Manuals erwähnt): Auf der Station werden spezielle Sprechzeiten für die Beratung angeboten. Die Aufgabe der Beraterin besteht darin, den Klientinnen bei der Anwendung ihrer neuen Fertigkeiten im Alltag zu helfen.

Einsatz von Videoaufnahmen

Wenn möglich, sollten die Sitzungen des Fertigkeitentrainings auf Video aufgezeichnet werden. Die Videos können von den Klientinnen zwischen den Sitzungen angeschaut werden, sofern dafür ein Raum verfügbar ist. Es gibt mehrere Gründe, die für die Aufzeichnung der Sitzungen sprechen. Erstens sind die Klientinnen oft nicht in der Lage, alles aufzunehmen, was in den Sitzungen geschieht: Sie werden beeinträchtigt durch Drogen- oder Medikamentenmißbrauch vor den Sitzungen, Spannungszustände während der Sitzung sowie durch Dissoziieren oder andere Konzentrationsschwierigkeiten, die als Begleiterscheinung von Depression und Angst auftreten. Sie können daher oft mehr von den Sitzungen profitieren, wenn sie sich zusätzlich die Videos anschauen. Zweitens kann eine Klientin wichtige Einsichten über ihr Verhalten und ihre Interaktion mit anderen gewinnen, wenn sie sich selbst von außen sieht. Dies hilft den Klientinnen oft, ihre zwischenmenschlichen Fähigkeiten zu verstehen und zu verbessern. Drittens berichten viele Klientinnen, daß es für sie hilfreich war, zu kommen und ein Videoband anzuschauen, wenn sie zwischen den Sitzungen aufgewühlt waren, unter Panikattacken litten oder sich unfähig fühlten, mit Schwierigkeiten umzugehen. Ein Video anzuschauen, vor allem, wenn darin eine aktuell benötigte Fertigkeit vermittelt wird, hat einen ähnlichen Effekt wie eine zusätzliche Sitzung. Die Fertigkeitentrainerinnen sollten anregen, wenngleich nicht fordern, daß die Videoaufnahmen auf diese Weise genutzt werden.

In-vivo-Verhaltensübungen

Entsprechend den jeweils besprochenen Fertigkeiten werden Hausaufgaben aufgegeben. Es ist von Vorteil, wenn die Trainerinnen oder die Klientin auch die Einzeltherapeutin dazu motivieren kann, die Hausaufgaben generell mit in die Therapie einzubeziehen - oder zumindest dann, wenn es erforderlich erscheint. In der Standard-DBT geschieht dies immer. Eines der strukturierten Hausaufgabenblätter hat zum Beispiel den Fokus auf der Identifizierung und Benennung von Emotionen und führt die Klientin durch eine Vielzahl von Schritten zu einem klareren Verständnis ihrer Gefühle. Die Einzeltherapeutin könnte dann vorschlagen, daß eine Klientin dieses Hausaufgabenblatt zur Hand nimmt, wann immer sie durch Gefühle verwirrt oder überwältigt ist. Am Ende dieses Manuals befinden sich eine Reihe von Hausaufgabenblättern für die verschiedenen DBT-Fertigkeiten. Es spricht nichts dagegen, diese Blätter entsprechend den Bedürfnissen der Klientinnen oder den Prioritäten der Therapeutinnen abzuändern.

Ein Umfeld schaffen, das adaptives Verhalten verstärkt

Wie ich in Kapitel 3 des Handbuches beschrieben habe, neigen Borderline-Klientinnen zu einem passiven Lebensstil. Auf einem Kontinuum, dessen Pole eine interne Selbstregulation und eine externe Regulation durch die Umwelt darstellen, befinden sie sich nahe dem externen Pol. Viele Therapeutinnen scheinen zu glauben, daß der Pol der Selbstregulation von Natur aus der bessere sei, und verbringen einen guten Teil der Therapie mit Versuchen, ihre Borderline-Klientinnen zu mehr Selbstregulation zu bewegen. Obwohl in der DBT nicht die Gegenposition vertreten wird - daß eine Regulation durch die Umwelt vorzuziehen sei - so geht man doch davon aus, daß es auf die Dauer vorteilhafter und wahrscheinlich auch leichter ist, mit den Stärken der Klientinnen zu arbeiten. Deshalb sollte den Klientinnen beigebracht werden, wie sie auf konstruktive Weise ihre Umwelt beeinflussen können. Man kann ihnen zum Beispiel beibringen, wie Strukturen geschaffen werden, wie öffentliche statt private Vereinbarungen getroffen werden, wie sie Gemeinschaften und Lebensstile finden können, die ihre neu erworbenen Verhaltensweisen unterstützen, und wie bei anderen eher die Verstärkung von adaptivem statt maladaptivem Verhalten angeregt werden kann. Das soll nicht heißen, daß den Klientinnen keine Techniken zur Selbstregulation beigegracht werden, sondern eher, daß die Fertigkeiten zur Selbstregulation, die vermittelt werden, an ihre Stärken angepaßt sein sollten. Schriftliche Selbstbeobachtung mit Hilfe eines vorbereiteten Wochenprotokolls ist zum Beispiel dem Versuch vorzuziehen, jeden Tag das eigene Verhalten zu beobachten und dies im Gedächtnis festzuhalten. Alkohol aus dem Haus fernzuhalten ist besser, als zu versuchen, mittels Selbstinstruktion von der Flasche wegzukommen.

Ein letzter Aspekt ist hier noch zu erwähnen. Manchmal können neu erworbene Fertigkeiten nicht generalisieren, weil die Klientinnen in der Alltagswelt ihr eigenes Verhalten bestrafen. Der Grund dafür ist gewöhnlich, daß ihre Erwartungen hinsichtlich ihres Verhaltens so hoch gesteckt sind, daß sie so gut wie nie das Kriterium für eine Verstärkung erreichen. Dieses Verhaltensmuster muß geändert werden, damit Generalisierung und Fortschritt gelingen können. Schwierigkeiten in Zusammenhang mit Selbstverstärkung und Selbstbestrafung sind ausführlicher in Kapitel 3, 8 und 10 des Handbuches beschrieben; die Strategien zur Validierung von Verhalten, die in Kapitel 8 dargestellt werden, sollten im Fertigkeitentraining ebenfalls benutzt werden. Ich gehe auf diese Themen noch in den Kapiteln über die Fertigkeitenmodule in diesem Manual (7 bis 10) ein.

Familien- und Paartherapiesitzungen.

Zur Unterstützung der Generalisierung bietet es sich auch an, Personen aus dem sozialen Umfeld der Klientinnen zur Sitzung einzuladen. Gewöhnlich sind dies Verwandte der Klientinnen, ihre Ehemänner oder Partner. Perry Hoffmann vom Cornell Medical Center/New York Hospital in White Plains hat eine Form von Familientherapie entwickelt, in der Borderline-Klientinnen und Mitglieder ihrer Familie in einer Gruppe zusammengebracht werden. Dieselben Fertigkeitenmodule, die die Borderline-Klientinnen bereits durchgenommen haben, werden in Gegenwart der Familie wiederholt. Auf diese Weise lernen alle Familienmitglieder dieselben Verhaltensfertigkeiten. Da die Borderline-Klientinnen gewöhnlich ihrer Familie ein oder zwei Lektionen voraus sind, können sie die Familienmitglieder beim Erlernen der DBT-Fertigkeiten unterstützen. Die Familienmitglieder von Borderline-Klientinnen haben sich für diese Form der Therapie sehr empfänglich gezeigt.

Prinzipien zum Ausblenden (Fading).

Zu Beginn des Fertigkeitentrainings dient die Therapeutin als Modell, sie gibt Informationen, verstärkt, bietet Rückmeldung und leitet die Klientin an, die Fertigkeiten sowohl in den Sitzungen als auch in ihrem Alltagsleben anzuwenden. Wenn adäquates Verhalten in der alltäglichen Umgebung unabhängig werden soll vom Einfluß der Therapeutin, muß der Gebrauch dieser Verfahren schrittweise ausgeblendet werden, insbesondere das Geben von Instruktionen und Verstärkung. Die Therapeutin gibt dann weniger Instruktionen und Coaching als die Klientin sich bereits selbst geben kann und bietet weniger Modelle, Feedback und Verstärkung an als die Klientin aus ihrem natürlichen Umfeld erhält.

5

Die Anwendung weiterer Strategien und Verfahren im Fertigkeitentraining

Die Hauptstrategien und -verfahren der DBT werden ausführlich im Handbuch beschrieben. Dieses Kapitel nun läßt sich mit folgendem Motto überschreiben: „O.k., das wissen Sie nun alles. Hier wird jetzt noch beschrieben, was Sie bedenken sollten, wenn Sie die Strategien im Fertigkeitentraining anwenden, insbesondere in einem Gruppensetting". Im Handbuch werden die theoretischen Grundlagen, die Prinzipien und die möglichen Einschränkungen bei den verschiedenen Gruppen von Strategien und Verfahren dargestellt; Fertigkeitentrainerinnen müssen mit diesen gut vertraut sein, um auf neu auftretende Probleme flexibel reagieren zu können. Dieses Kapitel beschäftigt sich mit einigen der Probleme, die speziell im Fertigkeitentraining auftreten können, und mit Modifikationen von Strategien und Verfahren, die sich im Gruppensetting als hilfreich erwiesen haben.

Dialektische Strategien

Wie in Kapitel 7 des Handbuches dargestellt, zeigt sich der dialektische Fokus der DBT auf zwei Ebenen des therapeutischen Verhaltens. Auf der ersten Ebene muß eine Therapeutin aufmerksam auf die dialektische Balance innerhalb der Behandlung achten. Im Gruppensetting ist jede Teilnehmerin (wie auch die Leiterinnen) in einem andauernden Zustand dialektischer Spannungen unterschiedlicher Art. Die erste Gruppe von Spannungen bilden die Spannungen zwischen jeder einzelnen Teilnehmerin und der Gruppe als Ganzes. Aus dieser Perspektive betrachtet, hat die Gruppe eine eigene Identität, und jede Teilnehmerin kann auf die Gruppe als Ganzes reagieren. So kann sich zum Beispiel eine Teilnehmerin in dialektischer Spannung zu Gruppennormen, -einstellungen, -verhalten oder der Gruppen-"Persönlichkeit" befinden. Insofern als die Identität der Gruppe sowohl die Summe ihrer Teile als auch gleichzeitig mehr als das ist, ist die Identität jeder Einzelperson in mancher Hinsicht durch ihr Verhältnis zur Gruppe definiert. Da sich sowohl die Identität der Gruppe als auch die Identität der Teilnehmerinnen im Laufe des Jahres ändert, bewirkt die Identifikation von Klientinnen mit der Gruppe und die Schwierigkeiten, die sich daraus ergeben, eine dialektische Spannung, die für den therapeutischen Prozeß nutzbar gemacht werden kann.

Eine zweite Gruppe von Spannungen sind jene, die in den Zweierbeziehungen innerhalb der Gruppe auftreten - Spannungen, die jederzeit auftauchen können, sobald zwei Teilnehmerinnen miteinander in Kontakt treten. Wenn den Gruppenmitgliedern erlaubt wird, auch außerhalb der Gruppe Beziehungen zueinander aufzubauen, besteht der Nachteil, daß sich diese Beziehungen außerhalb des öffentlichen Raumes der Gruppe entwickeln. Dann sind dialektische Spannungen zwischen einzelnen Teilnehmerinnen für die Gruppenleiterinnen oder andere Klientinnen oft nicht mehr erkennbar. Die beiden genannten Spannungsebenen sozusagen überlagernd und mit ihnen interagierend gibt es noch eine weitere: die dialektische Spannung zwischen jeder Einzelperson und ihrem ganz persönlichen Umfeld. In einer Trainingssitzung ist diese im Gegensatz zu den anderen Spannungsebenen auf eine indirekte Weise (über das Langzeitgedächtnis) präsent. Die Gruppenleiterinnen müssen sich der vielfachen Spannungen bewußt sein, die in einer Trainingssitzung fortwährend wirksam sind. Es ist die Aufgabe der Therapeutinnen, die therapeutische Balance zu bewahren und diese in Richtung auf Aussöhnung und Wachstum zu bewegen. Dabei ist es wichtig, daß sich jede Therapeutin bewußt ist, daß sie ebenfalls ein Mitglied der Gruppe ist und daher gleichermaßen in dialektischer Spannung mit der Gruppe als Ganzes, mit der anderen Leiterin und jeder einzelnen Klientin steht.

Aus der dialektischen Perspektive ist das Training als ein dynamisches, offenes System zu betrachten. Das System umfaßt nicht nur die unmittelbaren, sondern auch alle externen Einflüsse, die über Erinnerungen und erlernte Reaktionsmuster in die Gruppe getragen werden. Ein solches Verständnis hilft den Gruppenleiterinnen, den Fehler zu vermeiden, das Verhalten der Klientinnen immer nur vom Standpunkt eines geschlossenen Systems aus zu betrachten. Betrachtet man das Training als ein geschlossenes System, so sind alle Verhaltensweisen als direkte Reaktionen auf das Geschehen in einer Sitzung zu verstehen. Aktivitäten oder Ereignisse in der Gruppe aktivieren jedoch im allgemeinen Erinnerungen an externe Ereignisse. Borderline-Klientinnen fällt es im allgemeinen sehr schwer, mit dem Nachdenken und Grübeln über belastende und streßreiche Erlebnisse aufzuhören und sich auf den jeweiligen Augenblick zu konzentrieren. Auf der anderen Seite wäre es ein Fehler, wenn die Therapeutinnen das Verhalten von Teilnehmerinnen niemals auf Ereignisse innerhalb der Sitzung beziehen würden. Es ist diese dialektische Spannung zwischen den verschiedenen Arten von Einflüssen, auf die die Leiterinnen achten müssen.

Die zweite Ebene des dialektischen Fokus besteht darin, den Klientinnen als Ersatz für ihr dichotomes, Entweder-Oder- bzw. Schwarz-Weiß-Denken ein dialektisches Denken zu vermitteln und modellhaft zu zeigen. Techniken wie „in das Paradox hineingehen", Geschichten erzählen und andere Metaphern benutzen, „Übertreiben", den „Advocatus Diaboli spielen", „das wahre Selbst aktivieren", „Limonade aus Zitronen machen", „dialektische Einschätzung" und das „Zulassen natürlicher Veränderung" sind in Kapitel 7 des Handbuches beschrieben und im Fertigkeitentraining anwendbar. (Ich werde die spezielle Anwendung einiger dieser Techniken später noch näher diskutieren.) Insbesondere das Gruppensetting bietet sehr gute Möglichkeiten, zu demonstrieren, daß Problemlösungen nach den Kategorien von „richtig" oder „falsch" sinnlos sind. Egal wie brillant eine Lösung für ein bestimmtes Problem auch sein mag, es besteht immer die Möglichkeit, daß andere Teilnehmerinnen oder die betroffene Person andere, ebenso wirkungsvolle Strategien finden. Und jede Problemlösung hat ihre eigenen Beschränkungen, das heißt, es gibt immer auch „die andere Seite der Medaille". Es ist sehr wichtig, daß die Gruppenleiterinnen nicht um jeden Preis versuchen, den Klientinnen zu beweisen, daß die vermittelten Fertigkeiten der einzig richtige Weg sind, mit jeder oder auch nur einer bestimmten Situation umzugehen. Obwohl die Fertigkeiten für manche Zwecke sehr effektiv sind, sind sie nicht „richtiger" als andere Ansätze. Daher sollten die Therapeutinnen immer wieder folgende Frage stellen „Wie können wir alle gleichermaßen recht haben, und wie können wir die Wirksamkeit unserer Strategien überprüfen?"

Eine Gruppe bietet auch die einmalige Gelegenheit, den Prozeß von Veränderung und Wachstum zu beobachten. Es kann schwierig sein, bei sich selbst Veränderung und Entwicklung wahrzunehmen; oft ist dies bei anderen leichter möglich. Die Aufgabe der Leiterinnen ist dabei, sowohl den Entwicklungsprozeß der Gruppe als Ganzes als auch den der einzelnen Teilnehmerinnen anzusprechen und diese anzuregen, den Prozeß ebenfalls zu beobachten.

Typische dialektische Gegensatzpaare

Innere Bereitschaft versus Unbeweglichkeit

Die Spannung zwischen „innerer Bereitschaft" und „Unbeweglichkeit" spielt eine große Rolle bei der Behandlung von Borderline-Klientinnen. Die wesentliche Spannung liegt zwischen einem Reagieren auf eine Situation, so wie sie es erfordert (innere Bereitschaft), und einem Reagieren, das den Erfordernissen der Situation entgegensteht oder eher die eigenen Bedürfnisse statt die Erfordernisse der Situation erfüllt (Unbeweglichkeit). (Dies werde ich noch ausführlicher in Kapitel 10 dieses Manuals diskutieren.) Unbeweglichkeit meint sowohl den Versuch, die Situation „festzuhalten" als auch das passive „Sitzen auf den eigenen Händen", die Weigerung, überhaupt zu reagieren.

Beim Durchführen des Trainings mit Borderline-Klientinnen zeigt sich diese Spannung in vielen Formen. Eine der wichtigsten tritt dann auf, wenn im Gruppensetting die Therapeutinnen mit einer Teilnehmerin oder der Gruppe als Ganzes interagieren und sich die Teilnehmerin oder die Gruppe zurückzieht und die Interaktion verweigert. Die Spannung liegt hier in dem Versuch, die Teilnehmerin oder die Gruppe zu beeinflussen und sich umgekehrt von der Teilnehmerin oder der Gruppe beeinflussen zu lassen. Die entscheidende Frage ist, inwieweit die Gruppenleiterinnen drängen sollten und wie weit die Teilnehmerin oder die gesamte Gruppe dem widerstehen sollte. Die Benutzung der Begriffe „Unbeweglichkeit" und „innere Bereitschaft" kann bei diesem Dilemma sehr hilfreich sein. Ich habe schon häufig mit Klientinnen darüber diskutiert, wer von uns nun unbeweglich ist - ich, sie oder wir beide. Natürlich sind bei der Antwort auf diese Frage die Erfordernisse der jeweiligen Situation entscheidend, und genau an dieser Stelle sind die Fertigkeiten von Bedeutung. Das Ganze ist jedoch auch eine Frage der Perspektive oder des dialektischen Fokus. Die Therapeutinnen müssen die aktuellen und auch die langfristigen Bedürfnisse einer Teilnehmerin oder der Gruppe im Auge behalten und sie gegeneinander abwägen. Mit anderen Worten: Sie müssen das gegenwärtige Wohlbefinden in eine Balance bringen mit den für die Zukunft angestrebten Zielen. Wenn dieses Gleichgewicht fehlt, laufen die Therapeutinnen Gefahr, unbeweglich zu sein. Es ist sehr leicht, mit Gruppenteilnehmerinnen in einen Machtkampf zu geraten, in dem die Bedürfnisse der Leiterinnen, Fortschritte zu erzielen, sich effektiv zu fühlen und eine angenehme Atmosphäre zu schaffen, mit den Bedürfnissen der Klientinnen kollidieren.

Das Problem von Unbeweglichkeit versus innere Bereitschaft ist am offensichtlichsten, wenn die Therapeutin mit den Bedürfnissen einer einzelnen Teilnehmerin und den Bedürfnissen der Gruppe als Ganzes „jongliert". Dies geschieht gewöhnlich, wenn eine Klientin sich weigert, sich zu beteiligen, feindselig ist oder sich auf andere Weise so verhält, daß die Stimmung, das Wohlbefinden und der Fortschritt der ganzen Gruppe beeinträchtigt werden. Meiner Erfahrung nach ruft diese Bedrohung des Wohls der Gruppe in der Therapeutin häufig eine Tendenz zur Unbeweglichkeit hervor. Allgemein ausgedrückt, besteht hier die Spannung zwischen zwei Arten von Unbeweglichkeit. Zum einen kann sich die Therapeutin starr verhalten, indem sie aktiv kontrolliert und eine Teilnehmerin oder ihr Verhalten angreift. Da die Gruppenmitglieder im allgemeinen ungeübt darin sind, mit negativen Affekten umzugehen, ziehen sich die anderen zumeist zurück, sobald eine Teilnehmerin einen Konflikt hervorruft. Wenn die Stimmung in der Gruppe immer gespannter oder hoffnungsloser wird, möchte die Therapeutin dies natürlich umkehren; so dauert der Versuch, die Teilnehmerin zu kontrollieren, die den Konflikt ausgelöst hat, weiter an. Im Gegensatz dazu kann die Therapeutin auch dann unbeweglich sein, wenn sie den Konflikt und die gespannte Stimmung ignoriert und auf passive Weise reagiert. Hinter dieser Passivität verbirgt sich aber in diesem Fall ein aktives Handeln, denn das Ignorieren der Spannung entsteht im allgemeinen dadurch, daß die Therapeutin weiter drängt und der Konflikt eskaliert.

Die Synthese der Unbeweglichkeit auf beiden Seiten ist eine innere Bereitschaft. Innere Bereitschaft ist in diesem Beispiel eine Reaktionsweise, in der die Bedürfnisse der einzelnen Teilnehmerin und die Bedürfnisse der Gruppe als Ganzes sowie die Erfordernisse des Augenblicks gegenüber dem langfristigem Wohl der Gruppe in einem Gleichgewicht stehen. Allerdings kann leider kein Manual erklären, wo diese Balance im jeweiligen Einzelfall genau liegt.

„Die Gute" versus „die Böse"

Für die Gruppenleiterinnen ist es oft eine mühsame Arbeit, die Teilnehmerinnen zu einer kooperativen Zusammenarbeit zu bewegen. Die unterschiedlichen Stimmungen, die die einzelnen Klientinnen bereits zur Sitzung mitbringen, sowie die Reaktionen auf Ereignisse innerhalb der Sitzung, können einen großen Einfluß auf die innere Bereitschaft zu einer kooperativen Arbeit haben. Es ist nicht selten, daß eine ganze Gruppe sozusagen „nicht in der Stimmung" ist, in einer bestimmten Sitzung mitzuarbeiten. Wenn dies der Fall ist, müssen die Leiterinnen beharrlich den Kontakt anbieten und versuchen, die Teilnehmerinnen wieder zur Mitarbeit zu bewegen. Diese Versuche, einen Kontakt aufzubauen, werden aber häufig als ein „Drängen" empfunden, und die Therapeutin, die diese Arbeit tut (meistens die Haupttherapeutin), wird für die Klientinnen dann zu „der Bösen". An dieser Stelle ist es hilfreich, wenn die Co-Leiterin das Erleben der Teilnehmerinnen validiert. Wenn die Klientinnen von der Haupttherapeutin gedrängt werden, ziehen sie sich oftmals nicht nur zurück, sondern werden in ihrer Verweigerung der Interaktion noch rigider. Validierung durch die Co-Leiterin kann den negativen Affekt verringern und die Bereitschaft zur Mitarbeit verbessern. In diesem Falle kommt die Co-Leiterin dann mit hoher Wahrscheinlichkeit in die Rolle der „Guten", wodurch sich eine dialektische Spannung zwischen Haupttherapeutin und Co-Therapeutin aufbaut. Dies läßt sich auch mit dem psychodynamischen Begriff des „Spaltens" beschreiben.

In dieser Situation besteht die Gefahr, daß die Leiterinnen es zulassen, „gespalten" zu werden und unabhängig voneinander zu handeln - anstatt als eine zusammengehörige Einheit. Dies geschieht dann am ehesten, wenn eine der Gruppenleiterinnen ihren Standpunkt als „richtig" und den der anderen als „falsch" ansieht. Dann bewegen sich die Therapeutinnen auseinander und gefährden das Gleichgewicht, das ansonsten möglich wäre. Eine solche Entwicklung wird nicht unbemerkt bleiben in der Gruppe, denn die Teilnehmerinnen beobachten das Verhältnis der Leiterinnen untereinander sehr genau. Ich vergleiche das Gruppentraining oft mit der Situation von Familienessen. Die meisten Teilnehmerinnen haben viele Erfahrungen mit ungelösten Konflikten und Streitereien, die bei solchen Familienessen auftreten. Das Gruppentraining bietet für sie die Gelegenheit, durch die Auflösung eines Konflikts eine Erfahrung von Ganzheit zu machen. Die Fähigkeit der Gruppenleiterinnen, in ihrer Beziehung eine Dialektik zu wahren - einander verbunden und eine Ganzheit zu sein, selbst wenn sie verschiedene Rollen haben - ist hierbei von grundlegender Bedeutung.

Natürlich kann es ganz angenehm sein, die „Gute" zu sein, und recht unangenehm, die „Böse" darzustellen. Daher braucht die Hapttherapeutin gute Verhaltensfertigkeiten und ein hohes Maß an persönlicher Sicherheit, um die Rolle der „Bösen" übernehmen zu können. Dabei ist anzumerken, daß es nicht immer die Haupttherapeutin ist, die die „Böse" spielt; beide Therapeutinnen können diese Rolle innehaben.

Eine weitere dialektische Spannung, die eventuell auftreten kann, ist die zwischen Fertigkeitentrainerinnen und Einzeltherapeutinnen. Die Trainerinnen sind die „Guten" oder die „Bösen" und die Einzeltherapeutinnen übernehmen die jeweils entgegengesetzte Rolle. Meiner Erfahrung nach sind im ersten Jahr der DBT die Fertigkeitentrainerinnen öfter die „Bösen" und die Einzeltherapeutinnen die „Guten"; gelegentlich werden die Rollen aber auch getauscht. Dies ist einer der großen Vorteile der Trennung von Fertigkeitentraining und Einzeltherapie: Sie ermöglicht es den Klientinnen, gleichzeitig eine „Gute" und eine „Böse" zu haben. Auf diese Weise wird es ihnen leichter, in der Therapie zu bleiben.

Die Funktion der „Guten" ist es häufig, die Klientin in der Therapie zu halten, während diese ihre Probleme mit der „Bösen" löst. Die meisten Borderline-Klientinnen kennen es nicht, daß sie lange genug in einer sehr belastenden Beziehung bleiben, um den Konflikt herausarbeiten und dann eine Verstärkung durch die Konfliktlösung erleben zu können. Hierfür bietet die DBT eine vielleicht einzigartige Möglichkeit. Die Klientin hat immer eine wohlwollende Beraterin, die ihr bei Konflikten mit der anderen Therapeutin zur Seite steht. Von entscheindender Bedeutung ist dabei, daß, wer immer auch die „Gute" ist, diese fortwährend die therapeutischen Beziehungen als Ganzes im Auge behalten können muß, damit sie sich nicht in „richtig" oder „falsch" und ein „gut" gegen „böse" aufspalten. Diese Fähigkeit der Therapeutin, die Beziehungen als Ganzes aufrechtzuerhalten, wird es den Klientinnen eventuell ermöglichen, dies ebenfalls zu lernen. In dem Maß, wie die Therapeutinnen modellhaft Balance zeigen, werden die Klientinnen auch lernen, selbst ein Gleichgewicht zu finden.

Inhalt versus Prozeß

Wie bereits erwähnt, werden Themen, die den therapeutischen Prozeß betreffen, im Gruppentraining nicht systematisch behandelt - außer wenn destruktive Prozesse die Gruppe zu zerstören drohen. Aber auch wenn eine solche Bedrohung auftritt, kann es geschehen, daß die Borderline-Klientinnen den Konflikt im Gruppensetting einfach nicht bearbeiten können. (Selbst im Einzeltraining, wenn die Beziehung intensiv ist, kann es passieren, daß die Trainerin Konflikte nicht sofort ausreichend bearbeiten kann. Besonders wenn die Trainerin gleichzeitig die Einzeltherapeutin ist, können Themen aus den Einzelsitzungen in das Fertigkeitentraining übergehen.) Die Spannung besteht hier in der Entscheidung, ob die Leiterinnen mit den Inhalten des Trainings fortfahren sollten, obwohl einige Teilnehmerinnen passiv oder feindselig sind, nicht lernen wollen, Ärger aufeinander empfinden oder sich abgewiesen fühlen, oder ob sie innehalten sollten, um Konflikte und Unzufriedenheiten zu diskutieren und sich mit dem Gruppenprozeß zu befassen.

Die Beschäftigung mit dem Gruppenprozeß ist im ersten Jahr mit Schwierigkeiten befrachtet. In unserer Klinik läuft das Gruppentherapieprogramm über mehrere Jahre; unserer Erfahrung nach sind Klientinnen mit Borderline-Störungen vor dem zweiten Behandlungsjahr nicht in der Lage, sich mit Gruppenprozessen zu beschäftigen. Die abschließenden Entspannungsübungen (wind-down) im ersten Jahr sind erste Übungen für den Gruppenprozeß. Zumeist können die Teilnehmerinnen nicht mehr als ein paar Minuten mit diesen Prozeßbeobachtungen verkraften. Dabei kann es passieren, daß ein Konflikt, der in der Sitzung aufgetreten ist, nicht gelöst werden kann, weil Teilnehmerinnen den Raum verlassen oder die Sitzung zu Ende geht. Wenn dies der Fall sein sollte und der Konflikt schwerwiegend ist, müssen die Therapeutinnen eventuell beträchtliche Zeit aufwenden, um jeder Teilnehmerin einzeln dabei zu helfen, die Probleme zu bearbeiten. Inhaltliches muß daher zumindest für einige Zeit beiseite geschoben werden, wenn man sich dem Prozeß widmet. Wenn auf der anderen Seite nur der Inhalt beachtet und dem Prozeß keine Aufmerksamkeit geschenkt wird, kann die Gruppe eventuell auseinanderbrechen. Es ist daher entscheidend, eine Balance zu wahren zwischen der Beschäftigung mit dem Inhalt und dem Prozeß.

Meiner Erfahrung nach fällt es manchen Leiterinnen leichter, mit dem Inhalt umzugehen, während anderen Prozeßfragen eher liegen. Es ist selten, daß eine Therapeutin sich beiden Bereichen gleichermaßen widmen kann und hierbei ein ausgewogenes Verhältnis findet. Ein Schlüssel dafür liegt vielleicht in der Erkenntnis, daß Borderline-Klientinnen sich möglichst jederzeit wohl fühlen wollen. Ihre Unfähigkeit, schmerzhafte Gefühle beiseite zu schieben und sich einer Aufgabe zu widmen, macht es sehr schwer, mit dem Inhalt weiterzumachen, wenn Prozeßfragen im Vordergrund stehen. Jedoch haben wir es von Zeit zu Zeit durchaus für notwendig befunden, weiter voranzugehen. Ein solches Vorgehen macht es im allgemeinen notwenig, daß die Therapeutinnen einige Prozeßthemen ignorieren und sich so verhalten, als ob die Teilnehmerinnen mitarbeiten würden - selbst wenn das nicht der Fall ist. Dies ist eine sehr heikle Balance, die nur mit großer Erfahrung bewältigt werden kann.

Den Regeln folgen versus Selbstsicherheit verstärken

Wie in Kapitel 3 dieses Manuals erwähnt, gibt es im DBT-Fertigkeitentraining eine Anzahl von Regeln. Diese Regeln sind nicht unbedeutend, und einige von ihnen sind eindeutig und sollten nicht verändert werden. Allerdings besteht auch ein Hauptziel in der DBT darin, den Klientinnen zwischenmenschliche Fähigkeiten beizubringen, einschließlich der Fähigkeit zur Selbstbehauptung. Wenn die Trainerinnen ihre Arbeit gut machen, tritt im Laufe der Zeit eine Spannung auf: auf der einen Seite das Festhalten an den Regeln (ungeachtet der Wünsche und Bitten der Teilnehmerinnen) und auf der anderen Seite die Verstärkung von wachsender Selbstsicherheit durch ein Lockern von Regeln, wo dies angemessen ist. Die Fähigkeit zur Balance zwischen „nachgeben“ und „nicht nachgeben“ ist von großer Bedeutung. Bei den Trainerinnen müssen dabei Mitgefühl und Standhaftigkeit in einem ausgewogenen Verhältnis zueinander stehen. (Diese Merkmale werden in Kapitel 4 des Handbuches näher diskutiert).

Diese Spannung erfordert Klarheit und Sicherheit bei den Fertigkeitentrainerinnen. Nachgeben nur um des Nachgebens willen ist ebenso rigide wie das Festhalten an Regeln nur um des Festhaltens willen. Wenn Klientin auf angemessene Weise um die Lockerung oder Außerkraftsetzung einer Regel bittet, reicht dies aber noch nicht dafür aus, daß der Bitte auch nachgekommen wird. Auch im Alltagsleben wird auf angemessene Bitten nicht immer wunschgemäß reagiert. Es ist in der Tat eine der größten Fehlannahmen von Borderline-Klientinnen, daß die Welt ihnen geben wird (oder sollte), was sie brauchen und wünschen, wenn sie nur angemessen darum bitten. Zu lernen mit der Tatsache umzugehen, daß dies nicht immer geschieht, ist eines der entscheidenden Ziele des Streßtoleranztrainings (siehe Kapitel 10 dieses Manuals). Allerdings sollte der Versuch, dies zu vermitteln, nicht dazu führen, daß willkürlich Ausnahmen abgelehnt werden, wenn diese eigentlich sinnvoll wären. Hier kann der Begriff der „inneren Bereitschaft“ wieder als eine Synthese betrachtet werden und damit als eine Leitlinie für die Therapeutinnen dienen.

Innere Bereitschaft erfordert bei den Therapeutinnen Klarheit. Diese notwendige Klarheit hängt mit den letztendlichen Therapiezielen der einzelnen Teilnehmerin (oder im Gruppensetting der Gruppe als Ganzes) und mit den Mitteln, diese Ziele zu erreichen, zusammen. Die Spannung, die meistens auftritt, ist die zwischen gegenwärtiger Annehmlichkeit und dem Lernen, mit Belastungen umzugehen. Die Therapeutinnen müssen diese beiden Ziele berücksichtigen, um dann darüber zu entscheiden, welches die beste Reaktion auf selbstsicheres Verhalten der Klientinnen ist. Diese Aufgabe ist natürlich leichter, wenn die Therapeutinnen das Auftauchen von Selbstbehauptung bei den Klientinnen eher als einen Fortschritt statt als eine Bedrohung betrachten. Dies ist oft nicht sehr angenehm, weil das Leben für die Trainerinnen im allgemeinen schwieriger wird, wenn die Klientinnen beginnen, sich weniger als „Patientinnen“ und mehr als Gleichrangige zu verhalten. Das Prinzip der Asymmetrie, der Überlegenheit bzw. Unterlegenheit, das oft in der Therapie besteht, wird bedroht, wenn die Klientinnen Fortschritte machen. In dem Maße aber, in dem die Therapeutinnen sich über die wachsenden Fähigkeiten ihrer Klientinnen freuen können, wird der Therapiefortschritt gefördert und nicht bedroht. Im Gruppensetting ist es dabei natürlich wichtig, die Ansichten der anderen Gruppenteilnehmerinnen zu respektieren. Für die Trainerinnen ist auch entscheidend zu erkennen, wann sie „vor einer Mauer“ stehen und keine Chance mehr haben. Zu einem solchen Zeitpunkt kann die innere Bereitschaft, Regeln zu lockern und der Forderung einer Klientin zuzustimmen, den Charakter der therapeutischen Beziehung radikal verändern.

Wie ich bereits beschrieben habe, gibt es weitere Möglichkeiten, eine Dialektik aufzubauen, wenn in einem Gruppentraining zwei Leiterinnen sind. Zum Beispiel kann die „Böse-Gute“-Strategie benutzt werden, in der eine Gruppenleiterin sich auf den Inhalt und die andere auf den Prozeß konzentriert. Oder eine Gruppenleiterin kann der anderen helfen, gemeinsam mit einer Teilnehmerin die Synthese eines Konflikts oder einer Spannung zu finden. Während eine Leiterin die eine Seite des Ganzen darstellt, repräsentiert die andere die Gegenseite.

Spezifische dialektische Strategien

Die Therapeutinnen werden von zu Zeit zu Zeit jede der dialektischen Strategien anwenden; allerdings sind einige im Fertigkeitentraining ganz besonders hilfreich. Die Hauptaufgabe beim Lehren von Achtsamkeit (siehe Kapitel 7 dieses Manuals) ist es, die Klientinnen mit dem Konzept des „intuitiven Verstehens (wise mind)“ vertraut zu machen. Die Aktivierung des „intuitiven Verstehens “ sollte während des gesamten Trainings versucht werden. Wenn eine Klientin eine Bemerkung macht, die stark affektiv getönt ist („ich fühle mich fett und nicht liebenswert"), so als würde der gefühlsmäßige Zustand Informationen über die Realität liefern („Ich bin fett und nicht liebenswert"), ist manchmal die einfache Frage an die Klientin wirkungsvoll: „Es geht mir nicht darum, wie Sie sich fühlen. Es geht mir auch nicht darum, was Sie glauben oder denken. Ich bin nur daran interessiert, was Sie wirklich wissen (mit ihrem „intuitiven Verstehen"). Was halten Sie für wirklich wahr? Was ist wahr?". Die dialektische Spannung besteht hier zwischen dem, was die Patientin als wahr empfindet („Gefühl"), und dem, was sie denkt, was wahr ist („Verstand"); die Synthese liegt in dem, von dem sie weiß, daß es wahr ist. Das Drängen in Richtung des „intuitiven Verstehens " kann natürlich auch leicht mißbraucht werden, vor allem dann, wenn die Therapeutin das „intuitive Verstehen " mit dem verwechselt, was sie selbst für richtig hält. Dies kann besonders schwierig sein, wenn die Therapeutin ein tiefes Vertrauen in die Weisheit ihres eigenen Wissens oder ihrer Meinungen hat. Die Bedeutung einer therapeutischen Demut kann hier nicht genug betont werden. Eine der Hauptfunktionen der Supervisions-/Konsultationsgruppen in der DBT liegt daher auch darin, ein Gegengewicht zu der Arroganz zu bieten, die allzuleicht mit der machtvollen Position der Therapeutinnen einhergeht.

Fast jede Krise stellt eine Gelegenheit dar, die Fertigkeiten zu üben; dies ist ein Beispiel für „Limonade aus Zitronen machen" (das heißt, das Positive in einer negativen Situation finden). Wie ich schon in Kapitel 2 dieses Manuals erwähnt habe, bietet die offene Gruppe (eher als die geschlossene) eine Gelegenheit, natürliche Veränderung zuzulassen - eine andere dialektische Strategie. Die Therapeutinnen sollten auch bereit sein, Geschichten, Mythen und Parabeln zu benutzen, wenn sie komplexe Fertigkeiten vermitteln wollen. Im Falle der inneren Achtsamkeit ist dies oft der einzige Weg, um den Kern der Botschaft auszudrücken.

Problemlösestrategien

Problemlösestrategien (ausführlich in Kapitel 9 des Handbuches diskutiert) sind das wichtigste Element beim gemeinsamen Austausch über die Versuche, die Fertigkeiten zu üben. In unserem Modell für das Gruppentraining werden die ersten 50 bis 60 Minuten jeder Sitzung darauf verwendet. Diese Strategien sind sehr wichtig für das Beschreiben von überdauernden Verhaltensmustern, für das Analysieren von problematischen Situationen und zur Entwicklung effektiverer Bewältigungsstrategien. Das Ziel ist hier, die Klientinnen zu einer Anwendung der Problemlösestrategien bei den anderen und natürlich auch bei sich selbst hinzuführen.

Verhaltensanalyse

In einem Gruppensetting ist der erste Schritt beim Austausch über das Üben, daß jede einzelne Teilnehmerin der Gruppe die Fertigkeiten mitteilt, die sie in der vergangenen Woche benutzt hat (sowie den jeweiligen Erfolg bzw. Mißerfolg), und dabei auch die Situationen beschreibt, in denen sie sie angewendet hat. (Im Rahmen des Einzeltrainings beschreibt die Klientin ihrer Trainerin dasselbe.) Im allgemeinen schildern die Klientinnen die Situation und/oder Anwendung der Fertigkeiten zunächst sehr allgemein und vage. Die wichtigste Aufgabe einer Trainerin ist es daher, die Klientinnen dazu anzuregen, genau zu beschreiben, was zu der Problemsituation und zum erfolgreichen oder erfolglosen Versuch der Anwendung der Fertigkeiten geführt hat. Die Fertigkeitentrainerin muß die Klientin durch eine oft anstrengende Kettenanalyse des Problems führen. (Wie dies getan wird, wo man beginnt und aufhört sowie mögliche Schwierigkeiten werden ausführlich in Kapitel 9 des Handbuches beschrieben.)

Es ist offensichtlich, daß eine solche Beschreibung von den Klientinnen die Fähigkeit erfordert, genau zu beobachten. Oft macht es den Klientinnen große Schwierigkeiten zu berichten, was genau geschehen ist, weil sie keine genauen Beobachterinnen sind. Durch beständiges Üben und andauernde Verstärkung verbessern sich jedoch im Verlauf der Zeit ihre Fähigkeiten zum Beschreiben und Beobachten. Eine exakte Beschreibung erlaubt es den Trainerinnen, einzuschätzen, ob eine Klientin die Fertigkeiten tatsächlich adäquat angewandt hat. War die Klientin erfolgreich, dient ihre Beschreibung im Gruppensettung als Modell für andere Teilnehmerinnen, wie diese dieselben Fertigkeiten für ähnliche Situation benutzen können. Um diese Generalisierung zu fördern, sollten die Leiterinnen die Teilnehmerinnen dazu anregen, Beispiele ähnlicher Probleme oder der Benutzung ähnlicher Fertigkeiten zu erzählen.

Häufig allerdings hat eine Klientin die Fertigkeiten nicht erfolgreich anwenden können. Entweder konnte sie die Fertigkeiten nicht benutzen, oder sie halfen nicht, als sie sie einsetzte. Dann ist es außerordentlich wichtig, zusammen mit der Klientin zu untersuchen, was genau geschehen ist. Dies kann sehr belastend für die Klientin sein, da Klientinnen fast immer (besonders während der ersten Monate der Therapie) die Beurteilung durch die Therapeutin (im Gruppensetting auch der anderen Teilnehmerinnen) fürchten und sich zudem auch selbst auf sehr negative Weise beurteilen. Daher ist zu erwarten, daß sie dabei sehr gehemmt sein werden. Manchmal präsentieren Klientinnen auch sehr schnell Erklärungen, warum eine bestimmte Fertigkeit nicht genützt hat oder warum sie sie nicht anwenden konnten, ohne die tatsächlichen Geschehnisse dabei zu untersuchen. Diese Erklärungen sind oft abwertend und mit Selbstbezichtigungen verbunden (zum Beispiel „Ich bin einfach blöd"). Oder eine Klientin geht davon aus, daß ihre Situation völlig hoffnungslos ist und die Fertigkeiten niemals helfen werden. Borderline-Klientinnen scheint es besonders schwer zu fallen, objektiv und ruhig zu analysieren, wodurch ein Problem entstanden ist, vor allem wenn dieses Problem ihr eigenes Verhalten ist. Wenn sie versuchen, ein Problem zu analysieren, wird dieser Versuch meist von vorne herein als zum Scheitern verurteilt betrachtet. Viele können auch den Einfluß ihrer Umgebung auf ihr Verhalten nicht erkennen und beharren darauf, daß alles Verhalten von inneren Motiven, Bedürfnissen und ähnlichem bestimmt ist. (Es ist natürlich ganz wichtig, daß die Therapeutinnen nicht auch implizit diese Sichtweise vertreten.) Die Aufgabe der Trainerinnen besteht also darin, die Klientin zu einer Verhaltensanalyse zu bewegen, nichtbewertende, nichtbeurteilende Verhaltenseinschätzungen modellhaft zu zeigen und (im Gruppensetting) sowohl die Klientin als auch die Gruppe an der Arbeit zu beteiligen, so daß dieselben Fertigkeiten auch in anderen Problemsituationen benutzt werden können.

Wann immer eine Klientin die Hausaufgaben nicht erledigt (sie sich weigert, dies zu tun, oder sie vergißt) oder sich nicht am Training beteiligt, sollte baldmöglichst eine Verhaltensanalyse durchgeführt werden. Dabei muß der Tendenz der Klientinnen, schnelle Lösungen und Antworten anzubieten, entgegengewirkt werden. Wenn eine Klientin berichtet, daß sie die aufgetragenen Übungen nicht gemacht hat, wird zunächst eine präzise Definition der fehlenden Verhaltensweisen erarbeitet. Dabei richte ich den Fokus auf vier Aspekte: 1) Hat die Klientin daran gedacht zu üben? 2) War die Klientin zum Üben motiviert? 3) Hat sie irgendwelche Fertigkeiten geübt? 4) Führte der Einsatz der Fertigkeiten zu einer Verbesserung der Situation? Eine Klientin kann zum Beispiel, nachdem sie die Sitzung verlassen hat, überhaupt nicht daran gedacht haben, die Fertigkeiten zu üben; sie kann wohl daran gedacht, aber keine Lust dazu verspürt haben; sie kann daran gedacht haben und wollte es auch versuchen, wußte aber nicht, wie sie dies tun kann; oder sie kann es auch vergessen haben, usw. Bei der Analyse werden dann die möglichen Einflußfaktoren für die Noncompliance herausgearbeitet.

Wenn eine Klientin berichtet, daß sie überhaupt nicht an das Üben der Hausaufgaben gedacht hat, sollte analysiert werden, welche Faktoren mit der mangelnden Erinnerung an die aufgetragenen Hausaufgaben zusammenhängen (das zu lösende Problem). Bei den ersten Malen, wenn dieser Grund für Noncompliance angegeben wird, gebe ich im allgemeinen einen Überblick über die Funktionsweise des Kurzzeit- und des Langzeitgedächtnisses. Ich helfe dann den Klientinnen zu analysieren, ob das Problem darin lag, daß die Idee des Übens einfach nicht aus dem Kurzzeit- ins Langzeitgedächtnis übertragen wurde, oder ob sie zwar ins Langzeitgedächtnis gelangte, dies aber nicht aktiviert wurde. Ich habe auf diese Weise des öfteren festgestellt, daß die Idee des Übens nicht ins Langzeitgedächtnis gelangte, weil die Klientin innerlich nicht beteiligt war, als in der Sitzung über das Üben gesprochen wurde. Falls das Problem nicht durch Gedächtnisschwierigkeiten, sondern durch mangelnde Motivation begründet ist, wird dies ebenfalls analysiert. Hierbei ist es sehr wichtig, eine nichtbewertende Haltung zu zeigen und den Klientinnen nichtbeurteilende Hypothesen anzubieten - die Klientin selbst ist gewöhnlich schon bewertend genug. Folgende Hypothesen etwa sollten näher exploriert werden: mangelnde Zuversicht, daß die Fertigkeiten etwas nützen oder daß die Klientin sie jemals lernen wird, die Annahme, daß sie sie nicht zu lernen braucht, weil sie bereits über sie verfügt, oder die Überzeugung, daß sie die Fertigkeiten früher hätte lernen sollen und es daher unpassend oder dumm ist, sie jetzt lernen zu wollen. Solche Annahmen führen zumeist zu negativen emotionalen Reaktionen, die die Klientin zu vermeiden sucht. An dieser Stelle ist es sehr wichtig, den Klientinnen zu vermitteln, daß es durchaus in Ordnung ist, hoffnungslose Einstellungen zu haben, und daß die Fertigkeitentrainerinnen sich nicht invalidiert fühlen, wenn die Klientinnen nicht völliges Vertrauen in sie setzen. Obwohl jede dieser Annahmen vollkommen verständlich sein kann (und validiert werden sollte), ist es nicht sinnvoll, an ihnen festzuhalten. Daher sollten hier die Strategien des „cheerleading" (siehe Kapitel 8 des Handbuches), der kognitiven Umstruktrierung (siehe Kapitel 11 des Handbuches) und des Entwikkelns von Alternativlösungen (siehe unten) eingesetzt werden.

Manchmal berichtet eine Klientin, daß sie versucht hat, die Fertigkeiten einzusetzen, sie aber nicht durchführen konnte. Sie kann zum Beispiel eine Interaktion beginnen mit der Absicht, einige der zuvor erlernten zwischenmenschlichen Fähigkeiten anzuwenden, dann aber durcheinandergeraten und vergessen, wie sie auf eine bestimmte Äußerung der anderen Person reagieren sollte. In anderen Fällen berichtet eine Klientin vielleicht, daß sie eine Fertigkeit adäquat angewendet hat, diese aber nicht half. Sogar eine Diplomatin mit den adaptivsten Verhaltensfertigkeiten kann nicht immer erreichen, was sie sich zum Ziel gesetzt hat; Entspannungsübungen, selbst wenn sie korrekt gemacht werden, führen nicht immer zur Reduktion von Angst und Spannung. In diesen Fällen ist es ganz wichtig, präzise Informationen darüber zu sammeln, was genau passiert ist. Klientin und Therapeutin sind vielleicht beide versucht, diesen Punkt zu überspringen, und einigen sich vorschnell darauf, daß diese eine Fertigkeit für diese spezielle Klientin nicht nützlich ist. Obwohl dies zutreffen kann, ist es jedoch ebenso möglich, daß die Klientin die Fertigkeit nicht auf korrekte Weise benutzt hat.

Interpretation

Diese Strategien werden hauptsächlich während der Hausaufgabenbesprechung und des *Wind-down* eingesetzt. Während des Austausches der Hausaufgaben sollte sorgfältig auf wiederkehrende Muster in Problemsituationen und typische Reaktionen darauf geachtet werden. Die Herausarbeitung idiosynkratischer Muster kann sehr hilfreich für zukünftige Verhaltensanalysen sein. Wie bereits erwähnt, ist es für die Klientinnen wichtig, eine Vielzahl von Bewältigungsstrategien für problematische Situationen und Emotionen verfügbar zu haben. Fertigkeitentrainerinnen sollten jedes rigide Verhaltensmuster ansprechen, das sie bemerken - ebenso adaptive Verhaltensweisen oder Fertigkeiten, die die Klientin zeigt. Beobachtungen und Äußerungen von Klientinnen zu eigenen adaptiven Verhaltensmustern oder zu denen anderer Teilnehmerinnen sollten ebenfalls registriert und verstärkt werden. Hierbei sollten die Richtlinien unbedingt befolgt werden, die im Abschnitt über Interpretationen in Kapitel 9 des Handbuches aufgeführt sind. Im Gruppensetting beziehen sich Anmerkungen zum Verhalten nicht nur auf die jeweils angesprochenen Klientin, sondern geben auch allen anderen Teilnehmerinnen Hinweise, wie sie ihr eigenes Verhalten einschätzen und interpretieren können. Das *Wind-down* am Ende einer jeden Sitzung bietet eine weitere Gelegenheit, Interpretationen zu geben. Es ist sehr hilfreich, wenn die Gruppenleiterinnen an dieser Stelle Interaktionen in der Gruppe oder auch Veränderungen kommentieren, die sie beobachtet haben. Solche Interpretationen fördern die Entwicklung des dialektischen Denkens.

Entwickeln von Alternativlösungen

Das Fertigkeitentraining an sich ist bereits eine allgemeine Form dieser Strategie. Fertigkeiten werden als praktische Lösungen für Lebensprobleme dargestellt, und die potentielle Wirksamkeit der verschiedenen Fertigkeiten wird in jeder Sitzung diskutiert. In der Problemanalyse kommt das Potential des Gruppensettings vielleicht noch mehr zum Tragen als bei den anderen Strategien. Jede Teilnehmerin sollte ermutigt werden, den anderen Klientinnen Alternativideen anzubieten und so bei der Entwicklung von Problemlösestrategien zu helfen. Einer Teilnehmerin zum Beispiel, die in den Sitzungen Aufmerksamkeitsstörungen hat (und damit auch Gedächtnisschwierigkeiten hinsichtlich der Hausaufgaben), kann geholfen werden, über Möglichkeiten nachzudenken, wie sie bewußter teilnehmen kann. Wenn eine Teilnehmerin vergessen hat zu üben, ist meistens mit vielen Lösungsvorschlägen durch die Gruppe zu rechnen. Weitere Gelegenheiten für das gemeinsame Aufstellen von Alternativlösungen bietet das Problem, die jeweils geeignete Fertigkeit auszuwählen oder sie in einer bestimmten Situation zu benutzen. Meistens hat bereits eine der Klientinnen allein eine Lösung für ein bestimmtes Problem gefunden. Daher sollten die Therapeutinnen nicht zu schnell mit Lösungen bei der Hand sein, bevor sie nicht die Gruppenteilnehmerinnen angeregt haben, Alternativideen zu entwickeln. Allerdings sollten sie durchaus weitere Lösungsmöglichkeiten oder die Anwendung einer bestimmten Fertigkeit vorschlagen, auch wenn die Teilnehmerinnen bereits Ideen vorgebracht haben.

Didaktische Strategien

Die zweite Hälfte jeder Sitzung ist in erster Linie dem Vermitteln von Trainingsinhalten gewidmet. Während dieser Zeit stellen die Trainerinnen neues Material vor, gewöhnlich durch Vorträge und Diskussionen. Auf dieses „teaching" gründen sich die didaktischen Strategien. Bei der Vermittlung der Fertigkeiten ist es sehr wichtig, daß versucht wird, jede Fertigkeit mit dem beabsichtigten Ergebnis zu verknüpfen. Wird zum Beispiel Entspannung gelehrt, sollten die Trainerinnen nicht nur beschreiben, wie Entspannung wirkt, sondern auch wann, warum und wofür sie wirkt. Ebenso ist es nützlich zu diskutieren, daß Entspannung manchmal nicht wirkt, warum dies so ist und wie man es ändern kann. Je mehr Schwierigkeiten die Trainerinnen vorhersagen können, um so größer ist die Wahrscheinlichkeit, daß die Klientinnen die Fertigkeit erlernen werden. Besonders wichtig ist der Hinweis, daß nicht jede der Fertigkeiten zu einer unmittelbaren emotionalen Entlastung führt. Dies ist für viele Klientinnen nicht leicht zu verstehen. Wenn sie sagen, daß eine Verhaltensweise nicht funktionierte, meinen sie damit fast immer, daß sie ihnen nicht sofort Erleichterung verschaffte und sich besser fühlen ließ. Daher muß immer wieder das Verhältnis der Fertigkeiten zu langfristigen versus kurzfristigen Zielen und zu langfristiger versus kurzfristiger Erleichterung diskutiert werden. Man sollte sich also nicht zu der Behauptung hinreißen lassen, daß ein adaptives Verhalten zwangsläufig zu einem besseren Befinden führt. Zum einem stimmt dies im allgemeinen einfach nicht, und zum anderen wäre dies, selbst wenn es wahr wäre, nicht unbedingt vorteilhaft.

Strategien zur Einführung in das Training

Einführung und Orientierung erleichtern psychotherapeutische Lernprozesse. Es ist eine große Hilfe zu wissen, worin die Aufgabe besteht, was die eigene Rolle ist, was man von der anderen Person erwarten kann, etc. Ich habe das Vorgehen bei der Einführung in die Fertigkeiten im allgemeinen und in die verschiedenen Module bereits im vorhergehenden Kapitel beschrieben. An dieser Stelle sollte man sich noch in Erinnerung rufen, daß eine solche Orientierung bei der Vermittlung jeder einzelnen Fertigkeit und bei jedem Vergeben von Hausaufgaben notwendig ist.

Strategien zur Therapievereinbarung

Wie ich wiederholt sowohl in diesem Manual als auch im Handbuch betone, ist es in der DBT ganz wichtig, die Klientin dazu zu motivieren, eine innere Verpflichtung gegenüber der Therapie, dem Lernen und der Veränderung ihres Verhaltens einzugehen. Im vorangehenden Kapitel habe ich die Notwendigkeit einer generellen Verpflichtung zur Therapie dargestellt. Im Training muß für jedes Behandlungsmodul eine neue Vereinbarung hergestellt werden. Ebenso wird jede Woche neu die Verpflichtung eingegangen, die Fertigkeiten zwischen den Sitzungen zu üben.

Validierungsstrategien

Validierungsstrategien (ausführlich in Kapitel 8 des Handbuches diskutiert) sind in der DBT von großer Bedeutung. Die Notwendigkeit, Problemlösestrategien und andere Verfahren zur Veränderung mit Validierung und Akzeptanz zu verbinden, führte zu der Entwicklung einer „neuen" Art von kognitiv-behavioraler Therapie. Wie in der Einzeltherapie auch, werden die Validierungsstrategien in jeder Fertigkeitensitzung verwendet. Sie beinhalten eine nichtbewertende therapeutische Haltung und die kontinuierliche Suche nach der subjektiven „Wahrheit" in den Verhaltensweisen der einzelnen Klientin (im Gruppensetting ebenso von der Gruppe als Ganzes). Im Gruppensetting stellen sowohl die Therapeutinnen als auch die Gruppe als Ganzes einen Gegenpol zu der invalidierenden Umgebung dar, in der Borderline-Klientinnen häufig aufgewachsen sind.

Die erste Aufgabe beim Validieren besteht darin, den Klientinnen beim Gewahrwerden und Beschreiben ihrer Gefühle und Gedanken und ihres offenen Verhaltens zu helfen. Große Teile des DBT-Fertigkeitentrainings - insbesondere die Vermittlung von Achtsamkeit - zielen hierauf ab. Eine zweite Aufgabe besteht darin, empathisch auf die Gefühle der Klientinnen einzugehen, Verständnis (wenn auch nicht unbedingt Zustimmung) für ihre Einstellungen und Erwartungen zu zeigen und/oder Beobachtungen zu Verhaltensmustern zu äußern. Die Trainerinnen haben das Verhalten der Klientinnen sehr genau zu beobachten und zu beschreiben. Die dritte und wichtigste Aufgabe liegt darin, den Klientinnen zu vermitteln, daß ihre emotionalen Reaktionen, Einstellungen, Erwartungen und offenen Verhaltensweisen durchaus verständlich sind und im Kontext ihres Lebens und der augenblicklichen Situation einen Sinn ergeben. Dies ähnelt dann oft einer Suche nach der Nadel im Heuhaufen - es wird nach einem Sinn im dem gesucht, was ansonsten als sehr dysfunktionales Verhalten betrachtet wird. Für die Klientinnen ist das das Gegenteil von dem, was sie in ihrem invalidierenden Umfeld erfahren haben.

Im Gruppen- wie im Einzeltraining ist ein nahezu andauerndes „cheerleading" notwendig. Hierbei ist es im allgemeinen das größte Problem der Trainerinnen, ausreichend Energie für das Zureden, Anspornen, Schmeicheln und Loben angesichts der sehr langsamen Fortschritte der Klientinnen aufzubringen. Die Spannung zwischen „Ich kann nicht/ich werde nicht" und „Sie können/Sie werden" können auch die motivierteste Therapeutin auslaugen. Im Gruppensetting muß sich jede Therapeutin darauf verlassen können, daß die andere neue Energien beisteuert, wenn sie an Kraft verliert, und daß sie ihr auch aus einer verfahrenen Interaktion mit den Klientinnen heraus hilft.

Im Gruppensetting ist es ebenfalls wichtig, die gegenseitige Validierung der Teilnehmerinnen untereinander anzuregen und zu verstärken. Die Validierung anderer ist eine der Fertigkeiten aus dem Modul der zwischenmenschlichen Fähigkeiten. Obwohl die Fähigkeit von Borderline-Klientinnen, mit anderen mitzufühlen und sie zu validieren, ganz bemerkenswert sein kann, so neigen sie doch auch oft zu stark bewertenden Reaktionen. (In manchen Gruppen kann dies bei der Beobachtungsübung am Ende der Sitzung ein besonderes Problem darstellen.) Häufig können sie Gefühlsmuster, die sie nicht selbst erlebt haben, Denkmuster, die ihnen nicht vertraut sind, und Verhaltensweisen, die sie nicht selbst gezeigt haben, nur schwer verstehen und validieren. Meiner Erfahrung nach neigen die Teilnehmerinnen allerdings öfter dazu, sich mit gegenseitigen Validierungen zu überbieten, und es ist schwierig für die Gruppenleiterinnen, die gegenseitigen negativen

Beobachtungen und Beschreibungen zu thematisieren. Auch diese negativen Reaktionen müssen im Gruppensetting validiert werden. Frieden um jeden Preis, ein typisches Ziel in einigen Borderline-Familien, ist im Gruppentraining nicht angezeigt. Natürlich gibt es auch Klientinnen, die mit der Norm von „auf keinen Fall Frieden" aufgewachsen sind; auch hier wieder tritt eine dialektische Spannung auf.

In Gruppensitzungen bedeutet Validierung, daß die Leiterinnen immer wieder die in den Äußerungen der Klientinnen und in den Gruppenerfahrungen enthaltene Wahrheit hervorheben, selbst wenn sie gleichzeitig den entgegengesetzten Standpunkt einnehmen. Mit Konflikten innerhalb der Gruppe oder zwischen einer Teilnehmerin und einer Therapeutin wird durch Validierung beider Seiten umgegangen. Es wird eine Auflösung des Konfliktes angestrebt, in der beide Standpunkte integriert werden, anstatt nur einen zu validieren.

Verfahren zur Veränderung

Kontingenzverfahren

Wie in Kapitel 3 dieses Manuals erwähnt, werden die wichtigsten therapeutischen Kontingenzen bei der Darstellung der Regeln in der ersten Sitzung diskutiert. Allerdings beinhalten nur zwei der Regeln eindeutige Kontingenzen: Das Versäumen von vier aufeinanderfolgenden Trainings- oder Einzeltherapiesitzungen führt zur Beendigung der Therapie. Es gibt keine eindeutigen Kontingenzen bei Verstößen gegen die anderen Regeln. Meiner Erfahrung nach ist es nicht sinnvoll, den Klientinnen zu sagen, daß sie von der Therapie ausgeschlossen werden, wenn sie diese Regeln nicht befolgen. Was sind dann also die Kontingenzen bei Regelverstößen? Die wichtigsten sind Mißbilligung der Therapeutinnen und/oder anderer Teilnehmerinnen, Fokussierung auf das Verletzen der Regel, mehr Distanz zu den anderen und Gefährdung des Therapiefortschrittes.

Kontingenzmanagement

Wie ich in Kapitel 10 des Handbuches beschrieben habe, ist die grundlegende Idee des Kontingenzmanagements, daß adaptives Verhalten der Klientinnen Verstärkung zur Folge haben sollte und daß maladaptives Verhalten aversive Konsequenzen oder zumindest keine erkennbaren Konsequenzen, die das Verhalten verstärken könnten, nach sich ziehen sollte. Bei der Anwendung von Kontingenzen muß unbedingt beachtet werden, daß die Konsequenzen adaptiven Verhaltens (das heißt, alles Verhalten, daß auf Verbesserung abzielt) für die jeweilige Klientin auch tatsächlich verstärkend wirken und daß die Prinzipien des Shaping berücksichtigt werden. Beim Kontingenzmanagement ist sowohl das Verhalten innerhalb als auch außerhalb der Sitzungen von Interesse.

Verstärker. Bei der Anwendung von Verstärkern ist zu berücksichtigen, daß die Bedeutung von potentiellen Verstärkern genau analysiert werden muß. Das heißt, Trainerinnen sollten zum Beispiel nie ohne exakte Überprüfung davon ausgehen, daß eine bestimmte Reaktion tatsächlich ein positiver Verstärker ist. Einer der größten Fehler, den Therapeutinnen häufig machen, ist, anzunehmen, daß öffentliches Loben zwangsläufig einen positiven Verstärker darstellt. Es kann vielmehr ebenso sein, daß das Loben vor anderen bestrafend wirkt bei Verhaltensweisen, die die Therapeutinnen eigentlich verstärken wollen. Wenn es in der Lebensgeschichte einer Klientin häufig vorgekommen ist, daß Lob, Beachtung und Anerkennung von Fertigkeiten und Stärken dazu geführt haben, daß weitere Hilfe ausblieb, kann Lob für die Klientin auch zu einem Signal für bevorstehende Strafe oder Löschung werden. Dies zeigt sich meiner Erfahrung nach im Fertigkeitentraining immer wieder. Es ist jedoch keine Alternative, zu verstärkendes Verhalten gar nicht mehr zu loben. Denn die Klientin könnte das Ausbleiben von Lob dann so interpretieren, als könne sie überhaupt nichts richtig machen - als eine implizite Kritik. Was also ist die Synthese? Die beste Strategie ist wohl, das Verhalten adäquat zu loben (das heißt, zu äußern, daß das Verhalten adaptiv ist oder Fortschritte zeigt, wenn dies der Fall ist, usw.) - und dann hinzuzufügen, daß das nicht heißt, daß die Klientin nun all ihre Probleme lösen kann oder keine mehr zu lösen hat. Auf diese Weise wird das Lob von der Befürchtung getrennt, daß das Zeigen von Kompetenz zum Verlust von künftiger Unterstützung führen könnte. Günstiger und ungünstiger Einsatz von Lob als Verstärker ist ausführlich in Kapitel 10 des Handbuches dargestellt.

Die Fertigkeitentrainerinnen sollten versuchen, soweit als möglich natürliche Verstärker einzusetzen. Natürliche Verstärker sind Reaktionen, die auch im Alltag der Klientinnen zu erwarten sind. Wenn zum Beispiel den Klientinnen Selbstsicherheit vermittelt wird und die Trainerinnen dann selbstsicheres Verhalten niemals dadurch belohnen, daß sie Bitten auch erfüllen, dann ist kaum zu erwarten, daß das erlernte Verhalten auch weiterhin gezeigt wird. Ähnlich verhält es sich, wenn die Klientinnen versuchen, mit den intensiven Emotionen umzugehen, die durch den Gedanken ausgelöst werden, in der Sitzung über sich sprechen zu müssen, und die Trainerinnen sie dann noch dazu bewegen wollen, etwas länger zu reden. Dann kann kaum damit gerechnet werden, daß die Klientinnen mit dem Üben der Emotionsregulation fortfahren. Wenn Klientinnen ihre Toleranz aversiver Situationen während der Sitzungen erhöhen und die Trainerinnen dann in ihrem Bemühen nachlassen, die Sitzungen weniger aversiv zu gestalten, so wäre es sinnlos, weitere Versuche zur Streßtoleranz zu erwarten. Sobald die Klientinnen beginnen, die vermittelten Fertigkeiten anzuwenden, sollten die Trainerinnen auch so reagieren, daß solche Fortschritte wirklich verstärkt werden. Die Anforderungen dürfen nur schrittweise erhöht werden, was oft auch hohe Anforderungen an die Trainerinnen stellt. Andernfalls werden die Klientinnen immer das Gefühl haben, daß sie nie genug tun können, um die Trainerinnen auch zufriedenzustellen oder ihre Bedürfnisse erfüllt zu bekommen. Es kann auch nützlich sein, natürliche Verstärkung mit Lob zu verbinden.

Löschung und Bestrafung. Obwohl soweit als möglich Verstärkung eingesetzt werden sollte, so sind manchmal auch Bestrafung und Löschung erforderlich. Bestrafung sollte im allgemeinen dann eingesetzt werden, wenn eine Klientin versucht, schwierige Aktivitäten zu vermeiden, beispielsweise zum Training kommen, Hausaufgaben oder Übungen in der Sitzung machen oder sich an aktiver Problemlösung beteiligen. In diesen Fällen ist es wichtig, sofort zu intervenieren anstatt das Verhalten zu ignorieren und so das Meidungsverhalten weiter zuzulassen. Das Vermeidungsverhalten sollte also schnell unterbunden werden. Dahinter steht der Gedanke, die sofortigen Konsequenzen des Vermeidens aversiver zu machen als die des Nichtvermeidens.

Wenn zum Beispiel eine Klientin nicht zu einer Sitzung erscheint, ruft man sie am besten sofort an und versucht, sie durch „cheerleading“ dazu zu bewegen, in die Sitzung zu kommen. Die Therapeutin benutzt dabei die Strategie des „Kratzer auf der Schallplatte“, die den Klientinnen im Modul über zwischenmenschliche Fähigkeiten vermittelt wird. (Ich habe gewöhnlich einen Busfahrplan zur Hand, wenn ich anrufe.) Diese Taktik wird allerdings nicht angewendet, wenn die Anrufe das Versäumen der Sitzungen verstärken (dies wird später noch näher ausgeführt).

Ein anderes verbreitetes Vermeidungsmuster im Gruppensetting ist, daß eine Teilnehmerin, die keine Hausaufgaben gemacht hat, versucht, dies nicht in der Gruppe zu besprechen. Wenn die Gruppenleiterinnen die Klientin dann auslassen und zur nächsten weitergehen, hat die Vermeidung funktioniert. Die beste Strategie ist es dann, sofort auf eine nichtwertende und warme Weise zu versuchen, das Nichterledigen der Hausaufgaben zu analysieren. Wenn die Teilnehmerin sich nach einigem Drängen immer noch weigert, sollte die Leiterin dazu übergehen zu analysieren, warum die Klientin nicht darüber sprechen möchte. Entscheidend ist, daß Meidungsverhalten nicht belohnt werden sollte. Eine ausgiebige Analyse des Widerstandes ist für die meisten Klientinnen aversiv.

Positives maladaptives Verhalten (zum Beispiel Versuche, Aufmerksamkeit zu erregen, Weinen, feindseliges Verhalten, Versuche, über Krisen während der Woche zu sprechen), sollten gelöscht werden. Die Fertigkeitentrainerin ignoriert das maladaptive Verhalten der Klientin und behandelt sie so, als würde sie dieses Verhalten nicht zeigen. Falls das Verhalten nicht ignoriert werden kann, kommentiert die Therapeutin es kurz und schlägt vor, daß die Klientin ihr maladaptives Verhalten durch Anwendung einiger Fertigkeiten, die sie im gegenwärtigen (oder vergangenen) Modul gelernt hat, in den Griff bekommen kann. So kann eine Klientin, die zu weinen beginnt, ermutigt werden, Streßtoleranz oder Achtsamkeit einzusetzen. Wenn eine Klientin aus dem Raum geht, kann die Trainerin vorschlagen, daß sie versuchen könnte, ihre Fertigkeiten zum bewußten Umgang mit Gefühlen anzuwenden und in die Sitzung zurückkehren, sobald sie sich beruhigt hat. Solange kein Grund zu der Annahme besteht, daß eine Klientin sich das Leben nehmen will, sollte man nicht hin- terhergehen, wenn eine Klientin überstürzt die Sitzung verläßt. (Selbst wenn es für die jeweilige Person nicht verstärkend wirken sollte, so könnte dies doch bei den anderen Teilnehmerinnen indirekt der Fall sein.) Das Verlassen einer Sitzung (und damit das Vermeiden des Trainings) sollte nicht ungewollt verstärkt werden. Es ist vielmehr sinnvoll, die Einzeltherapeutin darüber zu informieren, damit es in der Einzeltherapie als therapiebeeinträchtigendes Verhalten behandelt werden kann, oder es kann auch in der nächsten Trainingssitzung darüber gesprochen werden.

Es ist sehr wichtig, die Klientinnen, bei denen Verhaltensweisen gelöscht werden sollen oder die aversive Konsequenzen erfahren, gleichzeitig auch zu beruhigen. (Meiner Erfahrung nach ist es eine der schwierigsten Aufgaben für unerfahrene Therapeutinnen zu lernen, das Löschen von Verhaltensweisen einer Klientin mit gleichzeitigem Beruhigen zu verbinden.) Es ist immer das Verhalten, das bestraft wird, und nicht die Person selbst. Besonders im Gruppentraining müssen die Therapeutinnen die Fähigkeit entwickeln, viele Verhaltensweisen zu ignorieren, und auf die Teilnehmerinnen wieder mit einem besänftigenden Kommentar einzugehen, wenn sie die entsprechenden Verhaltensweisen nicht mehr zeigen. Die Gruppenleiterinnen können auch, selbst wenn das dysfunktionale Verhalten weiterbesteht, die Teilnehmerinnen beschwichtigen und gleichzeitig darauf bestehen, daß sie auf jeden Fall ihre Fertigkeiten weiter anwenden. Zu einer Teilnehmerin, die wegen einer abgebrochenen Beziehung weint, können Sie etwas in diesem Sinne sagen: „Ich weiß, daß dies wirklich schwer für Sie ist, aber versuchen Sie doch, sich von Ihren Problemen abzulenken. Seien Sie achtsam für die Aufgaben, und erzählen Sie mir von Ihren Versuchen, diese Woche die Fertigkeiten zu üben." Nachdem Sie eine Weile anderen Teilnehmerinnen zugehört haben, kehren Sie dann zu dieser Klientin zurück und fragen sie kurz, aber warmherzig, „Wie steht's mit Ihrem Versuch, achtsam der Gruppe zu folgen? Versuchen Sie es weiter."

Shaping. Shaping ist das wichtigste Element des Fertigkeitentrainings. Ohne Shaping würden Therapeutinnen und Klientinnen in einen so frustrierten und verzweifelten Zustand geraten, daß das Training nicht fortgeführt werden könnte. Borderline-Klientinnen verfügen über keine Fertigkeiten zum Selbst-Shaping. Ihre unrealistischen Erwartungen von sofortiger Perfektion hindern sie ständig an einem allmählichen Lernen. Deshalb ist es von großer Bedeutung, daß die Trainerinnen kontinuierlich modellhaft die Prinzipien des Shaping zeigen. Sie sollten nicht nur offen diskutiert und erklärt werden, sondern die Erwartungen der Therapeutinnen an die Klientinnen sollten ebenso den Prinzipien des Shaping folgen. Im Einzel- oder Gruppentraining sind die Prinzipien die gleichen wie in der Einzeltherapie.

Die Gruppenleiterinnen vergessen manchmal, daß diese Prinzipien auch für die Gruppe als Ganzes gelten. Eine der größten Schwierigkeiten bei der Durchführung des DBT-Gruppentrainings ist meiner Erfahrung nach, daß die Erwartungen der Therapeutinnen an die Gruppe viel höher sind, als die Gruppe erfüllen kann. In unserer Klinik zum Beispiel ist es Borderline-Klientinnen nicht vor dem dritten Behandlungsjahr möglich, wie vernünftige, „normale" Gruppentherapiemitglieder zu interagieren.

Grenzen beachten

Wie ich in Kapitel 10 des Handbuches diskutiert habe, wird in der DBT dem Setzen von Grenzen keine Bedeutung beigemessen; die Wahrnehmung natürlich auftauchender Grenzen dagegen gilt als entscheidend. Im Fertigkeitentraining allerdings wird jedoch eine Reihe von Grenzen durch die Therapie selbst festgelegt. Diese einzelnen Grenzen bzw. Regeln sind allerdings willkürlich. So wäre es durchaus denkbar, daß ich andere Regeln hätte entwickeln können. Grenzen, die beachtet werden müssen, sind die der Fertigkeitentrainerinnen als Individuen und (im Gruppensetting) die der Gruppe als Ganzes.

Grenzen im Fertigkeitentraining. Die wichtigste Beschränkung des DBT-Fertigkeitentrainings liegt darin, daß die Leiterinnen während des Trainings nicht als Einzeltherapeutinnen fungieren. Die Rolle der Fertigkeitentrainerinnen ist klar definiert und beschränkt sich auf das Vermitteln der Fertigkeiten und den Umgang mit interpersonellen Beziehungen, die in den Sitzungen entstehen. Eine Trainerin ist mit einer Hochschullehrerin zu vergleichen. „Persönliche" Anrufe bei einer Grup- penleiterin sind nur unter bestimmten Voraussetzungen akzeptabel. Klientinnen können dann anrufen, wenn sie aus irgendeinem Grund nicht an der Gruppe teilnehmen können oder wenn sie ein ernsthaftes interpersonelles Problem mit einer Trainerin haben, das nicht in der Gruppe gelöst werden kann.

Eine Ausnahme von den Einschränkungen bei den Telefonanrufen tritt dann ein, wenn eine Teilnehmerin bei einer anderen Therapeutin im gleichen klinischen Setting in DBT-Einzeltherapie ist. Dann hat die Fertigkeitentrainerin in bestimmten Situationen für die Einzeltherapeutin einzuspringen. Wenn die Einzeltherapeutin zum Beispiel verreist ist, kann die Klientin die Fertigkeitentrainerin in den gleichen Situationen anrufen, in denen sie auch ihre Einzeltherapeutin anrufen würde. Es gibt allerdings Einschränkungen, wenn die interpersonellen Beziehungen im Training Anlaß für den Anruf sind. Damit werden die natürlichen Grenzen der Fertigkeitentrainerin berührt; daher werden dann auch die üblichen Strategien zur Beachtung der Grenzen wie in der Einzeltherapie angewendet. Es ist wichtig, daß eine Fertigkeitentrainerin in dieser Situation den Sinn der Telefonregeln wirklich versteht und diese der Klientin auch hinreichend deutlich vermitteln kann.

Meiner Erfahrung nach lassen sich die Regeln zu Telefonkontakten am besten so erklären, daß auf die Bedeutung der Einzeltherapeutinnen im gesamten DBT-Programm hingewiesen und betont wird, daß die Fertigkeitentrainerinnen keine zweiten Einzeltherapeutinnen sind. Meistens begreifen die Klientinnen diese Regel sehr schnell und verstoßen selten dagegen. Die meisten Anrufe, mit denen nicht die nächste Sitzung abgesagt wird, haben die Beziehung zu den Trainerinnen oder (im Gruppensetting) zu anderen Teilnehmerinnen zum Anlaß. Manchmal ruft eine Klientin vielleicht an, um herauszufinden, ob die Trainerin sie ablehnt und aus dem Training heraus haben will. Oder eine Klientin ruft an, um mitzuteilen, daß es absolut unmöglich für sie ist, mit dem Training weiterzumachen, da die Sitzungen sehr belastend für sie sind. Bei derartigen Telefongesprächen müssen die Therapeutinnen Problemlösestrategien für Beziehungsschwierigkeiten anwenden. Diese werden ausführlich am Ende dieses Kapitels und in Kapitel 15 des Handbuches dargestellt. Eine zweite Regel während des ersten Jahres des DBT-Trainings besteht darin, daß in den Sitzungen im allgemeinen nicht über persönliche Krisen gesprochen wird. Diese Einschränkung sollte in den ersten Sitzungen eindeutig vermittelt werden. Später sollte man sie immer dann wiederholen, wenn Klientinnen aktuelle Krisen besprechen möchten. Wenn eine Krise massiv ist, können sich die Gruppenleiterinnen natürlich auch dafür entscheiden, gegen diese Regel zu verstoßen. Um ein solches Beispiel zu nennen: Als eine unserer Gruppenteilnehmerinnen auf dem Weg in unsere Klinik vergewaltigt wurde, haben wir selbstverständlich darüber gesprochen. Ein Todesfall in der Familie, eine Scheidung, der Abbruch einer Beziehung oder eine Zurückweisung durch eine Therapeutin können zu Beginn der Sitzung berichtet und kurz besprochen werden.

Diese Regel läßt sich den Teilnehmerinnen im allgemeinen am besten verdeutlichen, indem man sie in Zusammenhang stellt mit dem Erwerb der Fertigkeiten. Prinzipiell kann jedes Thema diskutiert werden, wenn nur der Fokus darauf liegt, wie die Klientin die erlernten Fertigkeiten benutzen kann, um die Krise zu bewältigen. Das heißt, oberflächlich betrachtet darf die „Krise der Woche“ scheinbar nicht besprochen werden; bei genauerer Betrachtung ist dies aber doch möglich, solange es nur im Kontext der DBT-Fertigkeiten geschieht. (Dieser Fokus ist allerdings nicht immer der, den die Klientin sich erhofft.) Anstatt die Gruppenteilnehmerinnen in eigener Regie ihre Probleme in allen Details diskutieren zu lassen, sollten die Gruppenleiterinnen schnell intervenieren, um den Bezug dieser Probleme zu dem gerade behandelten Fertigkeitenmodul hervorzuheben.

Wenn zum Beispiel eine Einzeltherapeutin die Behandlung einer Klientin beendet hat, können bei der Besprechung die zwischenmenschlichen Fähigkeiten herangezogen werden. Die Klientin kann diese benutzen, um die Gründe für die Beendigung herauszufinden, eine neue Therapeutin zu finden oder ihre Therapeutin zurückzugewinnen. Es ließe sich auch herausarbeiten, wie verletzt sich die Klientin als Reaktion auf die Zurückweisung fühlt und wie sie sich besser fühlen kann. Wenn in der Sitzung innere Achtsamkeit behandelt wird, sollte die Klientin ermutigt werden, das Ereignis und ihre Reaktionen darauf wahrzunehmen und zu beschreiben. Sie kann darin unterstützt werden, sich bewußt zu werden, ob sie bewertet, und sich auf das zu konzentrieren, was wirkungsvoll ist, anstatt auf Rache zu sinnen. Eine weitere Möglichkeit wäre, herauszufinden, wie die Klientin die Krise überleben oder ertragen kann, ohne auf ihre impulsiven, destruktiven Verhaltensweisen zurückgreifen zu müssen. Die meisten Probleme können aus der Perspektive der verschiedenen Fertigkeitenmodule analysiert werden. Situationen, die nichts mit zwischenmenschlichen Beziehungen zu tun haben, mögen auf den ersten Blick für das entsprechende Modul ungeeignet erscheinen. Sie lassen sich aber auch unter der Perspektive betrachten, mit welchen Menschen man darüber sprechen kann, wie man soziale Unterstützung bei der Bewältigung dieses Problems erhalten kann, etc. Die Fertigkeitentrainerinnen müssen darauf achtgeben, daß sie die Krise immer wieder auf die Fertigkeiten beziehen. Falls die Fertigkeiten nicht wirkungsvoll oder ausreichend bei dem Problem sind, sollte die Klientin ermutigt werden, mit ihrer Einzeltherapeutin darüber zu sprechen.

Abschließend ist darauf hinzuweisen, daß die Grenzen des strukturierten Fertigkeitentrainings auch im Hinblick auf Prozeßthemen beachtet werden sollten. Einige Klientinnen sind sehr froh, daß die Gruppensitzungen eher die Form einer psychologischen Vorlesung anstatt eines zwischenmenschlichen Prozesses haben. Ich hatte aber in jeder meiner Gruppen auch eine Reihe von Teilnehmerinnen, die mit dem Ansatz höchst unzufrieden waren und die lieber zwischenmenschliche Probleme und Gruppenthemen diskutiert hätten. Diese Klientinnen werden sagen, daß das Fertigkeitentraining keine „richtige Therapie“ sei, wenn es darin keinen Raum für diese Probleme gebe. An dieser Stelle müssen die Gruppenleiterinnen die Abgrenzung des Fertigkeitentrainings gegenüber der Psychotherapie vermitteln. (Die Tendenz, Prozeßdiskussionen vorzuziehen und individuelle Krisen zu bearbeiten, tritt beim Einzeltraining stärker als im Gruppentraining auf. Das ist ein wichtiger Grund für das Gruppensetting.)

Persönliche Grenzen der Fertigkeitentrainerinnen. Die Beachtung der persönlichen Grenzen ist im Training nicht anders als in den anderen Komponenten der DBT. Es ist die Aufgabe der Leiterinnen, bei der Durchführung der Behandlung auf ihre eigenen Grenzen zu achten. Meiner Erfahrung nach betrifft die bedeutsamste Einschränkung die Telefonanrufe. Die Therapeutinnen müssen schauen, ob sie in der Lage sind, mit längeren Gesprächen über Beziehungsaspekte umzugehen, und sie müssen den Klientinnen ihre persönlichen Grenzen deutlich klarmachen.

Grenzen der Gruppe. Die wichtigste Einschränkung der DBT-Fertigkeitengruppen ist, daß in den Sitzungen keine aggressiven Angriffe geduldet werden können. Meine Kolleginnen und ich mußten den Teilnehmerinnen klarmachen, daß Verhaltensweisen, wie Gegenstände werfen oder beschädigen, andere Teilnehmerinnen angreifen oder destruktiv kritisieren, nicht tolerierbar sind. Wenn feindseliges Verhalten auftritt, werden die Teilnehmerinnen aufgefordert, das Problem mit ihrer Einzeltherapeutin zu bearbeiten. Im Zweifelsfalle ist es für eine Klientin besser, die Sitzung zu verlassen (wenn auch nur vorübergehend). Die Gruppenleiterinnen müssen natürlich aufpassen, daß sie die Teilnehmerinnen dann nicht auf der einen Seite für ihr Weggehen und auf der anderen Seite für ihr Bleiben bestrafen. Das dialektische Gleichgewicht ist entscheidend, da die Leiterinnen die Teilnehmerinnen ja auch ermutigen wollen, in einer Sitzung zu bleiben und sich solange wie möglich nicht maladaptiv zu verhalten.

Expositionsverfahren

Strukturierte Expositionsverfahren werden im DBT-Fertigkeitentraining nicht angewendet, wenngleich zusätzliche Behandlungen, die sich an Exposition orientieren (zum Beispiel Gruppen zu sexuellem Mißbrauch), durchaus wirkungsvoll mit der DBT kombiniert werden könnten. Weniger strukturierte Expositionsverfahren dagegen werden im Fertigkeitentraining eingesetzt: Zum einen wird dem Vermeiden von bestimmten Themen, Übungen und (gegebenenfalls) Prozeßdiskussionen entgegengearbeitet. Zum anderen wird den Klientinnen immer wieder die Bedeutung von Exposition vermittelt. In einem gut durchgeführten DBT-Fertigkeitentraining sollte jede Klientin nach einigen Monaten erklären können, warum und wann Vermeidung die Dinge verschlechtert und warum und wann Exposition sie verbessert. Wenn die Klientinnen bei schwierigen Aufgaben oder angstbesetzten Situationen Exposition einsetzen, sollten die Therapeutinnen darauf eingehen und es verstärken.

Verfahren zur kognitiven Modifikation

Kognitive Umstrukturierung. Im Fertigkeitentraining gibt es eine ganze Reihe von strukturierten Übungen zur Analyse und Modifikation von dysfunktionalen Annahmen und Einstellungen. Die kognitive Umstrukturierung spielt in der DBT allerdings eine viel geringere Rolle als in anderen kognitiv-behavioralen Therapieformen bzw. bei der kognitiven Behandlung der Borderline-Persönlichkeitsstörung. Dieses Thema wird ausführlich in Kapitel 8 und 11 des Handbuches erläutert.

Analyse von Kontingenzen. Die Analyse von Kontingenzen dient dazu, die Klientinnen darin zu unterstützen, sich der „Wenn-Dann-Beziehungen" in ihrem Leben und in der therapeutischen Situation bewußt zu werden. Sie ist von den didaktischen Strategien zu unterscheiden. Die didaktischen Strategien beschäftigen sich mit allgemeinen Kontingenzbeziehungen, die für alle oder die meisten Menschen Gültigkeit haben, während bei der Analyse von Kontingenzen immer die individuellen Kontingenzbeziehungen einer Klientin behandelt werden.

Durch die minutiöse Exploration mittels der Verhaltensanalyse soll den Klientinnen geholfen werden, sich mehr der Kontingenzbeziehungen in ihrem Alltag bewußt zu werden. Borderline-Klientinnen haben im allgemeinen große Schwierigkeiten, natürliche Kontingenzen zu beobachten. Beim Beobachten des Effektes neuer Verhaltensfertigkeiten neigen sie dazu, die Vorteile zu übersehen. Hier besteht eine Dialektik zwischen „kompetent sein" und „Hilfe bekommen". Eine der Aufgaben der Therapeutinnen ist es hier, den Klientinnen zu zeigen, daß die Kontingenzen, die früher ein dysfunktionales Verhalten gefördert haben, gegenwärtig nicht mehr wirksam sind. Auch wenn es also in der Vergangenheit zutraf, daß eine Klientin Unterstützung durch andere verlor, wenn sie sich auf eine adaptive Weise verhielt, so gilt diese Regel im Fertigkeitentraining nicht mehr. (Am Ende dieses Kapitels werde ich auf die Analyse von Kontingenzen in der Therapie noch näher eingehen.)

Bei der Besprechung der zwischenmenschlichen Fähigkeiten sollte hervorgehoben werden, wie wichtig es ist, Kontingenzen in zwischenmenschlichen Begegnungen zu beobachten. Zu den Hausaufgaben gehört daher neben dem Ausprobieren neuer Fertigkeiten auch immer das genaue Beobachten der jeweiligen Wirkungen. Dabei geht es darum, nicht die vorgefaßten Annahmen der Therapeutinnen oder Klientinnen zu bestätigen, sondern die tatsächlich wirksamen, natürlichen Kontingenzbeziehungen im Alltag der Klientinnen zu analysieren. Im Prozeß wird oft deutlich, daß Kontingenzen oder Regeln im Leben einer Person bei anderen Menschen keine Bedeutung haben. Zudem können bei einer Person auch die Regeln, die einem Kontext wirksam sind, in einem anderen keine Bedeutung haben.

Die „Regeln des Spiels herausfinden" - das ist eng verknüpft mit den Verhaltensfertigkeiten und speziell mit dem Fokus auf wirksamem Handeln, einem Aspekt der Achtsamkeit. Fokus auf wirksames Handeln heißt, sich auf die Verhaltensweisen konzentrieren, bei denen die kontingenten Konsequenzen auch die erwünschten Konsequenzen sind. Diese Sichtweise ist für Borderline-Klientinnen zumeist eine neue, da sie es gewohnt sind, Verhaltensweisen in Begriffen von „richtig" und „falsch" zu betrachten statt die Ergebnisse oder Konsequenzen zu berücksichtigen. Strategien zur Kontingenzanalyse sind ein Schritt, um diese Klientinnen in Richtung zu adaptiverem Verhalten zu bewegen.

Bei der Diskussion der Konsequenzen sollten

die Trainerinnen betonen, daß ein unerwünschtes Ergebnis nicht unbedingt der Beweis für die Unwirksamkeit der jeweils eingesetzten Fertigkeit ist. Sie sollten immer sorgfältig prüfen, ob die Klientin die jeweilige Fertigkeit auch korrekt durchgeführt hat. Manchmal kommt es vor, daß eine Teilnehmerin behauptet, eine bestimmte Fertigkeit habe nicht geholfen, wobei das Problem eigentlich darin besteht, daß sie die Fertigkeit überhaupt nicht durchführen konnte. Dies ist ein subtiler Unterschied, und die genaue Analyse erfordert Geduld und Sorgfalt.

Stilistische Strategien

Strategien zur reziproken Kommunikation

Die reziproke Kommunikation erfordert, daß die Trainerinnen aus ihrer professionellen Rolle heraustreten, sich den Klientinnen gegenüber öffnen und ihre eigene Verletzlichkeit zeigen - und dies auf eine Weise, daß es von den Klientinnen auch angemessen wahrgenommen und verstanden werden kann. Das ist eine Frage der Balance und steht ausschließlich im Dienste der Klientinnen. Die Öffnung und gegenseitige Bezogenheit soll dem Therapieforschritt der Klientinnen und nicht dem Wohlergehen der Gruppenleiterinnen nützen. Das Zeigen der eigenen Verletzlichkeit wirkt nicht nur dem Machtgefälle in der Therapie entgegen, das die Klientinnen überdeutlich erleben, sondern es hat auch Modellfunktion. Die Klientinnen können dadurch lernen, wie sich die Grenze zwischen Bewahren der Intimsphäre und Mitteilen persönlicher Dinge ziehen läßt, wie das Gefühl der Verletzlichkeit ohne Scham erlebt werden kann und wie sie mit ihren eigenen Grenzen umgehen können. Zudem bietet es einen Blick in die Welt der sogenannten „Normalen"; auf diese Weise können Gefühle von Verletzlichkeit und Einschränkung etwas entpathologisiert werden.

Die einfachste Anwendung der Strategien zur reziproken Kommunikation ist die Mitteilung von eigenen Erfahrungen beim Durchführen von Übungen. (Einer der positiven Aspekte beim Leiten einer Gruppe ist für mich, daß ich auf diese Weise die Gelegenheit habe, auch an der Verbesserung meiner eigenen Fertigkeiten zu arbeiten.) Besonders günstig ist es, wenn die Leiterinnen von eigenen Versuchen (und besonders von gescheiterten) auf humorvolle Weise erzählen können. Am besten setzt man dabei die eigenen Erfahrungen in Beziehung zu den Fertigkeiten, die gerade behandelt werden. Wenn ich zum Beispiel vermitteln möchte, wie man zu unerwünschten Bitten oder Forderungen nein sagt, berichte ich fast immer von meinen eigenen Schwierigkeiten, nein zu sagen, wenn Gruppenteilnehmerinnen mich dazu bringen wollen, Dinge zu tun, die ich nicht für therapeutisch sinnvoll halte. Da meine ganzen Fertigkeiten erforderlich sind, um ihren intensiven Überzeugungsversuchen zu widerstehen, deckt dieses Beispiel einen Teil des Materials ab, das wir im Fertigkeitentraining vermitteln. Alle meine Gruppen haben bisher auch von meinen Versuchen erfahren, mit meiner irrationalen Höhenangst beim Wandern (mich in jedem Augenblick immer nur auf eine Sache konzentrieren, mich ablenken, mich selbst ermutigen), mit Rückenschmerzen bei der Meditation (auf eine Sache konzentrieren, radikales Annehmen) und mit all den anderen Schwierigkeiten umzugehen, die mir begegnen. Meine Co-Leiterinnen haben erzählt von ihren Schwierigkeiten bei Meditationsübungen, von Problemen, um etwas zu bitten, mit Chefs oder Professoren umzugehen oder von Trauerprozessen bei Verlusten etc. Ein solches Mitteilen der eigenen Versuche, die Fertigkeiten einzusetzen, ist ein wertvolles Modellverhalten für die Anwendung der Fertigkeiten wie auch für eine nichtwertende Haltung gegenüber eigenen Schwächen.

Reziproke Kommunikation ist im Gruppensetting (im Gegensatz zur Einzeltherapie) oft nur schwer durchführbar. Es kann empfunden werden wie ein „alle gegen einen (oder zwei)". Diese Schwierigkeit sollte den Gruppenleiterinnen mehr Verständnis vermitteln für jene Teilnehmerinnen, denen es Probleme bereitet, sich in der Gruppe zu äußern. Das Mitteilen von Problemen löst diese leider auch noch nicht auf. Es kann auch Schwierigkeiten bereiten, Inhalte zu finden, die für jede einzelne Teilnehmerin geeignet sind, vor allem dann wenn deren psychischer Zustand sehr unterschiedlich ist. Die genaue Exploration des Befindens jeder einzelnen Teilnehmerin erfordert im allgemeinen sehr viel Zeit. Hierbei besteht die Gefahr, daß die Gruppenleiterinnen sich von den Zielen des Trainings entfernen. Im Gegensatz dazu kann man als Einzeltherapeutin ganz speziell auf eine Klientin eingehen; die Auswahl der Themen und die Entscheidung, wann diese angesprochen werden, lassen sich völlig auf das Befinden der Klientin abstimmen.

In Gruppensitzungen ist es sehr schwierig, so zu reagieren, daß es den Bedürfnissen jeder einzelnen Teilnehmerin entspricht. Deshalb scheint es oft schwer zu sein, die Gruppe vorwärts zu bringen oder sie zumindest nicht „abstürzen" zu lassen. Diese Frustration kann bei den Leiterinnen die Tendenz zu einem Rückzug und „Zumachen" hervorrufen oder auch dazu führen, nur gerade soviel Nähe zuzulassen, um die Klientinnen angreifen zu können. In jedem Fall verringert Frustration die Wärme und das Engagement. In einer streßreichen Atmosphäre ist es kaum möglich, sich entspannt zu fühlen. Und für die Gruppenleiterinnen wird es schwierig, offen für die

Klientinnen zu sein, wenn sie nicht wirklich entspannt sind.

Die Auswirkungen von Selbstoffenbarungen auf die Teilnehmerinnen müssen mit großer Aufmerksamkeit beobachtet werden. Ihre Fähigkeit, solche Äußerungen anzunehmen, ist recht unterschiedlich. In einem Gruppensetting sind die Reaktionen darauf meist schwerer wahrnehmbar als in der Einzeltherapie, wo der Fokus immer auf der einzelnen Klientin liegt. In der Gruppe sind Probleme leichter zu übersehen. Allerdings ist es sicher, daß es für alle Teilnehmerinnen schwierig ist, wenn die Leiterinnen ihre Frustration oder/und ihren Ärger über die Gruppe zum Ausdruck bringen; deshalb muß damit außerordentlich vorsichtig umgegangen werden.

Strategien zur provokativen Kommunikation

Provokationen sollten im Gruppenfertigkeitentraining nur mit größter Vorsicht eingesetzt werden, wohingegen man im Einzeltraining recht freien Gebrauch davon machen kann. Provokative Äußerungen erfordern von der Therapeutin sehr viel Aufmerksamkeit; sie muß genau beobachten, wie die Klientin darauf reagiert und eventuell angerichteten Schaden so schnell wie möglich beheben. Diese Aufmerksamkeit ist im Gruppensetting nur schwer zu realisieren. Die von der Leiterin angesprochene Person ist eventuell sehr empfänglich für provokative Bemerkungen, während sie für eine andere Teilnehmerin schrecklich sein können. Erst wenn die Leiterinnen ihre Klientinnen gut genug kennen, können sie Provokationen etwas großzügiger einsetzen. Beispiele dafür und die Grundgedanken der provokativen Kommunikation werden in Kapitel 12 des Handbuches diskutiert. In der Gruppe lassen sich provokative Bemerkungen am besten bei der Einzelarbeit mit jeder Klientin in der ersten Stunde der Sitzung einsetzen (Besprechung der Hausaufgaben). Provokative Kommunikation kann auf verschiedene Weise verwendet werden. Man reagiert auf problematisches Verhalten, als sei es normal, und auf adaptives Verhalten antwortet man it Begeisterung und Nachdruck. Auf dysfunktionale Handlungen oder Absichten reagiert man auf eine übertriebene, humorvolle Weise. Es kann auch in einem heftigen, konfrontativen Stil auf Verhaltensweisen oder Äußerungen eingegangen werden. Das Ziel von provokativer Kommunikation ist es, die einzelne Klientin oder die ganze Gruppe aufzurütteln, um die Dinge von einer neuen, erweiterten Perspektive aus betrachten zu können. Den Klientinnen soll damit geholfen werden, ihr dysfunktionales Verhalten nicht länger nur als Quelle von Scham und Selbstverachtung zu sehen, sondern vielmehr auch als inkonsequent oder sogar komisch und humorvoll. Um das auch wirklich erreichen zu können, darf eine Therapeutin den Teilnehmerinnen immer nur einen halben Schritt voraus sein; der richtige Zeitpunkt ist entscheidend. Eine provokative Haltung heißt nicht, unsensibel zu sein, und ist auch keine Entschuldigung für feindseliges oder erniedrigendes Verhalten. Eine Gruppenleiterin nimmt Leiden immer ernst, wenn auch auf eine gelassene, sachliche Weise und manchmal auch mit Humor.

Sozialarbeiterische Strategien

Strategien zur Intervention im Umfeld

Strategien zur Intervention im Umfeld werden im Fertigkeitentraining so gut wie nie eingesetzt. Allerdings werden die Teilnehmerinnen dazu angeregt, diese Strategien im Umgang miteinander zu verwenden. Die Klientinnen werden zum Beispiel angeregt, sich gegenseitig bei Problemen anzurufen, sich gegenseitig um Gefallen zu bitten oder, wenn nötig, um Mitfahrgelegenheiten zu Gruppensitzungen oder Krankenhäusern, usw. Die Klientinnen wünschen sich oft mehr Interventionen der Fertigkeitentrainerinnen als diese geben sollten.

Ein (häufig auftretendes) Beispiel ist, daß eine Klientin während eines stationären Aufenthaltes die Erlaubnis braucht, zur Trainingssitzung zu kommen. Oftmals ist es für eine Klientin schwierig, mit den Verantwortlichen in der Klinik zu sprechen, um die Genehmigung zu bekommen. Dann hofft sie möglicherweise, daß eine Trainerin dort an ihrer Stelle anruft. Die Trainerin sollte dann zunächst betonen, daß es in der Verantwortung der Klientin liegt, sich so zu verhalten, daß das Personal in der stationären Einrichtung auch bereit ist, sie an dem Training teilnehmen zu lassen. Meine Konzession an die Arbeitsweise der stationären Einrichtungen ist, daß ich - natürlich nur wenn es absolut unvermeidbar ist - das dortige Personal anrufe und sage, daß ich erwarte, daß die Klientin sich selbst die Erlaubnis besorgt. Auf keinen Fall werde ich versuchen, das Personal dazu zu überreden, die Klientin gehen zu lassen.

Die Trainerinnen müssen immer wieder klarstellen, daß ihre Aufgabe darin besteht, den Klientinnen Fertigkeiten für den Umgang mit ihrem Umfeld beizubringen, damit diese dann selbst in ihrem Umfeld intervenieren können. Neue Klientinnen sind oft geradezu bestürzt angesichts der ihnen vermittelten Zuversicht, daß sie dies auch wirklich lernen werden. Dies wird dann im Verlauf der Zeit allerdings durch die Freude darüber ausgeglichen, wie Erwachsene behandelt zu werden, die ihr Leben selbst in die Hand nehmen können.

Strategien zur Beratung der Klientin/Patientin

Im Konzept der DBT hat die Trainerin die Klientin zu beraten - und nicht andere Menschen in deren soziale Umfeld, einschließlich weiterer Therapeutinnen. Man geht davon aus, daß die Klientin durchaus in der Lage ist, mit verschiedenen Therapeutinnen umzugehen und zwischen ihnen zu vermitteln. Die Trainerinnen übernehmen daher keine Elternrolle (in der Annahme, die Klientin sei nicht zu einer direkten Kommunikation mit ihrem sozialen Umfeld fähig). In Zeiten massiver Krisen oder wenn die Klientin ganz offensichtlich nicht mehr selbst als Vermittlerin auftreten kann, sollte die Therapeutin von den Strategien zur Beratung der Patientin (bzw. Klientin im Sprachgebrauch dieses Buches) zu den Strategien zur Intervention im Umfeld übergehen. In Kapitel 13 des Handbuches ist dargestellt, wann welche dieser beiden Gruppen von Strategien anzuwenden ist. Die Beratungsstrategien unterscheiden sich deutlich von dem, was die meisten Therapeutinnen über den Umgang mit anderen Therapeutinnen ihrer Klientin gelernt haben. Der Grundgedanke dieses Vorgehens ist ebenfalls im Handbuch erklärt.

Von den Beratungsstrategien wird nur dann abgewichen, wenn eine Klientin an dem gesamten DBT-Programm teilnimmt und auch DBT-Einzeltherapie macht. In diesem Fall konsultieren die Trainerinnen und Einzeltherapeutinnen einander wöchentlich. Bei diesen Treffen informieren die Fertigkeitentrainerinnen die Einzeltherapeutin über die Fortschritte der Klientin im Training, sie machen auf Probleme aufmerksam, die in der Einzeltherapie bearbeitet werden müssen, und geben einen allgemeinen Einblick in den Verlauf der Sitzungen.

Diese Konsultationen sind auf Informationsaustausch und gemeinsame Behandlungsplanung beschränkt. Die Klientin muß natürlich von Anfang an darüber im Bilde sein, daß sie von einem ganzen Therapeutinnenteam behandelt wird, das das therapeutische Vorgehen fortwährend aufeinander abstimmt. Die enge Beziehung zwischen Einzeltherapie und Fertigkeitentraining sollte von beiden Therapeutinnen betont werden. Eine DBT-Fertigkeitentrainerin dient jedoch nicht als Vermittlerin gegenüber der Einzeltherapeutin. Wenn die Klientin Schwierigkeiten mit ihrer Einzeltherapeutin hat, sollte die Trainerin sie beraten, wie sie diese Probleme in der Einzeltherapie ansprechen kann. Dabei sollte die Trainerin der Klientin helfen, bei der Bearbeitung des Problems die erlernten Fähigkeiten einzusetzen.

Wenn eine Klientin unabhängig vom DBT-Programm in Einzeltherapie ist, gehört zur Beratung der Klientin im allgemeinen auch ein Kontakt zur Einzeltherapeutin. Diese Treffen sollten aber grundsätzlich in Anwesenheit der Klientin stattfinden. Das Material, das im Fertigkeitentraining erlernt wird, kann und sollte der Einzeltherapeutin mitgeteilt werden. Die Klientin sollte dabei von der Fertigkeitentrainerin unterstützt werden.

Probleme der Klientinnen mit anderen Therapeutinnen oder therapeutischen Einrichtungen können dann im Training besprochen werden, wenn sie sich auf die jeweils behandelten Fertigkeiten beziehen lassen. Im Modul zu zwischenmenschlichen Fähigkeiten zum Beispiel kann eine Klientin unterstützt werden, wirkungsvoller mit Therapeutinnen umzugehen. Beim Modul zum bewußten Umgang mit Gefühlen kann ihr geholfen werden, ihre emotionalen Reaktionen auf diese Therapeutinnen zu steuern. Beim Modul zur Streßtoleranz kann sie dabei unterstützt werden, ein Verhalten einer Therapeutin annehmen zu können, mit dem sie Schwierigkeiten hat. Mit Schwierigkeiten mit anderen Therapeutinnen, die im Training angesprochen werden, wird ebenso umgegangen wie mit jedem anderen interpersonellen Problem auch.

Spezielle Behandlungsstrategien

In der DBT gibt es sechs integrative Strategien für den Umgang mit den folgenden Problemen und Themen: Krisen, Suizidalität, therapiebeeinträchtigendes Verhalten, Telefonkontakte, Nebenbehandlungen und Aspekte der therapeutischen Beziehung. Die Strategien zu Telefonkontakten habe ich weiter oben in diesem Kapitel beschrieben. Den Klientinnen zu vermitteln, wie Nebenbehandlungen (Medikation, stationäre Behandlung, etc.) sinnvoll genutzt werden können, ist Aufgabe der Einzeltherapeutinnen und nicht der Trainerinnen (siehe Kapitel 15 des Handbuches). Auf beide Aspekte wird im folgenden daher nicht weiter eingegangen. Im restlichen Teil dieses Kapitels gebe ich einen Überblick über die Strategien bei Krisen, suizidalem Verhalten, therapiebeeinträchtigendem Verhalten und zur therapeutischen Beziehung. Da die ersten drei Gruppen von Strategien ausführlich im Handbuch behandelt sind und dies auch für das Fertigkeitentraining ausreichend ist, gehe ich an dieser Stelle nur kurz darauf ein. Die Strategien zur Gestaltung der therapeutischen Beziehung dagegen erfordern im Rahmen des Trainings eine besondere Beachtung; auf diese wird im folgenden näher eingegangen.

Strategien bei Krisen

Die Verantwortung für die Unterstützung einer Klientin während einer Krise liegt bei der Haupt- oder Einzeltherapeutin. Wenn eine Teilnehmerin sich in einer Krise befindet, sollte die Fertigkeitentrainerin sie an ihre Einzeltherapeutin verweisen (und sie dabei wenn nötig bei der Kontaktaufnahme unterstützen) und ihr bei der Anwendung von Fertigkeiten zur Streßtoleranz helfen, bis der Kontakt aufgenommen ist. Dabei sollten die in Kapitel 15 des Handbuches beschriebenen Krisenstrategien in modifizierter Form benutzt werden. Ebenso wie Borderline-Klientinnen häufig in einer Krise stecken, kann auch die ganze Gruppe sich in einem Krisenzustand befinden. Eine Gruppe in der Krise ist in einem Zustand emotionaler Überlastung. Dies ist gewöhnlich das Resultat eines gemeinsamen Traumas, wie zum Beispiel der Suizid einer Teilnehmerin, ein feindseliger, gegen die ganze Gruppe gerichteter Akt, das Weggehen einer Therapeutin, usw. Unter diesen Umständen sollten die Gruppenleiterinnen alle Krisenstrategien benutzen, die auch bei individueller Krisenintervention zur Anwendung kommen: statt bei der einzelnen Klientin werden sie einfach bei der gesamten Gruppe eingesetzt. Die Schritte sind in Abb. 5.1 zusammengefaßt.

Abb. 5.1 Checkliste für Strategien bei Krisen (Gruppensetting)

_____ T achtet mehr auf die Emotion als auf den Inhalt.
_____ T untersucht das Problem in der Gegenwart.
  __ T konzentriert sich auf den aktuellen Zeitrahmen.
  __ T identifiziert die Auslöser der momentanen Gefühle und der Krisenstimmung
  __ T formuliert das Problem und faßt es zusammen.

_____ T fokussiert auf Problemlösung.
_____ T gibt Hilfestellung und macht Vorschläge.
_____ T beschreibt mögliche Lösungsansätze in Begriffen der gerade behandelten Fertigkeiten.
  __ T sagt zukünftige Konsequenzen des geplanten Handelns voraus.
  __ T konfrontiert direkt mit maladaptiven Gruppenideen oder -Verhaltensweisen.
  __ T macht adaptive Reaktionen der Gruppe deutlich und verstärkt sie.
  __ T identifiziert Faktoren, die die Durchführung adaptiver Handlungspläne beeinträchtigen.

_____ T fokussiert auf Affekttoleranz.
_____ T hilft der Gruppe, einen Handlungsplan zu vereinbaren.
_____ T schätzt das Suizidrisiko der Gruppenteilnehmerinnen ein (wenn erforderlich).
_____ T rechnet mit einer Wiederholung des Krisenverhaltens.

Strategien bei Suizidalität

Wenn ein Suizidrisiko besteht (in Abb. 15.3 und 15.4 in Kapitel 15 des Handbuches sind die für eine solche Einschätzung erforderlichen Informationen aufgeführt), sollte die Fertigkeitentrainerin sofort die Einzeltherapeutin anrufen, um gemeinsam über das Vorgehen zu beraten. Während einer Krise mit hohem Suizidrisiko kann es hilfreich sein, die Einzeltherapeutin zu bitten, nach den Gruppensitzungen telefonisch erreichbar zu sein. Wenn die Einzeltherapeutin nicht zur Verfügung steht, muß die Trainerin Krisenintervention betreiben, bis der Kontakt mit der Einzeltherapeutin hergestellt ist. Fertigkeitentrainerinnen sollten bei der Abschätzung des Suizidrisikos konservativer sein als die Einzeltherapeutinnen. Auf jeden Fall ist es wichtig, von den Einzeltherapeutinnen eine Kopie des Krisenplanungsbogens zu bekommen (siehe Abb. 15.1 im Handbuch). Interventionsmaßnahmen für den Fall, daß die Klientin Suizid oder Parasuizid androht oder während der Sitzung parasuizidales Verhalten zeigt, sind in Abb. 5.2 aufgelistet und werden im Handbuch ausführlich beschrieben.

Strategien zu therapiegefährdendem und therapiebeeinträchtigendem Verhalten

Wenn eine Klientin Verhaltensweisen zeigt, die sich deutlich destruktiv auf das Fertigkeitentraining auswirken, müssen die Therapeutinnen sofort und mit Nachdruck reagieren. Eine modifizierte Version des Protokolls über therapiebeeinträchtigendes Verhalten aus Kapitel 15 des Handbuches kann hier angewendet werden; die Strategien, zum Einsatz im Fertigkeitentraining entsprechend abgewandelt, sind in Abb. 5.3 dargestellt.

Wenn das therapiebeeinträchtigende Verhalten im Nichterledigen der Hausaufgaben besteht, wird darauf während der Besprechung der Hausaufgaben eingegangen. Ich habe dies bereits zuvor in diesem Kapitel dargestellt. Bei den anderen therapiebeeinträchtigenden Verhaltensweisen sollten die Fertigkeitentrainerinnen die Strategien zu therapiegefährdendem Verhalten in Abb. 5.3 in entsprechend abgemilderter Form oder die unten aufgeführten Strategien zur Bearbeitung von Beziehungsschwierigkeiten verwenden.

Abb. 5.2 Checkliste für Strategien bei suizidalem Verhalten

Anwendung bei Suizid- oder Parasuiziddrohungen, falls T das Krisenmanagement nicht an die Einzeltherapeutin weitergeben kann

_____ T schätzt das Suizid- und Parasuizidrisiko ein.

  __ T verwendet bekannte Risikofaktoren für suizidales Verhalten, um das aktuelle Suizidrisiko einzuschätzen.

  __ T benutzt einen Krisenplanungsbogen.

  __ T kennt die wahrscheinliche Letalität verschiedener Suizid- und Parasuizidmethoden.

  __ T berät sich mit dem Notdienst oder der Ärztin über das medizinische Risiko der geplanten und/oder verfügbaren Methode(n). T ist konservativer als in der Einzeltherapie.

_____ T beseitigt Gegenstände, die bei einem Suizid- oder Parasuizidversuch eingesetzt werden können, oder veranlaßt K, dies zu tun.

_____ T weist K auf empathische Weise an, keinen Suizid oder parasuizidale Handlungen zu begehen.

_____ T vertritt den Standpunkt, daß Suizid keine geeignete Lösung ist.

_____ T macht Äußerungen, die Hoffnung vermitteln, und bietet Bewältigungsmöglichkeiten für die Zeit an, bis Kontakt zur Einzeltherapeutin aufgenommen werden kann.

_____ T hält den Kontakt bei unmittelbarem, hohem Suizidrisiko solange aufrecht, bis K an die Einzeltherapeutin überwiesen werden kann.

_____ T rechnet mit einer Wiederholung, bevor der Kontakt mit der Einzeltherapeutin stattgefunden hat.

_____ T teilt der Einzeltherapeutin das Suizidrisiko der K so schnell wie möglich mit.

Anwendung, falls K während des Kontaktes oder kurz davor eine parasuizidale Handlung unternommen hat.

_____ T schätzt das potentielle medizinische Risiko des Verhaltens ein, berät sich mit dem Notdienst oder sucht anderen medizinischen Rat, um das Risiko zu bestimmen (wenn notwendig).

  __ T schätzt ein, inwieweit die K fähig ist, selbst medizinische Hilfe zu organisieren.

_____ Falls ein medizinischer Notdienst existiert, informiert T der K nahestehende Personen und ruft den Notdienst.

  __ T bleibt mit K in Kontakt, bis Hilfe eintrifft.

  __ T ruft die Einzeltherapeutin an.

_____ Ist das Risiko gering, weist T die K an, wenn nötig, medizinische Behandlung aufzusuchen und ihre Einzeltherapeutin anzurufen

Abb. 5.3 Checkliste für Strategien bei therapiegefährdendem Verhalten

_____ T definiert auf der Verhaltensebene, was K genau tut, um die Therapie zu gefährden.

_____ T führt eine kurze Analyse des destruktiven Verhaltens durch.

_____ T verweist K für eine tiefgehende Verhaltensanalyse des destruktiven Verhaltens an ihre Einzeltherapeutin.

_____ T verdeutlicht die Kontingenzen bei fortgesetztem destruktive Verhalten.

_____ T erarbeitet mit K einen Plan zur Problemlösung.

_____ Wenn K sich weigert, das Verhalten zu ändern:

  __ T bespricht mit K die Therapieziele.

  __ T vermeidet überflüssige Machtkämpfe.

  __ T erwägt eine Unterbrechung der Therapie bis das Verhalten unter Kontrolle ist.

Strategien für die Gestaltung der therapeutischen Beziehung

Akzeptanz der Beziehung

Akzeptanz der Beziehung heißt in der Trainingsgruppe, daß die Leiterinnen die Teilnehmerinnen in verschiedenen Bereichen akzeptieren und ihnen dies vermitteln. Als erstes muß, wie in Einzeltherapie auch, der klinische Fortschritt jeder einzelnen Klientin so wie er ist akzeptiert werden. Des weiteren müssen die Beziehungen zwischen Leiterinnen und Teilnehmerinnen, der einzelnen Teilnehmerinnen untereinander, der Leiterinnen untereinander und zwischen der Gruppe als Ganzes und den Leiterinnen angenommen werden. Die Komplexität der Situation kann das Annehmen erschweren, da sie schnell als überwältigend empfunden wird; Rigidität und mangelnde Akzeptanz sind dann gewöhnlich die Folge. Es ist wichtig, nicht zu versuchen, Konflikte und schmerzhafte Gefühle in der Gruppe zuzudecken oder schnell abzubiegen. Viele Borderline-Klientinnen haben enorme Schwierigkeiten mit dem Training. Einige nehmen nur teil, weil es verlangt wird; sie fühlen sich unwohl und sind nicht in der Lage, sich in dieser Situation angemessen zu verhalten. Anderen erscheinen die Fertigkeiten unwichtig, kindisch oder dumm. Wieder andere lassen sich schnell durch erfolglose Versuche, die Fertigkeiten zu lernen, demoralisieren.

Das Gruppentraining mit Borderline-Klientinnen besitzt für die Leiterinnen keine der natürlichen Verstärker, die die meisten anderen Gruppen bieten. Sie werden mit tödlichem Schweigen, Noncompliance, inadäquaten und manchmal extremen Reaktionen auf die leiseste Abweichung von maximaler Sensibilität konfrontiert. Sie stehen einer unkommunikativen, feindseligen, nichtunterstützenden und wenig wünschenswerten Atmosphäre gegenüber. Es gibt sehr viele Möglichkeiten, bei der Leitung einer solchen Gruppe Fehler zu machen. Die Leiterinnen können nicht nur davon ausgehen, daß sie selbst viele Fehler machen, sondern auch, daß sie bei anderen Leiterinnen ebenfalls viele Fehler feststellen werden. Um auf eine nichtdestruktive Weise mit Fehlern umgehen zu können, ist das Annehmen der Realität von wesentlicher Bedeutung.

Wenn Teilnehmerinnen angegriffen oder bedroht werden, ist dies fast immer die Folge mangelnder Akzeptanz der Beziehung. Akzeptanz bedeutet eine nichtwertende Haltung, die alle Probleme als Teil des therapeutischen Prozesses betrachtet, sozusagen „Wasser auf die Mühlen geben". Die Leiterinnen müssen sich einfach vor Augen halten, daß die meisten problematischen Reaktionen von seiten der Gruppe Folge von borderlinetypischen Reaktionsmustern sind. Mit anderen Worten: Würden die Klientinnen nicht Probleme auf den Tisch bringen, die die Leiterinnen „verrückt machen", so hätten sie auch kein Fertigkeitentraining nötig. Wenn die Leiterinnen dies nicht erkennen, werden sie wahrscheinlich zunehmend mit Zurückweisung und Beschuldigung reagieren. Diese Verhaltensweisen werden unter Umständen zu subtil gezeigt, um als solche wahrgenommen zu werden, sie haben aber nichtsdestoweniger einen iatrogenen Effekt. Ist eine akzeptierende, „leichte" Haltung nicht von vornherein vorhanden, dann muß sie im Verlauf der Zeit entwickelt und gefördert werden.

Stärkung der Beziehung

Strategien zur Stärkung der Beziehung (in Kapitel 14 des Handbuches in Zusammenhang mit den Vertragsstrategien kurz dargestellt) beziehen sich auf Verhaltensweisen der Therapeutin, die den therapeutischen Wert der Beziehung verbessern. Es geht um Verhaltensweisen, die die Beziehung zu mehr als nur einer hilfreichen Freundschaft machen. Eine positive, kooperative interpersonelle Beziehung ist im Fertigkeitentraining ebenso wichtig wie in der Einzeltherapie. Die Entwicklung einer solchen Beziehung ist aber im Gruppentraining eine beträchtlich komplexere Aufgabe, weil eine größere Anzahl von Personen daran beteiligt ist. Für die Gruppenleiterinnen stellt sich die Frage, wie sie diese Beziehung sowohl zwischen Teilnehmerinnen und Leiterinnen als auch zwischen den Teilnehmerinnen untereinander herstellen können.

Alle DBT-Strategien verfolgen auf die eine oder andere Weise den Zweck, die kooperative Arbeitsbeziehung zu verbessern. Die hier dargestellten Strategien dienen in erster Linie dazu, Expertentum, Kompetenz und Glaubwürdigkeit der Leiterinnen zu vermitteln. Den Teilnehmerinnen soll gezeigt werden, daß die Leiterinnen wirklich wissen, was sie tun, und daß sie den Teilnehmerinnen etwas anbieten, das wahrscheinlich hilfreich sein wird. Diese Aufgabe ist nicht einfach. Sie wird noch durch die Tatsache erschwert, daß Teilnehmerinnen sich häufig über das Mißlingen früherer Einzel- oder Gruppentherapien austauschen und die Hoffnungslosigkeit ihrer Situation und die Unzulänglichkeit aller Hilfsangebote betonen. Gruppenteilnehmerinnen schildern ihre Probleme oft wie Goliath, wobei die Behandlung den David darstellt, ohne aber die Geschichte wie im Alten Testament zu Ende zu führen. Dies muß dann von den Leiterinnen übernommen werden.

Expertentum, Glaubwürdigkeit und Kompetenz können auf verschiedene Weise vermittelt werden. Ordentlichkeit, Professionalität, Interesse, Wohlbefinden, Selbstvertrauen, Sprachstil und Art der Vorbereitung der Sitzungen spielen eine ebenso große Rolle wie in der Einzeltherapie. Bei der Durchführung von Gruppentherapien ist es besonders wichtig, den Raum vorzubereiten, bevor die Teilnehmerinnen eintreffen: Materialien sollten verteilt, die Stühle an ihrem Platz und die Getränke vorbereitet sein. Bei der Glaubwürdigkeit bzw. mangelnden Glaubwürdigkeit ist nach meiner Erfahrung ein wichtiger Faktor, daß die Klientinnen einfach nicht glauben, daß das Erlernen der Fertigkeiten auch tatsächlich hilfreich sein wird. Dies beeinträchtigt jede Motivation zum Erwerb der Fertigkeiten. Diese Haltung läßt sich kaum verändern, bevor die Klientinnen nicht einige Fertigkeiten erlernt und deren Nutzen erfahren haben. Hier besteht ein Teufelskreis.

Die Leiterinnen müssen einen Weg finden, diesen Teufelskreis zu durchbrechen, wenn es zu einem Fortschritt kommen soll. Am hilfreichsten ist es hierbei, den Teilnehmerinnen zu erzählen, daß der eigenen Erfahrung nach die Fertigkeiten anderen Menschen in verschiedenen Situationen geholfen haben. Das kann man natürlich nur sagen, wenn man diese Erfahrung auch tatsächlich gemacht hat; Leiterinnen, die das Training zum erstenmal leiten, müssen sich auf die Erfahrungen Dritter verlassen. (Sie können sich auch auf unsere Untersuchungsergebnisse beziehen). Die Trainerinnen können auch über ihre eigenen Erfahrungen mit den Fertigkeiten berichten. Für manche Klientinnen ist das Wissen, daß Leiterinnen die Fertigkeiten für sich selbst hilfreich gefunden haben, der größte Anreiz, sie zu erlernen.

Die Glaubwürdigkeit wird beeinträchtigt, wenn Leiterinnen versprechen, daß eine bestimmte Fertigkeit ein bestimmtes Problem tatsächlich lösen wird.

Eigentlich kann man nur folgendes sagen: Einige Fertigkeiten sind für manche Leute in einigen Situation wirksam. Ich habe nie eine Klientin kennengelernt, die nicht von einigen Fertigkeiten profitieren konnte, aber niemand profitiert von allen. Diese Information zu geben, ist ganz entscheidend; sonst ist die Glaubwürdigkeit der Leiterinnen sofort in Frage gestellt.

Ein anderer wichtiger Aspekt ist Vertrauen bzw. Vertrauenswürdigkeit. Die Abwesenheit einer Teilnehmerin ist eine gute Gelegenheit, Vertrauenswürdigkeit zu demonstrieren und so das Vertrauen in die Leiterinnen zu stärken. Generell sollte über eine nicht anwesende Teilnehmerin nichts besprochen werden, was nicht unbedingt notwendig ist. Aus der Art, wie in der Sitzung über eine abwesende Teilnehmerin gesprochen wird, können die anderen Teilnehmerinnen schließen, wie mit ihnen umgegangen wird, wenn sie selbst nicht anwesend sind. Die Gruppenteilnehmerinnen sollten grundsätzlich vor negativen Beurteilungen geschützt werden. Wenn zum Beispiel eine Klientin „explodiert" und die Sitzung verläßt, sollten die Leiterinnen darauf mit einfühlenden Erklärungen ihres Verhaltens anstatt mit Kritik und Bewertungen reagieren.

Dieselbe Strategie kann natürlich auch benutzt werden, wenn alle Teilnehmerinnen anwesend sind. Es geschieht nicht selten, daß eine Teilnehmerin sich auf eine Weise verhält, von der die Leiterinnen wissen, daß dies vermutlich negative Beurteilungen von den anderen Teilnehmerinnen zur Folge haben wird. Es kommt auch vor, daß die Teilnehmerinnen sich gegenseitig kritisieren. Aufgabe der Leiterinnen ist es dann, die Angegriffenen und Verurteilten zu schützen. Dies ist sehr wichtig, vor allem im ersten Jahr des Trainings. Das Vorgehen bietet den Teilnehmerinnen nicht nur ein Modell für nichtbewertendes Wahrnehmen und Beschreiben von problematischem Verhalten, sondern vermittelt auch allen Teilnehmerinnen, daß sie bei Angriffen ebenso geschützt werden.

Der beste Weg, um Expertentum und Glaubwürdigkeit auszustrahlen, ist natürlich, einer Klientin auch tatsächlich zu helfen. Daher müssen die Leiterinnen über Fertigkeiten nachdenken, die bei einer bestimmten Teilnehmerin sehr wahrscheinlich erfolgreich sein werden. Eine erfolgreich eingesetzte Fertigkeit sollte herausgestellt werden, damit die Teilnehmerinnen den Erfolg und die Vorteile auch wirklich sehen. Vertrauen und Vertrauenswürdigkeit werden im Gruppentraining dadurch erschwert, daß es zwei Therapeutinnen gibt. In meiner Klinik ist die Co-Therapeutin im allgemeinen noch in der Ausbildung und hat daher nicht die Erfahrung und das Wissen der Haupttherapeutin. Dabei ist es sehr wichtig, daß die Haupttherapeutin nicht die Vertrauenswürdigkeit und Kompetenz der Co-Therapeutin untergräbt. Es ist notwendig, daß unerfahrene Therapeutinnen eine innere Ruhe, ein „emotionales Zentrum" in sich finden und aus diesem heraus handeln. Diese Zentrierung und Ausrichtung ist das Entscheidende - und nicht so sehr die Beherrschung bestimmter therapeutischer Techniken. Haupttherapeutin und Co-Therapeutin müssen nicht unbedingt über die gleichen Fertigkeiten verfügen oder Kompetenz in den gleichen Bereichen zeigen. Entscheidend ist vielmehr eine dialektische Sichtweise.

Problemlösung in der Beziehung

Problemlösung in der Beziehung meint die Anwendung allgemeiner Problemlösestrategien im Hinblick auf die therapeutische Beziehung. Im Einzeltraining ist das die Beziehung zwischen Trainerin und Klientin. Im Gruppentraining sind es hingegen mindestens vier Arten von Beziehungen, die eine Problemlösung erforderlich machen können: Teilnehmerin und Trainerin, Gruppe und Trainerin, Teilnehmerin und Teilnehmerin sowie Trainerin und Trainerin. Es sind nicht nur mehr Beziehungen, die berücksichtigt werden müssen, es kommen auch noch mehr Themen ins Spiel. Besonders wichtig ist, daß die Beziehungen quasi öffentlich sind. Borderline-Klientinnen reagieren äußerst sensibel auf öffentliche Zurückweisung oder Kritik. Sie erleben dann womöglich so überwältigende und intensive Schamgefühle, daß jede Möglichkeit zu einer adäquaten Problemlösung verloren geht. Deshalb müssen die Leiterinnen im ersten Jahr der Fertigkeitengruppe entsprechend sensibel mit Beziehungsproblemen umgehen. Die für Prozeß-Therapiegruppen typischen Problemlösungen sind am Anfang einfach nicht möglich. Daher muß dies häufig - einzeln und außerhalb der Gruppensitzungen durchgeführt werden. Ansonsten könnten Probleme unaufgelöst bleiben und so eskalieren, daß es für Teilnehmerinnen unmöglich erscheint, mit der Gruppe weiterzumachen.

Teilnehmerin und Gruppenleiterin. Es ist für eine Borderline-Klientin äußerst wichtig, zu mindestens einer Leiterin eine tragfähige Beziehung zu haben, um mit dem Training fortfahren zu können. Ohne eine solche Bindung werden die Schwierigkeiten, Sorgen und Traumata, die im Training oft auftreten, die Klientin überwältigen, und sie wird eventuell die Therapie abbrechen. Diese individuelle Beziehung, die sich von der Beziehung zur Gruppe als Ganzes unterscheidet, wird gestützt, wenn den Teilnehmerinnen vor und nach den Sitzungen sowie in den Pausen individuell Aufmerksamkeit gewidmet wird.

Wenn während des ersten Jahres Schwierigkeiten mit einer Leiterin auftreten, müssen sie fast immer außerhalb der Gruppentreffen bearbeitet werden. Je nach Schwere des Problems kann dies am Telefon oder auch in einer Einzelsitzung vor oder nach der Gruppensitzung geschehen. Wenn möglich, sollte dieses Treffen zeitlich nah an die Gruppensitzung gelegt werden, so daß es nicht den Charakter einer Einzeltherapie bekommt. Am besten wird das Treffen auch in einer Ecke des Gruppentherapieraums abgehalten. Der Fokus sollte auf die Probleme der Teilnehmerin mit der Gruppe oder der Leiterin gerichtet bleiben. In diesen Einzeltreffen werden dieselben Strategien zur Problemlösung in Beziehungen eingesetzt wie in der Einzeltherapie.

Als ersten Schritt sollte die Leiterin die Teilnehmerin dabei unterstützen, genau zu beobachten und zu beschreiben, worin das Problem besteht, und mit wem sie es hat. Manchmal besteht ein Problem mit einer der Leiterinnen. Der öffentliche Charakter der Gruppensitzungen verstärkt die Sensibilität gegenüber leisesten Zurückweisungen oder unsensiblen Kommentaren seitens der Leiterinnen. Bemerkungen, die in der Einzeltherapie eventuell ohne Folgen bleiben, können im Gruppensetting zu großen Schwierigkeiten führen. Wenn also das Problem im Verhalten einer Leiterin besteht, sollte die Problemlösung darauf konzentriert werden.

Manchmal besteht das Problem jedoch nicht im Verhalten der Leiterinnen, sondern eher mit der Teilnahme und Arbeit in der Gruppe an sich. Obwohl diese Probleme im allgemeinen in der DBT-Einzeltherapie bearbeitet werden (die Haupttherapeutin steht der Klientin bei allen therapiebeeinträchtigenden Verhaltensweisen zur Seite, auch bei solchen, die in Zusatz- oder Nebenbehandlungen auftreten), kann die Klientin auch von der individuellen Aufmerksamkeit der Gruppenleiterinnen profitieren. Bei diesen Treffen können Strategien erarbeitet werden, wie der Streß einzelner Teilnehmerinnen reduziert werden kann. Wir hatten zum Beispiel einige Klientinnen, die keine ganze Gruppensitzung durchhalten konnten, ohne aggressiv zu werden oder eine Panikattacke zu bekommen. Für diese wurde der Plan entwickelt, daß sie die Sitzung für einige Augenblikke verlassen, wenn sie merken, daß sie ihr Verhalten nicht mehr kontrollieren können. Derselbe Plan hätte auch von der Einzeltherapeutin entwickelt werden können.

Sorgfältige Aufmerksamkeit muß dem Shaping entgegengebracht werden. Borderline-Klientinnen neigen zu indirekter Kommunikation, was von ihren Therapeutinnen manchmal „Gedankenlesen" erfordert. In welchem Ausmaß sollten Trainerinnen versuchen, „Gedanken zu lesen", und wie weit sollte auf eine Teilnehmerin zugegangen werden, die sich zurückgezogen hat? Wie bei der Einzeltherapie auch ist das Ziel, die Klientin bis an ihre Grenzen zu fordern (und wenn möglich, noch leicht darüber hinaus), aber auch nicht soviel zu fordern, daß sie eine Niederlage erleben wird. Zu Beginn des Jahres werden die Leiterinnen oft Teilnehmerinnen anrufen müssen, wenn diese Sitzungen versäumen oder sie überstürzt verlassen.

Wichtig ist aber, dieses Verhalten nicht so konstant zu zeigen, daß die Klientin es schon erwartet und darauf zählt und niedergeschlagen ist, wenn man nicht auf sie zugeht oder sie anruft. Der beste Ansatz für Leiterinnen ist hier, direkt mitzuteilen, was sie tun werden und was sie nicht tun werden. Wie bereits früher in diesem Kapitel beschrieben, sieht das Konzept der DBT vor, daß man auf die Klientinnen zugeht und sie anruft, wenn die Anrufe kein maladaptives Verhalten verstärken, aber davon absieht, wenn maladaptives Verhalten dadurch verstärkt würde. Diese Einschätzung ist offensichtlich schwierig - vor allem zu Beginn des Fertigkeitentrainings, wenn die Leiterinnen noch wenig über die Fähigkeiten der einzelnen Teilnehmerinnen wissen, in diesem Fall muß das Vorgehen transparent gemacht werden. Es ist grundsätzlich wichtig, nicht davon auszugehen, daß ein bestimmtes Verhalten der Leiterinnen auch tatsächlich verstärkend wirkt. Das genaue Beobachten der Konsequenzen von verschiedenen therapeutischen Interventionen ist unabdingbar.

Im allgemeinen ist unsere Taktik wie folgt: Kommt eine Teilnehmerin nicht zum Gruppentraining, wird sie sofort von einer der Leiterinnen angerufen und gedrängt, alles stehen und liegen zu lassen und sofort zur Gruppe zu kommen. Der Anruf soll der Klientin die Möglichkeit nehmen, eine Gruppensitzung zu vermeiden. Die meisten Borderline-Klientinnen glauben, daß sie sich, wenn sie nicht zur Gruppensitzung kommen, auch nicht mit den Gruppenthemen auseinandersetzen müssen. Wird die Klientin unmittelbar angerufen, verhindert dies das Vermeiden. Das Telefongespräch sollte sich strikt darauf beschränken, zu besprechen, wie die Klientin noch an der Sitzung teilnehmen kann, selbst wenn sie erst in der letzten halben Stunde eintrifft. (Es ist auch schon vorgekommen, daß wir angeboten haben, eine Leiterin vorbeizuschicken, um die Klientin abzuholen, wenn sie keine andere Fahrgelegenheit hatte.) Der Telefonanruf in dieser Situation verhindert eher die Verstärkung des Vermeidendungsverhaltens, statt es zu verstärken.

Wenn die Leiterin hingegen ein paar Tage mit ihrem Anruf wartet oder wenn der Anruf sich mit den Problemen der Klientin beschäftigt, kann sie durchaus die Tendenz der Klientin verstärken, sich zurückzuziehen, statt sich mit den Problemen auseinanderzusetzen. Dann führt der Rückzug zu einem Entgegenkommen der Leiterin, zu einer positiven Interaktion und manchmal auch zu einem positiven Ergebnis. Das dialektische Dilemma besteht darin, entscheiden zu müssen, ob die Verstärkung des Rückzugs vermieden werden soll oder ob der Patientin ein Wegbleiben erlaubt wird. Eine Leiterin muß sich einfach vor Augen halten, daß viele Borderline-Klientinnen nicht in der Lage sind, Probleme selbständig zu lösen. Im Interesse des Shaping sollte die Leiterin daher anrufen, Problemlösung durchführen und dann betonen, daß eine direkte Besprechung des Problems zu seiner Auflösung führt. Ist dies erst einmal stabilisiert, kann die Leiterin schrittweise den Grad des Entgegenkommens verringern, während sie gleichzeitig der Klientin mitteilt, daß von ihr erwartet wird, ihrerseits mehr auf die Therapeutin und die Gruppe zuzugehen. In einem Bild ausgedrückt: Am Anfang bewegt sich allein die Therapeutin und begibt sich auf der Wippe auf die Seite der Klientin. Dann aber muß sie die Klientin bei der Hand nehmen und sie zurück zur Mitte der Wippe ziehen. Ohne diese Bewegung zurück würde das Problem, das durch das Entgegenkommen ja gelöst werden soll, womöglich erst recht noch verschlimmert.

Während der ersten sechs Monate sollten die Leiterinnen damit rechnen, beträchtliche Zeit aufwenden zu müssen für das Bearbeiten von Krisen in Zusammenhang mit dem Fertigkeitentraining. Es ist entscheidend, die Interventionen auf die Beziehungen der Klientin zur Gruppe als Ganzes oder zu den Gruppenleiterinnen zu beschränken. In anderen Krisensituationen sollten die Trainerinnen die Teilnehmerinnen anweisen, ihre Einzeltherapeutin anzurufen. Hat eine Leiterin den Verdacht, daß Telefonanrufe die Probleme der Klientin eventuell verstärken, sollten die Konsequenzen der Anrufe genau beobachtet und diese Möglichkeit offen mit der Klientin besprochen werden als ein weiteres zu lösendes Problem.

Da es im Gruppentraining zwei Leiterinnen gibt, sollte jede sorgfältig darauf achten, sich an den Ansatz zur der Beratung der Klientin zu halten. Das heißt, eine Leiterin sollte nicht als Vermittlerin zwischen einer Klientin und der anderen Leiterin fungieren. Sie kann allerdings gemeinsam mit der Klientin herausarbeiten, wie das Problem mit der anderen Leiterin gelöst werden könnte. Meiner Erfahrung nach passiert es nur selten, daß eine Teilnehmerin mit beiden Gruppenleiterinnen zur gleichen Zeit ernsthafte Probleme hat. Wenn dies geschieht, muß die DBT-Einzeltherapeutin die Beraterin der Klientin sein.

Der wichtigste Aspekt ist, daß Schwierigkeiten in der Beziehung von Teilnehmerinnen und Leiterinnen nicht ignoriert werden dürfen. Sind diese Probleme ernsthaft, und bestehen sie über einen längeren Zeitraum, können sie normalerweise nicht während der Gruppensitzungen gelöst werden. Dieser Punkt ist in der Tat einer der größten Unterschiede zwischen unseren Prozeßgruppen im zweiten und dritten Jahr und den Fertigkeitengruppen im ersten Jahr. Ziel der Prozeßgruppen im zweiten und dritten Jahr ist, daß die Klientinnen die Fähigkeit entwickeln, während der Gruppensitzungen Beziehungsschwierigkeiten zu lösen. Die Trainerinnen sollten damit rechnen, während der ersten Monate der Therapie beträchtliche Zeit für individuelle Interaktionen mit Teilnehmerinnen vor und nach den Sitzungen und während der Pausen aufwenden zu müssen. Wenn ein Gleichgewicht gefunden werden kann zwischen dem Zugehen auf eine Teilnehmerin und dem gleichzeitigen Näherheranziehen, können meiner Erfahrung nach die meisten Probleme gelöst werden. Das Ignorieren von Problemen läßt die Probleme so gut wie nie einfach verschwinden.

Das Problem, das am schwersten zu handhaben und am leichtesten zu übersehen ist, besteht darin, daß eine Gruppenteilnehmerin zu jeder Sitzung kommt und die gesamte Sitzung über dableibt, aber entweder auf feindselige Weise interagiert oder sich zurückzieht. Einmal hatte ich eine Teilnehmerin, die bei den meisten Sitzungen einschlief. Ich hatte den Impuls, mich im Gegenzug ebenso von ihr zurückzuziehen. Zieht sich aber eine Leiterin von einer Teilnehmerin zurück, ist zu erwarten, daß diese sich noch weiter zurückzieht und eventuell die Therapie abbricht. Solche Themen in Gruppensitzungen direkt anzusprechen, kann sehr bedrohlich sein; daher ist es im ersten Jahr nicht zu empfehlen, zumindest nicht als erster Schritt. Da die Teilnehmerin nicht direkt ein Problem formuliert und nicht um Aufmerksamkeit bittet, liegt es in der Verantwortung der Leiterinnen, auf sie zuzugehen und vor oder nach der Sitzung oder während der Pause mit ihr darüber zu sprechen.

Werden solche Schritte nicht unternommen, so ist das gewöhnlich ein Zeichen, daß die Leiterin frustriert und vielleicht auch nicht wirklich motiviert ist, die Teilnehmerin in der Gruppe zu halten. In diesen Fällen ist die zweite Leiterin von enormer Bedeutung. Sie kann ermutigen, sich damit auseinanderzusetzen.

Gruppe und Gruppenleiterinnen. Verhält sich die gesamte Gruppe gegenüber den Gruppenleiterinnen auf eine Weise, die die Therapie beeinträchtigt, kann das Problem natürlich nicht individuell angegangen werden; es ist ein Problem der Gruppe. Wann sollte dieses Problem direkt angesprochen werden, und wann sollte es ignoriert werden? Ersteres führt oft zu einem „Eigentor". Wenn Klientinnen einmal angefangen haben, sich zurückzuziehen oder sich aggressiv zu verhalten, sind sie oft nicht in der Lage, damit aufzuhören, um das Problem zu bearbeiten. Jeder Versuch der Leiterinnen, das Problem anzusprechen, wird als weitere Kritik oder als das Aufbauen eines weiteren Konfliktes angesehen, und die Gruppe zieht sich nur um so mehr zurück.

Gewöhnlich ist es besser, den Rückzug oder die Feindseligkeit der Gruppe zu ignorieren oder diese kurz anzusprechen, ohne jedoch das Thema zu forcieren, und dann den Rückzug einzelner Gruppenteilnehmerinnen anzusprechen. Dabei ist es wichtig, daß die Leiterinnen fähig sind, durch Schmeicheln, Ablenken etc. auf eine eher indirekte Weise auf das Problem zu reagieren. Wenn die Leiterinnen mit Feindseligkeit, Kälte und Rückzug reagieren, wird das Problem noch weiter verschlimmert.

Das ist vielleicht eine der schwierigsten Situationen, mit

der Trainerinnen konfrontiert werden. Unglücklicherweise ist es auch eine sehr häufige Situation in den ersten Monaten des Gruppentrainings. Man kann sie mit dem Laufen durch Treibsand vergleichen - mit aller Kraft einen Fuß herausziehen und ihn wieder vor den anderen setzen. Obwohl es erschöpfend und frustrierend ist, so vermittelt doch die Weigerung der Leiterinnen, aufzugeben oder sich zu Feindseligkeit und offener Frustration hinreißen zu lassen, den Klientinnen auch deutlich, daß die Gruppe weiterhin Fort- schritte machen wird und es weitergeht, egal wie die Teilnehmerinnen sich verhalten. Auf der anderen Seite haben die Leiterinnen nur wenig Handlungsmöglichkeiten, wenn die Teilnehmerinnen sich zurückziehen und nicht sprechen. In diesen Situationen ist es hilfreich, wenn man die Gedanken der Klientinnen erraten kann. Manchmal ist es auch nützlich, wenn die Leiterinnen einen Dialog miteinander führen, um das Problem herauszuarbeiten. Wenngleich die Teilnehmerinnen mit der Zeit die Fähigkeit entwickeln sollten, Pattsituationen mit den Gruppenleiterinnen durch Problemlösung aufzulösen, ist zu Beginn zumeist noch kein Fortschritt sichtbar. In diesen Situationen dürfen die Leiterinnen auf keinen Fall ihren Verurteilungen und feindseligen Interpretationen freien Lauf lassen. Mitgefühl und Empathie sind entscheidend.

Teilnehmerin und Teilnehmerin. Konflikte zwischen einzelnen Teilnehmerinnen kommen in Fertigkeitentrainingsgruppen recht häufig vor. Meiner Erfahrung nach endet es fast immer in einem Fiasko, wenn die Klientinnen ermutigt werden, ihre Probleme miteinander offen in der Gruppe zu diskutieren. Denn Borderline-Klientinnen können, zumindest in ihren schwierigsten Zeiten, in einer Gruppe einfach keine Kritik ertragen. Daher müssen Probleme zwischen Teilnehmerinnen so lange privat ausgetragen werden, bis die Fähigkeiten zur Problemlösung in der Gruppe verbessert sind. Wenn eine Teilnehmerin von einer anderen Teilnehmerin angegriffen wurde, sollten die Leiterinnen im Einzelgespräch (vor oder nach einer Sitzung oder während einer Pause) versuchen, sie zu beschwichtigen und das Verhalten der anderen auf verständnisvolle Weise zu erklären. Wenn Kritik oder Konflikte zwischen Teilnehmerinnen während der Sitzung auftreten, ist es am günstigsten, wenn die Leiterin als dritte Partei fungiert. Statt vorzuschlagen, daß die Teilnehmerinnen miteinander über ihren Konflikt oder ihre verletzten Gefühle sprechen, sollte sie die angreifende Person vor den anderen verteidigen und gleichzeitig Mitgefühl für die angegriffene Teilnehmerin zeigen.

Wenn der Konflikt um allgemeine Belange geht, kann die Problemlösung in der Gruppe stattfinden. In einer unserer Trainingsgruppen zum Beispiel trat ein Konflikt auf zwischen einer Teilnehmerin, die geschlossene Fenstervorhänge wünschte und einer Teilnehmerin, die das Bedürfnis hatte, daß sie offen bleiben. Bei solchen Konflikten sollten die Leiterinnen eine Vermittlerrolle spielen, sie können aber auch durchaus in der Gruppe diskutiert werden. Im Laufe des Jahres werden viele solcher Konflikte auftreten. Die Rolle der Leiterinnen ist dabei in etwa so wie die von Eltern oder Lehrerinnen bei einer Gruppe von Problemkindern. Die Empfindlichkeiten jeder einzelnen Teilnehmerin müssen respektiert werden; manchmal müssen Leiterinnen auch der Tendenz widerstehen, eine Teilnehmerin für das Wohl der Gruppe zu opfern.

Leiterin und Leiterin. Der Konflikt, der im DBT-Fertigkeitentraining vielleicht am meisten Schaden anrichtet, ist der zwischen den beiden Gruppenleiterinnen. Eine gute Zusammenarbeit wird dann erschwert, wenn unterschiedliche theoretische Standpunkte und verschiedene Ansichten über die Durchführung von Psychotherapiegruppen bestehen, oder wenn eine andere als die vereinbarte Rolle im Fertigkeitentraining gewünscht wird. Diese potentiellen Streitpunkte müssen außerhalb der Trainingssitzungen, am besten vor der ersten Sitzung, gelöst werden. Treten Konflikte in einer Sitzung auf, wird üblicherweise so vorgegangen, daß die Co-Leiterin sich während der Sitzung der Haupttherapeutin anpaßt und die eigenen Argumente erst nach der Sitzung vorbringt.

Schwierig wird es, wenn die Co-Leiterin einen besseren Zugang zu den Teilnehmerinnen und dem sich entwickelnden Gruppenprozeß hat als die Haupttherapeutin. In dieser Situation kann das Supervisions-/Konsultationsteam von großer Hilfe sein. Egal wie unterschiedlich groß die Erfahrung der Leiterinnen auch jeweils sein mag - sie sollten es unbedingt vermeiden, in die Falle des „richtig“ oder „falsch“ gehen. Diese Denkweise steht nicht nur dem dialektischen Ansatz entgegen, sondern sie ist auch nur selten hilfreich bei der Lösung von Konflikten. Eine verwandte Situation tritt auf, wenn die Klientinnen sich bei einer Leiterin über die andere, gerade nicht anwesende beschweren. Wie sollte die anwesende Leiterin reagieren? Das wichtigste ist, keine Spaltung auftreten zu lassen. Es sollte die gleiche Strategie wie bei Abwesenheit einer Teilnehmerin angewendet werden. Die anwesende Leiterin sollte über die abwesende Person in einer Weise sprechen, die Sympathie ausdrückt, und gleichzeitig die Belange der Teilnehmerinnen validieren. Das ist eine Gratwanderung, aber nichtsdestoweniger von großer Bedeutung.

Generalisierung zwischenmenschlichen Verhaltens

Im DBT-Training werden dazu die gleichen Prinzipien angewendet wie in der DBT-Einzeltherapie. Die Leiterinnen müssen darauf achten, ob interpersonelle Beziehungen innerhalb der Gruppe Ähnlichkeit mit Beziehungsproblemen besitzen, die die Teilnehmerinnen außerhalb der Gruppe haben. Im Gruppentraining tauchen im allgemeinen eine Reihe von typischen Problemen auf. Die große Empfindlichkeit von Borderline-Klientinnen und das schnelle Auftreten extremer Schamgefühle führen fast immer zu Problemen; durch den öffentlichen Charakter des Gruppensettings werden diese Probleme noch verschlimmert. Zudem erinnert das Gruppensetting an familiäre Interaktionen. Schwierigkeiten, die einzelne Klientinnen mit ihrer Familie haben, zeigen sich mit großer Wahrscheinlichkeit auch in der Gruppe. Viele haben

Schwierigkeiten im Umgang mit Autoritätspersonen, insbesondere wenn diese ihnen sagen, was sie tun sollen. Deshalb werden immer zumindest einige der Klientinnen Probleme mit den Hausaufgaben haben. Andere Schwierigkeiten treten auf, wenn es darum geht, Fortschritte zuzugeben. Die Probleme von Borderline-Klientinnen hinsichtlich Kompetenz und dem Zeigen von Kompetenz sind ausführlich in Kapitel 3 und 10 des Handbuches beschrieben.

Die Unfähigkeit vieler Borderline-Klientinnen, persönliche Probleme beiseite zu schieben und sich mit den Inhalten des Fertigkeitentrainings zu befassen, hat Ähnlichkeit mit ihren Schwierigkeiten bei der Arbeit oder in der Schule. Bezeichnend für ihre Probleme im Selbstmanagement ist, daß sie das Üben der Fertigkeiten vergessen oder nicht üben können, obwohl sie sich durchaus daran erinnern, und sich dann anschließend dafür selbst bestrafen oder verurteilen. Ihre Tendenz, sich bei Konflikten in Gruppensitzungen emotional zurückzuziehen und zu schweigen, ist typisch für ihre Schwierigkeiten, außerhalb der Gruppe mit Konflikten umzugehen. Eine oft nicht erwähnte, aber ganz wichtige Schwierigkeit der Klientinnen ist ihre Unfähigkeit, sich emotional von dem Leiden anderer Teilnehmerinnen abzugrenzen. Die daraus folgende Exazerbation ihrer eigenen schmerzhaften Gefühle kann zu Panikattacken, feindseligem Verhalten oder auch totalem emotionalem Rückzug führen. Wie bereits aus dieser unvollständigen Aufzählung ersichtlich wird, ist zu erwarten, daß im Fertigkeitentraining viele der Alltagsprobleme von Borderline-Klientinnen auftauchen.

Die Anwendung der Strategien zur Generalisierung zwischenmenschlichen Verhaltens ist im Gruppentraining häufig mit einer Reihe von Schwierigkeiten verbunden. Der Grundgedanke dieser Strategien ist, den Teilnehmerinnen zu verdeutlichen, wie sich ihre Alltagsprobleme in der Trainingsgruppe zeigen, ohne dabei gleichzeitig ihre realen Probleme mit der Gruppe oder bestimmten Teilnehmerinnen zu invalidieren. Dabei ist es allerdings ganz wesentlich, nicht alle innerhalb der Therapie auftretenden Schwierigkeiten der individuellen Problematik einer Klientin zuzuschreiben. Als mögliche Ursachen müssen ebenso der Aufbau und die Durchführung des Trainings wie auch die Anwendung bestimmter Techniken seitens der Leiterinnen in Betracht gezogen werden.

Da Borderline-Klientinnen negatives Feedback oder indirekte Kritik nur schwer annehmen können, müssen die Leiterinnen beim Einsatz der Strategien zur Generalisierung zwischenmenschlichen Verhaltens extrem sensibel vorgehen. Meiner Erfahrung nach ist der günstige Weg hierbei, ein individuelles Problem als ein universales Problem darzustellen und auch als ein solches zu diskutieren. Eine kluge Klientin merkt dann vielleicht, daß eigentlich sie gemeint ist, empfindet dies so aber nicht als eine öffentliche Demütigung.

Im ersten Schritt wird das konkrete Beziehungsproblem innerhalb der Sitzung auf generelle Probleme inner- und außerhalb der Fertigkeitengruppe bezogen, die bearbeitet werden müssen. Allein die Herstellung einer solchen Verbindung (eine Interpretationsstrategie; siehe Kapitel 9 des Handbuches) kann manchmal schon therapeutisch wirken. Der nächste Schritt ist die Anwendung von Problemlösestrategien, um alternative Verhaltensweisen zu entwickeln. Bei der Generalisierung von Beziehungsaspekten, sowohl im Fertigkeitentraining als auch in der Psychotherapie, ist entscheidend, die Generalisierung konkret zu planen anstatt einfach davon auszugehen, daß sie sich ereignen wird. Die Planung wird zum Teil gemeinsam mit den Teilnehmerinnen durchgeführt. Dazu gehört auch die gemeinsame Aufstellung von entsprechenden Hausaufgaben, die den Klientinnen Gelegenheit geben, die Anwendung der neuen Fertigkeiten in Alltagssituationen zu üben. Da dies ohnehin auch die zentrale Idee des Fertigkeitentrainings und der Hausaufgaben ist, ist die Generalisierung interpersonellen Verhaltens sehr gut mit dem DBT-Training vereinbar.

Im folgenden Kapitel wird ein Überblick über die vier Module des Fertigkeitentrainings gegeben. In den anschließenden Kapiteln 7 bis 10 werden jeweils die einzelnen Module ausführlich dargestellt. Die Arbeitsblätter und Hausaufgabenblätter zu den verschiedenen Modulen, die an die Klientinnen ausgeteilt werden, befinden sich zusammen am Ende des Buches (um das Fotokopieren zu erleichtern).

6

Überblick über den Aufbau der Sitzungen

Im Fertigkeitentraining sollten die Inhalte in einem Tempo vermittelt werden, daß sie für alle Klientinnen verständlich sind. Dies gilt insbesondere für das Gruppensetting. In jeder Sitzung sollte man in bestimmten Zeitabständen den Teilnehmerinnen einige Verständnisfragen stellen, um sicherzustellen, daß die wesentlichsten Punkte verstanden wurden. Mißverständnisse sollten geklärt werden. Das Material ist nicht in Abschnitte für einzelne Sitzungen eingeteilt, da im allgemeinen bei einzelnen Personen oder Gruppen jeweils unterschiedlich viel Material in einer Sitzung bearbeitet werden kann. Um sicherzustellen, daß am Ende der für ein bestimmtes Modul festgelegten Zeit auch alles Material besprochen sein wird, sollten die Gruppenleiterinnen allerdings einen Plan für die einzelnen Sitzungen aufstellen und versuchen, das jeweilige Material in der vorgesehenen Zeit zu behandeln.

Nach meiner Erfahrung empfinden die meisten Therapeutinnen bei dem ersten Trainingsdurchgang die Menge des Materials als überwältigend. Sie neigen dazu, zuviel Zeit auf die ersten Teile eines Moduls zu verwenden, so daß dann später zu wenig Zeit für die Besprechung des anderen Materials bleibt, das unter Umständen wichtiger sein kann. Was wirklich von Bedeutung ist, wird allerdings von Person zu Person oder von Gruppe zu Gruppe unterschiedlich sein; je nach ihrer Erfahrung und dem Ausmaß der bereits vorhandenen Fertigkeiten. Beim ersten Mal geht man am besten so vor, daß man jedes Modul in Abschnitte entsprechend der Anzahl von verfügbaren Wochen unterteilt und jeden Abschnitt so weit wie möglich bearbeitet. Dies wird zeigen, wie die Module bei den nächsten Malen zeitlich zu planen sind. Wenn ich Therapeutinnen das DBT-Training vermittle, empfehle ich ihnen gewöhnlich, das Material in der Reihenfolge zu bearbeiten, die in diesem Manual vorgegeben ist. Nach dem ersten Durchgang können Inhalt und Reihenfolge verändert werden, je nach den Erfordernissen der jeweiligen Situation.

Ein Ziel der Trainingssitzungen ist es, den Teilnehmerinnen Informationen über spezielle Verhaltensstrategien zu vermitteln. Ein zweites, ebenso wichtiges Ziel ist es, die Teilnehmerinnen nach wirkungsvollen Bewältigungsstrategien zu fragen, die sie selbst in verschiedenen Situationen entwickelt haben. In jeder Sitzung sollte daher das Material durch die Beiträge der Teilnehmerinnen erweitert werden. Die Teilnehmerinnen sollten ermutigt werden, sich Notizen zu machen und die in den Sitzungen behandelten Inhalte durch ihre eigenen Ideen und die anderer Teilnehmerinnen zu ergänzen. Wenn in einer Sitzung eine besonders gute Strategie genannt wird, sollten alle aufgefordert werden, diese auf dem dafür vorgesehenen Platz auf ihren Arbeitsblättern zu notieren (auch die Gruppenleiterinnen). Diese Strategie ist dann ebenso zu behandeln wie die Strategien, die von den Gruppenleiterinnen vermittelt werden; sie sollte ebenfalls in die Übungen und in die Besprechungen einbezogen werden.

Bei der erstmaligen Arbeit mit diesen Materialien kann es hilfreich sein, sich zunächst einen Überblick zu verschaffen und die wichtigsten Punkte, die besprochen werden sollten, zu markieren. Dies habe ich bereits durch Hervorhebungen in fetten Schriftzeichen versucht. In der ersten Sitzung eines jeden Moduls, in der das allgemeine Grundprinzip des Fertigkeitentrainings dargestellt und diskutiert wird, kann der Überblick in diesem Kapitel als ein Plan für die Sitzung benutzt werden. Für die übrigen Kapitel sind die Inhaltsübersichten in den Kapiteln 7 bis 10 notwendig.

Erste Sitzung: Einführung in das Fertigkeitentraining

Die erste Sitzung in einem Gruppentraining dient dazu, die Teilnehmerinnen einander vorzustellen und sie mit den Trainerinnen bekanntzumachen. Den Teilnehmerinnen werden die formalen Aspekte der Therapie (zum Beispiel Aufbau, Regeln, Zeiten) mitgeteilt, und sie werden mit dem theoretischen Verständnis der BPS und den Zielen des Trainings vertraut gemacht. Diese Sitzung wird am Beginn jedes 8-Wochen-Moduls wiederholt. Sind allerdings zu Beginn eines neuen Moduls keine neuen Teilnehmerinnen in der Gruppe, kann die Wiederholung abgekürzt werden. Wenn es neue Teilnehmerinnen gibt, sollten die Gruppenleiterinnen die anderen Gruppenmitglieder ermutigen, soviel wie möglich von der Einführung selbst zu übernehmen. Falls die Einführung bereits vor Sitzungsende abgeschlossen ist, sollten die Gruppenleiterinnen schon mit dem Material der zweiten Sitzung (Innere Achtsamkeit) beginnen.

Die Informationen, die in dieser Sitzung bezüglich Aufbau, Zeiten, Bezahlung, Regeln, Telefonkontakten usw. gegeben werden, sind dem jeweiligen Setting anzupassen. Im folgenden wird ein Überblick gegeben über die Punkte, die im allgemeinen besprochen werden sollten. Der Inhalt zumindest einiger dieser Punkte läßt sich aber leicht je nach den gegeben Umständen modifizieren. (In einem Einzeltraining werden zumeist nur wenige Veränderungen notwendig sein. Unterschiede ergeben sich aber in strukturellen Aspekten, die vorwiegend die Beziehungen der Gruppenteilnehmerinnen untereinander und zwischen Gruppenteilnehmerinnen und Gruppenleiterinnen betreffen.)

I. **ÜBERPRÜFEN SIE DIE EINVERSTÄNDNISERKLÄRUNGEN** der Gruppenteilnehmerinnen auf ihre Unterschrift hin. Füllen Sie alle relevanten Frage- und/oder Untersuchungsbögen aus.

II. BITTEN SIE JEDE TEILNEHMERIN, SICH **VORZUSTELLEN** und zu sagen, mit welchem Ziel bzw. Anliegen sie in die Gruppe kommt (Teilnehmerinnen, die bereits länger in der Gruppe sind, geben an, wie lange sie schon an ihr teilnehmen). Die Therapeutinnen stellen sich ebenfalls vor, geben Informationen über sich und die Gründe, warum sie das Training durchführen.

III. ANGABEN ÜBER **ALLGEMEINE ZIELE**
A. Therapie/Training für Klientinnen
B. Ziele der Therapeutinnen (zum Beispiel Bezahlung)
C. Training für Co-Therapeutinnen (falls gegeben)
D. Forschung (falls gegeben)

IV. ÜBERBLICK ÜBER ARBEITSBLATT 1: ZIELE DES TRAININGS

A. **Allgemeine Ziele des Trainings:** Fähigkeiten lernen und verbessern, mit deren Hilfe Verhaltensweisen und emotionale und gedankliche Muster verändert werden können, die zu Schwierigkeiten und Belastungen im Leben der Klientinnen führen.

B. **Spezifische Ziele:** Diskutieren Sie mit den Teilnehmerinnen die Beziehung zwischen Borderline-Merkmalen und den spezifischen Trainingszielen (siehe hierzu auch Kapitel 5 des Handbuches und Kapitel 1 des Manuals). Fragen Sie die Teilnehmerinnen, ob sie die einzelnen Verhaltensweisen bei sich kennen.

1. **Chaotische zwischenmenschliche Beziehungen:** Typische Beziehungsmuster bei Borderline-Störungen sind intensive, instabile Beziehungen, Schwierigkeiten, Beziehungen aufrecht zu erhalten, Panik, Angst und Trauer in Trennungssituationen und angestrengte Versuche, das Alleinsein zu vermeiden.
Das Training zwischenmenschlicher Fähigkeiten konzentriert sich auf diese Merkmale einer Borderline-Persönlichkeitsstörung. Im Mittelpunkt steht das Erlernen von Konfliktbewältigungsstrategien, das Äußern von Wünschen und Bedürfnissen sowie das Abgrenzen gegenüber unerwünschten Anforderungen. Das Aufrechterhalten der Achtung vor sich selbst und den anderen stellt hier einen besonderen Schwerpunkt dar. Daher werden nicht alle Aspekte einer Beziehung thematisiert.

2. **Starke Gefühls- und Stimmungsschwankungen:** Diskutieren Sie über extreme emotionale Empfindsamkeit, Höhen und Tiefen, chronische Depressionen, intensive emotionale Reaktionen und Schwierigkeiten mit Ärger, welcher entweder als zu kontrolliert erlebt wird oder kaum kontrollierbar ist.
Der bewußte Umgang mit Gefühlen konzentriert sich auf eine Kontrolle von Gefühlen. Hierbei kann eine vollständige Kontrolle nicht erreicht werden. Erläutern Sie: „Zu einem gewissen Grad sind wir so, wie wir sind, und unsere Gefühle sind ein Teil von uns und der Art, wie wir uns ausdrücken. Aber wir können lernen, etwas mehr Kontrolle über unsere Gefühle zu haben erlernen und extreme Gefühlsschwankungen auszugleichen".

3. **Impulsivität:** Sprechen Sie mit den Teilnehmerinnen über extreme Verhaltensweisen, zum Beispiel übermäßiger Alkoholkonsum, Dro-

gen, Eßverhalten (zu viel oder zu wenig essen), extrem schnelles Autofahren etc. Sprechen Sie auch über parasuizidales Verhalten (zur Definition siehe Kapitel 1 des Handbuches)
Die Förderung von Streßtoleranz konzentriert sich darauf, die Toleranz für Streßsituationen zu erhöhen. Diskutieren Sie den Zusammenhang zwischen der Unfähigkeit, Streß bzw. Unbehagen zu ertragen, und impulsiven Verhaltensweisen, welche oft die Funktion haben, unerträgliche Spannungen abzubauen.

4. **Identitätsunsicherheit und Denkstörungen:** Sprechen Sie über Probleme mit der Selbstwahrnehmung, intensive Gefühle von Leere, Schwierigkeiten im Zusammensein mit anderen Menschen, die eigenen Gefühle, Meinungen und Entscheidungen zu bewahren. Sprechen Sie auch über kurze, nichtpsychotische kognitive Störungen (Depersonalisation, Dissoziation und Derealisation).
Die Förderung der Achtsamkeit dient dazu, in besseren Kontakt mit sich selbst zu kommen, sich selbst wahrzunehmen und zu beobachten.

C. Rückmeldungsrunde. Holen Sie Rückmeldungen der Teilnehmerinnen ein.

V. KLÄRUNG DER RAHMENBEDINGUNGEN DES TRAININGS.

A. Beschreiben Sie die **Anordnung und Dauer** der Trainingsmodule.

B. Beschreiben Sie den **Aufbau einer Sitzung** (eine Hälfte für die Bearbeitung von Hausaufgaben, die andere Hälfte für die Darstellung von neuem Material).

C. Machen Sie deutlich, daß es sich hierbei um ein reines Gruppentrainingsprogramm handelt, und daß **persönliche Probleme im Rahmen der Einzeltherapie geklärt werden sollten**. Es handelt sich hierbei nicht um einen Mangel an Mitgefühl, sondern weder die Zeit noch der Aufbau erlauben die Bearbeitung persönlicher Probleme, sofern sie nicht in Verbindung mit dem Übungsprogramm stehen.

D. **Telefongespräche** mit den Gruppentherapeutinnen sollten nur wegen organisatorischer Punkte (zum Beispiel Absage einer Sitzung) geführt werden. Persönliche Krisen, eingeschlossen suizidale Krisen, sollen mit den Einzeltherapeutinnen oder anderen Menschen besprochen werden. Geben Sie Ihre Telefonnummer an.

VI. BEARBEITEN SIE ARBEITSBLATT 2: BEHANDLUNGSVERTRAG FÜR DAS TRAININGSPROGRAMM

A. Diskutieren Sie die Regeln, und fördern Sie die Zustimmung jeder Teilnehmerin (vergl. Kapitel 3 des Manuals für eine Diskussion der Regeln).

B. Diskutieren Sie mögliche Vereinbarungen, die nicht auf der Liste stehen.

C. Besprechen Sie, welche Gründe für die Nichtteilnahme an einer Sitzung akzeptiert werden (zum Beispiel wegen körperlicher Erkrankungen, Familienangelegenheiten, Urlaub, Hochzeit, Todesfall) und welche Gründe nicht als Entschuldigung gelten (Versäumnis wegen Müdigkeit, schlechter Stimmung, stationärer psychiatrischer Behandlung, lösbarer Probleme).

Zweite Sitzung: Fertigkeiten zur Steigerung der inneren Achtsamkeit

I. Besprechen Sie offengebliebene Fragen zu der letzten Sitzung.

II. Stellen Sie neue Teilnehmerinnen vor.

A. Geben Sie nochmal einen Überblick über die Vereinbarungen. Lassen Sie bisherige Teilnehmerinnen den neuen Teilnehmerinnen die Zielvorstellungen erklären.

III. STELLEN SIE DAS WOCHENPROTOKOLL VOR, UND ERKLÄREN SIE, WIE ES AUSGEFÜLLT WIRD

A. Von der Vorderseite des Protokolls wird nur die **letzte Spalte** (Einstufung der praktizierten Verhaltensfertigkeiten) in dieser Sitzung besprochen. Alle andere Spalten auf der Vorderseite des Protokolls werden in der Einzeltherapie bearbeitet. Ermutigen Sie die Teilnehmerinnen, die keine DBT-Einzeltherapie

haben, ihr Wochenprotokoll mit ihren Einzeltherapeutinnen zu besprechen.
Die **Rückseite** des Protokolls, auf der die Fertigkeiten aufgeführt sind, wird in jeder Sitzung besprochen. **Fordern Sie die Klientinnen auf, ihr Wochenprotokoll jede Woche mitzubringen!**

B. Die Umsetzung der Verhaltensfertigkeiten (auf der Vorderseite des Protokolls) wird entsprechend der Skala unten auf dem Protokoll eingestuft.
Jegliche aktive Problemlösestrategie wird als eine Fertigkeit betrachtet. Die Teilnehmerinnen sollen den Gebrauch ihrer Fertigkeiten einschließlich dem Gebrauch von Bewältigungsfertigkeiten, die nicht im Training vermittelt wurden, einstufen. Weisen Sie darauf hin, daß maladaptive Problemlösestrategien (Alkoholkonsum, Schneiden usw.) nicht zu den Bewältigungsstrategien zählen.

C. Auf der Rückseite des Wochenprotokolls sollen die Teilnehmerinnen für jeden Tag jeweils die Fertigkeit, die sie anzuwenden versucht haben, einkreisen. Nutzen Sie diesen Punkt als Gelegenheit, die Rolle des Selbstmanagements (Selbstaktivierung, Rückmeldung und Verstärkung) für die Verhaltensänderung zu thematisieren (vgl. hierzu Kapitel 9 des Handbuches).

D. Besprechen Sie die entscheidende Bedeutung des **Übens** beim Lernen und bei der Verhaltensänderung.

E. Achten Sie auf Probleme, die während des Ausfüllens des Wochenprotokolls auftreten. Ermutigen Sie die Teilnehmerinnen, dabei auftretende Schwierigkeiten in Angriff zu nehmen.

F. Diskutieren Sie die **Vertraulichkeit der Wochenprotokolle**. Falls notwendig, verteilen Sie andere Protokolle, auf denen nur Akronyme aufgeführt sind. Schlagen Sie vor, daß die Teilnehmerinnen nicht ihre wirklichen Namen auf dem Protokoll vermerken.

IV. FÜHREN SIE DIE FERTIGKEITEN ZUR STEIGERUNG DER **INNEREN ACHTSAMKEIT** (SIEHE KAPITEL 7 DIESES MANUALES) EIN; DISKUTIEREN UND ÜBEN SIE DIESE MIT DEN TEILNEHMERINNEN.

V. GEBEN SIE EINE **ZUSAMMENFASSUNG**, DER WICHTIGSTEN ASPEKTE, DIE IN DER SITZUNG BESPROCHEN WURDEN.

VI. STELLEN SIE EINE **VERPFLICHTUNG ZUM ÜBEN** HER.

A. Machen Sie die Runde und besprechen Sie mit jeder Person, was sie in der kommenden Woche üben könnte. Die Teilnehmerinnen können eine spezifische Fertigkeit in einer Vielfalt von Situationen üben, oder sie nehmen eine wiederkehrende Problemsituation, um wiederholt damit zu üben. Im letzteren Fall geht es darum, verschiedene Fertigkeiten in dieser Problemsituation zu üben.

B. Geben Sie sich Mühe, jede Teilnehmerin dazu zu motivieren, in den ersten Wochen die Fertigkeiten „Wahrnehmen“ und „Beschreiben“ zu üben. Auch bei den späteren Modulen sollte jede Person sich weiterhin auf das Üben der sechs Fertigkeiten zur Steigerung der Achtsamkeit konzentrieren.

C. Sprechen Sie über Schwierigkeiten, die beim praktischen Üben auftreten können.

VII. LEITEN SIE DAS ENDE DER SITZUNG MIT EINER ABSCHLIESSENDEN ENTSPANNUNGSÜBUNG (**WIND-DOWN**) EIN.

A. Wählen Sie eine der Übungen zum Ausklingen der Sitzung (*Wind-Down*) aus, die in Kapitel 3 des Manuales beschrieben sind. Instruieren Sie die Teilnehmerinnen, wie das „wind-down“ durchgeführt wird, und erklären Sie, warum es eingesetzt wird.

B. Schlagen Sie den Teilnehmerinnen vor, Kassetten ihrer Lieblingsmusikstücke mitzubringen, um sie am Ende einer Sitzung anzuhören. Stellen Sie einen Plan auf, nach dem diese Aufgabe von Teilnehmerin zu Teilnehmerin weitergegeben wird.

Sitzungen 3 bis 7: Fertigkeiten der verschiedenen Module

I. BESPRECHEN SIE OFFENGEBLIEBENE **FRAGEN** DER LETZTEN SITZUNG.

II. BEZIEHEN SIE DIE TEILNEHMERINNEN EIN, WELCHE **IN DER LETZTEN WOCHE NICHT ERSCHIENEN SIND**.

A Besprechen Sie die Gründe für das Nichterscheinen.

B Geben Sie einen kurzen Rückblick über die Inhalte der Sitzung. Bitten Sie die Klientinnen den in der letzten Sitzung nicht anwesenden Teilnehmerinnen kurz das in jener Sitzung besprochene Material erklären.

III. HAUSAUFGABENBESPRECHUNG

A Fragen Sie jede Person einzeln, ob sie während der letzten Woche neue (oder alte) Fertigkeiten geübt hat. Falls sie keine geübt hat, benutzen Sie die Strategien bei therapiebeeinträchtigendem Verhalten (vgl. hierzu Kapitel 15 des Buches und Kapitel 5 dieses Manuals). Wenden Sie Problemlösestrategien an (vgl. hierzu Kapitel 9 des Handbuches und Kapitel 5 des Manuals), falls die Person geübt hat, aber die Fertigkeiten nicht einsetzen konnte oder, falls sie Fertigkeiten einsetzen konnte, diese aber nicht geholfen haben. Beziehen Sie Konfrontation, Shaping und Validierung mit ein, betonen und verstärken Sie Erfolgserlebnisse.

B Seien Sie aufmerksam bei Teilnehmerinnen, welche immer die gleiche Fertigkeit üben und keine neuen Fertigkeiten verwenden. Das Ziel soll sein, die Fähigkeit zu entwickeln, jede Fertigkeit anwenden zu können. Wenn eine Fertigkeit grundsätzlich erst einmal erlernt wurde, ist es durchaus akzeptabel, wenn eine Person sich dafür entscheidet, diese nicht in ihrem alltäglichen Leben anzuwenden.

IV. MACHEN SIE EINE **PAUSE** (NACH UNGEFÄHR EINER STUNDE).

V. STELLEN SIE DIE **FERTIGKEITEN DER JEWEILIGEN MODULE** VOR, UND BESPRECHEN UND ÜBEN SIE SIE GEMEINSAM MIT DEN TEILNEHMERINNEN (VGL. KAPITEL 7 BIS 10 DES MANUALS).

VI. GEBEN SIE EINE **ZUSAMMENFASSUNG** DER JEWEILIGEN INHALTE.

VII. FÖRDERN SIE DIE **VERPFLICHTUNG ZUM ÜBEN**.

A. Machen Sie die Runde, und besprechen Sie mit jeder Person, was sie während der kommenden Woche üben möchte. Die Teilnehmerinnen können sich eine bestimmte Fertigkeit aussuchen und diese in einer Vielzahl von Situationen üben, oder sie wählen eine wiederkehrende Problemsituation, zum Üben. Im letzteren Fall geht es darum, verschiedene Fertigkeiten dieser Problemsituation zu üben.

B. Überprüfen Sie, ob die Übungspläne und Vereinbarungen mit den Hausaufgabenblättern in der angegebenen Sitzung übereinstimmen.

C. Thematisieren Sie Probleme bei der praktischen Umsetzung.

VIII. BEENDEN SIE DIE SITZUNG MIT EINER **ÜBUNG ZUR ABSCHLIESSENDEN ENTSPANNUNG.**

8. Sitzung: Letzte Sitzung

I.-III. ERSTE STUNDE: GLEICHES VORGEHEN WIE IN SITZUNG 3 BIS 7.

IV. MACHEN SIE EINE **PAUSE**.

V. FASSEN SIE DIE **FERTIGKEITEN** ZUSAMMEN, DIE **IN DIESEM MODUL** VERMITTELT WURDEN.

VI. GEBEN SIE EINEN **RÜCKBLICK** ÜBER DIE FERTIGKEITEN, DIE IN VORANGEGANGEN MODULEN BESPROCHEN WURDE.

A. Geben Sie einen kurzen Überblick der wesentlichen Fertigkeiten der vorhergehenden Module, falls Teilnehmerinnen bei diesen anwesend waren.

B. Bitten Sie die Teilnehmerinnen, diejenigen Fertigkeiten aus den früheren Modulen zu nennen, die sie als besonders hilfreich empfanden oder bei denen sie mehr praktische Übung brauchen.

VII. **DISKUTIEREN SIE PRO UND CONTRA**, DEN GEBRAUCH UND NICHTGEBRAUCH, HILFREICHES UND NICHTHILFREICHES DER VERSCHIEDENEN FERTIGKEITEN, BEZIEHEN SIE DIE FER-

TIGKEITEN DER VORHERGEHENDEN MODULE MIT EIN. VERGLEICHEN SIE DIE KOMMENTARE DER TEILNEHMERINNEN.

VIII. SPRECHEN SIE ÜBER DIE **GENERALISIERUNG DER FERTIGKEITEN** IN VERSCHIEDENEN SITUATIONEN UND LEBENSBEREICHEN DER EINZELNEN TEILNEHMERINNEN.

IX. **VERABSCHIEDEN** SIE SICH VON JEDER TEILNEHMERIN, DIE DIE TRAININGSGRUPPE VERLÄSST. THEMATISIEREN SIE DEN ABSCHIED AUS DER GRUPPE UND DAS ENDE DER THERAPIE (VERGL. KAPITEL 4 UND KAPITEL 14)

X. BEENDEN SIE DIE SITZUNG UND DAS MODUL MIT EINER ABSCHLIESSENDEN ÜBUNG ZUR **ENTSPANNUNG**. WÄHREND DER LETZTEN SITZUNG JEDES EINZELNEN MODULES SOLLTE DAS „WIND-DOWN“ EINEN RÜCKBLICK ÜBER DIE SITZUNGEN DER LETZTEN ACHT WOCHEN BEINHALTEN. IM MITTELPUNKT DES RÜCKBLICKES STEHT DIE BETRACHTUNG, WIE DIE WOCHEN UND DIE SITZUNGEN VERLAUFEN SIND, WIE DIE TEILNEHMERINNEN SICH GEFÜHLT HABEN UND WIE SIE SICH JETZT FÜHLEN.

Anmerkung

1. Manche Teilnehmerinnen möchten kein Wochenprotokoll benutzen, weil sie befürchten, daß es von anderen gelesen werden könnte. In diesem Fall können modifizierte Wochenprotokolle ausgegeben, bei denen die Benennung der Fertigkeiten durch Akronyme oder andere Worte ersetzt ist. Zudem kann eine Klientin auch eine Zahl oder ein Pseudonym anstatt ihres Namens auf die Karte schreiben.

7

Innere Achtsamkeit

Fertigkeiten zur Steigerung der inneren Achtsamkeit haben eine zentrale Bedeutung in der DBT und werden daher als erstes vermittelt. Sie sind auf dem Wochenprotokoll aufgeführt, das jede Woche von den Teilnehmerinnen ausgefüllt wird. Dies sind die einzigen Fertigkeiten, die während des ganzen Jahres vermittelt werden. Sie werden zu Beginn jedes der drei anderen Module neu besprochen. Diese Fertigkeiten sind psychologische Varianten von Meditationsübungen aus östlichen spirituellen Disziplinen. Sie beruhen weitgehend auf der Praxis des Zen, sind aber auch mit den meisten westlichen kontemplativen Traditionen und östlichen Meditationspraktiken vereinbar.

In der DBT werden drei verschiedene Anteile unterschieden, die unser Erleben und Verhalten auf unterschiedliche Weise bestimmen: Vernunft, Gefühl und das intuitive Verstehen und Wissen. Wenn ein Mensch durch den Verstand gesteuert wird, dann versucht er, Wissen auf intellektuelle Weise zu erlangen, er denkt rational und logisch, hält sich an die empirischen Fakten, plant sein Verhalten sorgfältig, konzentriert seine Aufmerksamkeit und wendet sich auf bedachte Weise Problemen zu. Wenn ein Mensch vom Gefühl gesteuert ist, dann werden sein Denken und Verhalten in erster Linie durch seine momentanen Gefühle gesteuert. Die Kognitionen sind „heiß", vernünftiges logisches Denken ist schwierig, Tatsachen werden verzerrt, um mit dem momentanen Affekt übereinzustimmen, das Verhalten wird durch die aktuellen Gefühle bestimmt. Unter intuitivem Verstehen und Wissen wird die Integration von Vernunft und Gefühl verstanden; dieser Aspekt wurde bereits in Kapitel 5 näher dargestellt. Das intuitive Verstehen und Wissen geht aber auch noch darüber hinaus; es enthält über die emotionale Erfahrung und die logische Analyse hinaus auch ein intuitives Wissen.

Innere Achtsamkeit ist ein Weg, um Gefühl und Verstand in ein Gleichgewicht zu bringen und auf diese Weise zu intuitivem Verstehen und Wissen zu gelangen. In der DBT werden „Was"-Fertigkeiten und „Wie"-Fertigkeiten unterschieden. Die „Was"-Fertigkeiten beinhalten: Wahrnehmen, Beschreiben, Teilnehmen; die „Wie"-Fertigkeiten sind: nicht bewertend, konzentriert, wirkungsvoll.

Die „Was"-Fertigkeiten der inneren Achtsamkeit

Die „Was"-Fertigkeiten beinhalten das Lernen von Wahrnehmen, Beschreiben und Teilnehmen. Ziel dieser Fertigkeiten ist Bewußtheit im Alltag. Eine wichtige Annahme in der DBT ist, daß ein Teilnehmen ohne Bewußtheit typisch ist für impulsives und stimmungsabhängiges Verhalten. Im allgemeinen ist das Beobachten und Beschreiben des eigenen Verhaltens nur dann notwendig, wenn neue Verhaltensweisen erlernt werden sollen, wenn Schwierigkeiten auftreten oder wenn eine Veränderung notwendig ist. Anfänger beim Klavierspielen zum Beispiel achten sehr auf die Stellung der Hände und Finger, sie zählen vielleicht den Takt oder benennen die Noten oder Akkorde, die sie gerade spielen. Wenn das Klavierspiel sich verbessert, hören sie meist mit dem Beobachten und Beschreiben allmählich auf. Wenn dann aber noch einmal ein Gewohnheitsfehler auftaucht, nachdem das Stück eigentlich schon gelernt ist, wird man noch einmal auf das Beobachten und Beschreiben zurückgreifen, so lange bis das neue Stück wirklich gelernt ist. Weitere Beispiele dieses Prinzips sind das Lernen, ein Auto zu fahren, zu tanzen oder Schreibmaschine zu schreiben.

Die erste „Was"-Fertigkeit ist das Wahrnehmen. Wahrnehmen heißt, sich Ereignissen, Emotionen oder anderen Reaktionen zuzuwenden, ohne zu versuchen, ihnen auszuweichen, wenn sie schmerzhaft sind, oder sie festzuhalten, wenn sie angenehm sind. Dadurch lernen die Klientinnen, bewußt wahrzunehmen, was immer gerade geschieht, anstatt eine

Situation zu verlassen oder zu versuchen, ein Gefühl zu unterdrücken. Im allgemeinen erfordert die Fähigkeit, ein Ereignis einfach wahrzunehmen, die Fähigkeit, einen Schritt von diesem Ereignis zurückzutreten. Ein Ereignis zu beobachten ist etwas anderes als das Ereignis selbst. Das Gehen beobachten und das Gehen an sich sind zwei verschiedene Dinge; das Denken beobachten und das Denken selbst sind zwei verschiedene Reaktionen; seinen eigenen Herzschlag zu beobachten und der Herzschlag selbst sind zwei verschiedene Reaktionen. Dieser Fokus auf dem Wahrnehmen des Augenblicks basiert sowohl auf östlichen psychologischen Ansätzen als auch auf westlichen Konzepten von Exposition als einer Methode zur Löschung von automatischem Vermeidungsverhalten und Angstreaktionen.

Eine zweite „Was"-Fertigkeit beinhaltet das verbale Beschreiben von Ereignissen und Reaktionen. Die Fähigkeit, eigenes Verhalten oder Ereignisse in der Umwelt zu benennen, ist wesentlich für die Kommunikation und die Selbstkontrolle. Das Lernen, etwas zu beschreiben, setzt voraus, daß man es lernt, Gefühle und Gedanken nicht wörtlich zu nehmen, das heißt, nicht als Widerspiegelungen von tatsächlichen Ereignissen zu verstehen. Das Gefühl von Angst zum Beispiel bedeutet nicht unbedingt, daß eine Situation auch wirklich bedrohlich ist. Viele Menschen, auch Borderline-Klientinnen, verwechseln emotionale Reaktionen mit vorhergehenden Ereignissen. Körperliche Begleiterscheinungen von Angst („ich merke, daß mein Magen und meine Kehle wie zugeschnürt sind") werden oft mit Wahrnehmungen der Situation verwechselt. („ich werde demnächst ein Examen machen"); dies führt zu dysfunktionalen Gedanken („ich werde durch das Examen fallen"). Gedanken werden oft wörtlich genommen, das heißt, Gedanken („ich fühle mich ungeliebt") werden mit Tatsachen verwechselt („ich werde nicht geliebt"). Eines der wichtigsten Ziele der kognitiven Therapie ist es, die Beziehung von Gedanken zu entsprechenden Ereignissen in der Umgebung zu überprüfen.

Die dritte „Was"-Fertigkeit ist die Fähigkeit, von der ständigen Betrachtung der eigenen Person abzulassen und ganz am Hier und Jetzt der Situation teilzunehmen. Ein Mensch, der teilnimmt, überläßt sich vollständig den Aktivitäten des gegenwärtigen Momentes; er grenzt sich nicht von den Ereignissen um sich herum ab. Ein solches Handeln ist spontan. Die Interaktion zwischen der Person und der Umgebung ist leicht und gründet sich zum Teil auf Gewohnheit. Teilnehmen kann natürlich auch gedankenlos geschehen. Wir alle haben schon einmal die Erfahrung gemacht, daß wir mit dem Wagen eine schwierige Wegstrecke gefahren sind und uns dabei auf etwas anderes konzentriert haben. Wenn man am Ziel ankommt, weiß man dann oft nicht mehr, wie man überhaupt dorthin gekommen ist. Teilnehmen kann aber auch achtsam geschehen. Ein gutes Beispiel für achtsames Teilnehmen ist eine erfahrene Sportlerin, die flexibel und besonnen auf die Anforderungen der Situation reagiert, dabei ganz wach und bewußt ist und sich nicht anderen Gedanken hingibt. Unachtsamkeit ist Teilnehmen ohne Aufmerksamkeit für die Aufgabe; Achtsamkeit ist Teilnehmen mit Aufmerksamkeit.

„Wie"-Fertigkeiten der inneren Achtsamkeit

Die anderen drei Achtsamkeitsfertigkeiten beziehen sich darauf, wie man etwas wahrnimmt, beschreibt und an etwas teilnimmt: eine nicht beurteilende Haltung einnehmen, sich in jedem Moment immer nur auf eine Sache konzentrieren und wirkungsvoll handeln (das tun, was möglich ist). Eine nicht beurteilende Haltung einzunehmen bedeutet in der DBT, daß man nicht bewertet, daß man nichts als gut oder schlecht beurteilt. Es heißt nicht, daß man eine negative Beurteilung in eine positive umwandelt. Obwohl Borderline-Klientinnen dazu neigen, sich selbst oder andere Menschen in entweder extrem positiver Weise (Idealisierung) oder in extrem negativer Weise (Abwertung) zu bewerten, geht es hier nicht darum, ihnen zu vermitteln, daß sie ausgewogener urteilen sollen; vielmehr sollen sie mit dem Urteilen überhaupt aufhören. Dies ist ein sehr schwieriger, aber auch ein sehr wichtiger Punkt. Das Problem mit dem Beurteilen liegt zum Beispiel darin, daß eine Person, die zu einem Zeitpunkt als „wertvoll" angesehen wird, auch immer „wertlos" werden kann. In der DBT wird statt dessen die Bedeutung der Konsequenzen von Verhalten und Ereignissen betont. Zum Beispiel kann das Verhalten einer Person zu schmerzhaften Konsequenzen für sich selbst oder für andere führen oder das Ergebnis von Ereignissen kann zerstörerisch sein. In einer nicht beurteilenden Haltung beobachtet man diese Konsequenzen und schlägt vielleicht vor, das Verhalten oder die Situation zu verändern, aber man würde diese nicht unbedingt mit dem Etikett „schlecht" versehen.

Innere Achtsamkeit meint die Art von Bewußtheit, die eine Person ihren Handlungen entgegenbringt. Die zweite „Wie"-Fertigkeit besteht darin, zu lernen, die Aufmerksamkeit und Bewußtheit auf die Aktivität des gegenwärtigen Momentes zu richten und nicht die Aufmerksamkeit zwischen verschiedenen Aktivitäten aufzuteilen oder zwischen einer gegenwärtigen Aktivität und dem Denken an etwas anderes. Kontrolle über die Aufmerksamkeit ist Voraussetzung für eine solche Konzentration; diese Fähigkeit fehlt den meisten Borderline-Klientinnen. Sie werden oft abgelenkt durch Gedanken und Bilder von der Vergangenheit, von Sorgen über die Zukunft, von Grübeleien über Probleme oder von gegenwärtigen negativen Stimmungen. Sie sind manchmal nicht in der Lage, ihre Sorgen beiseitezuschieben und sich auf die Aufgabe zu konzentrieren, die vor ihnen liegt. Wenn sie sich mit einer Aufgabe beschäftigen, ist ihre Aufmerksamkeit oft geteilt. Dieses Problem zeigt sich oft in ihren Schwierigkeiten, an Trainingssitzungen teilzunehmen. Es ist notwendig, daß die Klientinnen lernen, ihre Aufmerksamkeit in jedem Augenblick immer nur auf eine Aufgabe oder Aktivität zu richten und in Wachheit und Bewußtheit zu vollziehen.

Die dritte „Wie"-Fertigkeit, das wirkungsvolle Handeln, soll die Neigung der Klientinnen verringern, sich manchmal mehr mit dem zu beschäftigen, was „richtig" ist, als mit dem, was in einer Situation wirklich erforderlich ist. Wirkungsvolles Handeln ist das Gegenteil von „sich ins eigene Fleisch schneiden". Wie unsere Klientinnen oft sagen, ist es wie „ein Spiel spielen" oder „machen, was geht". Aus der Sicht östlicher Meditationspraxis entspricht die Konzentration auf Effektivität einem Einsatz sinnvoller Mittel. Die Unfähigkeit von Borderline-Klientinnen, vom „richtig sein" wollen loszulassen, hängt natürlich mit ihren Erfahrungen mit einer invalidierenden Umgebung zusammen. Für viele Klientinnen ist es ein zentrales Thema, ob sie wirklich ihren eigenen Wahrnehmungen, Beurteilungen und Entscheidungen vertrauen können; das heißt, ob sie erwarten können, daß ihre eigenen Handlungen tatsächlich korrekt oder „richtig" sind. Eine Überbetonung von Prinzipien im Gegensatz zum tatsächlichen Ergebnis kann häufig dazu führen, daß die Klientinnen enttäuscht werden oder in eine Distanz zu anderen geraten. Wir alle müssen irgendwann einmal nachgeben. Wenn dies als eine sinnvolle Reaktion und nicht als ein Aufgeben betrachtet wird, dann ist es für Borderline-Klientinnen oft leichter, von ihrem Wunsch nach richtigem Verhalten abzulassen und sich statt dessen mehr auf ein wirkungsvolles Handeln zu konzentrieren.

Hausaufgaben

Dieses Modul hat, im Gegensatz zu den drei anderen Modulen, keine eigenen Hausaufgabenblätter. (In der deutschen Fassung des Manuals hingegen wurde ein Hausaufgabenblatt erstellt). Die Klientinnen werden einfach gebeten, die Fertigkeit zu üben, die sie in jeder Woche gelernt haben. Wie oben bereits erwähnt, sind alle Fertigkeiten zur Steigerung der inneren Achtsamkeit auf der Rückseite des Wochenprotokolls aufgeführt. Die Teilnehmerinnen werden instruiert, an jedem Tag, an dem sie einen Versuch gemacht haben, ihre Fertigkeiten zu üben, diese jeweils anzukreuzen. Wenn die Teilnehmerinnen es wünschen, können sie auch ein Tagebuch dazu führen und ihre Notizen zu den Trainingssitzungen mitbringen.

Übersicht über den Inhalt der Sitzung

I. **INFORMIEREN** SIE DIE KLIENTINNEN ÜBER DIE FERTIGKEITEN, DIE SIE IN DIESER EINHEIT LERNEN WERDEN, UND ERKLÄREN SIE DEREN BEDEUTUNG.

A. **Erklären Sie, worum es bei den Fertigkeiten zur Steigerung der inneren Achtsamkeit geht:** „Lernen, sich seiner selbst gewahr zu werden und dadurch mehr Kontrolle über sich selbst zu bekommen."

Diskussion in der Gruppe: Kontrolle, über die eigene Gedankenwelt zu haben, hat etwas damit zu tun, die eigenen Aufmerksamkeitsprozesse steuern zu können. Das heißt, steuern zu können, worauf man seine Aufmerksamkeit richtet und wie lange man sich darauf konzentriert. Laden Sie die Teilnehmerinnen ein, Beispiele zu nennen, wo Ihre Unfähigkeit, Ihre Aufmerksamkeit lenken zu können, zu Problemen geführt hat. Beispiele können sein: Nicht aufhören können, an bestimmte Dinge zu denken, etwa an Vergangenes, Zukünftiges, an aktuelle emotionale Kränkungen oder körperliche Schmerzen; die Unfähigkeit, sich auf eine Aufgabe zu konzentrieren oder an einer Aufgabe dranzubleiben und sich statt dessen ablenken zu lassen.

B. Um die innere Achtsamkeit zu steigern, heißt es **üben, üben und nochmals üben.**

Information an die Gruppe: Setzen Sie den Erwerb dieser Fähigkeiten in Bezug zu westlichen und östlichen Traditionen der Meditation, wie sie über Tausende von Jahren hinweg entwickelt wurden. Sie alle basieren auf dem praktischen Üben. Erinnern Sie an die Fähigkeit von Yogameistern, sich unempfindlich gegenüber Schmerzen zu machen, über glühende Kohlen zu gehen, etc.

Hinweis für die Gruppenleiterinnen: Manchmal stoßen sich Teilnehmerinnen an einem Bezug zur östlichen Meditationstradition. Dafür sollten Sie sensibel sein. Hier haben Sie entweder die Möglichkeit, Meditation unabhängig von jeder religiösen Tradition darzustellen, oder Sie können sie als gemeinsamen Bestandteil aller Religionen beschreiben. (1) Meditation wird inzwischen allgemein bei der Behandlung chronischer Schmerzen und im Streßbewältigungstraining eingesetzt. Sie findet auch zunehmend Verwendung bei der Behandlung emotionaler Störungen. Meditation kann also auch außerhalb jedes spirituellen oder religiösen Kontextes angewandt werden. (2) Östliche Meditationspraktiken sind dem christlichen Gebet, der jüdischen mystischen Tradition und Gebetspraktiken anderer Religionen sehr ähnlich.

Diskussion: Besprechen Sie mit den Teilnehmerinnen die zentrale Bedeutung des praktischen Übens für den Erwerb jeglicher neuer Fertigkeiten. Das Üben umfaßt die Steuerung der Gedanken, der Aufmerksamkeit, des Verhaltens, des Körpers und der Gefühle. Fragen Sie die Teilnehmerinnen nach ihrer Auffassung, für wie notwendig sie das praktische Üben für das Lernen halten: „Haben Sie je etwas neues gelernt, ohne es zu üben?"

II. BESPRECHEN SIE ARBEITSBLATT 1 - INNERE ACHTSAMKEIT: SICH SEINER SELBST GEWAHR WERDEN: VERSCHIEDENE ANTEILE UNSERES SELBST

A. **Vernunft:** Erklären Sie den Klientinnen, daß dies der rational denkende, logische Teil des Menschen ist - der Teil, der Pläne macht und die Dinge logisch beurteilt, der kühle Teil sozusagen.

Information: Das rationale intellektgesteuerte Denken kann sehr nützlich sein. Ohne die Vernunft würden keine Häuser gebaut, Straßen oder Städte würden nicht entstehen. Anweisungen könnten nicht befolgt werden, es könnten keine logischen Probleme gelöst werden, Wissenschaft wäre nicht möglich, auch Konferenzen könnten nicht stattfinden.

Information: Das rationale (intellektgesteuerte) Denken fällt sehr viel leichter, wenn es einem gut geht, und es ist schwieriger zu verwirklichen, wenn man sich schlecht fühlt.

Diskussion: Bekommt man von anderen zu hören: „wenn du nur mal klar denken würdest, dann wäre mit dir alles in Ordnung", so ist damit gemeint, daß man seinen Verstand einsetzen sollte. Sammeln Sie Anlässe, wo den Teilnehmerinnen gesagt oder indirekt vermittelt wurde, daß sie viel weniger Probleme hätten, wenn sie die Dinge nicht verzerren, übertreiben oder falsch wahrnehmen würden. Wie oft haben sich dies die Teilnehmerinnen schon selbst gesagt? Liegt in diesen Aussagen nicht doch auch ein Körnchen Wahrheit?

B. **Gefühl**: Erklären Sie: „Wenn Ihre Gefühle vorherrschen, dann beeinflussen und bestimmen sie Ihr Denken und Verhalten.

Information: Gefühle können sehr positiv sein. In vielen Büchern wird große Liebe als Motivation für Beziehungen beschrieben. Intensive Liebes- oder Haßgefühle haben auch schon Kriege angefacht. Intensive Hingabe oder intensives Begehren können dazu motivieren, extrem schwierige Aufgaben weiterzuverfolgen, sie können der Grund sein, daß man sich für andere aufopfert (zum Beispiel die Mutter, die buchstäblich für ihre Kinder durchs Feuer geht).

Information: Ein bestimmtes Ausmaß an Gefühlen ist durchaus wünschenswert. Borderline-Klientinnen haben davon mehr als andere. Sie sind die dramatischen Menschen unserer Welt und werden dies immer bleiben. Personen, die sehr von ihren Gefühlen gesteuert werden, sind häufig leidenschaftlich bewegt für Menschen, Anliegen, Überzeugungen usw.

Information: Probleme mit dem emotionalen Anteil ergeben sich dann, wenn die Resultate zwar kurzfristig positiv sind, sich aber langfristig negative Folgen einstellen. Oder wenn dieser Anteil andere unangenehme Zustände und Ereignisse nach sich zieht (wie zum Beispiel Angst oder Depression).

Information: Gefühlsgesteuerte Prozesse werden verstärkt durch Faktoren wie (1) Krankheit, (2) Schlafentzug, Müdigkeit, (3) Drogen, Alkohol, (4) Hunger, Blähungen, Überessen, schlechte Ernährung, (5) Belastungen oder zu hohe Anforderungen durch die Umwelt und (6) Bedrohungen und Gefahren. Fragen Sie die Teilnehmerinnen nach weiteren Faktoren.

Diskussion: Erörtern Sie die Vor- und Nachteile des Gefühls- und Vernunftanteils. Lassen Sie die Teilnehmerinnen ihre Erfahrungen mit den beiden Anteilen beschreiben.

C. **Intuitives Verstehen und Wissen (wise mind)**: Erklären Sie: „Intuitives Verstehen und Wissen" bedeutet hier die Integration der gefühlsgesteuerten und intellektgesteuerten Prozesse. Es ist nicht möglich, gefühlsgesteuerte Prozesse durch das Denken zu überwinden. Ebensowenig lassen sich mit der Vernunft Emotionen hervorrufen. Man muß sich in beiden Anteilen bewegen und sie miteinander verbinden."

Hinweis: Sie müssen nicht alle Punkte im Detail erörtern. Es genügt zunächst, den Teilnehmerinnen das Wesentliche zu vermitteln. Sie werden auf die verschiedenen Aspekte immer wieder zurückkommen und können sie dann jeweils erweitern und vertiefen (eine vertiefende Erörterung des intuitiven Verstehens und Wissen findet sich in Kapitel 7 des Handbuches).

Information: Mit intuitive Verstehen und Wissen kann der Mensch die Wahrheit erkennen und erfahren. Es ist der Teil, mit dem man etwas als wahr oder gültig erfaßt. Meist herrscht dort Ruhe und ein gewisser Friede. Es ist eine ausbalancierte, zentrierte Art des Wissens.

Information: Intuitives Verstehen und Wissen integriert alle Arten des Wissens: das Wissen durch Beobachtung, durch logisches Analysieren, und durch Körpergefühle (kinetische und sensorische Erfahrung), das Wissen durch unser Tun und durch Intuition (*May, 1982*).

Information: Intuitive Verstehen und Wissen hat Ähnlichkeit mit dem, was wir unter Intuition verstehen (oder Intuition ist ein Teil davon). Dieser Teil enthält Wissen, das über das reine Nachdenken oder das, was direkt beobachtet werden kann, hinausgeht. Er hat die Qualität direkter, unmittelbarer Erfahrung. Ohne ein Ereignis intellektuell analysieren zu müssen, verstehen wir unmittelbar seine Bedeutung, Tragweite oder Gültigkeit (*Deikman, 1982*). Dieses Wissen ist mit dem „Gefühl tiefer Stimmigkeit" verbunden (*Polanyi, 1958*).

Information: Jeder von uns besitzt diesen Anteil. Manche sind aber damit einfach noch nie in Kontakt gekommen. Auch ist es so, daß sich niemand ständig damit in Kontakt befindet.

Diskussion: Lassen Sie die Teilnehmerinnen über ihre eigenen Erfahrungen mit intuitivem Verstehen und Wissen sprechen.

Hinweis: Manche Klientinnen werden von sich sagen, daß sie keine solche innere Weisheit besitzen. Diese Klientinnen müssen von Ihnen ermutigt werden. Machen Sie deutlich, daß Sie an ihre Fähigkeit, Zugang zu diesem Anteil zu finden, glauben. Wie jeder von uns ein Herz hat, haben wir alle ein intuitives Verstehen und Wissen, ob wir das nun wissen, oder nicht. Verwenden Sie das Bild des Brunnens, das im folgenden dargestellt wird.

Information: Erklären Sie: „Ein gutes Bild für unserer intuitives Verstehen und Wissen ist ein tiefer Brunnen in der Erde. Das Wasser auf dem Grund des Brunnens, der gesamte Untergrundozean, ist das wahre Selbst. Auf dem Weg nach unten befinden sic häufig Klappen, die das Vorankommen behindern. Manchmal sind diese Schwellen so klug angebracht, daß man tatsächlich glaubt, es sei kein Wasser auf dem Grund des Brunnens zu finden. Vielleicht sieht die Klappe wie der Grund des Bodens selbst aus. Vielleicht ist diese Klappe geschlossen und man braucht einen Schlüssel. Vielleicht ist die Klappe zugenagelt, und man braucht eine Zange, oder sie ist verleimt, und man benötigt ein Stemmeisen."

Diskussion: Sammeln Sie Beispiele aus der Gruppe für die Erfahrung intuitive Verstehen und Wissen. Zum Beispiel kann es vorkommen, daß jemand plötzlich Zugang zu seiner inneren Weisheit findet, wenn er von einer anderer Person konfrontiert wird, oder ein Satz, den man hört, öffnet plötzlich eine innere Tür.

Information: Intuitives Verstehen und Wissen wird manchmal in der Körpermitte (in der Nabelgegend) oder im Zentrum des Kopfes oder zwischen den Augen erfahren. Manchmal kann man auch in Kontakt damit kommen, wenn man dem Fließen des Atems folgt.

Praktische Übung: Geben Sie den Klientinnen Gelegenheit, nach innen zu schauen und in Kontakt mit ihrem intuitiven Verstehen und Wissen zu kommen. Erklären Sie den Klientinnen, daß es sich dabei nicht anders verhält wie beim Fahrradfahren: Man kann es nur lernen, indem man es ausprobiert. Weisen Sie sie an, ihrem Atem zu folgen (auf das Kommen und Gehen des Atems zu achten), während sie tief und ruhig atmen, und dann nach einer Weile ihre Aufmerksamkeit zu ihrer Körpermitte zu lenken, dorthin wo der tiefste Punkt ihres Atems sitzt. An eben dieser Stelle zentriert sich das innere Wissen. Im Anschluß bitten Sie die Teilnehmerinnen, ihre Erfahrungen mit den anderen Gruppenmitgliedern zu teilen.

Diskussion: Dieses Wissen kann manchmal wie die Stille nach dem Sturm kommen, eine Erfahrung, eine Erkenntnis, die unmittelbar auf eine Krise oder auf ein großes Chaos folgt. Plötzlich stößt man zum Kern einer Sache vor, erkennt oder weiß etwas unmittelbar, klar und deutlich. Plötzlich erkennt man das Gesamtbild, während zuvor lediglich Teilaspekte erfaßt wurden. Oder man hat angesichts einer schwierigen Entscheidung plötzlich das sichere „Gefühl", was die richtige Wahl ist. Diese Gewißheit kommt von tief innen und nicht aus den momentanen Gefühlen heraus. Fragen Sie die Teilnehmerinnen nach ähnlichen Erfahrungen oder anderen Beispielen.

D. **Die Unterscheidung von intuitive Verstehen und Wissen und Gefühlsanteil**

Information: Für beide Anteile gilt: Man „fühlt", daß etwas so ist. Die Intensität von Gefühlen kann zu einer Gewißheit führen, die der ruhigen gelassenen Sicherheit des intuitiven Verstehens und Wissen ähnelt. Auch hier kann man das Bild vom Brunnen verwenden: „Nach einem heftigen Regenschauer kann sich so viel Wasser oberhalb eines Zwischenbodens im Brunnen sammeln, daß man dieses Wasser mit dem tiefen Ozean am Grunde des Brunnens verwechseln kann."

Diskussion: Hier gibt es keine einfache Lösung. Geben Sie folgenden Hinweis: „Man reagiert vermutlich emotionsgesteuert, wenn sehr intensive Gefühle vorhanden sind. Dann sollte man dem Ganzen Zeit geben. Bleibt die Gewißheit, insbesondere wenn man sich innerlich ruhig und sicher fühlt, dann reagiert man wahrscheinlich aus seinem intuitiven Verstehen und Wissen heraus." Fragen Sie die Teilnehmerinnen nach ihren eigenen Ideen zur Unterscheidung der beiden Anteile.

III. BESPRECHEN SIE ARBEITSBLATT 2 - INNERE ACHTSAMKEIT: „WAS-FERTIGKEITEN": WAHRNEHMEN - BESCHREIBEN - TEILNEHMEN

A. Welche Fertigkeiten sind notwendig, um die eigenen Bewußtseinsprozesse steuern zu können? Hier spielen die Fertigkeiten zur Steigerung der Achtsamkeit eine ganz wesentliche Rolle. Beschreiben Sie die beiden unterschiedlichen Arten dieser Fertigkeiten:
(1)"**Was-Fertigkeiten**": konkretes Verhalten (was tue ich?)
(2)"**Wie-Fertigkeiten**": Haltung oder Einstellung (in welcher Weise tue ich es?).

B. Wichtig ist zu Punkt 1, den „Was-Fertigkeiten", daß man zu einem bestimmten Zeitpunkt nur eine davon verwenden kann - entweder wahrnehmen oder beschreiben oder teilnehmen. Es können jedoch nicht alle drei Verhaltensweisen auf einmal verwirklicht werden. Im Gegensatz dazu können die „Wie-Fertigkeiten" alle gleichzeitig verwendet werden.

C. **Wahrnehmen.** Erklären Sie: Mit Wahrnehmen ist hier gemeint, etwas zu spüren oder zu erfahren, ohne diese Erfahrung zu beschreiben oder zu benennen. Es heißt, etwas aufzunehmen oder bei etwas dabeizusein.

Praktische Übung:
Bitten Sie die Teilnehmerinnen, einige der folgenden Übungen zu versuchen:

1. „Spüren Sie Ihr Gesäß (Rücken, Füße) auf der Sitzfläche des Stuhles?"
2. „Spüren Sie Ihre Hand auf einer kühlen Unterlage (zum Beispiel einen Tisch oder Stuhl) oder auf einer warmen Unterlage (zum Beispiel Ihrer anderen Hand)?"
3. „Lenken Sie Ihre Aufmerksamkeit auf Ihren Bauch, und versuchen Sie, ihn zu spüren. Dann dasselbe mit den Schultern."
4. „Fahren Sie mit dem Finger gerade oberhalb der Oberlippe entlang, hören dann damit auf und beobachten, wie lange es dauert, bis Sie Ihre Oberlippe nicht mehr spüren."

5. „Nehmen Sie die ersten beiden Gedanken wahr, die Ihnen kommen."
6. „Stellen Sie sich Ihren Verstand als ein Fließband vor. Ihre Gedanken und/oder Gefühle laufen auf diesem Förderband an Ihnen vorbei. Nehmen Sie nun jeden Gedanken und/oder jedes Gefühl von diesem Fließband herunter und verpacken es jeweils in eine Schachtel."
7. „Stellen Sie sich den Verstand als den Himmel vor, Gedanken und Gefühle sind Wolken. Sie nehmen jede Wolke, die vorbeizieht, wahr."
8. „Wenn Sie bemerken, daß Sie dabei sind, Gedanken, Gefühle oder Eindrücke zu beschreiben, dann treten Sie innerlich einen Schritt zurück und betrachten Ihr Beschreiben."
9. „Wenn Sie bemerken, daß Sie abgelenkt sind, so beobachten Sie dies. Beobachten Sie sich selbst, wie Sie bemerken, daß Sie abgelenkt waren."

Hinweis: Es ist sehr wichtig, den Klientinnen zu helfen, in einer offenen Weise wahrzunehmen. Das heißt, daß alles, was sich in ihrer Gedankenwelt abspielt, geeignetes Material ist. Egal was sie tun, sie können davon immer einen Schritt zurücktreten und wahrnehmen. Sammeln Sie Rückmeldungen der Gruppenteilnehmerinnen. Arbeiten Sie so lange mit den Klientinnen, bis diese im wesentlichen erfaßt haben, was mit Wahrnehmen gemeint ist. Achten Sie darauf, wie lange jede einzelne wahrnehmen kann. Meist muß im Verlauf von ein bis zwei Minuten mehrere Male immer wieder neu begonnen werden.

Information: Erinnern Sie die Teilnehmerinnen daran, daß sie, wenn sie beobachten nicht aus sich selbst heraustreten, sondern innerlich einen Schritt zurücktreten sollen. Wahrnehmen bedeutet nicht zu dissoziieren. Wenn dies für eine Teilnehmerin schwierig ist, soll sie folgendes probieren: „Stellen Sie sich vor, daß der Ort, an dem Sie sich außerhalb Ihrer selbst befinden, eine Blume ist. Diese Blume ist mit Ihrem Körpermittelpunkt durch einen langen Stengel verbunden. Ihr Körpermittelpunkt ist die Wurzel der Blume. Folgen Sie in Ihrer Vorstellung dem Stengel zur Wurzel. Und das machen Sie jedes Mal, wenn Schwierigkeiten bei der Übung auftauchen."

D. **Beschreiben.** Erklären Sie:
„Beschreiben heißt Worte verwenden, um darzustellen was man wahrnimmt."

Information: Wahrnehmen ist wie Fühlen - dabei braucht man keine Worte. Wahrnehmen ist Beobachten und Dabeisein. Beschreiben ist eine Reaktion auf das Wahrnehmen; es ist das Benennen dessen, was beobachtet wird.

Diskussion: Besprechen Sie in der Runde den Unterschied zwischen Beschreiben und Wahrnehmen. Nochmals, Wahrnehmen ist wie Fühlen - ohne Worte. Beschreiben heißt, Worte oder Gedanken verwenden, um zu benennen, was beobachtet wird.

Diskussion: Besprechen Sie, wie das Benennen eines Gedankens voraussetzt, daß man bemerkt, daß es sich um einen Gedanken und nicht um eine Tatsache handelt. Nennen Sie Beispiele für den Unterschied zwischen dem Gedanken „ich bin unfähig" und tatsächlicher Inkompetenz. Holen Sie die Rückmeldung der Gruppenmitglieder ein. Und geben Sie viele weitere Beispiele. Es ist sehr wichtig, daß die Klientinnen diese Unterscheidung begreifen.

Praktische Übung: Regen Sie die Teilnehmerinnen an, die Beobachtung ihrer Gedanken und auch deren Benennung als Gedanken zu üben. Schlagen Sie ihnen vor, die Gedanken in Kategorien einzuordnen (zum Beispiel „Gedanken über mich selbst", „Gedanken über andere", etc.). Verwenden Sie wieder die Fließbandübung. Dieses Mal sollen sich die Klientinnen vorstellen, daß sie die auf dem Band laufenden Gedanken und Gefühle sortieren und dann in verschiedene Schachteln verpacken: eine Schachtel für Gedanken, eine Schachtel für Körpergefühle und eine Schachtel für Handlungsimpulse (zum Beispiel den Impuls, aufzuhören).

Diskussion: Besprechen Sie den Unterschied zwischen Beschreiben und Beurteilen. Beurteilen bedeutet immer eine Wertaussage. Beschreiben beschränkt sich dagegen auf die reinen Fakten.

E. **Teilnehmen.** Erläutern Sie: „Teilnehmen bedeutet, ganz in einer Aktivität aufzugehen, sozusagen eins zu werden mit der Tätigkeit, sich - bildlich gesprochen - in etwas hineinzuwerfen. Es ist in gewissem Ausmaß spontanes Verhalten, obwohl man es auch ganz bewußt tun kann".

Diskussion: Teilnehmen ist das eigentliche

Ziel. Wahrnehmen und Beschreiben verwenden wir nur aus dem Grund, um etwas genauer zu verstehen und es verbessern zu können. Veranschaulichen Sie das mit Beispielen (zum Beispiel das Autofahren): „Wenn wir plötzlich ein anderes Auto fahren oder im Englandurlaub plötzlich links fahren müssen, wird es nötig, daß wir innehalten und unser Tun wieder beobachten und beschreiben." Sammeln Sie Beispiele der Klientinnen.

F. Diskutieren Sie über die **Beziehungen zwischen den drei Fertigkeiten**. Besprechen Sie mit den Klientinnen, welche der „Was-Fertigkeiten" (Wahrnehmen, Beschreiben, Teilnehmen) ihre Stärke und welche ihre Schwäche ist. Die Fertigkeit, mit der sie die meisten Schwierigkeiten haben, sollten sie besonders üben.

IV. BESPRECHEN SIE ARBEITSBLATT 3 - INNERE ACHTSAMKEIT: „WIE-FERTIGKEITEN": NICHT BEWERTEND - KONZENTRIERT - WIRKUNGSVOLL

A. **Nicht bewertend:** Beim Wahrnehmen, Beschreiben und Teilnehmen soll eine nicht wertende Haltung angestrebt werden. Bewerten meint dabei jede Form des Etikettierens, sobald etwas als gut oder schlecht beurteilt oder auch als wertvoll oder wertlos beurteilt wird. Hierbei wird immer etwas als mehr oder weniger „gut" oder „schlecht" bewertet. Es ist eine wichtige Fertigkeit, Dinge nicht in dieser Weise zu bewerten.

Information: Es ist ein Unterschied, ob man das, was eine Person tut, bewertet, das heißt, ihr Verhalten mit dem Etikett „gut" oder „schlecht" versieht, oder ob man die Folgen, die dieses Verhalten nach sich zieht, beschreibt. Diese können schmerzhaft, destruktiv oder schädlich sein. Wenn jemand seine wertende Haltung aufgibt, kann er dennoch weiterhin Konsequenzen beobachten oder wahrnehmen. Manchmal kann ein Urteil eine Beschreibung der Konsequenzen in Kurzform sein. „Dieses Fleisch ist schlecht" kann eine Kurzform sein für „es ist voller Bakterien und kann zur Folge haben, daß man krank wird, wenn man es ißt."

Diskussion: Sammeln Sie Beispiele für die Unterscheidung zwischen Bewerten und dem Wahrnehmen von Konsequenzen: „dein Verhalten ist schrecklich" gegenüber „dein Verhalten verletzt mich" oder „was du tust wird dazu führen, daß ich mich verletzt fühle", oder ein anderes Beispiel: „ich bin dumm (und schlecht)" gegenüber „ich habe nun schon die dritte Verabredung versäumt; wenn ich mich nicht ändere, wird mir das Schwierigkeiten mit der Freundin einbringen".

Information: Manchmal ist das Bewerten lediglich die Kurzform eines Vergleichs: Etwas wird an einem Standard oder einer Norm gemessen. In diesem Fall beinhaltet die Bewertung Information. Eine Tomate wird als „nicht gut" bezeichnet, weil sie sich von einer frischen Tomate unterscheidet. Oder es ist die Kurzform um eine Präferenz auszudrücken. Ein Raum sieht „schlimm" aus, ein Buch war"schlecht" - damit drückt man seine persönliche Vorliebe in bezug auf Raumgestaltung oder Lesestoff aus (manchmal auch eine persönliche oder allgemeine Norm darüber, wie Räume auszusehen haben oder wie Bücher geschrieben sein müßten). Leider wird mit der Zeit oft vergessen, daß die Bewertung eigentlich eine Kurzformel ist, und man beginnt, sie für bare Münze zu nehmen.

Diskussion: Die Teilnehmerinnen gehen unter Umständen davon aus, daß, wenn jemand sagt, eine Sache oder eine Person sei nicht „schlecht", daß sie dann „gut" sein muß, und umgekehrt. Dies stimmt allerdings nur, wenn man die Dichotomie von „gut - schlecht" im Kopf hat und diese Form benützt, um die Dinge zu beschreiben. In den Begriffen „gut" und „schlecht" zu denken kann unter Umständen aber sehr destruktiv wirken und ist im übrigen gar nicht notwendig. Lassen Sie die Teilnehmerinnen über all die Anlässe berichten, wo andere sie bewerteten, wo sie selbst aber das Gefühl hatten, daß das, was sie taten, dachten oder fühlten, weder gut noch schlecht war.

Diskussion: Das Bewerten wird oft verwendet als eine Möglichkeit, die eigene Verantwortung zu umgehen. Erklären Sie den Teilnehmerinnen: „Wenn jemand etwas tut, das ich nicht mag, und ich möchte, daß er damit aufhört, so kann ich sagen: „das ist schlecht, was du tust". Damit brauche ich mich nicht der Tatsache zu stellen, daß der wahre Grund, warum er aufhören soll ist, daß ich (und vielleicht alle anderen auch) nicht mag, was er tut, nicht daran glaube, oder die Konsequenzen nicht wünschenswert finde." Wann haben die Teilnehmerinnen erlebt, daß andere versucht haben, ihr Verhalten auf diese Weise zu kontrollieren? Wann haben sie selbst das mit anderen probiert? Ergänzen Sie durch eigene Beispiele.

Hinweis: Borderline-Klientinnen glauben häufig an ein tatsächlich vorhandenes „Gut" und „Schlecht" oder „Böse". Hier müssen Sie dialektisch vorgehen und auf eine Synthese verschiedener Gesichtspunkte hinarbeiten. Erwarten Sie nicht, daß die Klientinnen ihre Bewertungen widerspruchslos aufgeben! Sie werden Beispiele wie Hitler (oder seltener, sexuellen Mißbrauch) als „das Böse" schlechthin anführen. Daher ist es wichtig zu betonen, daß Urteile und Wertungen in bestimmten Kontexten durchaus ihre Berechtigung haben. Das Bewerten loszulassen, ist eine Idee, die sich im Laufe der Zeit entwickelt. Am Anfang sollte man nichts forcieren. Am besten konzentriert man sich zunächst auf das Verringern von Selbstbewertungen (eine ausführlichere Erörterung dieser Aspekte findet sich in Kapitel 7 des Handbuches).

Information: Manche Menschen werden dafür bezahlt, daß sie Dinge mit einer Norm vergleichen oder Konsequenzen vorhersagen, das heißt, daß sie urteilen. Lehrer geben Noten, Lebensmittelhändler liefern „gute" Ware und sortieren „schlechte" aus. „Gut" dient als Rückmeldung für bestimmtes Verhalten, es zeigt an, welches Verhalten man fortführen bzw. womit man aufhören soll. Es gilt also das Bewerten nicht zu bewerten, das Urteilen selbst wertfrei zu sehen. Manchmal ist es einfach notwendig. Die meisten von uns übertreiben damit jedoch, insbesondere wenn es darum geht, die eigene Person zu beurteilen.

Diskussion: Besprechen Sie den Unterschied zwischen einer Bewertung und der Feststellung einer Tatsache. Das Konstatieren einer Tatsache kann wie eine Bewertung erscheinen, da die Tatsache gleichzeitig beurteilt wird. Ein Beispiel: Die Aussage „ich bin dick" kann einfach eine Tatsache feststellen. Wenn man jedoch (implizit, in Gedanken, im Tonfall) hinzufügt, daß Dicksein schlecht oder unattraktiv ist, so kommt eine Bewertung hinzu. Ein wertender Begriff, den Klientinnen häufig verwenden, ist „dumm", „da habe ich mich blöd verhalten", „ich bin dumm" oder „wie konnte ich so was Dummes sagen." Wertungen verkleiden sich oft als Feststellungen, daher sind sie manchmal schwer zu fassen. Auch im Therapiesektor ist man darin manchmal sehr versiert. So wollte mir einmal ein Therapeut weismachen, daß es keine wertende Aussage sei, eine Klientin narzißtisch zu nennen (um auszudrücken, daß sie sich in meiner Anwesenheit „realer" fühlte). Fragen Sie die Teilnehmerinnen nach weiteren Beispielen.

B. **Konzentriert.** Hier wird angestrebt, sich im jeweiligen Augenblick ausschließlich auf eine Sache zu konzentrieren. Erläutern Sie den Teilnehmerinnen diesen Prozeß. Betonen Sie, daß es darum geht, seine Aufmerksamkeit auf eine Aktivität zu einer Zeit zu konzentrieren und mit seiner ganzen Person bei der Sachezu sein.

Information: Das ist etwa das Gegenteil von dem, was wir normalerweise tun.
Erklären Sie: „Oft meinen wir, daß wir mehr erreichen, wenn wir mehrere Dinge gleichzeitig tun. Das ist jedoch falsch. Allerdings ist damit nicht gesagt, daß man nicht von einer Sache zu einer anderen wechseln kann. Der Trick dabei ist, die Konzentration jeweils vollkommen auf das, was man im Moment tut, zu richten. Dies gilt sowohl für mentale als auch für körperliche Tätigkeiten."

Diskussion: Besprechen Sie mit den Teilnehmerinnen, wie es ist, zwei Dinge gleichzeitig zu tun. Ein Beispiel dafür wäre, wenn jemand im Gruppentraining sitzt und über Vergangenes nachdenkt oder sich Sorgen über Zukünftiges macht.
Erklären Sie: „Eine in unserem Sinne achtsame Haltung würde bedeuten, daß Sie, wenn Sie über die Vergangenheit nachdenken, Ihre ganze Aufmerksamkeit darauf konzentrieren. Wenn Sie sich über die Zukunft sorgen, sollten Sie dies mit Ihrer gesamten Aufmerksamkeit tun. Dasselbe gilt für Ihre Teilnahme an der Gruppe: Seien Sie mit Ihrer gesamten Konzentration dabei". Bitten Sie die Teilnehmerinnen, weitere Beispiele zu nennen (zum Beispiel Fernsehen oder Lesen während des Essens).

Diskussion: Dieses Prinzip hat große Ähnlichkeit mit der von Thomas Borkovec (Borkovec & Inz, 1990) entwickelten Therapie für chronische Zweifler. Diese Therapie

schreibt vor, sich 30 Minuten am Tag für das Sich-Sorgen-Machen zu reservieren.
Erklären Sie : „Jeden Tag sollen Sie - möglichst am gleichen Platz - die gesamte vorgesehene Zeit mit Sich-Sorgen verbringen. Sorgen, die während des restlichen Tages auftauchen, sollen aus dem Denken verbannt werden - man hat ja die Beruhigung, daß man sich in der dafür vorgesehen Zeit damit befassen wird. Eine ähnliche Technik wird bei Schlaflosigkeit verwendet: Bevor man zu Bett geht, schreibt man alles auf, was man morgen nicht vergessen darf. Diese Dinge werden einen dann nicht mehr vom Schlafen abhalten".

Information: Die Konzentration auf eine Sache zu einer Zeit schließt komplexe Tätigkeiten mit vielen simultan ablaufenden Prozessen nicht aus. Was immer man tut, man konzentriere sich voll darauf. Im wesentlichen geht es um ein Handeln mit ungeteilter Aufmerksamkeit. Im Gegensatz dazu stehen Gedankenlosigkeit (das heißt automatisches Verhalten ohne Bewußtheit) und zerstreutes Verhalten (das heißt, wenn man an einer Sache arbeitet, gleichzeitig an eine andere Sache denkt oder noch etwas anderes tut).

C. **Wirkungsvoll.** Hier geht es darum, wirkungsvoll zu handeln, sich auf das zu konzentrieren, was funktioniert und nicht auf „gut" versus „böse" oder „gerecht" versus „ungerecht". Im allgemeinen ist es das Gegenteil von „sich ins eigene Fleisch schneiden".

Information: Um das zu tun, was funktioniert (oder wirkungsvoll ist) muß man sein Ziel kennen. Ein Beispiel: Jemand möchte eine Lohnerhöhung, denkt aber, daß sein Vorgesetzter es selbst merken müßte, daß er sie verdient hat. - Also fragt er nicht. In diesem Fall ist es der Person wichtiger, bei ihrer vorgefaßten Meinung zu bleiben, als ihr Ziel zu erreichen.

Information: Um effektiv zu handeln, muß man die tatsächliche Situation kennen und darauf reagieren - und nicht auf das, was man meint, was sein sollte. Um ein Beispiel zu nennen: Die rechte Fahrspur auf amerikanischen Autobahnen ist (wie bei uns) für die langsameren Fahrzeuge ausgewiesen. Wer einem langsamen Fahrzeug auf der linken Spur folgt (anstatt es einfach, was in den USA erlaubt ist, rechts zu überholen, Anm. d. Übers.) handelt, als würden sich alle an diese Vorschriften halten. Nur tun das eben nicht alle.

Information: Wirkungsvolles Handeln heißt, daß man nach den jeweiligen Regeln spielt. Besonders wichtig ist das, wenn man wenig Macht hat, und die Sache, um die es geht, sehr wichtig ist. Ein gutes Beispiel dafür ist eine Patientin, die gegen ihren Willen in einem Krankenhaus ist. Das Pflegepersonal bestimmt, in welchen Fällen die Patientin Privilegien erhält. Zu Recht oder Unrecht, sie haben die Macht, nicht die Patientin.

Diskussion: Sammeln Sie Beispiele der Teilnehmerinnen, wann sie „sich ins eigene Fleisch geschnitten" haben. Nennen Sie auch Beispiele aus Ihrer persönlichen Erfahrung - je grotesker oder lächerlicher, desto besser - wie Sie sich bei dem Versuch, auf Ihrem Recht zu beharren, ins eigene Fleisch geschnitten haben.

Information: Wirkungsvolles Handeln erfordert „kluges" oder „diplomatisches" Verhalten. Es bedeutet, Menschen so zu nehmen, wie sie sind (statt so, wie sie sein"sollten"). In diesem Zusammenhang ist vielleicht folgendes Bild hilfreich: Andere Menschen sind wie andere Kulturen. Was in der einen Kultur funktioniert, kann für die andere gänzlich unpassend sein. Sich darauf zu konzentrieren, was „richtig" ist, statt darauf, was geht, ist so, als wolle man versuchen, dem Land, das man besucht, die eigene Kultur aufzuzwingen.

Diskussion: Sammeln Sie Beispiele für Situationen, in denen Klientinnen ihre eigene „Kultur" oder ihre Ansichten anderen aufgezwungen haben. Wann haben andere das mit ihnen gemacht?

Information: Wirkungsvolles Handeln erfordert es manchmal, die eigenen Prinzipien zugunsten der Ziele zu opfern. In extremen Situationen (zum Beispiel in einem Konzentrationslager, wo das Nichteinhalten der Spielregeln den Tod bedeuten würde) sind die meisten von uns bereit, nach den Regeln zu spielen, auch wenn diese nicht gerecht sind. Im normalen Leben ist das oft sehr schwierig, gerade auch, wo es ganz besonders gefordert wird, etwa gegenüber Autoritätspersonen.

D. Besprechen Sie mit den Teilnehmerinnen,

welche „Wie-Fertigkeiten" (eine nicht bewertende Haltung, die Konzentration auf eine Sache und eine Ausrichtung auf wirkungsvolles Handeln) sie gut beherrschen und wo ihre Schwächen liegen. Die Fertigkeit, mit der sie am wenigsten gut zurechtkommen, müssen sie besonders üben.

VI. Geben Sie eine **Zusammenfassung** der wesentlichen Punkte dieses Kapitels: Anteile des Selbst, Achtsamkeit, „Was-Fertigkeiten" (Wahrnehmen, Beschreiben, Teilnehmen und „Wie-Fertigkeiten").

8

Training der interpersonellen Wirksamkeit

Ziele des Moduls

Die zwischenmenschlichen Verhaltensweisen, die im DBT-Fertigkeitentraining vermittelt werden, haben große Ähnlichkeit mit denen, die in vielen anderen Selbstsicherheitsgruppen oder interpersonellen Problemlösegruppen behandelt werden. Es werden wirkungsvolle Strategien vermittelt, wie man nach etwas fragen kann, das man braucht, wie man nein sagen oder wie man mit interpersonellen Konflikten umgehen kann. „Wirkungsvoll" heißt hier, daß man Veränderungen, die man sich wünscht, auch erreicht, daß eine Beziehung bestehen bleibt und daß die Selbstachtung dabei aufrechterhalten bleibt. Die für eine soziale Effektivität notwendigen Verhaltensmuster bestimmen sich fast gänzlich nach den Zielen einer Person in einer bestimmten Situation. Daher ist die Fähigkeit, eine Situation zu analysieren und Ziele festzusetzen, sehr wesentlich für interpersonelle Effektivität. Der erste Abschnitt des Moduls „interpersonelle Fähigkeiten" behandelt dieses Thema.

Borderline-Klientinnen haben an sich häufig gute interpersonelle Fähigkeiten. Die Probleme bestehen zumeist in der Anwendung dieser Fertigkeiten in spezifischen Situationen. Eine Person kann durchaus fähig sein, effektive Verhaltensweisen zu benennen, wenn es sich um die Schwierigkeiten einer anderen Person handelt, aber sie kann dabei versagen, wenn es um die Analyse ihrer eigenen Situation geht. Das Problem liegt meistens darin, daß die Anwendung von Fertigkeiten, über die eine Person eigentlich verfügt, durch Einstellungsmuster oder unkontrollierbare emotionale Reaktionen verhindert wird. Die vorzeitige Beendigung von Beziehungen ist einer der Hauptfehler, die Borderline-Klientinnen machen. Eine solche Beendigung ist vermutlich Folge von Schwierigkeiten in allen Bereichen von Fertigkeiten. Mangelnde Streßtoleranz macht es schwierig, Ängste oder Frustrationen zu ertragen, die typisch für konflikthafte Situationen sind. Schwierigkeiten im Umgang mit Gefühlen führen zu einer Unfähigkeit, chronischen Ärger oder Frustration abzubauen. Unangemessene interpersonelle Problemlösefertigkeiten machen es schwierig, konflikthafte Beziehungen in positive Begegnungen umzuwandeln. Eine bewertende Haltung, das heißt eine mangelnde innere Achtsamkeit, macht es schwer, eigene Wünsche und Ziele zu erkennen oder einzuschätzen, wodurch sich eine Situation verbessern ließe. Interpersonelle Fertigkeiten können nicht in einem „luftleeren Raum" entwickelt werden. Mehr noch als die anderen Fertigkeiten sind sie von der gleichzeitigen Verbesserung der übrigen Fertigkeiten abhängig.

Menschen mit einer Borderline-Störung schwanken häufig zwischen Konfliktvermeidung und intensiver Konfrontation. Die Wahl von Vermeidung oder Konfrontation wird aber ungünstigerweise meistens eher von dem jeweils vorherrschenden Gefühl als von den Erfordernissen der gegenwärtigen Situation bestimmt. Ein Fertigkeitentraining fordert die negativen Erwartungen von Klientinnen bezüglich ihrer Umgebung, ihrer Beziehungen und ihrer selbst heraus. Das Ziel dieses Moduls ist es, die Klientinnen zu lehren, wie sie spezifische interpersonelle Problemlösefertigkeiten, soziale und Selbstsicherheitsfertigkeiten einsetzen können, um eine aversive Umgebung zu beeinflussen und ihre Ziele in interpersonellen Begegnungen zu erreichen. Das Modul konzentriert sich in erster Linie auf Situationen, in denen es das Ziel ist, etwas zu verändern (das heißt, jemanden bitten, etwas zu tun) oder sich Veränderungen zu widersetzen, die jemand anderes von einem wünscht (das heißt, nein sagen). Das Ziel für die Teilnehmerinnen eines solchen Selbstsicherheitstrainings ist es, auf eine Weise auf ihren eigenen Wünschen, Zielen und Meinungen zu bestehen, daß sie von anderen Menschen respektiert werden. Die in diesem Modul vermittelten Fertigkeiten sollen die Wahrscheinlichkeit erhöhen, daß eine Person ihre Ziele in einer bestimmten Situation erreicht und gleichzeitig die interpersonellen Beziehungen und die Selbstachtung der Person nicht beeinträchtigt, sondern im Idealfall noch vergrößert werden.

Der Inhalt gliedert sich in mehrere Abschnitte: Der erste Abschnitt besteht aus den interpersonellen Basisfertigkeiten; diese sind auf der Rückseite des Wochenprotokolls aufgeführt und werden während des ganzen Behandlungsjahres geübt. Der zweite Abschnitt behandelt die Identifizierung von Faktoren, die die soziale Kompetenz fördern und von Faktoren, die diese beeinträchtigen. Der dritte Abschnitt behandelt Faktoren, die man berücksichtigen sollte, bevor man jemanden um etwas bittet, nein sagt oder seine Meinung äußert. Anschließend werden spezifische Fertigkeiten vermittelt: Sich selbst anspornen, bekommen was man möchte, eine Beziehung aufrechterhalten, die Selbstachtung aufrechterhalten.

Vor allem bei diesem Modul kann es schwierig werden, es in acht Wochen durchzuarbeiten. Ich selbst habe auch oft bei dem ersten Durchgang des Moduls ein oder zwei Wochen mehr dafür aufgewendet. Es kann leicht geschehen, daß man für die erste Hälfte zu viel Zeit verwendet und so zu wenig Zeit bleibt für die spezifischen Verhaltensfertigkeiten (Orientierung auf Ziele, die Beziehung und die Selbstachtung). Mindestens die Hälfte der Zeit sollte auf diese drei Fertigkeiten verwendet werden. Dies ist wichtig, weil das praktische Einüben von neuen Verhaltensweisen innerhalb der Therapiesitzungen ein wichtiger Bestandteil eines interpersonellen Fertigkeitentrainings ist. Dieses Einüben innerhalb von Therapiesitzungen allerdings kann sehr schwierig sein für unerfahrene Therapeutinnen und für solche Therapeutinnen, die keine Erfahrung mit der Verhaltenstherapie haben. So kann es sehr leicht geschehen, daß dieses Training in dem Modul ausgelassen wird.

Zu Beginn des Moduls werden eine Vielzahl von eher „kognitiven" Informationen und Fertigkeiten vermittelt. Diese Abschnitte wurden in das Modul aufgenommen, weil einige dieser Themen manchen Borderline-Klientinnen Schwierigkeiten bereiten. In einigen meiner Gruppen gab es Teilnehmerinnen, die nicht mit dem Training weitermachen wollten, bevor wir nicht ein oder mehrere dieser Themen intensiv besprochen haben. Sie sollten jedoch nur besprochen werden, sofern es notwendig ist. Die Trainerinnen müssen auf einige Themen vielleicht wesentlich mehr Zeit verwenden als auf andere. Nicht alle können intensiv behandelt werden. Die Klientinnen können die Informationen auch selbst zwischen den Sitzungen lesen, oder man kann sie auch behandeln, wenn das Modul ein weiteres Mal angeboten wird. Falls es für eine bestimmte Klientin notwendig ist, können diese Abschnitte auch von der Einzeltherapeutin intensiver bearbeitet werden. Dies gilt vor allem für das Setzen von Zielen und Prioritäten und das Identifizieren von Faktoren, die wirkungsvolles Handeln fördern oder beeinträchtigen.

Themenübersicht

I. Geben Sie den Klientinnen eine **Einführung** in die Fertigkeiten, die Sie in diesem Modul lernen werden, und erläutern Sie deren Bedeutung

A. BESPRECHEN SIE DAS ARBEITSBLATT 1 - ZWISCHENMENSCHLICHE FÄHIGKEITEN: ORIENTIERUNGSHILFEN

Hinweis für die Gruppenleiterinnen: Dieses Arbeitsblatt soll Klientinnen typische Bereiche und Anlässe aufzeigen, bei denen die hier vermittelten Fertigkeiten nützlich sein könnten. Gehen Sie dieses Arbeitsblatt nur kurz durch, und wenden Sie sich dann dem nächsten Arbeitsblatt zu. Wo dies angebracht ist, verwenden Sie später mehr Zeit darauf.

1. Beziehungen pflegen

a. Erläutern Sie: „Sie müssen Ihre Beziehungen pflegen, um sie im Gleichgewicht zu halten".
b. Erläutern Sie: „Sie müssen Ihre Beziehungen pflegen, um sie davor zu bewahren, sich nicht aufzulösen oder auf irgendeine andere Weise zu Ende zu gehen."

Diskussion in der Gruppe: Beziehungen, die nicht gepflegt werden, können enormen psychischen Streß verursachen. Dieser Streß erhöht die emotionale Empfindlichkeit, und dies wiederum kann dazu führen, daß das gesamte Leben in massiver Weise negativ beeinflußt wird. Beziehungen, die nicht gepflegt werden, lösen sich oft auf und gehen zu Ende, auch wenn die betreffende Person eigentlich möchte, daß sie weitergehen. Je länger eine Beziehung nicht gepflegt wird, desto schwieriger wird es, sie wiederaufzubauen. Der Fähigkeit, Beziehungen zu reparieren, wird hier größeres Gewicht beigemessen, als dem Bestreben, „Brüche" von vornherein zu vermeiden.

2. Persönliche Ziele und Anforderungen von anderen Menschen in ein Gleichgewicht bringen - Prioritäten setzen

a. Erläutern Sie: „Ziele sind die Dinge im Leben, die Ihnen wichtig sind, Dinge, die Sie selbst tun möchten oder von denen Sie sich wünschen, daß andere sie für Sie tun."

b. Erläutern Sie: „Anforderungen sind die Dinge, die andere von Ihnen wollen, die Sie deren Ansicht nach erledigen sollen."

c. Erläutern Sie: „Die meisten Schwierigkeiten ergeben sich dadurch, daß die eigenen Ziele in Konflikt stehen mit den Zielen der anderen Person. Man benötigt also gute zwischenmenschliche Fähigkeiten, um die eigenen Ziele aufrechtzuerhalten und/oder Kompromisse auszuhandeln."

Information an die Gruppe: Die Fähigkeit, eigene Ziele und die Forderungen anderer in ein Gleichgewicht zu bringen, ist eine wichtige Voraussetzung dafür, das eigene Leben optimal zu strukturieren, so daß es weder zu „leer" noch zu „voll" ist. Eine schwierige Aufgabe für die meisten Menschen, insbesondere jedoch für diejenigen mit einer Borderline-Störung, da ihnen oft die dazu notwendigen zwischenmenschlichen Fähigkeiten fehlen oder sie in den entsprechenden Situationen nicht darüber verfügen können.

Information: Beschreiben Sie, was genau mit einem Gleichgewicht zwischen Zielen und Anforderungen gemeint ist: Allgemein kann man sagen: Wenn jemand überlastet und überanstrengt ist und zuviel tut, gilt es, zunächst einmal herauszufinden, was mehr und was weniger wichtig ist, und dann „nein" zu sagen gegenüber einigen der weniger wichtigen Forderungen und Prioritäten.

Diskussion: Erläutern Sie: „Was wichtig und was weniger wichtig ist, ist natürlich immer relativ. Besonders schwierig zu entscheiden ist das, wenn eine bestimmte Anforderung für Sie persönlich unwichtig, für andere Personen, mit denen Sie zu tun haben, jedoch von großer Bedeutung ist. Wenn Sie sich in einem solchen Fall entsprechend anpassen, um die Zustimmung der anderen Person zu erlangen, wird letztendlich die Beziehung selbst Schaden nehmen." Holen Sie die Rückmeldungen der Teilnehmerinnen ein, und fördern Sie eine Diskussion zu diesem Thema, um herauszufinden, in welchem Maße dieser Punkt problematisch für die Teilnehmerinnen ist.

Diskussion: Genau wie eine Beziehung dramatisch abbrechen kann, wenn sie nicht gepflegt wird, so besteht die Gefahr, daß ein Individuum zusammenbricht, wenn es Ziele und Anforderungen im Leben nicht pflegt und ausbalanciert. Bitten Sie die Teilnehmerinnen, Beispiele zu nennen.

Diskussion: Einige der Teilnehmerinnen werden sagen, daß bei ihnen nicht zu viele Anforderungen und Ziele das Problem sind, sondern zu wenige. Dies ist insbesondere dann wahrscheinlich, wenn ein Mensch alleinstehend ist, alleine wohnt und nicht arbeitet. In diesen Fällen geht es darum, eine Struktur zu schaffen und die Anforderungen zu erhöhen, statt zu verringern. Hier werden ebenfalls zwischenmenschliche Fähigkeiten gefragt sein. Fördern Sie die Diskussion, und lassen Sie die Teilnehmerinnen berichten.

Information: Ziehen Sie an der Tafel eine Linie, die eine Zeitachse darstellen soll. Wenn jemand im Laufe der Zeit massiv überfordert ist, wird er früher oder später zusammenbrechen oder daran denken, sein Leben zu beenden. Dies sind Situationen, in denen Menschen häufig ihre Arbeitsstelle aufgeben, es werden Suizidversuche begangen oder Partnerschaften beendet oder man zieht in eine andere Gegend.

Diskussion: Sammeln Sie Beispiele der Teilnehmerinnen für Lebenssituationen, in denen sie so massiv überfordert waren, daß es zu einer Krise kam. Gruppenleiterinnen: Teilen Sie den Gruppenmitgliedern Beispiele aus Ihrem eigenen Leben mit.

Information: Welches Ausmaß an Anforderungen ertragen werden kann, ist von Person zu Person und von Zeitpunkt zu Zeitpunkt verschieden. Es hängt unter anderem zusammen mit dem allgemeinen (oder auch dem aktuellen) Energieniveau der Person, mit dem Grad an Hilfe und Unterstützung, den die Person aus ihrer Umgebung erfährt, und ihrem emotionalen Befinden. Menschen sind verschieden, und diese Unterschiede sollte man nicht bewerten.

Diskussion: Borderline-Klientinnen, wie andere Menschen auch, vergleichen sich oft mit anderen und denken, sie sollten ebenso viel tun können wie diese anderen. Diese Vergleiche sind jedoch oft schief, da wichtige Faktoren nicht berücksichtigt wurden. Oft haben Borderline-Klientinnen (wie andere auch) eine naive Einschätzung dessen, was andere Personen in der Lage sind zu tun, und sie überschätzen daher oft das, was andere machen. Sie stellen andere auf ein Podest und fühlen sich ihnen dann unterlegen, wenn sie selbst nicht die gleiche Höhe erreichen. Sie merken nicht, daß das Podest ihre eigene Schöpfung ist und die anderen Personen in Wahrheit oft neben ihnen stehen. Sammeln Sie hierzu Beispiele aus der Runde.

3. **Das Verhältnis von Wollen und Sollen in ein Gleichgewicht bringen**[1]

a. Erläutern Sie: „Mit „Wollen" sind jene Dinge gemeint, die Sie tun, weil Sie sie tun wollen, weil es Ihnen Spaß macht, sie zu tun, sie Ihnen Vergnügen bereiten."

b. Erläutern Sie: „Jene Dinge, die Sie tun, weil Sie sie tun sollten oder weil Sie sie aus irgendeinem Grund tun müssen, bezeichnen wir hier mit „Sollen".

Information: Die grundlegende Idee hierbei ist, daß Leute oft dann zu impulsiven und dysfunktionalen Verhaltensweisen neigen, wenn Sollen und Wollen in ihrem Leben aus dem Gleichgewicht geraten. Eine gesunde Lebensweise erfordert eine Balance zwischen Sollen und Wollen. Eine Person, deren Leben durch das Wollen beherrscht wird, gerät in Schwierigkeiten, weil sie Verantwortlichkeiten nicht wahrnimmt und Verpflichtungen nicht erfüllt. Dem gegenüber wird ein Leben, das hauptsächlich von Müssen und Sollen regiert wird, zu Depression, Frustration und Wut führen. Auf Dauer ist also eine Ausgewogenheit unerläßlich. Diese Aspekte sollten ausführlich besprochen werden, da Borderline-Klientinnen meiner Erfahrung nach häufig Schwierigkeiten damit haben, diese Gedanken nachzuvollziehen.

Information: Malen Sie eine Waage mit zwei Waagschalen an die Tafel, um den Teilnehmerinnen die hier besprochenen Aspekte in einem anschaulichen Bild zu vermitteln. Sicherlich gelingt es manchmal, ein Gleichgewicht zwischen Wollen und Sollen herzustellen, ohne zwischenmenschliche Fertigkeiten einzusetzen, in den meisten Fällen sind diese allerdings notwendig. So kann es zum Beispiel erforderlich sein, daß die eigene Meinung von anderen ernstgenommen wird, es kann heißen, daß andere Leute dazu veranlaßt werden, bestimmte Dinge zu tun, oder es kann ein Neinsagen zu unerwünschten Forderungen sein.

Diskussion: Fragen Sie die Teilnehmerinnen nach dem Verhältnis von Wollen und Sollen in ihrer momentanen Lebenssituation, und fragen Sie sie, was es ihrer Meinung nach brauchen würde, um wieder ein Gleichgewicht herzustellen. Hier ist es besonders wichtig, den Bezug zwischen dem Ausbalancieren von Sollen und Wollen und dem Einsatz von zwischenmenschlicher Kompetenz herzustellen. Erarbeiten Sie mit den Teilnehmerinnen Beispiele, wie sie bei anderen auf Kritik stoßen können bei ihrem Bestreben, Sollen und Wollen in einem Gleichgewicht zu halten.

4. **Selbstachtung und Kompetenz entwickeln und steigern**

a. Erläutern Sie: „Sie erwerben Kompetenz, wenn Sie Dinge tun, durch die Sie sich wirkungsvoll und erfolgreich fühlen."

b. Erläutern Sie: „ Sie erwerben Selbstachtung, wenn Sie für sich selbst einstehen, Ihre eigene Meinung und Ihre eigenen Überzeugungen äußern, wenn Sie Ihrer inneren Weisheit folgen und das tun, was Sie für richtig und gut halten."

Information: Kompetenz ist das Gegenteil von „aktiver Passivität" (eine Beschreibung dieses Konzeptes findet sich im Buch in Kapitel 3). Um Kompetenz zu erwerben, muß man Dinge tun, die schwierig sind, die eine gewisse Herausforderung darstellen. Eine Gegenspielerin von Kompetenz ist die Hoffnungslosigkeit. Es gilt, Hindernisse zu überwinden. So haben die meisten erfolgreichen Menschen unserer Welt keinesfalls weniger Schwierigkeiten zu überwinden, sie stehen nur einfach rascher wieder auf, als nicht erfolgreiche Leute dies tun. Das Sichaufrappeln nach einem Mißerfolg ist bereits Kompetenz. Das Hinfallen ist völlig unwichtig. Dies scheint uns allen von Geburt an mitgegeben. Man muß nur einmal kleine Kinder beim Laufenlernen beobachten: Sie fallen hin, stehen wieder auf, fallen hin und stehen immer wieder auf.

Diskussion: Was ist mit Ihrer Fähigkeit, nach dem Hinfallen wieder aufzustehen, geschehen? Was ist passiert mit Ihrem Streben nach Kompetenz? Natürlich wird das Kompetenzgefühl einer Person nicht wachsen können, wenn sie niemals erfolgreich ist bei einer Aufgabe. Kinder werden erst versuchen zu gehen, nachdem sie krabbeln können. Sie versuchen sich nicht an Dingen, die sie nicht können. Oder wenn sie es versuchen, werden sie bald damit aufhören und etwas anderes probieren, das sie tun können.

Diskussion: Erläutern Sie: „Wenn Sie in einer Familie aufwachsen, in der vieles bestraft wird und in der Probleme nicht anerkannt werden, dann wird es schwierig sein, ein Gefühl von Kompetenz zu entwickeln." Die meisten Borderline-Klientinnen haben Schwierigkeiten, ein Kompetenzgefühl zu erlangen. Sie vergleichen sich ständig mit anderen und bleiben hinter diesen zurück. Es ist, als würde sich eine Person ohne Beine mit Läufern mit zwei gesunden Beinen vergleichen; der Vergleich ist nicht korrekt. Jedoch ist in dem Beispiel mit den Beinen die Behinderung deutlich zu sehen. Bei emotionalen Schwierigkeiten ist die Behinderung weniger offensichtlich. Fragen Sie die Teilnehmerinnen nach ihren Erfahrungen und Ansichten zu diesem Punkt.

Information: Die mit am schwierigsten zu bewältigenden Situationen sind solche zwischenmenschlicher Natur. Wenn ein Mensch schüchtern ist, geht er nicht gerne irgendwo hin. Er findet es schwierig, um etwas zu bitten, was er braucht, es fällt ihm schwer, nein zu sagen, er hat Schwierigkeiten, seiner Meinung direkt Ausdruck zu verleihen, und hat es schwer, Beziehungen zu pflegen. Das Üben dieser zwischenmenschlichen Fertigkeiten führt zum Aufbau von Kompetenz.

Diskussion: Besprechen Sie mit den Teilnehmerinnen, wann sie Dinge gemacht haben, durch die ihr Gefühl von Kompetenz geschwächt wurde. Womit haben sie ihr Kompetenzgefühl erhöht? In welchen Bereichen würden sie sich gerne verändern?

B. Stellen Sie **zwei Arten zwischenmenschlicher Fähigkeiten** vor, die hier vermittelt werden sollen:

1. Um etwas bitten, Forderungen stellen, Diskussionen anregen
2. Nein sagen, Druck standhalten, an einer Meinung, einer Ansicht festhalten

Diskussion: Besprechen Sie mit den Gruppenteilnehmerinnen, wie sie ihre eigenen zwischenmenschlichen Fähigkeiten einschätzen. Manche können gut um etwas bitten, können aber nur ganz schwer nein sagen, während andere nein sagen können, aber nicht um etwas bitten. Wieder andere haben überall Schwierigkeiten. Machen Sie deutlich, daß eine Person in einem bestimmten situativen Kontext durchaus über eine bestimmte Fertigkeit verfügen kann, auf die sie in anderen Situationen keinen Zugriff hat. Beispielsweise können manche Personen Fremden gegenüber durchaus nein sagen, Freunden gegenüber jedoch nicht. Andere können vielleicht Freunde um Hilfe bitten, nicht jedoch ihren Chef. Fragen Sie jede einzelne Teilnehmerin danach, welche Fertigkeiten sie besitzt, in welchen Dingen sie gut ist und woran sie noch arbeiten muß. Teilen Sie an dieser Stelle den Gruppenmitgliedern ruhig Ihre eigenen Stärken und Schwächen mit. Das wichtigste hierbei ist, daß die Klientinnen die Bereiche entdecken, in denen sie besser werden müßten, und so die Relevanz des interpersonellen Kompetenztrainings für ihr eigenes Leben erkennen. Die Diskussion soll auch deutlich machen, daß jeder Mensch Bereiche hat, in denen er sich verbessern kann, und die Tatsache, daß man Defizite hat, also etwas ganz normales ist.

Ich habe die Erfahrung gemacht, daß einige Borderline-Klientinnen in vielen zwischenmenschlichen Situationen außerordentlich kompetent sind, und daß man häufig den Eindruck gewinnen kann, ein Kompetenztraining wäre bei ihnen nicht notwendig. Wenn man aber näher hinsieht und vor allem verschiedene Situationen durchspricht, wird deutlich, daß fast jede einen Nutzen daraus ziehen kann. Es ist also wichtig, sich auch bei sehr kompetenten Menschen intensiv darum zu bemühen, jene Bereiche zu identifizieren, in denen die Person von einem Training profitieren würde.

II. BESPRECHEN SIE DAS ARBEITSBLATT 2 - ZWISCHENMENSCHLICHE FÄHIGKEITEN: ZIELANALYSE: WAS WILL ICH? WAS HABE ICH DAFÜR ZU TUN?

Hinweis: Das entsprechende Hausaufgabenblatt für diese Fertigkeiten ist das Hausaufgabenblatt 1 „Zwischenmenschliche Fähigkeiten: Ziele und Prioritäten in zwischenmenschlichen Situationen".

A. **Orientierung auf das Ziel**: Erläutern Sie: „Zielorientiertes Handeln bezieht sich darauf, daß Sie Ihre Ziele in einer Situation erreichen. Es geht darum, daß Sie in einer Interaktion das bekommen, was Sie möchten, daß Ihre Wünsche ernstgenommen werden. Es geht dabei um die folgenden Fertigkeiten:

1. Die Fähigkeit, auf eine Weise für Ihre Rechte einzustehen, daß sie auch ernstgenommen werden.
2. Die Fähigkeit, andere auf eine Weise um etwas zu bitten, daß sie der Bitte auch nachkommen.
3. Die Fähigkeit, ungerechtfertigte oder unerwünschte Bitten und Forderungen zu verweigern und darin festzubleiben.
4. Die Fähigkeit, interpersonelle Konflikte zu lösen.
5. Erreichen, daß die eigene Meinung oder Sichtweise respektiert wird."

Information: Oft glauben Menschen mit einer Borderline-Störung, daß alle fehlgeschlagenen Versuche, von anderen etwas zu wollen, auf ihre mangelnden Fähigkeiten zurückzuführen sind. Sie übersehen, daß ein Umfeld manchmal auch für die fähigsten Menschen ein unüberwindliches Hindernis darstellen kann. Wenn sie also ihre interpersonellen Fertigkeiten anwenden und nicht erreichen, was sie möchten, kann es sein, daß sie in ihre alte Hoffnungslosigkeit zurückfallen, aggressiv reagieren oder der anderen Person drohen (zum Beispiel sie erpressen), wenn sie ihnen nicht gibt, was sie möchten. Obwohl also verbesserte interpersonelle Fertigkeiten dazu führen sollten, daß Ziele häufiger erreicht werden, sind sie keine absolute Garantie dafür. Frustrationstoleranz und das Akzeptieren von Realitäten sind also unerläßliche Aspekte interpersoneller Kompetenz.

Diskussion: Holen Sie die Rückmeldung der Teilnehmerinnen ein. Wann haben die Teilnehmerinnen wirklich gute interpersonelle Fertigkeiten eingesetzt und dennoch nicht bekommen, was sie wollten? Wie ging es ihnen danach?

B. **Orientierung auf die Beziehung:** Erläutern Sie: „Die Kunst, eine zwischenmenschliche Beziehung aufrechtzuerhalten oder sogar zu verbessern, während Sie versuchen, das zu bekommen, was Sie möchten - das heißt, Ihre Ziele zu erreichen - bezeichnen wir hier als beziehungsorientiertes Handeln. Im optimalen Fall bekommen Sie, was Sie möchten, und die Person mag bzw. respektiert Sie sogar noch mehr als vorher. Dazu gehören folgende Fähigkeiten:

1. Die Fähigkeit, sich so zu verhalten, daß die andere Person Ihnen tatsächlich das geben möchte, worum Sie sie bitten oder daß sie Ihre Ablehnung positiv aufnimmt.
2. Die Fähigkeit, unmittelbare Ziele mit dem in Einklang zu bringen, was langfristig für die Beziehung gut ist."

Information: Erläutern Sie: „Wenn es Ihnen bei einer Interaktion hauptsächlich darum geht, die andere Person zu bewegen, Sie positiver einzuschätzen, Sie nicht mehr zu kritisieren oder abzulehnen, bei Ihnen zu bleiben oder ähnliches, so ist die Verbesserung der Beziehung das Ziel, und die Situation sollte unter dem Stichwort Zielorientierung betrachtet werden. Beziehungsorientierung bezieht sich in diesem Fall eher darauf, einen Weg zu wählen, mit dem die Beziehung verbessert oder gehalten werden kann, ohne daß sie auf lange Sicht Schaden nimmt."

Diskussion: Bitten Sie die Teilnehmerinnen, Beispiele von Situationen zu nennen, in denen sie die Beziehung langfristig auf's Spiel gesetzt haben für einen kurzfristigen Beziehungsgewinn. Ein Beispiel dazu wäre etwa ein Suizidversuch oder eine Suiziddrohung, um jemanden davon abzuhalten, einen zu verlassen. Ein anderes Beispiel wäre, wenn man die Person, die einen kritisiert, angreift.

Information: Borderline-Klientinnen sind natürlich sehr bestrebt, Beziehungen aufrechtzuerhalten und Zustimmung und Sympathie zu erlangen. Häufig opfern sie bereitwillig persönliche Ziele zugunsten der zwischenmenschlichen Beziehung. Oft handeln sie nach der Vorstellung, sich permanente Zustimmung sichern zu können, wenn sie anderen zuliebe ihre eigenen Wünsche und Bedürfnisse aufgeben. Sie meinen, auf diese Weise alle Probleme vermeiden zu können. Das Problem bei dieser Lebenshaltung ist, daß sie einfach nicht funktioniert; sie führt nicht zum Erfolg. Machen Sie dies sehr deutlich.

Information: Malen Sie wie zuvor, eine Zeitachse an die Tafel. Zeichnen Sie am linken Ende den Beginn einer Beziehung ein. Ziehen Sie den Strich weiter nach rechts, dies soll den Verlauf der Beziehung in der Zeit darstellen. Besprechen Sie dabei, wie sich eine Beziehung entwickelt, wenn eine Person ständig ihre eigenen Bedürfnisse zugunsten der Beziehung aufgibt. Sicherlich kann eine Person einige Zeit in einer solchen Beziehung überleben. Es kommt jedoch ein Zeitpunkt, an dem die Frustrationen, die sich aufgebaut haben, nicht weiter ignoriert werden können - meist bestehen die Frustrationen dann schon sehr lange, die unerfüllten Bedürfnisse häufen sich immer mehr an, die Bedürftigkeit ist groß geworden und die Ungleichheit erscheint extrem. Dann geschieht folgendes: Entweder wird die frustrierte Person explodieren und die Beziehung dadurch gefährden, daß die andere Person sie danach wahrscheinlich ablehnt und sich abwendet, oder sie wird selbst enttäuscht die Beziehung abbrechen. Wie auch immer, die Beziehung ist in jedem Fall zu Ende oder zumindest ernsthaft gefährdet.

Diskussion: Regen Sie eine Diskussion der Teilnehmerinnen darüber an, inwieweit sie dieses Muster in ihrem Leben kennen. Meist wird eine der Teilnehmerinnen schon einmal explodiert sein und darüber berichten können. Tatsächlich kommt es nicht selten vor, daß Borderline-Klientinnen eine parasuizidale Handlung einsetzen, um andere dazu zu bringen, ihre Gedanken und Gefühle ernstzunehmen oder ihr Verhalten zu ändern. Dies ist ein Beispiel für ein Verhalten, wie es typischerweise am rechten Ende des Zeitkontinuums auftritt. Auch andere dysfunktionale Verhaltensweisen können hier als Beispiele angeführt werden. Es ist wichtig, mit den Klientinnen herauszuarbeiten, wie sie durch Krisen oder Beziehungsabbruch ungewollt ihre eigenen Ziele gefährden. Diesen Punkt begreifen Klientinnen oft nur schwer. Ich habe die Erfahrung gemacht, daß sie nicht nur häufig an die Wirksamkeit dieser Verhaltensweisen glauben, sondern auch davon überzeugt sind, daß angesichts ihrer Lebensumstände gar keine anderen Verhaltensweisen möglich sind. Es ist sehr wichtig, daß die Klientinnen an dieser Stelle eine gewisse Einsicht darin gewinnen, daß diese Strategien langfristig gesehen selbstschädigend sind.

Diskussion: Dadurch, daß die Person ihre zwischenmenschlichen Fertigkeiten nicht zu einem früheren Zeitpunkt einsetzt, gefährdet sie die Beziehung grundlegend, anstatt sie zu bewahren. Wenn die Person ihre interpersonellen Fertigkeiten rechtzeitig einsetzt, wird es ihr nicht nur gelingen, ihre Beziehungen zu verbessern, sondern sie erhöht zusätzlich ihre Chancen auf interpersonelle und soziale Anerkennung. Als eine mögliche Strategie an dieser Stelle - wie auch an vielen anderen - bietet sich an, daß die Klientinnen sich überlegen, wie extremes zwischenmenschliches Verhalten einer anderen Person, wie beispielsweise eine parasuizidale Handlung oder ein Zusammenbruch auf sie wirken würde. Wie würden sie sich dabei fühlen? Aus dieser Perspektive fällt es den Klientinnen oft leichter, die dysfunktionale Natur dieser Verhaltensweisen zu erkennen. Es geht hier im wesentlichen darum, daß die Klientinnen eine Bereitschaft und innere Verpflichtung entwickeln, diese zwischenmenschlichen Fertigkeiten zu erlernen und sie einzusetzen. Natürlich kann sich dann diese Bereitschaft oder Verpflichtung in der akuten Situation, in der es notwendig wäre, sie einzusetzen, wieder verlieren. Dennoch ist diese Willensbekundung der Klientinnen der erste Schritt auf dem Weg zum Erwerb interpersoneller Kompetenz.

C. Orientierung auf die Selbstachtung

Erläutern Sie: „Sie verhalten sich wirksam in der Dimension der Selbstachtung, wenn Sie sich bei dem Versuch, Ihre Ziele zu erreichen, ein positives Gefühl zu sich selbst erhalten oder dies sogar verbessern und Ihre eigenen Werte und Überzeugungen respektieren. Dazu gehört folgendes:

1. Ihr Verhalten stimmt mit Ihrem persönlichen moralischen Empfinden überein.
2. Ihr Verhalten gibt Ihnen ein Gefühl persönlicher Kompetenz.“

Information: Nachgeben, um Zustimmung zu gewinnen, Lügen um, anderen zu Gefallen zu sein und ähnliche Strategien verringern im Laufe der Zeit die Selbstachtung. Auch hilfloses Verhalten verringert die Selbstachtung.

Manchmal wird Hilflosigkeit strategisch eingesetzt, um andere dazu zu bringen, etwas zu tun. Aber ein Zuviel davon führt unvermeidlich zu einer verringerten persönlichen Kompetenz. Dies ist ein sehr wichtiger Punkt. Wenn eine Person sich bewußt hilflos verhält, um etwas zu erreichen, so kann ihr dies - wenn es funktioniert - ein vorübergehendes Gefühl von Kompetenz geben. Die „Überdosierung" dieses Vorgehens bringt jedoch Probleme mit sich.

Diskussion: Fragen Sie die Teilnehmerinnen nach Beispielen für Verhalten, durch das sie ihre Selbstachtung verringert haben. Wann haben sie Dinge getan, die gut waren für ihre Selbstachtung? Welche Fertigkeiten müssen sie bei sich verbessern?

III. **Erläutern Sie die Zusammenhänge** zwischen den drei Formen von effektiver Orientierung

A. Alle drei Formen spielen bei jedem zwischenmenschlichen Problem oder jeder Konfliktsituation eine Rolle und müssen berücksichtigt werden.

B. Je nach Situation können die einzelnen Orientierungsformen jeweils unterschiedlich wichtig sein.

C. Der Erfolg einer bestimmten Verhaltensweise in einer Situation hängt von den Prioritäten der Person ab.

IV. **Nennen Sie Beispiele** für verschiedene Situationen und Ziele.

A. Der Vermieter hält ungerechtfertigterweise die Kaution zurück (hier ist das **Ziel** am wichtigsten).

1. Ziel: Rückgabe der Kaution
2. Beziehung: sich die Sympathie des Vermieters erhalten oder zumindest ein normales Verhältnis
3. Selbstachtung: nicht die Selbstachtung verlieren, etwa indem man zu emotional wird, unfair handelt oder nachgibt

B. Die beste Freundin möchte spät abends noch vorbeikommen und über ein Problem sprechen. Die betreffende Person würde eigentlich lieber zu Bett gehen (hier ist die **Beziehung** am wichtigsten).

1. Angestrebtes Ziel: Zu Bett gehen
2. Beziehung: Das gute Verhältnis zu der Freundin erhalten
3. Selbstachtung: Das Sichkümmern um die Freundin mit dem Achten auf sich selbst in Einklang bringen

C. Eine Person möchte eine Gehaltserhöhung. Ihr Chef möchte dafür Sex als Gegenleistung (hier ist **Selbstachtung** am wichtigsten).

1. Ziel: die Gehaltserhöhung erhalten und nicht mit dem Chef ins Bett gehen
2. Beziehung: Sich die Achtung und den guten Willen des Chefs erhalten
3. Selbstachtung: Nicht entgegen den eigenen Werten handeln

Diskussion: Bitten Sie die Teilnehmerinnen, weitere Situationen zu erfinden sowie das Ziel oder die Ziele in der Situation zu identifizieren und jeweils den Beziehungsaspekt und den Selbstachtungsaspekt zu benennen. Diskutieren Sie die Prioritäten in jeder Situation. Fahren Sie damit so lange fort, bis deutlich ist, daß die Teilnehmerinnen die wesentlichen Punkte verstanden haben.

V. BESPRECHEN SIE DAS ARBEITSBLATT 3 - ZWISCHENMENSCHLICHE FÄHIGKEITEN: HINDERNISSE

Hinweis: Das entsprechende Hausaufgabenblatt für die hier besprochenen Fertigkeiten ist das Hausaufgabenblatt 2 - Zwischenmenschliche Fähigkeiten: Zwischenmenschliche Konflikte beobachten und beschreiben.

A. **Mangelnde Fertigkeiten.** Erläutern Sie: „Mangelnde Fertigkeiten liegen vor, wenn Sie einfach nicht wissen, was Sie sagen oder tun sollen, wenn Sie nicht wissen, wie Sie sich verhalten könnten, um Ihre Ziele zu erreichen."

Information: Erläutern Sie die Bedeutung mangelnder Verhaltensfertigkeiten; diese Perspektive unterscheidet sich sehr von motivationalen Erklärungsansätzen. Wir lernen soziales Verhalten, indem wir es zunächst bei anderen beobachten und es dann selbst ausprobieren. Durch Üben verfeinern wir das Verhalten dann solange, bis wir gute Ergebnisse damit erzielen. Manchmal fehlen Beobachtungsmöglichkeiten und ein Verhalten kann dadurch nicht gelernt werden. Manchmal fehlt auch die Gelegenheit, beobachtetes Verhalten zu üben. Fertigkeiten können in bestimmten Situationszusammenhängen da sein, in anderen dagegen nicht. Eine Person kann die Fertigkeit in einer bestimmten Stimmung oder in einer bestimmten Bewußtseinslage haben, in anderen dagegen nicht.

Diskussion: Sammeln Sie Beispiele der Teilnehmerinnen für - je nach Stimmungslage oder Situation - unterschiedliche soziale Fertigkeiten.

B. Störende Gedanken. Erläutern Sie: „Wenn Sie sich Sorgen machen, kann das Ihre Fähigkeit zu handeln behindern. Grundsätzlich besitzen Sie die Fähigkeit, diese ist jedoch beeinträchtigt durch Ihre negativen Gedanken.

1. An mögliche negative Konsequenzen denken (zum Beispiel „sie werden mich ablehnen", „sie wird mich für dumm halten");
2. daran zweifeln, daß man verdient, was man sich wünscht (zum Beispiel „ich bin so ein schlechter Mensch, ich verdiene das gar nicht");
3. sich einreden, daß man nicht erfolgreich sein wird und sich abwerten (zum Beispiel „ich werde das sicher falsch machen", „ich werde mich blamieren", „ich bin so dumm").

C. Beeinträchtigende Gefühle. Erläutern Sie: „Gefühle können Ihre Fähigkeit zu handeln behindern. Grundsätzlich haben Sie die Fähigkeit, aber sie ist verschüttet durch Ihre Emotionen. Weil Sie nicht wissen, wie Sie sich verhalten sollen oder Sie die Situation auf eine bestimmte Weise interpretieren, können Wut, Angst, Frustration und Schuldgefühle entstehen. Diese Emotionen können Sie handlungsunfähig machen oder so stark sein, daß sie Mimik und Gestik bestimmen und zu unwillkürlichen emotionalen Handlungen und Äußerungen führen."

Information: Emotionen können automatische Reaktionen auf Situationen sein, die in früheren Lernprozessen erworben wurden. Oder sie sind die Folge bestimmter Mythen, an die das Individuum glaubt. (Diese Mythen werden später noch näher dargestellt.)

D. Unentschlossenheit. Erläutern Sie: „Sie können sich nicht entscheiden, was zu tun ist. Grundsätzlich haben Sie die Fähigkeit, diese wird jedoch beeinträchtigt durch Ihre Unentschiedenheit."

1. Unentschlossenheit hinsichtlich der Prioritäten.
2. Unfähigkeit, sich zwischen Fragen und Nichtfragen bzw. zwischen Neinsagen und Jasagen zu entscheiden.

Diskussion: Besprechen Sie die Tendenz, extreme Handlungsformen zu wählen (zum Beispiel nein sagen versus nachgeben). Und sprechen Sie über die Neigung zu folgenden Extremen: vollständige Bedürftigkeit (klammern, betteln, zupackend oder hysterisch fordern) versus vollständige Selbstgenügsamkeit (nie um etwas bitten, zu allem ja sagen), oder völlige Überlegenheit (auf unangebracht fordernde Art um etwas bitten oder Anfragen brüsk ablehnen) versus völlige Unterwerfung (weder je etwas fordern noch je nein sagen). Sammeln Sie Beispiele.

E. Umfeld. Erläutern Sie: „Erfolge können durch Ihre Umwelt vereitelt werden. Auch die fähigste Person schafft es manchmal nicht, zu bekommen, was sie möchte, sich die Sympathie anderer zu erhalten oder sich in Einklang mit sich selbst zu verhalten."

1. Wenn das Umfeld (die anderen Menschen) viel Macht hat, kann es geschehen, daß die anderen sich schlicht weigern, dem Individuum zu geben, was es möchte. Oder diese Personen sind so mächtig, daß sie das Individuum veranlassen können, das zu tun, was sie möchten. Hier nein zu sagen oder auf Rechte zu beharren, kann sehr negative Folgen nach sich ziehen.
2. Manchmal gibt es einfach keine Möglichkeit, das zu bekommen, was man möchte bzw. nein zu sagen und sich die Sympathie der anderen zu erhalten. Diese fühlen sich vielleicht bedroht, sind eifersüchtig oder neidisch oder haben irgendeinen anderen Grund, einen nicht zu mögen.
3. Es kann Konfliktsituationen geben, in denen es sehr wichtig ist, ein bestimmtes Ziel zu erreichen (zum Beispiel wenn es darum geht, Nahrung für seine Kinder zu beschaffen oder im Krankheitsfall medizinische Hilfe zu erhalten). Dann muß sich die Person unter Umständen so verhalten, daß ihr Stolz oder ihre Selbstachtung Schaden nimmt.

Hinweis: Borderline-Klientinnen haben zum Teil ein sehr unrealistisches Bild von der Welt und davon, was kompetente Personen erreichen können. Insbesondere scheinen sie oft zu glauben, sie könnten alles bekommen, was sie wollen oder brauchen, wenn sie es nur richtig anstellen. Der Gedanke, daß Leute häufig nicht das bekommen, was sie wollen oder brauchen, scheint ihnen fremd zu sein. Daher geben sie fast immer sich selbst die Schuld, wenn sie nicht bekommen haben, was sie wollten. Diese Selbstbeschuldigungen führen oft zu Ärger und Frustration. Wenn eine Person glaubt, daß es im Prinzip möglich ist, jederzeit das zu bekommen, was man will und braucht, so wird es ihr natürlich unnötig erscheinen, Fertigkeiten zu entwickeln, um mit negativen Erlebnissen besser umgehen zu können. Ohne diese Fertigkeiten aber wird aus Frustration oft Wut. Behandeln Sie diesen Aspekt sehr sorgfältig, insbesondere beim Besprechen der Hausaufgaben.

F. **Zusammenspiel der verschiedenen Faktoren.** Erläutern Sie: „Je weniger Sie wissen, desto mehr Sorgen machen Sie sich, und je schlechter Sie sich fühlen, desto weniger können Sie sich entscheiden, was Sie tun sollen, und je weniger Sie erreichen, desto mehr Sorgen machen Sie sich usw. Je häufiger Sie in einer autoritären und wenig bestätigenden Umgebung sind, desto mehr Sorgen machen Sie sich, desto weniger handeln Sie und machen weniger Erfahrungen, und umso weniger Sie wissen, desto schlechter fühlen Sie sich und desto weniger können Sie sich entscheiden, was Sie tun sollen usw."

VI. BESPRECHEN SIE DAS ARBEITSBLATT 4 - ZWISCHENMENSCHLICHE FÄHIGKEITEN: UNGÜNSTIGE EINSTELLUNGEN (MYTHEN)

Information: Gewisse Schwierigkeiten, für sich einzustehen, seine Meinung zu äußern, nein zu sagen usw., hat jeder. Zum Teil sind diese Probleme Folge von falschen Vorstellungen über zwischenmenschliches Verhalten. Man kann versuchen, diesen Sorgen und falschen Vorstellungen entgegenzutreten, indem man ihnen mit logischen Argumenten begegnet. Oder man kann sie auch sozusagen an der Welt ausprobieren, um festzustellen, ob sie tatsächlich wahr sind. Wenn Ängsten und falschen Vorstellungen auf diese Weise aktiv entgegengehandelt wird, so ist dies ein Beispiel für kognitive Modifikation oder kognitive Therapie. Manchmal ist es auch sinnvoll, eine Person aufzufordern, Dinge zu tun, die sie eigentlich tun möchte, sich aber bisher nicht zu tun wagte. Ängste und Schwierigkeiten beim Ausprobieren zwischenmenschlicher Fertigkeiten können abgebaut werden, indem man diese falschen Vorstellungen und Mythen hinterfragt.

Diskussion: Benutzen Sie die Technik des Advocatus Diaboli, um falsche Vorstellungen über interpersonelle Kompetenz zu diskutieren. Die Teilnehmerinnen sollen Argumente finden, die diese Mythen in Frage stellen bzw. gegen sie sprechen. Diese Argumente können den Klientinnen später als Unterstützung dienen, sich wirkungsvoll zu verhalten. Die Argumente, die die Gruppe sammelt, werden von allen aufgeschrieben.

Hinweis: Die Strategie des Advocatus Diaboli bedeutet, daß Sie den Teilnehmerinnen die entsprechenden Mythen vorlegen und Argumente nennen, die dafür sprechen. Sie sollten dabei bevorzugt extrem positive Aussagen verwenden, die die Klientinnen dazu bringen, Einwände und Gegenargumente zu finden. Die einzelnen Aussagen sollten soweit besprochen werden, daß die Extrempositionen entkräftet werden und eine Synthese oder ein ausgewogener Standpunkt erreicht wird. In dieser Sitzung müssen nicht alle Mythen besprochen werden; die Teilnehmerinnen sollten mit darüber bestimmen, welche in dieser Sitzung thematisiert werden sollen (diese Strategie wird in Kapitel 7 nochmals ausführlicher besprochen). Eine mögliche Hausaufgabe könnte sein, daß die Klientinnen zu Hause weitere Gegenargumente sammeln. Die Klientinnen können auch aufgefordert werden, sich die Woche über zu beobachten und weitere Mythen, an denen sie ihr Verhalten orientieren, aufzuschreiben und Gegenargumente dafür zu finden.

Diskussion: Es gibt eine Reihe von Möglichkeiten, diese Mythen zu besprechen. Zum Beispiel kann man den Teilnehmerinnen die Mythen vorlegen und sie bitten, die Aussagen mit denen sie übereinstimmen, anzukreuzen. Dem sollte im allgemeinen eine Diskussion über den Unterschied zwischen intellektueller und emotionaler Zustimmung vorausgehen. An dieser Stelle können Sie auch auf das intuitive Verstehen und Wissen hinweisen. Erläutern Sie: „Eine Sache intellektuell zu bejahen heißt, daß man denkt, sie sei wahr; der Verstand legt dies nahe. Dennoch können Sie das Gefühl haben, daß es nicht wahr, ist oder wissen, daß es nicht wahr ist. Emotional mit einer Aussage übereinzustimmen heißt, zu fühlen, daß etwas zutrifft oder gefühlsmäßig so zu reagieren, als sei es wahr. Dennoch glauben und/oder wissen Sie vielleicht, daß es nicht wahr ist. Mit Ihrem intuitiven Verstehen und Wissen wissen Sie in Ihrem Innersten, daß etwas zutrifft oder nicht." Nachdem die Teilnehmerinnen die entsprechenden Mythen als zutreffend oder nicht zutreffend markiert haben, lesen Sie die Mythen nochmals vor und fragen bei jeder einzelnen Aussage, wer diese für sich als wahr eingestuft hat. Die Teilnehmerinnen, die eine Aussage nicht angekreuzt haben, sollten ermutigt werden, entsprechende Gegenargumente vorzubringen.

VII. BESPRECHEN SIE DAS ARBEITSBLATT 5 - ZWISCHENMENSCHLICHE FÄHIGKEITEN: FÖRDERLICHE AUSSAGEN

A. Förderliche Aussagen sind Sätze, die die Teilnehmerinnen sich selbst sagen (das heißt, Selbstinstruktionen), mit denen sie sich die Erlaubnis geben, um Dinge zu bitten, die sie brauchen oder wollen, nein zu sagen oder wirkungsvoll zu handeln. Es gibt verschiedene Formen:

1. Aussagen, die Mut zum wirkungsvollen Handeln machen.
2. Aussagen, die auf die Situation vorbereiten, die dazu dienen, sich auf das Wesentliche, auf das Machbare zu konzentrieren.
3. Aussagen, die Mythen über zwischenmenschliches Verhalten entkräften, die unrealistischen Überzeugungen und Annahmen, die ein effektives Handeln erschweren, entgegenwirken.

Information: Weisen Sie die Teilnehmerinnen darauf hin, daß einige der Gegenargumente gegen Mythen über interpersonelle Kompetenz, die sie gefunden haben, auch als förderliche Aussagen verwendet werden können. Ermutigen Sie die Teilnehmerinnen dazu, förderliche Aussagen auszuwählen, die sie besonders ansprechen, die ihre eigenen Mythen und unrealistischen Vorstellungen entkräften können.

Hinweis: Wie bei jeder neuerworbenen Fertigkeit, ist es auch hier notwendig, daß die Klientinnen sie üben. Hier gibt es zwei Möglichkeiten: bildliche Vorstellung oder lautes Denken.

B. Üben in der Vorstellung

1. Bitten Sie die Teilnehmerinnen, die Augen zu schließen und sich die Situation, die Sie beschreiben werden, vorzustellen. Dabei kommt es darauf an, daß die Klientinnen sich vorstellen, daß sie sich tatsächlich in der Situation befinden und nicht die Situation lediglich von außen beobachten.
2. Beschreiben Sie eine zwischenmenschliche Konfliktsituation (siehe Arbeitsblatt 7 mit einer Liste von Übungssituationen; oder Sie verwenden Situationen, die von den Klientinnen genannt wurden). Lassen Sie den Teilnehmerinnen genügend Zeit, sich in die Szene hineinzuversetzen. (Die ersten Male sollten Sie überprüfen, wie gut die Teilnehmerinnen sich in die Szenen hineindenken können, um die Situationsbeschreibung daran auszurichten.)
3. Während die Teilnehmerinnen sich in ihrer Vorstellung in der Situation befinden, weisen Sie sie an, sich vorzustellen, wie sie sich selbst etwas Aufmunterndes sagen: „Sagen Sie es sich in der Vorstellung so, als sei es Ihnen ernst damit."
4. Geben Sie den Teilnehmerinnen Gelegenheit, die förderlichen Aussagen, die die einzelnen verwendet haben, untereinander auszutauschen.

C. Üben durch lautes Denken

1. Beschreiben Sie, wie oben, eine Situation. Sie können die Teilnehmerinnen bitten, die Augen zu schließen und sich vorzustellen, in der Situation zu sein. Sie können es aber auch bei der Situationsbeschreibung belassen.
2. Gehen Sie rasch von einer Teilnehmerin zur anderen, und fordern Sie sie auf, laut einen förderlichen Satz zu sagen. (Eine Aussage darf auch von mehreren Teilnehmerinnen benützt werden.)
3. Sie können jede der unten beschriebenen Vorgehensweisen zum Rollenspiel auch zum Üben des lauten Denkens verwenden.

Diskussion: Besprechen Sie die förderlichen Aussagen - insbesondere die erstmalig von den Teilnehmerinnen genannten - und verwenden Sie hierzu wieder die Technik des Advocatus Diaboli.

VIII. BESPRECHEN SIE DAS ARBEITSBLATT 6 - ZWISCHENMENSCHLICHE FÄHIGKEITEN: INTENSITÄTSGRADE BEIM FRAGEN UND NEINSAGEN UND FAKTOREN, DIE BEI DER ENTSCHEIDUNG BERÜCKSICHTIGT WERDEN SOLLTEN.

Information: Effektivität im zwischenmenschlichen Bereich setzt zunächst einmal voraus, daß man darüber nachdenkt, ob es in der Situation angemessen ist, um etwas zu bitten oder eine Bitte abzulehnen. Zum Beispiel könnte eine kranke Person ihre gesunde Zimmernachbarin durchaus bitten, ihr ein Glas Orangensaft zu bringen. Unangebracht dagegen wäre, wenn die gesunde Person ihre kranke Zimmernachbarin um dasselbe bittet. Natürlich ist die Beurteilung nicht immer so eindeutig wie in diesem Beispiel - anders als Borderline-Klientinnen im allgemeinen annehmen. Vielmehr gibt es Abstufungen beim Bitten und Neinsagen.

A. Intensitätsgrade, mit der eine Forderung gestellt oder eine Ablehnung gegeben werden kann. Erklären Sie:

6. **Bitten:** Stellen Sie Ihre Bitte klar und fest, beharren Sie darauf.
   Nein sagen: Weigern Sie sich deutlich, geben Sie nicht nach.
5. **Bitten:** Stellen Sie Ihre Bitte klar und fest, widerstehen Sie der Neigung, ein Nein anzunehmen.
   Nein sagen: Weigern Sie sich deutlich, und widerstehen Sie der Neigung, nachzugeben.
4. **Bitten:** Stellen Sie Ihre Bitte klar und fest, nehmen aber ein Nein an.
   Nein sagen: Weigern Sie sich deutlich, aber durchdenken Sie das Ganze nochmals.
3. **Bitten:** Bringen Sie Ihr Anliegen vorsichtig vor, und nehmen Sie ein erfolgendes Nein an.
   Nein sagen: Äußern Sie Ihren Unwillen.
2. **Bitten:** Machen Sie eine offene Andeutung; nehmen Sie eine darauffolgende Ablehnung an.
   Nein sagen: Äußern Sie Ihren Unwillen, aber sagen Sie ja.
1. **Bitten:** Machen Sie eine indirekte Andeutung; nehmen sie eine darauffolgende Ablehnung an.
   Nein sagen: Äußern Sie Zögern - sagen Sie dann ja.
0. **Bitten:** Fragen Sie nicht, machen Sie keine Andeutung.
   Nein sagen: Tun sie, was andere wollen, ohne dazu aufgefordert worden zu sein.

B. Faktoren, die bei der Entscheidung über die Intensität beim Fragen oder Neinsagen berücksichtigt werden sollten

1. **Prioritäten:**
   Ziele? Wenn das angestrebte Ziel von großer Bedeutung ist, sollte die Intensität des Verhaltens größer sein.
   Beziehung? Häufig ist der Beziehungsaspekt so wichtig, daß man eher ein angestrebtes Ziel opfert, um die andere Person bei Laune zu halten, als sich unbedingt durchzusetzen. In diesem Fall sollte die Reaktionsintensität geringer sein.
   Selbstachtung? Der Selbstachtungsaspekt kann zu einer mehr oder weniger großen Reaktionsintensität führen, je nachdem wie das Ergebnis bzw. das Verhalten den eigenen Wertmaßstäben entspricht.

2. **Fähigkeit:** Wenn die andere Person über das verfügt, was man möchte, sollte die Intensität der Forderung oder der Bitte deutlicher sein. Wenn man nicht über das verfügt (und daher auch nicht geben kann oder tun kann), was die andere Person möchte, sollte die Intensität des Neinsagens höher sein.

3. **Zeitpunkt:** Wenn der Zeitpunkt für die Bitte gut ist (die andere Person in der Stimmung ist, uns zuzuhören und uns Aufmerksamkeit zu schenken, sie mit großer Wahrscheinlichkeit eine Bitte bejahen wird), sollte die Frageintensität höher sein.
   Umgekehrt sollte die Intensität des Neinsagens dann höher sein, wenn der Zeitpunkt, um nein zu sagen, für uns nicht schlecht ist.

4. **Vorbereitung:** Wenn wir über alle Informationen, die unsere Bitte unterstützen können, verfügen, Ziel und Forderung/Bitte klar sind, dann sollte die Intensität, mit der wir unsere Forderung vorbringen, höher sein.
   Wenn die Forderung der anderen Person nicht klar ist, sollte die Intensität unserer Ablehnung höher sein.

5. **Zuständigkeit:** Wenn wir verantwortlich dafür sind, die andere Person anzuleiten, oder ihr zu sagen, was zu tun ist, so sollte die Intensität des Fragens höher sein.

Wenn die andere Person uns um etwas bittet, wozu sie nicht befugt ist oder was außerhalb ihres Zuständigkeitsbereiches liegt, sollte die Intensität, mit der wir ablehnen, höher sein.

6. **Rechte:** Ist die andere Person rechtlich oder moralisch verpflichtet, uns zu geben, was wir wollen, so sollte die Intensität, mit der wir fordern, stärker sein.
Wenn man nicht verpflichtet ist zu geben, was die andere Person fordert (unsere Ablehnung die Rechte der anderen Person nicht verletzt), so sollte die Intensität unseres Neinsagens höher sein.

7. **Beziehung:** Wenn das, was wir möchten, der aktuellen Beziehung angemessen ist, so sollte die Intensität, mit der wir unsere Bitte vorbringen, höher sein.
Wenn das, was die andere Person möchte, der aktuellen Beziehung nicht entspricht, so können wir mit größerer Intensität nein sagen.

8. **Gegenseitigkeit:** Die Intensität unserer Forderung sollte hoch sein, wenn wir bereits mindestens so viel für die andere Person getan haben, wie wir jetzt von ihr fordern, und wenn wir bereit sind, ebenso viel für sie zu tun, falls sie ja sagt.
Wenn man der anderen Person keinen Gefallen schuldig ist oder die andere Person für gewöhnlich nicht so gefällig ist, so sollte die Intensität unserer Ablehnung höher sein.

9. **Kurz- und langfristige Auswirkungen:** Wenn unsere Zurückhaltung kurzfristig Harmonie herstellt, jedoch auf lange Sicht Probleme nach sich ziehen wird, so sollte die Intensität, mit der wir unsere Forderung vorbringen, höher sein.
Wenn die kurzfristige Harmonie und unser Nachgeben nicht wichtiger sind als das langfristige Wohl der Beziehung, dann sollte die Intensität, mit der wir eine Forderung abschlagen, höher sein.

10. **Selbstachtung:** Wenn man für gewöhnlich Dinge selbst tut und darauf achtet, nicht hilflos zu handeln, wenn man dies eigentlich nicht ist, so kann die Intensität, mit der wir eine Bitte stellen, größer sein.
Wenn eine Ablehnung nicht zu negativen Gefühlen über uns selbst führt und wenn unsere Intuition nein sagt, so kann die Intensität unseres Neinsagens höher sein.

C. Die Hausaufgabenblätter können verwendet werden, um darüber zu entscheiden, ob man jemanden um etwas bittet bzw. ob man eine Bitte abschlägt.

1. Auf der linken Seite sollten die Teilnehmerinnen ihre „Ja"-Antworten zählen. Überwiegen die „Ja"-Antworten gegenüber den „Nein"-Antworten, so sollten die Teilnehmerinnen ihre Bitte oder Forderung vorbringen. Je mehr „Ja"-Antworten vorliegen, desto größer sollte die Intensität sein, mit der die Bitte vorgebracht wird.

2. Auf der rechten Seite sollten die Teilnehmerinnen die Anzahl der „Nein"-Antworten zählen. Bei einem Überwiegen der „Nein"-Antworten sollten die Teilnehmerinnen eine Bitte, die an sie gerichtet wurde, abschlagen. Je größer die Anzahl der „Nein"-Antworten, desto deutlicher sollte ihr Nein sein.

IX. Vorbereitung zur Darstellung der zwischenmenschlichen Fertigkeiten

A. Berücksichtigen Sie, daß die Fertigkeiten, die die Teilnehmerinnen erlernen werden, sich auf die verschiedenen Aspekte von Effektivität (den **Zielaspekt**, den **Beziehungsaspekt**, den **Selbstachtungsaspekt**) beziehen.

Hinweis: Die Fertigkeiten sind auf Wirksamkeit ausgerichtet. Sie entsprechen nicht unbedingt den Regeln, die manche Klientinnen vielleicht bereits in Selbstsicherheitsgruppen bereits erlernt haben. Gewiß gibt es noch eine Reihe anderer Fertigkeiten, die ähnlich wirkungsvoll sind. Man sollte die Klientinnen ermutigen, Fertigkeiten zu nennen, mit denen sie selbst positive Erfahrungen gemacht haben.

Hinweis: Ein wesentlicher Bestandteil dieses Trainingsabschnittes ist das Üben, und zwar sowohl innerhalb der Sitzung als auch - als Hausaufgabe - zwischen den Sitzungen. Ein Teil jeder Stunde sollte - mit Ausnahme der ersten Stunde - dem Üben vorbehalten sein. Dabei sollten Sie den Teilnehmerinnen ihre positive Erwartung vermitteln, daß jede das Rollenspiel „wagt", und sie dazu ermutigen.

B. Betonen Sie die Notwendigkeit des **praktischen Übens** (Rollenspiel) in den Sitzungen für den Erwerb neuer Fertigkeiten.

C. Betonen Sie die Notwendigkeit, **zwischen den Sitzungen zu üben**, um die neuen Fertigkeiten da einzusetzen, wo man sie braucht.

D. VERTEILEN SIE DAS ARBEITSBLATT 7 - ZWISCHENMENSCHLICHE FÄHIGKEITEN: VORSCHLÄGE ZUM ÜBEN.

1. Betonen Sie: „Wenn sich zwischen den Sitzungen eine Situation ergibt, in der Sie um etwas bitten oder nein sagen können, so ergreifen Sie diese Gelegenheit, und probieren Sie die Fertigkeiten aus."
2. Erläutern Sie: „Wenn sich in Ihrem täglichen Leben keine Gelegenheit zum Üben ergibt, so müssen Sie sich entsprechende Situationen schaffen. Es genügt nicht, daß Sie darauf warten, daß sich eine entsprechende Übungssituation ergibt. Sie sollten schon aktiv diese Situationen suchen."
3. Die Liste enthält viele Ideen zum Üben. Die Teilnehmerinnen können sich auch selbst weitere Situationen ausdenken.

   Diskussion: Holen Sie die Rückmeldung der Teilnehmerinnen ein. Geben Sie den Einwänden und Vorbehalten der Teilnehmerinnen gegenüber den Ideen auf der Liste Raum. Seien Sie an diesem Punkt flexibel. Zu einer Reihe von Dingen auf der Liste sind manche Borderline-Klientinnen unter Umständen nicht in der Lage. Denken Sie sich an das Prinzip der Annäherung (Shaping, siehe Kapitel 10 des Handbuches).

X. BESPRECHEN SIE DAS ARBEITSBLATT 8 - ZWISCHENMENSCHLICHE FÄHIGKEITEN: RICHTLINIEN FÜR ZIELORIENTIERTES HANDELN - WIE MAN ERREICHEN KANN, WAS MAN ANSTREBT

Hinweis: Das entsprechende Hausaufgabenblatt für diese und die folgenden Fertigkeiten ist Hausaufgabenblatt 3.

A. Wiederholen Sie die Definition von Zielorientierung.

B. Bei der wirksamen Zielorientierung geht es um folgende Fertigkeiten: Beschreiben, ausdrücken, auf Wünsche beharren, verstärken, achtsam bleiben, Selbstsicherheit zeigen und verhandeln.

1. **Beschreiben der Situation.** Erläutern Sie: „Wenn nötig, beschreiben Sie kurz die Situation, auf die Sie reagieren. Beschränken Sie sich auf die Tatsachen. **Vermeiden Sie wertende Aussagen**. Seien Sie objektiv." Nennen Sie Beispiele: „Ich arbeite nun seit zwei Jahren hier und habe keine Gehaltserhöhung bekommen, obwohl meine Beurteilungen sehr positiv ausgefallen sind." Oder: „Dies ist jetzt das dritte Mal in dieser Woche, daß Sie mich bitten, Sie von der Arbeit nach Hause zu fahren."

2. **Ihren Standpunkt oder Ihre Gefühle zu der Situation klar und deutlich ausdrücken.** Erläutern Sie: „Beschreiben Sie, wie Sie sich fühlen oder was Sie über die Situation denken. Erwarten Sie nicht von der anderen Person, daß diese Ihre Gedanken lesen kann oder daß sie weiß, was Sie fühlen. Geben Sie eine kurze Begründung für eine Bitte oder eine Ablehnung." Nennen Sie Beispiele: „Ich glaube, daß ich eine Gehaltserhöhung verdiene." Oder: „Ich komme so spät nach Hause, daß es für mich und meine Familie wirklich schwierig ist. Natürlich macht es mir auch Freude, Sie nach Hause zu fahren, und es fällt mir schwer, nein zu sagen."

   Information: Diese beiden Fertigkeiten sind nicht immer notwendig. Zum Beispiel kann eine Person schlicht und einfach ein Familienmitglied darum bitten, Orangensaft einzukaufen (ohne zu sagen „ich komme nicht dazu, und ich hätte gern welchen"). Oder die Person kann in einem heißen und stickigen Raum jemanden bitten, ein Fenster zu öffnen (ohne notwendigerweise sagen zu müssen: „Der Raum ist stickig, und mir ist heiß"). Wenn es darum geht, eine Bitte abzuschlagen, kann die Person auch einfach nur sagen: „Nein, ich kann das nicht tun." Jede Teilnehmerin sollte diese Fertigkeiten jedoch lernen und üben.

3. **Auf Wünsche beharren.** Erläutern Sie: „Sie möchten etwas - fragen Sie danach. Sagen Sie klar nein. Erwarten Sie nicht, daß andere wissen, was Sie von ihnen möchten, ohne daß Sie es ihnen sagen. Sagen Sie ihnen, was Sie *möchten*. Sagen Sie ihnen nicht, was sie tun *sollten*. Reden Sie nicht um den heißen Brei, ohne wirklich zu fragen oder nein zu sagen." Nennen Sie Beispiele: „Ich hätte gern eine Gehaltserhöhung. Können Sie mir eine bewilligen?" Oder: „Aber heute muß ich nein sagen.

So häufig kann ich Sie nicht nach Hause fahren."

Information: Bei diesen Fertigkeiten geht es vor allem darum, klar, deutlich und selbstsicher zu sein. Es geht darum, ein Reden um den heißen Brei zu vermeiden oder die Erwartung abzubauen, andere könnten Gedanken lesen. Es soll vermittelt werden, daß es darum geht, Farbe zu bekennen und die Frage zu stellen oder die Bitte zu äußern bzw. nein zu sagen.

4. **Andere verstärken.** Erläutern Sie: „Denken Sie daran, die Person zu verstärken, die positiv reagiert, wenn Sie eine Bitte vorbringen, nein sagen oder einfach Ihren Standpunkt äußern. Manchmal ist es sinnvoll, Personen zu verstärken, noch bevor sie positiv reagieren, indem man ihnen die positiven Effekte vor Augen führt, die mit der Erfüllung Ihrer Wünsche oder Bedürfnisse verbunden sind." Nennen Sie Beispiele: „Ich werde viel zufriedener sein und sicherlich mehr leisten, wenn ich ein Gehalt bekomme, das meinem Wert für die Firma entspricht." Oder: „Ich freue mich wirklich darüber, daß Sie Verständnis haben."

Diskussion: Der Grundgedanke hierbei ist, daß andere möglicherweise aufhören, positiv zu reagieren, wenn sie nicht zumindest manchmal dafür belohnt werden, daß sie einer Bitte nachkommen oder ein Nein als Antwort akzeptieren. Manche Klientinnen tun sich schwer damit, zu begreifen, daß Verhalten durch seine Konsequenzen bestimmt wird und nicht durch Konzepte wie „gut" und „schlecht" oder „richtig" und „falsch". Sprechen Sie diesen Gedanken mit den Teilnehmerinnen durch.

Praktische Übung: Nach der Darstellung und Besprechung eines Teils des Materials folgt die Wiederholung, die praktische Umsetzung, das Üben des jeweils neu erlernten Stoffes. Hierzu gibt es folgende Techniken:

1. Sie geben den Klientinnen die Möglichkeit, das neu Erlernte unmittelbar zu üben, indem Sie durch den Raum gehen und jede Teilnehmerin eine bestimmte Fertigkeit direkt umsetzen lassen. Beispielsweise können Teilnehmerinnen gebeten werden, eine Situation zu beschreiben, Gefühle auszudrücken, ihre Meinung zu äußern, um etwas zu bitten, eine Bitte offen abzulehnen oder jemanden verbal zu verstärken. Dabei können entweder alle Teilnehmerinnen anhand derselben Situation üben (die von Ihnen oder den Teilnehmerinnen erfunden wurde) oder jede Teilnehmerin nimmt eine Situation aus ihrem eigenen Leben. Wenn Ihre Zeit knapp bemessen ist, sollten Sie die Übung mit einer Situation durchführen. Dies ist wesentlich zeitsparender. Nach der Darstellung jeder einzelnen Fertigkeit sollten Sie mindestens einen solchen Durchgang machen.

2. Die Teilnehmerinnen können eine Situation im Rollenspiel üben, und dabei einmal den Part der Person, die um etwas bittet, übernehmen, in derselben Sequenz aber auch die Person, die nein sagt, spielen. Dieser Rollentausch ist sehr wichtig für die Klientinnen. Er vermittelt ihnen eine Vorstellung davon, wie es ist, wenn die andere Person sozial kompetente Fertigkeiten verwendet.

3. Eine Teilnehmerin übt eine Situation (im Rollenspiel) mit Ihnen, der Gruppenleiterin, innerhalb der Sitzung. Meist wird das verwendet, wenn eine Teilnehmerin über ihre Hausaufgabe berichtet und es wichtig ist, ihr unmittelbar ein neues Verhalten an die Hand zu geben. Es wird auch verwendet, wenn ein Teilnehmerin Hilfe bei einer bestimmten Art von Situationen möchte (braucht).

4. Wenn eine Teilnehmerin nicht am Rollenspiel teilnehmen kann oder will, dann verpacken Sie die Situation in eine Geschichte: Fragen Sie: „Was würden Sie dann sagen?"; warten ihre Antwort ab, und sagen Sie dann: „O.k.", dann sagt die andere Person „.....", was würden Sie erwidern?".

5. Wenn die Klientin auch diese Form des Dialogs verweigert, so bitten Sie sie, die Situation in ihrem Kopf durchzuspielen und sich vorzustellen, daß sie geschickt reagiert. Sie sollten dabei einiges an Hilfestellung geben, um die Konzentration und Aufmerksamkeit der Klientin zu lenken.

Hinweis: Das Rollenspiel ist gerade für unerfahrene Therapeutinnen häufig das schwierigste Verfahren; es ist jedoch von zentraler Bedeutung. (Vielleicht findet sich ja eine vertraute Person, mit der Sie das Rollenspiel üben können.) **Präsentieren Sie lieber weniger Informationen, verzichten Sie aber auf gar keinen Fall auf das Üben.** Auch der Klientin kann das Rollenspiel anfänglich schwerfallen, aber mit der Erfahrung wird es leichter. Anfangs müssen Sie sie oft mit einem sanften Druck durch das Rollenspiel begleiten. Dabei ist es wichtig, daß Sie nicht aus der Rolle heraustreten, auch wenn die Klientin es tut. Meist wird diese Strategie erfolgreich sein, und die Klientin wird wieder in das Rollenspiel einsteigen.

5. **Konzentriert bleiben.** Erläutern Sie: „Konzentrieren Sie sich auf Ihre Ziele in der Situation. Bleiben Sie bei Ihrem Standpunkt, und lassen Sie sich nicht auf ein anderes Thema ablenken. Dazu gibt es zwei nützliche Strategien."

a. **„Kratzer auf der Schallplatte".** Erklären Sie: Wiederholen Sie einfach immer wieder Ihre Frage, Ihre Ansicht oder Ihr Nein."

Information: Diese Strategie ist wahrscheinlich eine der wichtigsten Fertigkeiten, die in diesem Abschnitt vermittelt werden. Die Klientinnen können sie im allgemeinen auch leicht erlernen; sie ist leicht durchzuführen, und prägt sich schnell ein. Im Prinzip geht es darum, daß man sich nicht jedes Mal neue Formulierungen ausdenken muß, es genügt einfach, immer wieder genau dasselbe zu sagen. Es kommt einzig darauf an, sich eine sanfte Stimme zu bewahren. Die Stärke liegt im Beharren auf der eigenen Position, bleiben Sie dabei sanft und freundlich. Gehen Sie von einem zum anderen, und üben Sie mit jedem Gruppenmitglied.

b. **Ignorieren.** Erläutern Sie: „Wenn jemand Sie angreift, bedroht oder ablenken möchte, so ignorieren Sie es. Halten Sie einfach an Ihrem Standpunkt fest."

Diskussion: Hier geht es vor allem darum, die Idee zu vermitteln, daß man die Kontrolle über die Interaktion an die andere Person abgibt, sobald man auf Angriffe reagiert oder sich auch nur im Leichtesten ablenken läßt. Wenn man auf die Angriffe reagieren möchte, ist dies ein anderes Thema und kann in einer anderen Diskussion behandelt werden, nachdem die aktuelle beendet ist. Wenn Klientinnen einmal den Dreh gefunden haben, kann diese Strategie sehr viel Spaß machen. Holen Sie darüber Rückmeldung von den Teilnehmerinnen ein, wobei Sie besonders auf die Vorstellung achten sollten, sie müßten auf jede Kritik oder jeden Angriff von anderen reagieren.

Hinweis: Diese Fertigkeit in Verbindung mit der „zerkratzten Schallplatte-Technik" stellt eine sehr gute Strategie dar, um ein Nein beizubehalten oder jemanden dazu zu bringen, auf eine Bitte oder Forderung einzugehen. Wenn der andere angreift, sollte man einfach die „zerkratzte Schallplatte abspielen". Es ist ungemein schwer, jemanden weiter anzugreifen oder zu kritisieren, der nicht reagiert oder „mitspielt". Trotzdem sieht die Strategie leichter aus, als sie ist. Die einzige Möglichkeit, sich diese Fähigkeit anzueignen, ist das Üben. **Sie sollten diese beiden Fertigkeiten mit jeder einzelnen Teilnehmerin üben.** Die Teilnehmerinnen können auch miteinander üben. So merken sie gleich, wie es sich anfühlt, wenn die eigenen Angriffe und Ablenkungsmanöver ignoriert werden oder wie es auf sie wirkt, wenn die andere Person ihre Bitte, ihre Meinung oder ihr Nein wiederholt. Ganz wesentlich dabei ist, daß man jegliche Feindseligkeit aus seiner Stimme läßt, aber dennoch am Ball bleibt.

6. **Selbstsicherheit zeigen.** Erläutern Sie: „Geben Sie Ihrer Stimme einen selbstsicheren Klang, auch Ihr physisches Auftreten sollte sicher wirken, und achten Sie darauf, angemessen Blickkontakt zu halten. Ein solches Auftreten vermittelt sowohl der anderen Person wie auch Ihnen selbst das Gefühl, daß Sie kompetent sind und Ihr Anliegen seine Berechtigung hat. Kein Stammeln, Flüstern, Zubodenschauen, Zurücknehmen des Gesagten oder ähnliches."

Diskussion: Wie selbstsicher man in einer bestimmten Situation auftritt, ist ein Balanceakt. Es gilt das richtige Maß zu finden, weder arrogant noch beschwichtigend zu wirken. Sprechen Sie mit den Teilnehmerinnen Beispiele durch.

7. **Verhandeln.** Erläutern Sie: „Seien Sie bereit, etwas zu geben, um etwas zu bekommen. Fragen Sie nach alternativen Lösungen, und machen Sie selbst Vorschläge. Reduzieren Sie Ihre Forderung. Eine weitere Technik ist es, den Spieß umzudrehen."

a. **Den Spieß umdrehen.** Erläutern Sie: „Geben Sie das Problem an die andere Person weiter. Fragen Sie sie nach Lösungsmöglichkeiten."

Nennen Sie Beispiele: „Was meinen Sie, sollten wir tun?" „Ich kann dazu nicht ja sagen. Ihnen scheint es aber sehr wichtig zu sein, daß ich das tue. Was könnten wir tun?" „Wie können wir dieses Problem lösen?"

Diskussion: Wenn normales Bitten oder Neinsagen nicht weiterführt, ist es sinnvoll, zu verhandeln oder den Spieß umzudrehen und so gemeinsam nach einer Lösung zu suchen. Dabei gibt es viele Variationsmöglichkeiten dieser Strategien. Besprechen Sie mit den Teilnehmerinnen Situationen, in denen Sie diese Strategien angewendet haben.

C. In wirklich schwierigen Situationen zielorientiert handeln

1. Erläutern Sie: „Manchmal werden Sie auf ein Gegenüber treffen, das selbst über sehr gute Fertigkeiten in dieser Hinsicht verfügt und Ihren berechtigten Forderungen widersteht oder an einer Forderung Ihnen gegenüber festhält, die Sie nicht erfüllen möchten."

2. In einem solchen Fall sollen Sie die oben genannten Fertigkeiten anwenden, dabei jedoch die aktuelle Interaktion mit der anderen Person zum Fokus machen (das momentane Verhalten dieser Person). Im einzelnen sieht dies so aus:

a. **Beschreiben der aktuellen Interaktion.** Erläutern Sie: „Wenn die Technik der kaputten Schallplatte und das Ignorieren nicht zum Ziel führen, so können Sie das, was sich aktuell zwischen Ihnen und der Person abspielt, kommentieren, allerdings ohne dabei Motive abzuleiten." Nennen Sie Beispielssätze: „Sie bitten mich jetzt zum wiederholten Mal darum, obwohl ich bereits Nein gesagt habe" und nicht „ich habe den Eindruck, Sie wollen überhaupt nicht hören, was ich sage."

b. **Gefühle oder Ansichten bezüglich der Interaktion ausdrücken.** Nennen Sie Beispiele: „Ich habe den Eindruck, daß Sie nicht verstehen, was ich möchte," oder „ich merke, daß ich anfange, ärgerlich zu werden."

c. **Eigene Wünsche in der Situation deutlich machen.** Erläutern Sie: „Wenn beispielsweise eine Person eine Bitte ablehnt, schlagen Sie vor, die Unterhaltung auf einen anderen Zeitpunkt zu verschieben. Damit geben Sie dem Gegenüber Gelegenheit darüber nachzudenken. Wenn die andere Person aber immer weiter auf etwas beharrt, so bitten Sie die betreffende Person, damit aufzuhören

d. **Verstärken.** Erläutern Sie: „Wenn Ihr Gegenüber trotz Ihres klaren Neins weiter bittet und fordert oder wenn Sie sich in Ihrer Meinung nicht ernstgenommen sehen, dann schlagen Sie vor, die Unterhaltung zu beenden, da Sie Ihre Meinung in keinem Fall ändern werden." Damit wird die andere Person negativ verstärkt oder bestraft.

XI. BESPRECHEN SIE DAS ARBEITSBLATT 9 - ZWISCHENMENSCHLICHE FÄHIGKEITEN: RICHTLINIEN FÜR DIE BEZIEHUNGSORIENTIERUNG - DIE BEZIEHUNG AUFRECHTERHALTEN.

A. Wiederholen Sie die Definition von Beziehungsorientierung.

B. Effektivität auf der Beziehungsdimension läßt sich in einer ganzen Reihe von Fertigkeiten aufschlüsseln:

1. **Freundlich sein.** Erläutern Sie: „Seien Sie höflich und gemäßigt in Ihrem Auftreten. Menschen reagieren eher auf Freundlichkeit als auf Härte. Vermeiden Sie insbesondere Angriffe, Drohungen und Werturteile."

a. **Keine Angriffe.** Erläutern Sie: „Dies ist eigentlich völlig klar. Man wird Sie nicht mögen, wenn Sie drohen, die Person angreifen oder großen Ärger direkt ausdrücken."

b. **Keine Drohungen.** Erläutern Sie: „Vermeiden Sie „manipulative" Aussagen oder versteckte Drohungen. Sagen Sie nicht: „Ich bringe mich um, wenn du ... „. Akzeptieren Sie ein Nein auf Ihre Forderungen. Bleiben Sie in dem Gespräch, auch wenn es schmerzhaft wird. Inszenieren Sie das Ende des Gesprächs elegant."

Hinweis: Dieser Punkt mag für manche Klientinnen sehr heikel sein. Für gewöhnlich präsentiere ich ihn so, als sei er unproblematisch und frage, ob dieser Punkt für irgend jemanden schwierig ist. Die Idee ist dabei, problematisches interpersonelles Verhalten, das den Klientinnen von anderen vorgeworfen wurde, zu normalisieren (Drohungen werden zu „Manipulation"). Erkennen Sie an, wie schwierig es ist, mit diesem Verhalten aufzuhören.

Diskussion: Meist wird an dieser Stelle die Frage aufkommen, wie eine Person Suizidvorstellungen mitteilen kann, ohne daß es eine Drohung ist und ohne daß andere es als Drohung empfinden. Dies ist eine gute Frage. Im allgemeinen ist es die beste Möglichkeit, wenn die Person ihre Mitteilung mit der Aussage verbindet, daß sie an ihrem Wunsch, sich zu verletzen oder zu töten, arbeiten möchte. Erläutern Sie: „Es kommt darauf an, daß es so klingt, daß Sie die Verantwortung dafür übernehmen, daß Sie sich nichts antun, statt das in die Verantwortung der anderen Person zu geben. Wenn andere das Gefühl haben, die Verantwortung sei bei ihnen (auch wenn Sie dies nicht verursacht haben), werden sie meist sagen, daß sie sich von Ihnen erpreßt oder bedroht fühlen. Allgemein kann man sagen, wenn Sie mitteilen, daß Sie Selbstmordgedanken haben, aber gleichzeitig sagen, daß Sie Hilfe brauchen, oder wenn Sie erklären, daß Sie wissen, daß Sie das in den Griff bekommen werden, so ist es keine Drohung. Eine Drohung ist es, wenn Sie sagen, daß Sie Selbstmord begehen oder sich etwas antun werden, wenn der andere Ihnen nicht hilft, nicht tut, was Sie möchten, Sie nicht heilt, oder die Dinge für Sie nicht besser macht - auch wenn dies nur implizit geschieht."

c. **Keine Werturteile.** Erläutern Sie: „Vermeiden Sie Beschimpfungen, „Sollte"-Sätze oder versteckte Abwertungen in der Stimme oder Haltung. Keine „Schuldtrips"."

Diskussion: Dieser Aspekt zieht sich durch alle genannten Fertigkeiten. Er ist jedoch so wichtig, daß er hier als separate Fertigkeit aufgelistet wird. Sammeln Sie Beispiele von den Teilnehmerinnen, wann sie sich von anderen be- oder verurteilt gefühlt haben. Regen Sie ein Rollenspiel an, damit die Teilnehmerinnen erfahren können, wie es sich anfühlt, beurteilt zu werden.

2. **Interesse zeigen.** Erläutern Sie: „Seien Sie interessiert an der anderen Person. Hören Sie der anderen Person zu; deren Sichtweise, Meinung, Gründe für ihr Nein, Gründe für eine Forderung usw. sind wichtig. Unterbrechen Sie nicht, fallen Sie ihr nicht ins Wort oder ähnliches. Seien Sie auch offen für den Wunsch der anderen Person, das Gespräch auf einen späteren Zeitpunkt zu verlegen, wenn es das ist, was die Person möchte. Seien Sie geduldig."

Information: Erläutern Sie: „Die andere Person wird sich besser fühlen, wenn Sie Interesse an ihr zeigen und ihr Zeit und Raum geben, auf Sie zu reagieren."

3. **Anerkennen.** Erläutern Sie: „Erkennen Sie die Gefühle der anderen Personen an, ihre Wünsche, Schwierigkeiten und Ansichten über die Situation. Zeigen Sie eine nichtwertende Haltung."

Information: Erläutern Sie: „Häufig ist es dabei notwendig, daß Sie sich in die andere Person einfühlen. Stellen Sie sich vor, welche Probleme Ihr Gegenüber in bezug auf Ihre Forderung oder ihre Ablehnung haben könnte, und anerkennen Sie dann diese Gefühle oder Schwierigkeiten." Nennen Sie Beispiele: „Ich weiß, daß Sie sehr beschäftigt sind, aber ...." „Ich nehme wahr, daß dies wirklich wichtig für Sie ist, ..." „Ich weiß, das liegt nicht ganz auf Ihrer Linie, ..."

Hinweis: Auch außerhalb von Konfliktsituationen, das heißt, wenn es nicht um eine Bitte oder ein Neinsagen geht, können Klientinnen diese Fertigkeit üben. Den anderen anerkennen ist einfach eine gute, umfassende Fertigkeit. Mehr als jede andere hat sie das Potential, die Qualität der Beziehung zu beeinflussen.

4. **Leichtigkeit.** Erläutern Sie: „Versuchen Sie, leicht zu sein. Lächeln Sie, seien Sie humorvoll. Machen Sie es Ihrem Gegenüber leicht. Seien Sie diplomatisch. Schmeicheln Sie, besänftigen Sie."

Information: Menschen mögen es nicht, wenn man sie einschüchtert, antreibt oder ihnen Schuldgefühle verursacht. Obwohl man häufig hört, daß Menschen mit einer Borderline-Störung gut manipulieren können, stimmt dies nur bedingt. Wirklich gut manipuliert der, bei dem die Leute gerne nachgeben. Im Grunde geht es also vielmehr darum, daß Borderline-Klientinnen lernen, andere „besser zu manipulieren", das heißt, andere dazu zu bringen, zu tun, was sie möchten.

C. Denken Sie daran, die Beziehungsorientierung in wichtigen Beziehungen einzusetzen.

1. Erläutern Sie: „Manchmal müssen Sie die Beziehung vorübergehend opfern, um sie langfristig retten zu können. Sie müssen für sich einstehen und es zulassen, daß die andere Person wütend, traurig oder enttäuscht ist."

2. Auch in persönlich wichtigen Beziehungen sind die oben genannten Fertigkeiten wertvoll. Erläutern Sie: „Wenn Sie diese Fertigkeiten in der richtigen Weise anwenden, entlasten Sie die andere Person davon, immer Verantwortung für Sie übernehmen zu müssen."

XI. BESPRECHEN SIE DAS ARBEITSBLATT 10 - ZWISCHENMENSCHLICHE FÄHIGKEITEN: RICHTLINIEN FÜR EINE ORIENTIERUNG AUF DIE SELBSTACHTUNG - DIE SELBSTACHTUNG ERHALTEN

A. Besprechen Sie erneut, was dazu gehört, seine Selbstachtung aufzubauen bzw. zu erhalten.

B. Hierbei kommen die folgenden Fertigkeiten zum Tragen: Fairneß, keine Rechtfertigungen, eigene Werte, Aufrichtigkeit.

1. **Fairneß.** Erläutern Sie: „Verhalten Sie sich selbst und der anderen Person gegenüber fair, wenn Sie versuchen, das Problem zu lösen."

Information: Erläutern Sie: „Sie werden es schwer haben, sich auf Dauer selbst zu mögen, wenn Sie häufig andere Menschen ausnützen. Sie werden vielleicht bekommen, was Sie möchten, gefährden aber Ihre Fähigkeit, sich selbst zu achten."

2. **Keine Rechtfertigungen.** Erläutern Sie: „Wenn eine Entschuldigung am Platz ist, sollte man sich natürlich entschuldigen. Aber nur dann. Keine Entschuldigung dafür, daß Sie eine eigene Meinung haben, dafür, daß Sie eine andere Meinung haben. Eine Entschuldigung impliziert einen Fehler - daß Sie diejenige sind, die einen Fehler macht. Dies kann auf die Dauer Ihr Gefühl für Ihren eigenen Wert verringern."

Information: Manchmal kann es vorkommen, daß eine Entschuldigung der Beziehung gut tut, ebenso wie eine gelegentliche Lüge. Hier muß man abwägen zwischen dem Ziel, die Beziehung zu verbessern und dem Ziel, die Selbstachtung zu verbessern. Exzessives sich entschuldigen geht den anderen jedoch häufig auf die Nerven und schadet sowohl der Beziehung als auch der Selbstachtung.

3. **Eigene Werte.** Erläutern Sie: „Gehen Sie nicht so weit, Ihre Wertvorstellung oder Ihre Integrität zu opfern, um ein Ziel zu erreichen oder sich die Sympathie der anderen zu erhalten. Seien Sie sich im klaren darüber, was Sie in der betreffenden Situation als richtige und moralisch wertvolle Denk- und Handlungsweise ansehen, und stehen Sie zu dieser Position."

Diskussion: Menschen können sich in besonders schrecklichen Situationen, wenn Gefahr für Leib und Leben besteht, unter Umständen dafür entscheiden, ihre Werte aufzugeben. Bei Borderline-Klientinnen ist es jedoch häufig so, daß sie in bezug auf diesen Punkt ein Schwarz-Weiß-Denken haben. Entweder sind sie bereit alles (Ihr ganzes „Selbst") aufzugeben, um Anerkennung und Sympathie von anderen zu erlangen, oder sie sehen alles und jedes als eine moralische Frage an und lehnen jegliche Flexibilität ab, weil sie darin ein Aufgeben ihrer Integrität sehen. Sammeln Sie Beispiele hierzu.

4. **Aufrichtigkeit.** Erläutern Sie: „Vermeiden Sie es, zu lügen, sich hilflos zu geben, wenn Sie es nicht sind, oder zu übertreiben. Auf Dauer untergräbt Unehrlichkeit Ihre Selbstachtung. Eine einmalige Unehrlichkeit mag nicht schaden, aber Unehrlichkeit als gewohnheitsmäßiges Handeln und als Weg, um zu dem zu kommen, was Sie möchten, ist auf lange Sicht unweigerlich schädlich. Sich hilflos zu geben ist das Gegenteil von Kompetenz erwerben."

Diskussion: Manchmal kann Ehrlichkeit zu einer Verschlechterung der Beziehung führen. Aus diesem Grund wurde die „Notlüge" erfunden. Der Versuch, Klientinnen davon zu überzeugen, daß Ehrlichkeit immer das beste ist, wird wahrscheinlich scheitern. Besprechen Sie diesen Punkt mit den Teilnehmerinnen. Wesentlich ist, daß wenn man lügt, man dies bewußt und nicht gewohnheitsmäßig tun sollte.

C. **Selbstachtung und Zielorientierung.**

Information: Erläutern Sie: „Sie sollten sich vor Augen halten, daß niemand Ihnen Ihre Selbstachtung nehmen kann, wenn Sie selbst sie nicht aufgeben. Mit den obengenannten Fertigkeiten können Sie Ihre Selbstachtung verbessern, indem Sie ein gesteigertes persönlichen Kompetenzgefühl entwickeln. Es ist also gut, wenn Sie diese Fertigkeiten umsetzen. Nun gibt es noch die andere Möglichkeit, daß Ihr Selbstwertgefühl sich verbessert, wenn Sie zugunsten einer anderen Person auf etwas verzichten, das Sie möchten. Wenn Sie die genannten Fertigkeiten wirkungsvoll einsetzen, so führt dies manchmal zu einem Verlust an Selbstachtung für die andere Person. Der beste Weg, um die eigene Selbstachtung aufzubauen, besteht darin, daß Sie das, was Sie möchten und was die andere Person möchte und braucht, in einem Gleichgewicht halten."

D. **Selbstachtung und Beziehungsorientierung**

Information: Erläutern Sie: „Die Selbstachtung der meisten Menschen hängt in irgendeiner Weise von der Qualität ihrer Beziehungen ab. Daher werden Sie, wenn Sie die in Arbeitsblatt 9 genannten Fertigkeiten (Freundlichkeit, Interesse, Anerkennen, Leichtigkeit) verwenden, wahrscheinlich auch Ihre Selbstachtung erhöhen. Wenn Sie allerdings diese Fertigkeiten bei jemandem einsetzen, der Sie nicht mag und Sie schlecht behandelt - wenn Sie, egal wie die Person sich verhält, immer wertschätzend und interessiert, gleichbleibend freundlich sind und niemals Konsequenzen androhen - so kann dies auf Dauer Ihre Selbstachtung untergraben. Optimalerweise verwenden Sie diese Fertigkeiten, wenn sie angebracht sind, und legen sie beiseite, wenn Härte und Direktheit notwendig sind.

XII. Geben Sie einen zusammenfassenden Überblick über interpersonelle Ziele, hinderliche Faktoren, förderlich Aussagen sowie Fertigkeiten auf der Ziel-, Beziehungs- und Selbstachtungsdimension.

Anmerkungen:

1. Die Bedeutung der „Wollen“- statt „Sollen“- Einstellung wurde zuerst von *Marlatt und Gordon* (1985) diskutiert.

2. Die Idee der vier DEAR-Fertigkeiten (describe =beschreiben, express =ausdrücken, assert =beharren, reinforce=verstärken) wurde von den „DESC scripts“ (describe, express, specify, consequence) von *Bowers und Bowers* (1980) übernommen. Ihr ausgezeichnetes Selbsthilfebuch ist weitgehend vergleichbar mit der DBT und kann sowohl Therapeutinnen als auch Klientinnen nützlich sein.

9

Bewußter Umgang mit Gefühlen: Training der Emotionsregulierung

Menschen mit einer Borderline-Störung und suizidale Menschen haben ein sehr intensives und labiles Gefühlsleben; sie sind häufig ärgerlich, sehr frustriert, depressiv und ängstlich. Die Schwierigkeiten, mit schmerzhaften Gefühlen umzugehen, sind aus Sicht der DBT zentral für das Verständnis der Schwierigkeiten von Borderline-Klientinnen. Aus der Sicht der Klientin dagegen sind meistens die schmerzhaften Gefühle das „Problem, das es zu lösen gilt". Suizidales Verhalten und andere dysfunktionale Verhaltensweisen einschließlich Substanzmißbrauch sind häufig Lösungen auf der Verhaltensebene für unerträglich schmerzhafte Gefühle.

Die emotionale Intensität und Labilität von Borderline-Klientinnen legen es nahe, daß sie einen großen Nutzen aus Hilfestellungen für den Umgang mit Gefühlen ziehen können. Nach meiner Erfahrung versuchen die meisten Borderline-Klientinnen, ihre Gefühle zu regulieren, indem sie sich selbst instruieren, nichts zu fühlen, was auch immer sie gerade fühlen. Diese grob vereinfachende Haltung ist eine direkte Folge einer emotional invalidierenden Umgebung. Diese verlangt, daß man lächeln sollte, wenn man eigentlich unglücklich ist, man freundlich und zurückhaltend sein sollte, wenn man eigentlich ärgerlich ist; sie fordert, daß man eine Schuld eingesteht und dann das Gefühl hat, daß einem verziehen wurde, während man sich eigentlich noch schuldig fühlt.

Es kann sehr schwierig sein, den Umgang mit Gefühlen zu vermitteln, denn eine Borderline-Klientin hat häufig Bemerkungen zu hören bekommen wie, daß sie andere Gefühle haben könnte, wenn sie nur ihre Einstellung verändern würde. Viele Borderline-Klientinnen kommen aus einer Umgebung, in der die anderen Menschen eine nahezu perfekte kognitive Kontrolle über ihre Gefühle zeigen. Und diese Menschen haben darüber hinaus auch Intoleranz und strenge Mißbilligung gegenüber der Unfähigkeit der Klientin gezeigt, sich auf ähnliche Weise zu kontrollieren. Borderline-Klientinnen werden sich häufig jedem Versuch widersetzen, sie zu einer Steuerung ihrer Gefühle anzuhalten. Denn eine solche Steuerung würde bedeuten, daß andere Menschen recht haben und daß ihre Weise zu fühlen falsch ist. Daher muß die Vermittlung eines angemessenen Umgangs mit Gefühlen immer in eine emotionale Selbstvalidierung eingebettet sein. Der angemessene Umgang mit Gefühlen erfordert, wie die interpersonellen Fertigkeiten und die Streßtoleranz auch, eine Anwendung der Fertigkeiten zur Steigerung der inneren Achtsamkeit, hier vor allem eine nicht bewertende Beobachtung und Beschreibung der eigenen emotionalen Reaktionen. Dahinter steht die theoretische Vorstellung, daß ein großer Teil der emotionalen Schwierigkeiten eine Folge von sekundären Reaktionen (zum Beispiel intensives Schamgefühl, Angst oder Wut) auf primäre Gefühle ist. Die primären Reaktionen sind häufig adaptiv und der Situation angemessen. Zur Verringerung der sekundären Schwierigkeiten ist es notwendig, sich in einer nicht bewertenden Haltung den ursprünglichen Gefühlen auszusetzen. In diesem Zusammenhang kann innere Achtsamkeit für die eigenen emotionalen Reaktionen als eine Expositionstechnik verstanden werden (siehe Kapitel 11 des Handbuchs für eine weitergehende Beschreibung von Vorgehensweisen, die auf Exposition beruhen). In der DBT gibt es eine ganze Reihe von spezifischen DBT-Fertigkeiten für den Umgang mit Gefühlen.

Spezifische Fertigkeiten für einen bewußten Umgang mit Gefühlen

Gefühle identifizieren und benennen

Der erste Schritt im Umgang mit Gefühlen ist es zu lernen, die gegenwärtigen Gefühle zu identifizieren und zu benennen. Gefühle sind jedoch komplexe Verhaltensreaktionen. Ihre Identifizierung verlangt häufig nicht nur die Fähigkeit, die eigenen Reaktionen zu beobachten, sondern auch die Fähigkeit, den Kontext, in dem die Emotion empfunden wird, genau zu beschreiben. Das Lernen, eine emotionale Reaktion zu identifizieren, wird daher sehr unterstützt, wenn die folgenden Punkte beobachtet und beschrieben werden können: 1. Die auslösende Situation für das Gefühl; 2. die Interpretationen der Situation, die das Gefühl auslöst; 3. das phänomenologische Erleben des Gefühls einschließlich körperlicher Wahrnehmungen; 4. Verhaltensweisen, die das Gefühl ausdrücken und 5. die Auswirkungen des Gefühls auf weitere Bereiche des Erlebens und Verhaltens.

Hindernisse für das Verändern von Gefühlen identifizieren

Emotionen haben eine große Bedeutung für den Menschen. Wenn emotionales Verhalten verstärkende Konsequenzen hat, kann es sehr schwierig werden, Emotionen zu verändern. Daher kann es sinnvoll sein, die Funktion und die Verstärker für ein bestimmtes emotionales Verhalten herauszuarbeiten. Im allgemeinen dienen Emotionen dazu, sich anderen Menschen mitzuteilen und das eigene Verhalten zu motivieren. Emotionales Verhalten kann aber auch zwei weitere wichtige Funktionen haben. Die erste steht in Beziehung zu der kommunikativen Funktion; emotionales Verhalten dient der Beeinflussung und Kontrolle des Verhaltens anderer Menschen. Die zweite Funktion ist die Bestätigung der eigenen Wahrnehmungen und der eigenen Interpretation von Ereignissen. Letztere ist nicht vollständig logisch; wenn zum Beispiel ein Mensch einen anderen haßt, dann heißt das nicht notwendigerweise, daß dieser andere Mensch auch tatsächlich hassenswert ist. Nichtsdestoweniger hat diese Funktion eine große Bedeutung für Menschen mit einer Borderline-Störung. Das Identifizieren dieser verschiedenen Funktionen von Gefühlen, insbesondere von negativen Gefühlen, ist ein wichtiger erster Schritt in Richtung Veränderung.

Die Verwundbarkeit gegenüber schmerzhaften Gefühlen verringern

Alle Menschen sind ihren Emotionen stärker ausgesetzt, wenn sie unter physischem oder situativem Streß stehen. Daher sollen hier folgende Verhaltensweisen gefördert werden: ausgewogene Ernährung, ausreichender, aber nicht übermäßiger Schlaf (einschließlich der Behandlung von Schlafstörungen, falls erforderlich), körperliche Bewegung, die Behandlung körperlicher Krankheiten, der Verzicht auf nicht verschriebene, stimmungsverändernde Drogen und eine wachsende Selbstdisziplin durch die Durchführung von Aktivitäten, die ein Gefühl von Selbststeuerung und Kompetenz aufbauen. Das Fördern von Selbstdisziplin hat große Ähnlichkeit mit dem Planen von Aktivitäten in der kognitiven Therapie der Depression (*Beck, Rosh, Shaw & Eneri*, 1979). Obwohl diese Ziele einfach erscheinen, kann es sowohl für die Borderline-Klientinnen als auch ihre Therapeutinnen sehr anstrengend werden, dabei auch wirklich Fortschritte zu erzielen. Borderline-Klientinnen führen häufig einen endlosen Kampf gegen Schlaflosigkeit; eine Pharmakotherapie scheint oft nur wenig zu helfen. Eine ausgewogene Ernährung und eine angemessene medizinische Versorgung kann durch Armut erschwert werden. Die Arbeit an diesen Zielen erfordert eine aktive Haltung der Klientinnen und eine große Ausdauer auf beiden Seiten, bis die ersten positiven Effekte sichtbar werden. Die Passivität vieler Borderline-Klientinnen beim Problemlösen kann hier zu großen Schwierigkeiten führen.

Positive Ereignisse häufiger werden lassen

In der DBT geht man davon aus, daß sich die meisten Menschen, auch Borderline-Klientinnen, oft gute Gründe für eine schlechte Stimmung haben. Selbst wenn bei allen Menschen die Wahrnehmungen mehr oder weniger verzerrt werden, wenn sie sehr emotional sind, so heißt das doch nicht, daß die Gefühle selbst die Folge von verzerrten Wahrnehmungen sind. Ein wichtiger Weg, um Gefühle zu kontrollieren, ist daher die Kontrolle der Ereignisse, die die Gefühle auslösen. Eine Möglichkeit, positive Gefühle häufiger werden zu lassen, ist die Erhöhung der Anzahl von angenehmen Ereignissen. Kurzfristig betrachtet, heißt dies ein Ansteigen der täglichen positiven Erfahrungen. Langfristig meint es eine Veränderung der Lebensumstände, so daß angenehme Ereignisse häufiger auftreten können. Eine weitere nützliche Strategie ist es, achtsam zu sein für angenehme Erlebnisse, wenn sie auftreten, und nicht auf Sorgen zu achten, daß diese positiven Erlebnisse aufhören werden.

Die Achtsamkeit für gegenwärtige Gefühle steigern

Achtsamkeit für die gegenwärtigen Gefühle bedeutet, Gefühle wahrzunehmen, ohne sie zu beurteilen oder zu versuchen, sie zu unterdrücken, zu blockieren oder sich von ihnen abzulenken. Die Grundidee hierbei ist, daß eine Exposition schmerzhafter Gefühle - ohne Verbindung zu negativen Konsequenzen - ihre Fähigkeit löschen kann, sekundäre, negative Gefühlen auszulösen. Wenn eine Person schmerzhafte Emotionen als „schlecht“ beurteilt, sind Schuldgefühle, Angst oder Ärger die natürlichen Konsequenzen. Wenn diese sekundären Gefühle zu einer ohnehin bereits negativen Situation kommen, wird der Streß noch größer und die Toleranz wird erschwert. Häufig könnte eine Person eine schwierige Situation oder ein schmerzhaftes Gefühl ertragen, wenn sie es nur unterlassen würde, Schuld- oder Angstgefühle darüber zu empfinden, daß sie zuvor schmerzhafte Gefühle empfunden hat.

Den gegenwärtigen Gefühlen entgegen handeln
Behavioral-expressive Reaktionen sind wichtiger Bestandteil aller Gefühle. Daher ist eine Strategie, um ein Gefühl zu ändern oder zu regulieren, die Veränderung seiner behavioral-expressiven Komponente, indem man sich in einer Weise verhält, die dem Gefühl entgegengesetzt ist oder dazu im Widerspruch steht. Dies sollte sowohl offene Handlungen (zum Beispiel etwas Schönes für eine Person tun, auf die man wütend ist; sich jemandem annähern, vor dem man Angst hat) als auch körperlichen und mimischen Ausdruck beinhalten. In bezug auf letzteres müssen Klientinnen lernen, daß es nicht darum geht, den Ausdruck eines Gefühls zu blockieren; es geht vielmehr darum, eine andere Emotion auszudrücken. Zwischen einem verbissenen Gesichtsausdruck, der das Gefühl von Ärger blockiert und ein entspannten Gesichtsausdruck, der Zuneigung ausdrückt, liegt ein sehr großer Unterschied.

Techniken zu Streßtoleranz anwenden
Ein Weg, um die Intensität und Dauer von negativen Emotionen zu verändern, ist das Aushalten von negativen Emotionen ohne ein impulsives Handeln, das alles nur noch verschlimmern würde. Einige oder alle der Techniken zur Streßtoleranz, die im nächsten Kapitel geschrieben werden, können dabei hilfreich sein; darum gehe ich hier nicht weiter darauf ein. Der Inhalt dieses Moduls ist in die folgenden Abschnitte unterteilt: Der erste Abschnitt behandelt das Wesen von Emotionen; es wird ein Modell von Emotionen dargestellt und diskutiert. Der zweite Abschnitt behandelt, wie man es lernen kann, Gefühle im Alltag zu identifizieren und zu benennen. Im dritten Abschnitt geht es um die Identifizierung der Funktionen von Emotionen und deren Beziehung zu den Schwierigkeiten, Gefühle zu verändern. Der vierte Abschnitt behandelt Möglichkeiten, wie man die Verwundbarkeit durch negative Gefühle verringern kann. Der fünfte Abschnitt vermittelt, wie man positive emotionale Erfahrungen steigern kann. Im sechsten wird vermittelt, wie man durch Achtsamkeit für das gegenwärtige Gefühl und eine gegensätzliche Handlung emotionales Leiden vermindern kann.

Themenübersicht

I. Geben Sie den Klientinnen einen Überblick über die Fertigkeiten, die sie in diesem Modul lernen, und erläutern Sie deren Bedeutung

BESPRECHEN SIE ARBEITSBLATT 1 - BEWUSSTER UMGANG MIT GEFÜHLEN: ZIELE.

A. Seine eigenen Gefühle verstehen

1. Lernen, die auftretenden **Emotionen zu identifizieren**: die Fertigkeiten zur Steigerung der Achtsamkeit - Wahrnehmen und Beschreiben - auf Emotionen anwenden
2. Erkennen, was dem Verringern von negativen Emotionen entgegensteht, indem man die **Funktionen von Emotionen** analysiert.

B. Emotionale Verwundbarkeit verringern

1. Lernen, **negative Anfälligkeit zu verringern**, das heißt, negative emotionale Zustände zu verhindern durch den Abbau einer hohen emotionalen Empfindlichkeit (Steuerung durch Emotion) und den Erwerb einer emotionalen Stabilität.
2. Lernen, **positive Emotionen häufiger** werden zu lassen und auf diese Weise negative emotionale Empfindlichkeit zu reduzieren.

C. Emotionales Leiden vermindern

1. Schmerzhafte Emotionen loslassen, indem man **achtsam für sie** ist, anstatt sie zu bekämpfen oder sich gegen sie abzuschotten.
2. Negative oder schmerzhafte Emotionen können manchmal auch verändert werden, indem man sich ihnen **entgegengesetzt** verhält.

II. Beschreiben Sie zwei Arten emotionaler Erfahrungen

A. Manche gefühlsmäßigen Erfahrungen sind hauptsächlich Reaktionen auf Ereignisse in unserer Umwelt (wenn man zum Beispiel wütend ist auf jemanden, der einen kritisiert, oder wenn man glücklich ist, daß eine geliebte Person zu Besuch kommt, oder wenn man positiv überrascht ist, daß schönes Wetter ist, nachdem Regen vorhergesagt war usw.).

B. Andere emotionale Erfahrungen sind hauptsächlich Reaktionen auf unsere eigenen Gedanken, Handlungen und Gefühle (wenn man sich schuldig fühlt, weil man wütend ist oder wenn man wütend ist, weil man sich an etwas nicht erinnert, sich schämt, weil man eine

Aufgabe nicht gut bewältigt oder stolz ist, zu gewinnen usw.).

C. In dieser Einheit befassen wir uns mit beiden Arten von Emotionen.

III. Beschreiben Sie die Rolle von Emotionen im Leben der Menschen

A. Emotionen können nützlich oder destruktiv sein oder (seltener) neutral.

Diskussion in der Gruppe: Sammeln Sie Beispiele aus den Reihen der Teilnehmerinnen, wann Emotionen hilfreich waren und wann sie destruktiv gewirkt haben. Lassen Sie die Teilnehmerinnen über die Emotionen sprechen, die ihnen am meisten Schwierigkeiten bereiten. Welche Gefühle würden die Teilnehmerinnen am liebsten bearbeiten?

Hinweis für die Gruppenleiterinnen: Es ist sehr wichtig, den Teilnehmerinnen zu vermitteln, daß das Ziel des Trainings nicht darin liegt, Emotionen zu beseitigen oder Menschen zu gefühllosen Wesen zu machen. Borderline-Klientinnen werden immer emotional bleiben. Es geht darum, das Leiden an ihren Gefühlen zu verringern. Stellen Sie fest, welche Klientinnen Angst davor haben, all ihre Gefühle zu verlieren, und welche Klientinnen versuchen, all ihre Emotionen loszuwerden.

B. Die Bewertung von Emotionen, das heißt, wie wir zu bestimmten Gefühlen stehen, kann beeinflussen, wie gut wir mit ihnen leben.

Information an die Gruppe: Ein wesentliches Problem von Borderline-Klientinnen ist, daß sie auf die meisten negativen Emotionen mit sekundären Emotionen wie Schuld, Scham oder Ärger reagieren. Diese sekundären Emotionen verursachen alle möglichen Probleme. Insbesondere führen sie dazu, daß das Bild verworren wird und das Identifizieren und Beschreiben der primären Emotionen sehr schwierig wird. Die primären Emotionen werden überschattet durch die sekundären Emotionen. So wird die Problemlösung hinsichtlich der primären Emotionen erschwert. Dieses Thema wird sich durch das Modul durchziehen und immer wieder auftauchen.

Diskussion: Sammeln Sie Beispiele aus den Reihen der Teilnehmerinnen, wann sie sekundäre emotionale Reaktionen auf eine primäre Emotion erlebt haben (zum Beispiel depressiv wurden, weil sie niedergeschlagen waren, Ärger oder Scham empfanden dafür, daß sie wütend wurden). Fragen Sie nach, was ihnen im allgemeinen mehr Schwierigkeiten und Schmerzen bereitet - die primäre oder die sekundäre Emotion?

IV. BESPRECHEN SIE ARBEITSBLATT 2 - BEWUSSTER UMGANG MIT GEFÜHLEN: UNGÜNSTIGE EINSTELLUNGEN (MYTHEN).

Diskussion: Sprechen Sie über ungünstige Einstellungen zu Emotionen und benutzen Sie hierbei die Technik des Advocatus Diaboli. In dieser Rolle müssen Sie die Teilnehmerinnen herausfordern und Gegenargumente zu den Mythen finden. Später können diese Gegenargumente von den Klientinnen in schwierigen Situationen verwendet werden, um sich besser zu fühlen. Die Teilnehmerinnen sollen sich alle diese Argumente aufschreiben.

Hinweis: In Arbeitsblatt 4, in Kapitel 8 (Zwischenmenschliche Fähigkeiten), Absatz VI finden sich Vorschläge, wie man die Technik des Advocatus Diaboli zur Besprechung von Mythen einsetzen kann.

V. Stellen Sie eine Theorie der Emotionen vor

A. Es gibt wahrscheinlich etwa acht primäre oder grundlegende Emotionen (zum Beispiel Ärger, Sorge, Freude, Überraschung, Furcht, Ekel, Schuld/Scham, Interesse). Diese Gefühle sind als Potential oder biologische Bereitschaft von Geburt an da. Alle anderen sind gelernt und zumeist eine Kombination dieser grundlegenden Gefühle.

B. Emotionen sind bestimmte Reaktionsmuster auf Ereignisse. Sie sind komplex und beinhalten viele Komponenten.

C. Gefühle kommen und gehen. Sie sind wie Meereswellen. Die meisten Gefühle dauern nicht länger als einige Sekunden bis Minuten.

D. Emotionen sind auch selbsterzeugend. Ist ein Gefühl einmal da, so löst es sich immer wieder neu aus. Wenn eine Emotion scheinbar längere Zeit bestehen bleibt, sprechen wir von einer „Stimmung".

E. BESPRECHEN SIE ARBEITSBLATT 3 - BEWUSSTER UMGANG MIT GEFÜHLEN: EIN MODELL ZUR BESCHREIBUNG VON EMOTIONEN

Hinweis: Die entsprechenden Übungsaufgaben für die Klientinnen befinden sich auf dem Hausaufgabenblatt 1 - Bewußter Umgang mit Gefühlen - Beobachten und Beschreiben von Emotionen (der Abschnitt über Funktionen erscheint erst später in dieser Einheit, wurde aber dennoch in dieses Hausaufgabenblatt aufgenommen, um die Anzahl der Blätter zu verringern).

1. **Auslösendes Ereignis (inneres oder äußeres).** Die Ereignisse, die Gefühle hervorrufen, können sowohl außen in der Umgebung existieren als auch innerlich sein. Die Gedanken, Verhaltensweisen und körperlichen Reaktionen der Person selbst können Emotionen hervorrufen. Ein Gefühl kann ein anderes Gefühl auslösen. Einige Ereignisse lösen automatisch Gefühle aus; man kann dann automatisch auf etwas reagieren, ohne an das Ereignis selbst zu denken. Ein Beispiel dafür ist Angst beim Hinabblicken von großer Höhe. Ein anderes Beispiel ist vielleicht die Freude beim Anblick eines schönen Sonnenuntergangs.

   Diskussion: Sammeln Sie weitere Beispiele aus den Reihen der Teilnehmerinnen.

2. **Interpretation des Ereignisses.** Die meisten Ereignisse lösen keine automatischen Reaktionen aus. Statt dessen wird die Emotion hervorgerufen durch die Interpretation des Ereignisses oder dadurch, wie die Person das Ereignis beurteilt oder darüber denkt.
   a. Beispiel: Viele Ängste sind gelernt. So würden wir keine Angst vor Gewehren haben, wenn wir nicht glauben würden, daß Gewehre töten können.
   b. Beispiel: Mary mag Susan oder Jenny nicht. Susan wird wütend auf Mary, weil diese sie nicht mag, Jenny bekommt dagegen Angst. Warum? Susan denkt daran, wieviel sie für Mary getan hat, Mary sollte sie schätzen und mögen. Jenny denkt, daß wahrscheinlich keiner sie mögen wird, nachdem Mary, für die sie so viel getan hat, sie nicht mag.

   Praktische Übung: Bitten Sie die Teilnehmerinnen, sich Ereignisse und mögliche Interpretationen auszudenken, die unterschiedliche Emotionen auslösen. Hierbei kann eine Person eine Situation oder ein Ereignis vorgeben, die nächste eine Interpretation finden und die dritte das Gefühl nennen. Für das gleiche Ereignis soll dann eine vierte Person eine andere Interpretation finden und eine fünfte das Gefühl nennen, das zu dieser Interpretation passen würde. Dies kann - mit demselben Ereignis - viele Male durchgespielt werden. Behandeln Sie auf diese Weise eine Reihe von Situationen und Ereignissen. Wichtig dabei ist, daß den Teilnehmerinnen deutlich wird, daß Menschen oft auf ihre eigenen Interpretationen eines Ereignisses reagieren und nicht auf das Ereignis selbst.

3. **Emotion.** Emotionen sind sehr komplex, bestehen aber gewöhnlich aus verschiedenen Komponenten oder unterschiedlichen Reaktionen, die gleichzeitig ablaufen.

   a. Emotionen beinhalten körperliche Veränderungen, wie Anspannung oder Entspannung von Muskeln, Veränderungen der Blutgefäße, Veränderungen des Herzschlags, der Hauttemperatur usw.

   i. Die wichtigsten Veränderungen finden in der Gesichtsmuskulatur statt. In der Forschung ist man heute der Ansicht, daß Veränderungen in der Gesichtsmuskulatur eine bedeutsame Rolle bei der Verursachung von Emotionen spielen.

   ii. Die meisten Menschen haben irgendwann gelernt, von Zeit zu Zeit ihre körperlichen Veränderungen zu unterdrücken oder zu verstecken. Doch selbst wenn diese Veränderungen nicht deutlich sichtbar sind, so könnten sie doch durch empfindliche Meßinstrumente wahrgenommen werden.

   Diskussion: Borderline-Klientinnen haben besser als die meisten anderen gelernt, ihre Emotionen zu verstecken, indem sie ihre Gesichtsmuskulatur, über die wir Emotionen ausdrücken, kontrollieren. Dies ist die natürliche Folge von sozialem Lernen in einer emotional invalidierenden Umgebung. Meist ist es eine automatische Reaktion, das heißt, die Person beabsichtigt es nicht oder es ist ihr nicht bewußt. Dies ist der Hauptgrund, warum andere oft nicht wissen, wie außer sich die Person ist - sie sieht überhaupt nicht danach aus! Besprechen Sie mit den Teilnehmerinnen, wie sie gelernt haben, ihre Gefühle auf diese Weise zu verbergen.

Diskussion: Denkbar wäre auch, daß ein Mensch mit einer Borderline-Störung mit einem weniger expressiven emotionalen System ausgestattet ist als andere. Diese ursprüngliche Tendenz, seine Gefühle nicht deutlich zu zeigen (zum Beispiel durch den Gesichtsausdruck) könnte zu einer Situation führen, in der andere Menschen in der Umgebung nicht genügend Rückmeldung bekommen, um ihre Interaktionen mit der Borderline-Klientin angemessen steuern zu können. Die anderen werden so unempfänglicher für die emotionalen Reaktionen der Person und es entsteht ein Muster, in der ihre Erfahrungen nicht bestätigt werden. Bieten Sie diese Hypothese sehr vorsichtig an, und schauen Sie, wie die Teilnehmerinnen darauf reagieren.

b. Emotionen beinhalten **Veränderungen im Gehirn**. Neurochemische Veränderungen im Gehirn machen einen wichtigen Teil unserer Gefühle aus. Bestimmte Bereiche des Gehirns (zum Beispiel das limbische System) scheinen sehr wichtig für die Regulierung von Emotionen zu sein. Die Veränderungen im Gehirn können Auswirkungen auf den Rest des Körpers haben.

i. Manche Forscher vermuten hirnchemische Probleme als Ursache für die Schwierigkeiten von Borderline-Klientinnen, ihre Emotionen zu steuern.

ii. Psychoaktive Substanzen bewirken Veränderungen in der Chemie des Gehirns und zielen auf eine Kontrolle von Emotionen.

c. Emotionen gehen mit **Spüren** einher. Wenn Menschen Gefühle haben, so spüren sie tatsächlich die Veränderungen in ihrem Körper und ihrem Gehirn. Wenn wir von einer „emotionalen Erfahrung" sprechen, meinen wir im allgemeinen dies.

Diskussion: Erläutern Sie: „Wenn Ihnen also gesagt wird, Sie sollen aufhören, dies oder jenes zu fühlen, so ist das ziemlich albern. Es ist, als würde man von Ihnen verlangen, den Regen, der auf ihren Kopf tropft, nicht mehr zu spüren. Die einzige Möglichkeit, um ein Gefühl nicht zu spüren, besteht darin, sich abzulenken. Obwohl dies manchmal sehr leicht zu bewerkstelligen ist, kann es ab und zu auch so gut wie unmöglich sein. Jemanden, der mit einem Fuß in einem offenen Feuer steht, anzuweisen, sich abzulenken, wäre einfach albern." Besprechen Sie diese Idee mit den Teilnehmerinnen.

Praktische Übung: Leiten Sie die Teilnehmerinnen zu einer Reihe von Übungen an, bei denen sie versuchen sollen, zunächst etwas nicht zu spüren bzw. zu fühlen (zum Beispiel ihre Arme auf der Stuhllehne) und sich dann abzulenken. Erläutern Sie: „Manchmal liegt das Problem darin, daß Sie Ihren Körper und Ihre körperlichen Veränderungen nicht spüren. Um Emotionen zu regulieren, muß man ziemlich gut darin sein, seinen Körper zu spüren. Wenn Sie über Jahre alle Gefühle unterdrückt haben, so ist dies natürlich schwierig."

Diskussion: Fragen Sie nach, welche der Klientinnen Schwierigkeiten haben, ihren Körper zu spüren, und welche Schwierigkeiten haben, genau anzugeben, welche Teile ihres Körpers sie gerade spüren. Sprechen Sie darüber, daß für manche Menschen Emotionen, wie ein Nebel, sind: Sie können nicht sehen (spüren), was genau ein Gefühl ist.

d. Emotionen beinhalten **Handlungsimpulse**. Eine wichtige Funktion von Gefühlen ist, daß sie Verhalten auslösen (zum Beispiel kämpfen aus Wut, fliehen aus Angst). Die Handlung selbst wird meist nicht als Teil der Emotion betrachtet, der Handlungsimpuls jedoch sehr wohl.

Diskussion: Besprechen Sie die Handlungsimpulse von verschiedenen Emotionen. Holen Sie Rückmeldungen aus den Reihen der Teilnehmerinnen ein.

e. Bei sehr komplexen Emotionen können **Interpretationen, Überzeugungen und Annahmen** Teil der Emotionen sein. So ist Verzweiflung beispielsweise Traurigkeit, verbunden mit der Überzeugung, daß die Dinge schrecklich sind und daß es nicht besser werden wird.

4. **Ausdruck.** Eine der wichtigsten Funktionen von Emotionen ist es, sich mitzuteilen. Dafür muß ein Gefühl ausgedrückt werden.

a. Viel von dem, wie wir die primären Emotionen ausdrücken, ist uns Menschen angeboren. Dasselbe gilt für viele Handlungen, die Gefühle ausdrücken.

b. Menschen können es lernen, den Ausdruck von Gefühlen zu unterdrücken oder sie auf andere Weise auszudrücken. Für komplexe Emotionen, die gelernt sind, gilt, daß auch deren Ausdrucksform gelernt ist.

c. Verschiedene mimische und gestische Ausdrucksformen können unterschiedliche Emotionen ausdrücken, je nach der übergreifenden Kultur. Sie werden auch überformt durch die regionale Kultur (zum Beispiel dem Süden der Vereinigten Staaten gegenüber dem Nordwesten), unsere Familienkultur, Schule und durch individuelle Unterschiede.

Diskussion: Sprechen Sie darüber, daß jede Familie, Stadt, Region usw. eine Minikultur darstellt. Unter Umständen sind bestimmte Ausdrucksformen in einer Minikultur akzeptiert, in einer anderen dagegen nicht. Sammeln Sie Beispiele aus der Erfahrung der Teilnehmerinnen.

Diskussion: Sprechen Sie mit den Klientinnen darüber, daß die Bedeutung einer Ausdrucksform von Situation zu Situation und von Person zu Person verschieden sein kann. So kommt es, daß das „Lesen" von Emotionen auf eine Art sehr leicht ist, gleichzeitig aber auch sehr viel Schwierigkeiten mit sich bringt. Häufig mißverstehen Menschen die Gefühle der anderen. Ein Verhalten kann viele verschiedene Gefühle ausdrücken. Ein Gefühl kann über viele verschiedene Verhaltensweisen ausgedrückt werden. Sprechen Sie mit den Teilnehmerinnen darüber, wann Sie von anderen mißverstanden wurden und umgekehrt, wann sie andere mißverstanden haben.

5. **Ausdrucksformen**

a. Körpersprache (zum Beispiel Veränderungen in der Haltung und im Gesichtsausdruck
b. Worte (zum Beispiel „ich liebe dich", „ich hasse dich", „ich bin traurig", „es tut mir leid")
c. Handlungen (küssen, schlagen, auf jemanden zuspringen, passiv zurückweichen, meiden, ein Rad schlagen)

6. **Bezeichnung.** Jede Kultur hat Begriffe für Emotionen. Es scheint so zu sein, daß Menschen, wenn sie ein Gefühl benennen können, auch leichter Kontrolle darüber haben. Die Namen, die wir Emotionen zuordnen, sind gelernt. Ganz offensichtlich ist es leichter, einfache Emotionen zu benennen als komplexe.

VI. **Wahrnehmen, Beschreiben und Benennen von Emotionen** - Stellen Sie das Konzept vor

A. Wenn wir ein Gefühl beschreiben, so gehört folgendes dazu:
1. **Auslösendes Ereignis** und Situation
2. Die **Interpretation** des Ereignisses,der Situation (Gedanken, Annahmen, Überzeugungen)
3. **Körperliche Reaktionen**, die man spürt (die man spüren kann,wenn man auf sie achtet)
4. **Körpersprache** (das heißt, Mimik und Gestik)
5. **Verbaler Ausdruck** der Emotion
6. **Handlungsimpulse** und tatsächliche Handlungen

Information: Wenn Sie lernen, Ihre Emotionen wahrzunehmen und zu beobachten, werden Sie merken, daß Sie sowohl getrennt von Ihren Emotionen (nicht identisch mit ihnen) als auch eins mit ihnen sind. Um sie steuern zu können, müssen Sie soweit getrennt von Ihren Emotionen sein, daß Sie denken und Bewältigungsstrategien anwenden können. Gleichzeitig müssen Sie soweit eins mit Ihren Emotionen sein, daß Sie sie als Teil Ihrer selbst identifizieren und nicht als etwas außerhalb Ihrer selbst erleben. Ein anschauliches Bild dafür ist das von Pferd und Reiterin. In dem Maße, in dem die Reiterin eins mit ihrem Pferd ist, kann sie es kontrollieren. Wenn sie die Verbindung nicht schafft, getrennt ist, wird sie gegen das Pferd kämpfen und dieses wird sich wehren. Sie wird es nicht sanft beherrschen können. Auf der anderen Seite wird sie, wenn sie sozusagen kopflos ist und keine vom Pferd getrennte Identität hat, sich gerade so auf dem Pferd halten können und dieses wird die Richtung angeben.

B. Emotionen haben auch **Auswirkungen.**

Information: Intensive Emotionen haben starke Nachwirkungen auf Gedächtnis, Gedanken und sogar die Fähigkeit zu denken, auf Körperfunktion und Verhalten. Man könnte fast sagen, daß „Emotionen in sich selbst verliebt" sind. Sie organisieren die Person auf eine Weise, daß dasselbe Gefühl weiterbesteht (oder immer neu ausgelöst wird).

C. **BESPRECHEN SIE ARBEITSBLATT 4 - BEWUSSTER UMGANG MIT GEFÜHLEN: MÖGLICHKEITEN, GEFÜHLE ZU BESCHREIBEN**

Information: Erläutern Sie: „Sie finden hier typische Namen für Gefühle und typische Aspekte von Emotionen. Die Mehrzahl davon entstammt Antworten von ganz gewöhnlichen Menschen auf Fragen nach ihren emotionalen Erfahrungen."

Hinweis: Dieses Arbeitsblatt soll Klientinnen, die Schwierigkeiten haben, ihre eigenen Gefühle zu benennen, Anregungen geben. Es braucht nicht detailliert besprochen werden, es genügt, es kurz durchzugehen und zu erklären, was es damit auf sich hat. Die Klientinnen sollen es sich dann zwischen den Sitzungen genauer anschauen. Einige werden es sehr hilfreich finden, andere weniger. Es ist wichtig, den Klientinnen zu vermitteln, daß die aufgelisteten Aspekte nicht notwendig zu jeder Emotion dazu gehören. Es sind vielmehr allgemeine Aspekte, aber durch kulturelles und individuelles Lernen können diese Aspekte von Person zu Person unterschiedliche sein.

Diskussion: Welche Auffassungen über Merkmale von Gefühlen haben die Klientinnen selbst? Regen Sie einen Austausch darüber an.

Praktische Übung: In Rollenspielen sollen die Klientinnen verschiedene Situationen üben.

1. Jede überlegt sich eine Situation mit einer Emotion für das Rollenspiel.
2. Geben Sie Anregungen für das Rollenspiel. Lassen Sie zwei Klientinnen die Situation spielen, oder spielen Sie mit einer Klientin zusammen. Alle anderen beobachten die Situation und beschreiben das nonverbale Ausdrucksverhalten der Rollenspielerinnen. Sie sollten dabei insbesondere auf die Gesichter der Spielenden achten.
3. Die Rollenspielteilnehmerinnen beschreiben, wie sie sich gefühlt haben und was sie ausdrükken wollten.

Hinweis: Weitere Anregungen zur Durchführung von Rollenspielübungen finden sich in Kapitel 8 des Manuals.

VII. Beschreiben Sie **Faktoren,** die das **Beobachten** und **Beschreiben** von **Gefühlen erschweren.**

A. **Sekundäre Gefühle** (emotionale Reaktionen auf Gefühle). Wenn eine sekundäre Emotion auftritt, kann sie die primäre emotionale Reaktion überdecken oder verwirren.

B. **Ambivalenz** (mehr als eine emotionale Reaktion auf das gleiche Ereignis).

Hinweis: Diese Punkte lassen sich am besten klären, während man die Hausaufgaben bespricht. Die Teilnehmerinnen sollten so viele Hausaufgabenübungsblätter ausfüllen (Bewußter Umgang mit Gefühlen - Hausaufgabenblatt 1) wie auslösende Ereignisse da sind. Wenn also eine sekundäre emotionale Reaktion durch eine ursprüngliche Emotion hervorgerufen wurde , so sollte ein zweites Hausaufgabenblatt ausgefüllt werden. Bei der Besprechung der Hausaufgabe sollten Sie auf diesen Punkt ganz besonders achten, unter Umständen ist es nicht einfach, dies herauszuarbeiten.

VIII. **BESPRECHEN SIE ARBEITSBLATT 5 - BEWUSSTER UMGANG MIT GEFÜHLEN: WELCHE BEDEUTUNG HABEN GEFÜHLE?**

Hinweis: Das entsprechende Hausaufgabenblatt für diese Fertigkeiten ist Hausaufgabenblatt 2 „Bewußter Umgang mit Gefühlen: Gefühlsprotokoll".

A. Warum haben Menschen Gefühle? Viele Tiere zeigen emotionale Verhaltensweisen. Emotionales Verhalten ist sehr unmittelbar und effizient. In der Tat ist es wahrscheinlich notwendig für das Überleben.

B. Wenn Emotionen keine Funktion hätten oder kein Bedarf für sie da wäre, wären sie leicht zu verändern. Aber da sie einen bestimmten Zweck haben (ein Bedürfnis befriedigen, etc.), kann es sehr schwer sein, sie zu verändern.

C. Durch Gefühle kommunizieren wir mit anderen Menschen, und wir beeinflussen diese mit ihnen.

1. Gefühle sind eng mit dem Gesichtsausdruck verbunden. Bei Naturvölkern und bei Tieren hat der Gesichtsausdruck die gleiche Funktion wie Worte. Auch in modernen Gesellschaften übermittelt die Mimik Botschaften schneller als Worte es tun.

   a. Sowohl über verbale als auch über nonverbale Formen des emotionalen Ausdrucks zu verfügen heißt, zwei Möglichkeiten der Kommunikation für wichtige Situationen zu haben.

b. Manche Emotionen haben eine automatische Wirkung auf andere.Das heißt, diese Wirkungt ist nicht gelernt.

i. Zum Beispiel reagieren Kleinkinder spontan auf das Lächeln eines Erwachsenen oder auf den Ausdruck von Angst. Bis sie lernen, Worte zu verwenden, dient diese automatische Reaktion Kleinkindern gut. Aber auch nachdem sie sprechen gelernt haben, erweist sich der mimische Ausdruck als sehr hilfreich.

ii. Bei Widersprüchen zwischen dem körperlichen Ausdruck einer Emotion (Gesichtsausdruck, Haltung, Tonfall) und dem, was eine Person sagt, werden andere fast immer der nonverbalen Kommunikation mehr vertrauen als der verbalen.

Diskussion: Dies ist ein sehr wichtiger Aspekt. Eine wesentliche Grundannahme in der DBT ist, daß Menschen mit einer Borderline-Störung das Problem haben, daß ihr nonverbaler emotionaler Ausdrucks oft nicht das wiedergibt, was sie erleben, und sie auf diese Weise häufig mißverstanden werden. Wann haben die Teilnehmerinnen andere aufgrund inkongruenter nonverbaler Kommunikation mißverstanden bzw. wann haben andere sie mißverstanden?

2. Es kann schwer sein, Gefühle zu verändern bzw. zu kontrollieren, wenn es wichtig scheint, anderen etwas mitzuteilen.

a. Beispiel: Wenn Jane möchte, daß Kathy weiß, daß sie (Kathy) im Unrecht ist, dann wird Jane es vorziehen, wütend zu bleiben, bis Kathy die Botschaft empfangen hat. Wenn Jane aufhört wütend zu sein, nimmt Kathy das Ganze vielleicht nicht ernst oder merkt nicht, daß sie in der Tat im Unrecht ist.
b. Beispiel: Julie möchte, daß Emily begreift, wie gefährlich die Situation, in der sie sich befinden, ist, also möchte sie nicht aufhören, ängstlich zu sein. Anderenfalls könnte Emily die Situation als sicher einschätzen.
c. Beispiel: Maria möchte, daß Terry weiß, was sie (Maria) mag. Also wird sie sich entscheiden, weiterhin Spaß daran zu zeigen.

3. Jedesmal wenn man Gefühle ausdrückt, beeinflußt man andere Menschen, ob man es will oder nicht.

a. Beispiele: Freundlichkeit und Wärme einem Bekannten gegenüber führt vielleicht dazu, daß dieser einem später einen Gefallen tut; drückt ein Chef seine Enttäuschung über die Arbeitsleistung eines Mitarbeiters aus, so kann dies zu einer verbesserten Arbeitsleistung des Angestellten führen; drückt eine Person ihren Ärger aus, so kann dies dazu führen, daß sie zu ihrem Recht kommt.
b. Beispiel: Fühlt man sich wertlos, hoffnungslos und abgrundtief traurig, so kann dies eine Therapeutin oder eine andere Person veranlassen, den Schmerz wegzunehmen (zumindest erhofft man dies).
c. Beispiel: Ärger kann, wird er ausgedrückt, das Verhalten einer anderen Person stoppen.

Diskussion: Lassen Sie die Teilnehmerinnen Beispiele nennen, wann sie andere durch ihre Emotionen beeinflußt haben und wann die Gefühle anderer sie beeinflußt haben, und sprechen Sie mit ihnen darüber. Holen Sie auch Beispiele dafür ein, wann diese Strategie sich als Bumerang entpuppte, das heißt, der Ausdruck eines Gefühls für die Teilnehmerinnen Konsequenzen nach sich zog, die sie nicht beabsichtigt hatten.

Diskussion: Sprechen Sie über den kommunikativen Wert von Gefühlen wie Schuld/Scham, Überraschung, Liebe, Traurigkeit sowie der in den obengenannten Beispielen angesprochenen Gefühle.

D. **Gefühle motivieren unser Handeln und ver setzen uns in die Lage zu handeln.**

1. Emotionen motivieren Verhalten. Die Verbindung zwischen bestimmten Emotionen und einem Handlungsimpuls ist angeboren.

2. In bestimmten wichtigen Situationen beschleunigt dies unsere Handlungsfähigkeit, da wir nicht alles durchdenken müssen.

a. Beispiel: Ohne Traurigkeit über den Verlust von Menschen würde niemand versuchen, sterbende Menschen zu retten oder nach verlorenen Menschen Ausschau zu halten. Ohne Traurigkeit würden Gemeinschaften aussterben.
b. Beispiel: Oft sind Studierende nicht daran interessiert, ihre Prüfungsängste abzubauen,

weil sie fürchten, ohne sie weniger hart zu arbeiten und dann ihre Prüfungen nicht zu schaffen.
c. Beispiel: Menschen sind wenig geneigt, ihre Schuldgefühle zu verringern, aus Angst, daß sie ohne diese anfangen könnten, schädliche Dinge zu tun.

Diskussion: Sammeln Sie andere Beispiele, insbesondere solche, die mit Ärger zu tun haben, und sprechen Sie darüber.

E. Emotionen haben auch die Funktion, **uns selbst etwas mitzuteilen**. Emotionen können **„selbstbestätigend“** sein.

1. Häufig verwenden wir unsere emotionalen Reaktionen auf andere Menschen und auf Situationen als Informationsquellen über die Situation. Emotionen können Anzeichen über oder Alarmsignale dafür sein, daß etwas geschieht.

a. Wenn wir sagen „hör auf deine innere Stimme“ so meinen wir genau dies.
b. Wenn wir davon sprechen, daß jemand ein gutes Gefühl für Situationen hat, dann geht es ebenfalls um Emotionen als Signale.
c. Manchmal empfangen wir auf einer unbewußten (oder automatischen) Ebene aus einer Situation Signale, die dann verarbeitet werden. Daraus ergibt sich eine emotionale Reaktion, bei der die Person oft nicht sagen kann, was genau an der Situation ihr Gefühl hervorruft. Durch Versuch und Irrtum - das heißt Erfahrung - können wir lernen, wann wir diesen emotionalen Reaktionen als Information über die Situation vertrauen können und wann sie uns mehr über uns selbst sagen als über die Situation.

Diskussion: Sammeln Sie Beispiele der Teilnehmerinnen, wann ihr „Gefühl“ für eine Situation sich als richtig herausstellte. Häufig ignorieren Menschen ihr Gespür oder ein Gefühl für eine Situation einfach, weil sie keine Worte dafür finden oder weil andere Menschen anderer Meinung sind. Diskutieren Sie darüber.

Hinweis: Eine solche Verwendung von Emotionen entspricht dem Einsatz der Gegenübertragung in der Therapie; diese hilft Therapeutinnen, ihre Klientinnen besser zu verstehen. Das heißt, Therapeutinnen lernen, ihre Emotionen auf diese Weise zu verwenden.

2. Treibt man eine solche Verwendung von Emotionen auf die Spitze, so werden Emotionen als Tatsachen behandelt: „Wenn ich mich inkompetent fühle, bin ich es auch.“ „Wenn ich depressiv werde, wenn man mich allein läßt, dann sollte ich nicht allein gelassen werden.“ „Ich habe das Gefühl, daß etwas richtig ist, also ist es richtig.“ Menschen benutzen ihre Gefühle, sich selbst zu sagen, daß das, was sie glauben, auch wirklich den Tatsachen entspricht.

Hinweis: Für Menschen mit einer Borderline-Störung ist dies ein ganz wesentlicher und gleichzeitig hochsensibler Aspekt. Insbesondere negative Emotionen dienen oft der Selbstbestätigung. Dies wird verständlich, wenn man das invalidierende Umfeld betrachtet, mit dem die meisten von ihnen aufgewachsen sind. Man kann sich das folgendermaßen vorstellen: Werden die Gefühle einer Person heruntergespielt oder für ungültig erklärt, so hat sie es schwer, mit ihren Belangen und Bedürfnissen ernstgenommen zu werden. Vielleicht wird auch zu viel von ihr erwartet oder verlangt. Eine Möglichkeit, dem zu begegenen, ist es, die Intensität ihrer Gefühle zu erhöhen. Früher oder später wird man darauf reagieren. Wenn die Person dann zu einem späteren Zeitpunkt nicht ebenso emotional reagiert, fühlen sich die anderen bestätigt: Ihre Emotionen waren von vornherein nicht glaubwürdig, gültig. Häufen sich diese Anlässe, so hängt irgendwann die Integrität der Person von der Intensität ihrer Emotionen ab. Wenn die Situation nicht so schlecht ist, wie sie sagt, schämt sie sich dafür, daß sie anderen so viel Schwierigkeiten zugemutet hat. Auf diese Weise bekommen negative Emotionen im Verlauf der Zeit immer mehr die Funktion der Selbstbestätigung; so kann die Person sich selbst gegenüber glaubwürdig bleiben. Diese Aspekte Borderline-Individuen nahezubringen ist sehr schwierig, da die Idee an sich invalidierend ist. Umsicht, Geduld und Fingerspitzengefühl sind hier notwendig.

Diskussion: Fragen Sie die Teilnehmerinnen nach Beispielen, und sprechen Sie darüber. Wann wirken Emotionen selbstbestätigend und sie werden verunsichert, wenn sie versuchen, negative Emotionen zu verändern? Nennen Sie, wenn möglich, Beispiele aus Ihrer persönlichen Erfahrung.

IX. Stellen Sie **Strategien zur Verringerung der emotionalen Vulnerabilität** dar. Hierzu gehören die folgenden Fertigkeiten: Die Behandlung körperlicher Krankheiten, eine ausgewogene Ernährung, das Vermeiden von stimmungsverändernden Substanzen, ausreichender Schlaf und körperliche Bewegung sowie der Aufbau von Selbstdisziplin.

X. BESPRECHEN SIE ARBEITSBLATT 6 - BEWUSSTER UMGANG MIT GEFÜHLEN: DIE VERWUNDBARKEIT GEGENÜBER SCHMERZHAFTEN GEFÜHLEN VERRINGERN

Hinweis: Das entsprechende Hausaufgabenübungsblatt ist Blatt 3 - Bewußter Umgang mit Gefühlen: Schritte um die Verwundbarkeit gegenüber schmerzhaften Gefühlen zu verringern. Einige der Fertigkeiten finden sich auch auf der Rückseite der DBT-Wochenprotokolle.

A. **Körperliche Erkrankungen** behandeln. Erläutern Sie: „Körperliche Erkrankungen erhöhen Ihre Anfälligkeit für negative Emotionen."

Diskussion: Besprechen Sie mit den Klientinnen gegenwärtige Krankheiten und auch solche der Vergangenheit und erörtern Sie, warum sie sich nicht dagegen behandeln lassen (zum Beispiel Krankheiten, die durch Geschlechtsverkehr übertragen wurden). Verlegenheit, mangelnde Selbstsicherheit oder finanzielle Probleme können Gründe dafür sein.

B. **Ausgewogene Ernährung.** Erläutern Sie: „Versuchen Sie, das zu essen,was Ihnen gut tut, nicht zu viel und nicht zu wenig."

Diskussion: Untersuchungen mit kontrolliertem Essen haben gezeigt, daß es negative Auswirkungen hat, wenn zu wenig gegessen wird. Außerdem geht es darum, daß die Teilnehmerinnen lernen, Nahrungsmittel, die ihnen nicht gut tun, zu vermeiden. Fragen Sie die Teilnehmerinnen danach, welche Nahrungsmittel stimmungsaufhellend wirken (zum Beispiel Schokolade), beruhigen (zum Beispiel Milch) oder Energie geben (zum Beispiel Zucker, Fleisch). Diese Funktionen lassen sich - in Maßen - nützen.

C. **Vermeiden von stimmungsverändernden Substanzen.** Erläutern Sie: „Alkohol und Drogen können wie auch bestimmte Nahrungsmittel, Ihre Widerstandsfähigkeit gegenüber negativen Emotionen verringern."

Diskussion: Nutzen Sie dies als Gelegenheit, mögliche Alkohol- und Drogenprobleme der Teilnehmerinnen zu besprechen. Sprechen Sie über die Auswirkungen von Drogen auf Emotionen und über die Schwierigkeiten, auf solche stimmungsverändernden Substanzen zu verzichten.

D. **Ausreichender Schlaf.** Erläutern Sie: „Achten Sie darauf, so viel zu schlafen, wie es Ihnen gut tut - nicht zu viel oder zu wenig."

Diskussion: Fragen Sie die Teilnehmerinnen nach Schlafstörungen. Häufig haben Borderline-Klientinnen hier große Schwierigkeiten. Insbesondere wenn sie zu wenig Schlaf bekommen, kann sie das anfällig für negative Emotionen machen. Es kann auch Teil eines Depressionssyndroms sein. Was hat ihnen geholfen? Wodurch wurde es schlimmer?

E. **Bewegung.** Erläutern Sie: „Regelmäßige körperliche Betätigung ist ein Antidepressivum. Außerdem kann ein solches Fitnessprogramm dazu dienen, Selbstkontrolle und Kompetenz aufzubauen."

Diskussion: Fragen Sie nach, welche Sportarten die Teilnehmerinnen betreiben.
Als Problem kann sich hier herausstellen, daß regelmäßige sportliche Betätigung ein bestimmtes Maß an Selbststeuerungsmöglichkeiten voraussetzt und die wenigsten Borderline-Klientinnen diese Fähigkeiten besitzen. Daher sollten an dieser Stelle entsprechende Strategien besprochen werden, insbesondere lohnt es sich auf das Prinzip der Verstärkung einzugehen.

F. **Selbstdisziplin aufbauen.** Erläutern Sie: „Nehmen Sie sich Dinge vor, bei denen Sie sich kompetent und selbstsicher fühlen, Dinge, bei denen Sie das Gefühl haben, Sie haben das im Griff, Sie schaffen das."

Information: Ein wichtiger Bestandteil der kognitiven Therapie der Depression ist, daß Klientinnen sich Aufgaben stellen, um Kompetenz zu erwerben. Sie sollen dadurch ein

Gefühl für die persönlichen Fähigkeiten entwickeln und ein besseres Selbstvertrauen aufbauen. Gleichzeitig werden sie widerstandsfähiger gegenüber Depressionen und anderen negativen Gefühlen. Zum Aufbau von Kompetenz gehört es, daß man sich Dinge vornimmt, die eine gewisse Überwindung kosten bzw. eine Herausforderung darstellen.

Diskussion: Fragen Sie nach, welche Aktivitäten es sind, die den Teilnehmerinnen ein Kompetenzgefühl vermitteln. Wahrscheinlich werden dies für jede Teilnehmerin andere sein.

XI. BESPRECHEN SIE ARBEITSBLATT 7 - BEWUSSTER UMGANG MIT GEFÜHLEN: SCHRITTE IN RICHTUNG ANGENEHMER GEFÜHLE.

A. **Positive Erfahrungen schaffen.** Erläutern Sie: „Erhöhen Sie die Anzahl von Ereignissen, die positive Gefühle wie Liebe, Freude, Stolz, Selbstvertrauen und Ruhe auslösen."

Hinweis: Wie bereits erwähnt, gehen wir davon aus, daß die meisten Menschen, wenn sie schmerzhafte Empfindungen haben, diese aus gutem Grund haben. Dies gilt auch für Borderline-Klientinnen. Wir gehen also von der Annahme aus, daß es meist (allerdings nicht immer) die Ereignisse im Leben sind, die Unglück verursachen und weniger eine falsche Wahrnehmung der Ereignisse dafür verantwortlich ist. Viele Therapeutinnen vertreten in diesem Punkt eine gegenteilige Position. Es läßt sich aber eine Annäherung der beiden Positionen denken. Wenn eine Person emotional wird, so können sich Wahrnehmungsverzerrungen ergeben. Man sollte also ein Augenmerk auf solche möglichen Verzerrungen richten und gegebenenfalls auf eine Neubewertung hinarbeiten. Ein Vorgehen aber, das sich ausschließlich auf kognitive Verzerrungen als Störquelle konzentriert, läuft Gefahr, Verhalten, Gefühle und Denkprozesse der Borderline-Klientin zu invalidieren - und dies möchte man eigentlich vermeiden. Vielmehr ist es das Ziel, ihre Reaktionen ernstzunehmen und zu bestätigen.

1. **Kurzfristig.** Erläutern Sie: „Unternehmen Sie angenehme Dinge, die aktuell möglich sind. Jeder Tag sollte mehr positive Erfahrungen enthalten."

Hinweis: Verteilen Sie die Liste mit den positiven Aktivitäten von Arbeitsblatt 8, Bewußter Umgang mit Gefühlen, an die Teilnehmerinnen. Ermutigen Sie sie, möglichst viele positive Dinge in ihren Tagesablauf zu integrieren. Es sollten Dinge sein, die ihnen Freude machen und bei denen sie sich wohl fühlen.

Diskussion: Fragen Sie die Teilnehmerinnen nach den kleinen Dingen, die ihnen Freude machen. Seien Sie da kreativ. Ideen können Sie auch aus dem Arbeitsblatt „Krisenüberlebensstrategien" entnehmen (Arbeitsblatt 1 - Streßtoleranz, Kapitel 10 des Manuals).

2. **Langfristig.** Erläutern Sie: „Nehmen Sie Veränderungen in Ihrem Leben vor, die häufiger positive Ereignisse erlauben."

a. Erläutern Sie: „Machen Sie eine Liste von positiven Ereignissen, die Sie in Ihrem Leben haben möchten. Dies sind dann Ihre Ziele. **Arbeiten Sie auf diese Ziele hin.**"

Information: Eine wichtige Grundannahme in der DBT ist, daß eine Person schwerlich besonders glücklich sein wird, wenn es kaum positive Ereignisse in ihrem Leben gibt. Ein Leben, das nicht wirklich lebenswert ist, kann nicht glücklich machen. Es geht darum, ein lebenswertes Leben, ein Leben, das Spaß macht und eine innere Befriedigung bringt, aufzubauen. Dazu müssen, wie beim Einwerfen von Münzen in das Sparschwein, positive Dinge angehäuft werden.

b. Erläutern Sie: „**Pflegen Sie Ihre Beziehungen**. Reparieren Sie alte Beziehungen. Versuchen Sie, neue Beziehungen aufzubauen."

Information: Die meisten Menschen brauchen gute Beziehungen um glücklich zu sein. Eine oder zwei engere Beziehungen brauchen die meisten von uns. Erläutern Sie: „Legen Sie nicht alle Ihre Schätze in eine einzige Kiste. Machen Sie nicht Ihr ganzes Glück von einer einzigen Person oder einer einzigen Gruppe (zum Beispiel einer Liebesbeziehung oder Ihrer Familie) abhängig."

c. Erläutern Sie: „**Vermeiden Sie das Vermeiden**. Geben Sie das Aufgeben auf."

Information: Wer Problemlösungen ausweicht oder Notwendiges nicht in Angriff nimmt, kann sich kein positives Leben aufbauen.

B. **Achtsamkeit für positive Erfahrungen.** Erläutern Sie: „Achten Sie auf positive Ereignisse, die auftreten. Machen sie folgendes:

1. Konzentrieren Sie Ihre Aufmerksamkeit auf die positiven Ereignisse, die geschehen.
2. Lenken Sie Ihre Aufmerksamkeit auf die positiven Aspekte des Ereignisses zurück, wenn Sie bemerken, daß Sie in Gedanken mit den negativen beschäftigt sind."

C. **Sich von Sorgen abwenden**. Erläutern Sie: „Zerstören Sie sich positiveErfahrungen nicht. Etwa indem Sie
1. sich fragen, wann die positive Erfahrung aufhören wird,
2. sich fragen, ob Sie sie verdient haben,
3. sich fragen, wieviel jetzt von Ihnen erwartet wird."

Information: Dies sind ganz wesentliche Fertigkeiten. Viele Borderline-Klientinnen erleben zwar positive Erfahrungen, diese lösen sich aber innerhalb von einer Sekunde in Luft auf, sie sind nicht dauerhaft. Das heißt, Klientinnen müssen wirklich hart daran arbeiten, die positiven Emotionen länger aufrecht zu erhalten. Oft haben sie auch Angst davor, sich gut zu fühlen, weil sie befürchten, daß dann schreckliche Dinge passieren - das heißt, sie haben eine Phobie vor positiven Emotionen. Oder es ist so, daß ein negativer Gedanke ganz rasch auftaucht. Diese Aspekte sollten betont werden.

XII. BESPRECHEN SIE ARBEITSBLATT 9 - BEWUSSTER UMGANG MIT GEFÜHLEN: EMOTIONALES LEIDEN LOSLASSEN: ACHTSAMKEIT FÜR IHRE GEFÜHLE

A. **Achtsamkeit für Gefühle** bedeutet, sie zu beobachten und zu beschreiben, so wie sie sind.

1. Erläutern Sie: „Dies ist eine hilfreiche Strategie, da sie Ihnen erlaubt, eine gewisse Distanz zu Ihren Gefühlen zu bekommen. Oft ist diese Distanz notwendig, um herauszufinden, worum es geht und um Lösungen zu entwickeln."
2. Das Beobachten von Gefühlen ist eine Form der **Exposition**. Das funktioniert nach dem gleichen Muster wie bei der Behandlung von Ängsten und Phobien. Erläutern Sie: „Wenn Sie sich Ihren Gefühlen aussetzen, ohne sofort danach zu handeln, werden Sie feststellen, daß die Gefühle gar nicht so katastrophal sind. Ihre Angst vor Ihren eigenen Gefühlen wird abnehmen. Damit werden sich Ihre sekundären Gefühle auflösen, das heißt, Angst, Panik, Ärger über das, was Sie fühlen, werden wegfallen."

B. Die beste Möglichkeit um negative und schmerzhafte Gefühle loszuwerden, ist es sie **loszulassen**. Dies ist allerdings ein schwieriger Lernprozeß.

C. Es geht darum, Gefühle loszulassen, nicht darum, sie wegzudrücken. Wenn man gegen Schmerzen anzukämpfen versucht, werden sie gewöhnlich schlimmer.

Information: Schmerzliche Gefühle sind Teil unserer menschlichen Existenz. Es gibt, davon gehen wir in der DBT aus, gute Gründe für negative Gefühle. Oft sind gravierende Veränderungen gefordert. Und trotzdem wird es in unserem Leben immer auch negative Gefühle geben. Der Trick besteht also darin, neue Möglichkeiten des Umgangs mit negativen Emotionen zu entwickeln, damit diese nicht länger zu soviel Leiden führen. Dies erreichen wir, indem wir die schmerzhaften Gefühle akzeptieren, sie annehmen. Wir leiden weniger, was bleibt, ist der Schmerz, und auch der Schmerz wird zum Teil geringer, wenn wir ihn akzeptieren. Wenn wir dagegen gegen ein Gefühl ankämpfen, haben wir die sicherste Methode gewählt, es fortbestehen zu lassen. Im Grunde sind dies einfache Wiederholungen der in Kapitel 7 (Innere Achtsamkeit) und 10 (Streßtoleranz) vorgestellten Prinzipien. Diese Punkte sind jedoch äußerst wichtig, und die Teilnehmerinnen sollten sie verstanden haben.

Diskussion: Besprechen Sie die Bedeutung des Akzeptierens und des emotionalen Leidens. Die meisten Klientinnen sind in der Lage, den Zusammenhang zu verstehen. Fragen Sie nach.

D. Erläutern Sie: „Um loslassen zu können müssen Sie:
1. Ihr Gefühl beobachten. Erkennen Sie an, daß

es da ist. Nun treten Sie zurück. Lösen Sie sich von dem Gefühl.

2. Versuchen Sie, Ihr Gefühl als eine Welle zu empfinden, die kommt und geht (dabei kann es je nachdem sinnvoll sein, sich ausschließlich auf die körperlichen Aspekte des Gefühls zu konzentrieren oder nur auf die Qualität der Erfahrungen zu achten oder ähnliches). Versuchen Sie, Ihr Gefühl nicht zu unterdrücken, öffnen Sie sich dem Fluß der Empfindung. Versuchen Sie nicht, sich des Gefühls zu entledigen, schieben Sie es nicht weg. Sie sollten es nicht beurteilen oder verwerfen. Versuchen Sie nicht, das Gefühl künstlich zu halten. Beißen Sie sich nicht daran fest. Wiederholen Sie es nicht. Verstärken Sie es nicht.
3. Seien Sie sich bewußt, daß Sie nicht identisch sind mit Ihrem Gefühl. Nehmen Sie sich die Freiheit, unter Umständen nicht nach dem Gefühl zu handeln, dem Gefühl nicht zu folgen.
4. Wenn man versucht, einen Wall zu bauen, um Gefühle draußen zu halten, so sichert dies gerade deren Präsenz. Lernen Sie, Ihre Gefühle zu mögen. Seien Sie offen für Ihre Empfindungen.“

Information: Gerade der letzte Punkt ist natürlich nicht leicht. „Mögen“ bedeutet in diesem Zusammenhang „annehmen“. Gefühle verschwinden nicht, wenn man sie bekämpft. In dem Moment, wo ich ein Gefühl annehme, werde ich handlungsfähig. Beziehen Sie sich auf die Metapher von Pferd und Reiterin (siehe Punkt VI). Das Mögen und Akzeptieren von Gefühlen bedeutet nicht, sie größer zu machen oder zu verstärken.

Geschichte: Die folgende Geschichte wurde mir von einem Zen-Lehrer erzählt, der sie in einem Buch von *Anthony de Mello* (1983), einem anderen spirituellen Lehrer, gelesen hatte. Diese Geschichte kann sehr gut vermitteln, was es bedeutet, seine Gefühle zu mögen. Sie handelt von einem Mann, der sich ein neues Haus kaufte und beschloß, daß er einen sehr schönen Rasen anlegen wollte. Er pflegte ihn regelmäßig und befolgte dabei alle Empfehlungen aus den vielen Büchern, die er dazu gelesen hatte. Nun wuchsen aber auf seinem schönen Rasen immer wieder Gänseblümchen, wo er sie gar nicht haben wollte. Als er das erste Mal welche fand, rupfte er sie aus. Aber sie wuchsen nach. Also kaufte er sich Unkrautvertilgungsmittel. Einige Zeit ging das gut, dann kam eine Zeit, in der es viel regnete, und plötzlich waren sie wieder da, die Gänseblümchen. Den ganzen Sommer schuftete er, rupfte die Gänseblümchen aus und vernichtete sie. Einige Monate lang hatte er Ruhe und er dachte, er hätte nun endgültig einen Gänseblümchen-freien Rasen, als im nächsten Sommer plötzlich wieder überall welche auftauchten. Er kam auf die Idee, daß es am Gras liegen könnte. Er gab ein Vermögen aus, um den Rasen von Grund auf neu anzulegen. Es schien zu funktionieren, und er war sehr glücklich. Aber gerade als er dachte, daß er sich jetzt endgültig entspannen könnte, fiel sein Blick auf ein Gänseblümchen. Ein Freund sagte ihm, das sei wegen der Gänseblümchen in dem Rasen seiner Nachbarn. Also startete er eine Kampagne, um seine Nachbarn dazu zu bringen, ihre Gänseblümchen zu vernichten. Im dritten Jahr war er verzweifelt. Er hatte immer noch Gänseblümchen in seinem Rasen. Er hatte inzwischen alle Experten befragt und sämtliche Literatur gelesen. Schließlich entschloß er sich, der Regierung zu schreiben und um Rat zu fragen. Sicherlich wüßten die eine Lösung. Einige Monate später erhielt er Antwort. Er war ganz aufgeregt. Endlich die Lösung! Er riß den Brief auf und las die folgenden Zeilen: „Sehr geehrter Herr X, nachdem sich unsere Expertenkommission eingehend mit Ihrem Problem befaßt hat, können wir Ihnen, nach sorgfältiger Erwägung, einen, wie wir meinen, sehr guten Rat geben: Herr X, lernen Sie, diese Gänseblümchen zu lieben.“

Man kann diese Geschichte immer wieder erzählen. Das Entscheidende ist, daß die Klientinnen dahin kommen, an entsprechender Stelle zu entdecken: „Ja klar, ich weiß, das ist eins meiner Gänseblümchen.“

Diskussion: Sicherlich haben die Teilnehmerinnen Erfahrungen gemacht, daß die radikale Annahme ihrer Gefühle tatsächlich ihren Leidensdruck verringerte. Teilen Sie den Teilnehmerinnen auch entsprechende eigene Erfahrungen mit. Sprechen Sie über die Idee, seine Gefühle zu „mögen“.

Praktische Übung: Bitten Sie die Teilnehmerinnen, Hausaufgabenblatt 1 („Beobachten und beschreiben von Gefühlen“) oder Blatt 2 („Gefühlsprotokoll“) auszufüllen. Sprechen Sie darüber, welches Gefühl die Teilnehmerinnen ausgewählt haben und durch welche

Anlässe es ausgelöst wird.

E. Erläutern Sie: **„Nehmen Sie Ihr Gefühl ernst.** Gehen Sie in keinem Fall davon aus, daß es irrational ist oder auf falschen Wahrnehmungen oder Verzerrungen basiert."

XIII. BESPRECHEN SIE ARBEITSBLATT 10 - BEWUSSTER UMGANG MIT GEFÜHLEN: VERÄNDERN VON GEFÜHLEN DURCH ENTGEGENGESETZTES HANDELN

Information: Einige Wissenschaftler aus dem Bereich der Psychotherapieforschung sehen den Wirkfaktor bei der Behandlung psychischer Störungen in der Veränderung der Ausdrucks- und Handlungskomponente von emotionalen Reaktionen. Dies ist beispielsweise das Gemeinsame bei den erfolgreichen Formen der Depressionsbehandlung: Sie alle aktivieren die Klientin, regen sie ihn an, zu handeln. In ähnlicher Weise sehen die effektiven Behandlungsformen von Angststörungen durchweg ein Aufsuchen der angstbesetzten Situationen vor. Bei der Behandlung von Wut und Ärger geht es darum, den Auslöser für die Frustration oder den Ärger zu identifizieren und die entsprechende Situation zu verlassen. Die Klientinnen sollten die Idee, die dieser Strategie zugrundeliegt, verstehen. Es ist sehr wichtig, ihre Mitarbeit zu gewinnen. In Kapitel X werden wir nochmals ausführlich auf Expositionsverfahren eingehen.

A. **Angst.** Erläutern Sie: „Wenn Sie sich vor etwas fürchten, dann machen Sie gerade das. Statt es zu vermeiden, sollten Sie genau das tun, was Ihnen Angst macht."

B. **Schuldgefühle oder Scham.** Erläutern Sie: „Wenn Sie sich schuldig fühlen oder sich schämen, dann sollten Sie (immer angenommen, daß die Schuldgefühle unangebracht sind) mit dem entsprechenden Verhalten fortfahren. Also kein Vermeiden, vielmehr ein „Hineingehen". (Wenn Sie sich aus gutem Grund schuldig fühlen, sollten sie die Situation bereinigen, sich entschuldigen und dann das Ganze als erledigt betrachten.)"

C. **Traurigkeit oder Depression.** Erläutern Sie: „Wenn Sie sich depressiv fühlen, dann werden Sie aktiv. Machen Sie Dinge, bei denen Sie sich gut fühlen, die Ihnen Selbstbewußtsein geben. Verhalten Sie sich nicht passiv. Also wieder: Aktive Annäherung, kein Vermeiden."

D. **Ärger.** Erläutern Sie: „Wenn Sie wütend sind, meiden Sie die betreffende Person freundlich, statt sie anzugreifen. (Auch gedanklich sollten Sie sich nicht weiter mit der Person beschäftigen.) Lenken Sie sich ab: Tun Sie etwas Nettes, statt sich gemein zu verhalten. Versuchen Sie, verständnisvoll zu sein, anstatt andere anzuklagen."

Information: Es ist sehr wichtig, daß die Teilnehmerinnen begreifen, daß es dabei nicht um ein Verfälschen oder Verstecken von Gefühlen geht - der springende Punkt ist, daß man konträr zu einem Gefühl handelt. Erläutern Sie: „Es erfordert Ihre ganze Person, wenn Sie konträr zu dem betreffenden Gefühl handeln. Das bedeutet nicht, daß Sie Ihre Gefühle unterdrücken sollten. Ihr Verhalten liefert Ihrem Gehirn Information und das bewirkt, daß eine langsame aber stetige Veränderung Ihres Gefühls in Gang kommt. Dies funktioniert nur dann, wenn Ihre Gefühle der Situation nicht angemessen sind. Wenn also das Problem Angst ist, so sollten Sie furchterregende Situationen nur dann aufsuchen, wenn nicht tatsächlich eine reale Gefahr besteht. Bei Schuld- oder Schamgefühlen kann es nicht darum gehen, Handlungen zu wiederholen, von denen Sie im Grunde wissen, daß sie unmoralisch sind."

Praktische Übung: Fordern Sie die Teilnehmerinnen auf, auf Empfindungen in ihrem Gesicht zu achten. Leiten Sie sie an, die Bereiche wahrzunehmen, in denen eine Anspannung vorhanden ist. Bitten Sie sie nun, sich in Gedanken eine Situation der vorangegangenen Woche zu vergegenwärtigen, in der sie wütend, traurig oder ängstlich waren. Während sie über die Situation nachdenken, sollten sie erneut auf die Empfindungen in ihrem Gesicht achten. Bitten Sie die Teilnehmerinnen durch Handzeichen zu signalisieren, wann sie eine entsprechende Situation gefunden haben. Während sie sich die Situation nun weiter vorstellen, sollen sie versuchen, die Gefühle zu verbergen, so daß niemand anderes in dem Raum (angenommen, es würde jemand schauen) das vorhandene Gefühl erraten könnte. Sie sollen die Empfindungen in ihrem Gesicht genau wahrnehmen und darauf achten, was mit den Gefühlen geschieht. Als nächstes sollten sie ihre Gesichtsmuskeln entspannen, sie soweit als möglich zu glätten versuchen. Dabei sollen sie darauf achten, wie ihre Gefühle sich verändern (oder nicht verändern). Haben sie bemerkt, wie unterschiedlich sich ihr Gesicht anfühlt? Häufig berichten Klientinnen, daß sie sich sehr viel verletzlicher fühlen, wenn ihr Gesicht entspannt ist. Erläutern Sie dazu: „Das heißt einfach, daß Sie jetzt Ihren Gefühlen erlauben zu fließen, daß Sie sie weder zurückhalten noch forciert nach außen bringen."

Praktische Übung: Die besten Möglichkeiten, dies praktisch zu üben, bieten sich direkt in der Gruppensituation. Sie sollten deshalb immer wieder entsprechende Gelegenheiten aufgreifen und die Teilnehmerinnen auffordern, ihrem Gefühl „zuwider zu handeln". Wenn etwa Klientinnen die Gruppe verlassen möchten, weil sie sich ärgern, oder aus Angst, Panik oder Verletztheit, so fordern Sie sie auf, zu bleiben, da dies die konträre Handlung zu ihrem Gefühl ist. Stellen Sie bei passender Gelegenheit immer wieder die Frage „was tun Sie, wenn Sie Angst haben?" bis die Antwort „ich tue das, wovor ich Angst habe" ganz automatisch kommt. „Was machen Sie, wenn Sie sich depressiv fühlen?" - „aktiv werden!", „was tun Sie, wenn Sie sich schuldig fühlen?" - „prüfen, ob das Gefühl berechtigt ist, und wenn ja, die Situation bereinigen, oder wenn nein, es wieder und wieder und wieder tun!" - Diese Sätze sollten Sie mit den Teilnehmerinnen einüben, so lange, bis sie sitzen.

XIV. Geben Sie eine **Zusammenfassung** des behandelten Materials. Stichworte dazu sind: Ziele des bewußten Umgangs mit Gefühlen, ungünstige Einstellungen zu Gefühlen, Bedeutung von Gefühlen, Widerstandsfähigkeit gegen negative Emotionen, Empfänglichkeit für positive Emotionen, Achtsamkeit für das aktuelle Gefühl und gegensätzliches Handeln.

10

Streßtoleranz

Ziele des Moduls

Die meisten Ansätze bei der Behandlung psychischer Störungen zielen darauf ab, belastende Ereignisse und Umstände zu verändern. Dem Annehmen und Ertragen von Belastungen und dem Finden eines Sinns darin wurde wenig Aufmerksamkeit geschenkt. Diese Fragen sind im allgemeinen eher von religiösen und spirituellen Gemeinschaften und Führern behandelt worden. In der DBT hat das Ertragen von Schmerzen auf eine günstige Weise eine große Bedeutung. Die Fähigkeit, Belastungen zu ertragen und anzunehmen, ist aus mindestens zwei Gründen ein wesentliches Ziel für das Erreichen und die Aufrechterhaltung von psychischer Gesundheit. Zunächst sind Schmerzen und Belastungen ein Teil des Lebens; sie können nicht vollständig vermieden oder entfernt werden. Die Unfähigkeit selbst, diese unveränderliche Tatsache zu akzeptieren, führt zu wachsenden Schmerzen und Leiden. Des weiteren ist die Streßtoleranz, zumindest auf kurze Sicht, wesentlicher Teil eines jeden Versuches, sich selbst zu verändern. Ohne Streßtoleranz werden impulsive Handlungen mit den Bemühungen, sich zu verändern, in Konflikt geraten.

Die Fertigkeiten zur Streßtoleranz sind eine natürliche Fortsetzung der Fertigkeiten zur Steigerung der Achtsamkeit. Sie stehen in enger Beziehung zu der Fähigkeit, sowohl sich selbst als auch die momentane Situation in einer nicht bewertenden Weise zu anzunehmen. Streßtoleranz ist die Fähigkeit, die eigene Umgebung wahrzunehmen, ohne dabei zu erwarten, daß sie anders sein sollte, die Fähigkeit, sich des eigenen momentanen emotionalen Befindens gewahr zu werden, ohne zu versuchen, es zu verändern, und die Fähigkeit, die eigenen Gedanken und Handlungsmuster zu beobachten, ohne den Versuch, sie zu stoppen oder zu kontrollieren. Hiermit wird eine Haltung des Nichtbewertens vertreten. Diese ist aber nicht mit einem Billigen oder Gutheißen gleichzusetzen. Es ist sehr wichtig, den Klientinnen diesen Unterschied zu verdeutlichen: Das Annehmen der Realität entspricht nicht einem Gutheißen der Realität.

Die Streßtoleranz- Fertigkeiten, die im DBT-Training behandelt werden, dienen dem Ertragen und Überleben von Krisen und dem Annehmen des Lebens, so wie es im Augenblick ist. Vier Arten von Krisenüberlebensstrategien werden vermittelt: sich ablenken, sich beruhigen, den Augenblick verändern und an das Pro und Contra denken. Das Annehmen meint ein radikales Annehmen (das heißt, ein *vollständiges* Annehmen tief aus dem Inneren heraus), eine Entscheidung für das Annehmen (das heißt, sich dafür zu *entscheiden*, die Realität zu akzeptieren, so wie sie ist) und innere Bereitschaft (willingness) anstatt äußerem Wollen (willfulness). Gerald May (1982) beschreibt die innere Bereitschaft wie folgt:

> Willingness implies a surrendering of one's self-separateness, an entering into, an immersion in the deepest processes of life itself. It is a realization that one already is a part of some ultimate cosmic process and it is a commitment to participation in that process. In contrast, willfulness is the setting of oneself apart from the fundamental essence of life in an attempt to master, direct, control, or otherwise manipulate existence. More simply, willingness is saying yes to the mystery of being alive in each moment. Willfulness is saying no, or perhaps more commonly, „yes, but..." (p. 6)

Klientinnen und ihre Therapeutinnen nehmen die Krisenüberlebensstrategien im allgemeinen bereitwillig an. Der DBT-Fokus auf Annehmen und innerer Bereitschaft dagegen bereitet vielen Schwierigkeiten, solange sie davon ausgehen, daß Annehmen und innere Bereitschaft mit einer Billigung der Situation gleichzusetzen sind. Dies ist aber nicht von May gemeint. Er weist durchaus darauf hin, daß innere

Bereitschaft ein Sichbehaupten gegenüber als unerträglich empfundenen Zuständen erfordert. Ein solcher Widerstand aber, so fährt er fort, scheint sich oft unvermeidlich in eine Unbeweglichkeit zu wandeln:

> But willingness and willfulness do not apply to specific things or situations. They reflect instead the underlying attitude one has toward the wonder of life itself. Willingness notices this wonder and bows in some kind of reverence to it. Willfulness forgets it, ignores it, or at its worst, actively tries to destroy it. Thus willingness can sometimes seem very active and assertive, even aggressive. And willfulness can appear in the guise of passivity. Political revolution ist a good example. (p. 6)

Themenübersicht

I. **Informieren Sie** die Klientinnen über die Fertigkeiten, die sie in diesem Modul lernen werden, und erklären Sie deren Bedeutung.

A. **Die Fähigkeit, Krisen auszuhalten und zu überleben**

B. **Die Fähigkeit, das Leben anzunehmen, wie es im Augenblick ist**

Information an die Gruppe: In diesem Modul erwerben die Teilnehmerinnen Fertigkeiten, die ihnen helfen sollen, ihr Leben zu meistern, wenn weder eine Veränderung ihrer Situation noch eine Veränderung ihrer Gefühle zu der Situation möglich ist. Im Grunde sind es Überlebensstrategien in schrecklichen Situationen, die es den Klientinnen möglich machen, auf solche Handlungen zu verzichten, die die Situation nur noch schlimmer machen würden.

Diskussion in der Gruppe: Ein bestimmtes Maß an Schmerz und Leid gibt es im Leben eines jeden Menschen - es ist einfach nicht frei von Schmerzen. Wer ständig versucht, jeglichen Schmerz zu vermeiden, macht es nicht besser, im Gegenteil. Befragen Sie die Teilnehmerinnen nach eigenen Erfahrungen zu diesem Punkt.

Information: Referieren Sie Untersuchungsergebnisse zum Thema „Vermeiden". Posttraumatische Störungen sind zum Beispiel im wesentlichen das Ergebnis fortwährender Versuche, jeglichen Kontakt mit den unangenehmen Stimuli zu vermeiden. Auch das pathologische (nie endende) Trauern ist Resultat einer solchen Vermeidung. Wenn man ständig versucht, alle Stimuli zu vermeiden, die mit dem Schmerz verbunden sind, wird der Schmerz dadurch nur noch verstärkt. Je mehr man versucht, psychisches Leiden auszuschalten, desto quälender taucht es wieder auf (für körperliche Schmerzen gilt im Grunde dasselbe). Der Versuch, emotionalen Schmerz zu unterdrükken oder den Kontakt mit den schmerzbesetzten Stimuli zu verhindern, führt dazu, daß die Gedanken ständig um das schmerzhafte Ereignis kreisen. Es ist paradox: In dem Versuch, die schmerzlichen Gedanken loszuwerden, schaffen wir sie neu. Eine der erfolgreichsten Behandlungsmethoden für chronische Schmerzpatientinnen basiert im wesentlichen auf innerer Achtsamkeit. Sie ist in einem Buch von Jon Kabat-Zinn beschrieben (*Full Catastrophe Living,* 1990; siehe auch den Abschnitt über Expositionsstrategien in Kapitel 11 des Handbuches). Auch emotionales Leid läßt sich im Grunde nur dadurch verringern, daß man es erlebt, es erträgt und annimmt.

Information: Es gibt jedoch auch Zeiten, in denen Menschen gut daran tun, sich von dem Schmerz abzulenken. So können schmerzliche Situationen nicht immer sofort verarbeitet werden. Manchmal ist ein Zeitpunkt höchst ungeeignet, um an schmerzlichen Gefühlen oder Situationen zu arbeiten. Man kann sich bei der Arbeit, in der Schule oder auf einer Konferenz unglücklich und verzweifelt fühlen, und manchmal bleibt nichts anderes übrig, als diese Gefühle auszuhalten. Es geht in dieser Unterrichtseinheit also nicht um das Verändern von Dingen, sondern um das Annehmen und Tolerieren.

Diskussion: Fragen Sie die Teilnehmerinnen nach Beispielen für extrem schmerzliche Erfahrungen, bei denen es weder möglich ist, die Situation zu verändern, noch an dem Gefühl zu arbeiten. Beziehen Sie die Inhalte dieses Moduls auf die Tatsache, daß die individuelle Bearbeitung von Gefühlen nur wenig Raum in dem Fertigkeitentraining einnimmt.

II. **BESPRECHEN SIE ARBEITSBLATT 1 - STRESSTOLERANZ: KRISENÜBERLEBENSSTRATEGIEN**

Hinweis für die Gruppenleiterinnen: Das entsprechende Hausaufgabenmaterial ist das Hausaufgabenblatt 1: Krisenüberlebensstrategien.

A. Geben Sie einen kurzen **Überblick** über die Fertigkeiten.

1. Es sind ganz konkrete Fertigkeiten, wie man eine Krisensituation, die sich nicht sofort verändern läßt, ertragen und überleben kann.
2. Es geht im Grunde darum, zu lernen, wie man unangenehme Situationen durchstehen kann, ohne alles noch schlimmer zu machen.

Diskussion: Lassen Sie die Teilnehmerinnen Belastungssituationen nennen, die sie aushalten müssen.

Diskussion: Die Fähigkeit, Krisensituationen auszuhalten, ist ein wesentlicher Aspekt persönlicher Kompetenz. Es geht darum, das Machbare zu tun (ein zentraler Aspekt der inneren Achtsamkeit). Manchmal sind Menschen allerdings mehr daran interessiert, anderen zu beweisen, wie schlimm die Situation ist, als die Situation für sich selbst zu überstehen. Das Problem dabei ist nur, daß es nur äußerst selten zu etwas führt. Vielleicht bringt es kurzfristig etwas (zum Beispiel daß man ins Krankenhaus kommt oder daß der Partner zu einem zurückkehrt) - auf lange Sicht wird es jedoch meist in Mißerfolg enden. Kennen die Klientinnen solche Situationen? Es wäre gut, wenn Sie als Gruppenleiterin hier eigene Beispiele nennen könnten.

3. Die Krisenüberlebensstrategien lassen sich vier Kategorien zuordnen: Man kann sich ablenken, sich selbst beruhigen, man kann versuchen, den jeweiligen Augenblick angenehmer zu machen, oder man kann das Pro und Contra beleuchten. Jede dieser Kategorien enthält eine Reihe von Strategien, die den Umgang mit überwältigenden negativen Gefühlen und unerträglichen Situationen erleichtern.

4. Diese Strategien sind kein Allheilmittel für alle Probleme, sie sind lediglich gedacht, um Krisensituationen und überwältigende Gefühle zu überstehen. Unter Umständen ist ihre wohltuende Wirkung nicht von längerer Dauer (dennoch kann mit einer vorübergehenden Wirkung auch schon sehr viel erreicht sein). Weisen Sie die Teilnehmerinnen darauf hin, daß dies Strategien dafür gedacht sind, überwältigende negative Situationen zu überstehen. Sie sind nicht als Strategien zur Regulierung von Gefühlen gedacht (etwa um schmerzliche Gefühle abzuschwächen oder zu beenden).

Diskussion: Fragen Sie die Teilnehmerinnen, wann und warum solche Strategien angebracht sein könnten. Die Teilnehmerinnen sollten verstehen, daß manches Mal eine vorübergehende Lösung durchaus in Ordnung ist.

B. Besprechen Sie die **einzelnen Fertigkeiten**.

1. Beim **Ablenken** geht es darum, den Kontakt mit den emotionalen Stimuli (das heißt, mit den Situationen, die die Gefühle auslösen) zu reduzieren. Manchmal trägt es auch dazu bei, Teile der gefühlsmäßigen Reaktionen zu verändern. Es gibt sieben verschiedene Ablenkungsstrategien:

a. **Aktivitäten** helfen auf unterschiedliche Weise, negative Gefühle zu besänftigen. Sie lenken die Aufmerksamkeit ab, und das Kurzzeitgedächtnis füllt sich mit Gedanken, Bildern und Empfindungen, die denen entgegenwirken, die das negative Gefühl auslösen und reaktivieren. Außerdem beeinflussen sie direkt die physiologischen Reaktionen und das emotionale Ausdrucksverhalten.

b. Auch wenn man andere **unterstützt**, ist man von sich selbst abgelenkt. Es geht dann mehr darum, zu überlegen, was man für andere tun kann. Für manche macht das Leben dadurch auch mehr Sinn, und der unmittelbare Augenblick wird verbessert (siehe unten). Anderen gibt es mehr Selbstachtung.

c. Auch **Vergleiche** mit anderen lenken die Aufmerksamkeit von der eigenen Person auf andere Menschen, allerdings in einer anderen Weise. Hier nutzt man die Lage anderer Leute, um die eigene Situation in einem besseren Licht sehen zu können: Oft kommen sie auch nicht besser oder sogar noch schlechter mit ihrem Leben zurecht.

d. Man versucht, das vorherrschende negative **Gefühl** durch ein anderes, weniger negatives zu ersetzen. Bei dieser Strategie wird das momentane Befinden direkt verändert. Dafür muß die betreffende Person zunächst genau wissen, welches Gefühl gerade vorherrscht, um entsprechende Aktivitäten planen zu können, die ein gegenteiliges Gefühl erlauben.

e. Eine Situation **beiseite schieben** kann man entweder, indem man sie körperlich verläßt oder indem man das Denken daran blockiert. Durch das Verlassen der Situation wird der Kontakt mit den entsprechenden emotionalen Auslösern verringert. Blockieren ist ein etwas bewußterer Versuch, die internalen Stimuli, die mit den negativen Gefühlen verbunden sind, zu unterbinden. Es hat etwas Ähnlichkeit mit dem Fahrradfahren: Man begreift es nur, indem man es tut. (Die meisten Borderline-Klientinnen scheinen dies zu können und werden sofort verstehen, was gemeint ist, wenn Sie diese Technik erwähnen. Vielleicht ist sie verwandt mit der Fähigkeit zu dissoziieren oder zu depersonalisieren. Die Klientinnen sollten diese Technik nicht allzu häufig verwenden, in Notsituationen ist sie aber sehr nützlich.)

f. Sich mit anderen **Gedanken** abzulenken, beschäftigt das Kurzzeitgedächtnis. So werden die Gedanken, die durch das negative Gefühl aktiviert wuden, unterbunden, so daß diese das Gefühl nicht weiterhin reaktivieren können.

g. Intensive andere **Körperempfindungen** können die physiologischen Begleiterscheinungen der aktuellen negativen Emotion beinflussen. Auch können diese Empfindungen dazu führen, daß die Aufmerksamkeit auf etwas anderes gelenkt wird als die Stimuli, die das ursprüngliche Gefühl hervorriefen. Eiswürfel in die Hand zu nehmen kann eine gute Strategie sein. In der Therapiegruppe eines Kollegen brachte einmal eine Klientin für jeden kleine wiedereinfrierbare Eispäckchen mit. Mehrere Klientinnen brachten diese dann später gefroren zu Therapiesitzungen mit, in denen sie über sehr schmerzhafte Themen sprachen (zum Beispiel erlittenen sexuellen Mißbrauch, über den eine Klientin auf diese Weise erstmalig reden konnte). Diese Technik ist sicherlich nützlich, man sollte sie jedoch nur sehr bewußt einsetzen und darauf achten, daß sie die Auseinandersetzung mit wichtigen Stimuli nicht beeinträchtigt.

Diskussion: Fragen Sie, ob Teilnehmerinnen Einwände dagegen haben, Ablenkung zu verwenden, und sprechen Sie darüber. Vielleicht brauchen die Teilnehmerinnen da noch Unterstützung.

2. **Sich beruhigen** heißt, gut zu sich zu sein, sanft und nährend mit sich umzugehen, sich selbst Zuwendung zu geben. Dies kann mit allen **fünf Sinnen** geschehen: sehen, hören, riechen, schmecken und fühlen.

Hinweis: Die Bedeutung dieser Techniken ist offensichtlich. Hier genügt es, in der Sitzung einige wenige Beispiele zu besprechen. Mehr Zeit sollten Sie dem folgenden Diskussionspunkt widmen.

Diskussion: Borderline-Klientinnen haben oft Schwierigkeiten, sich selbst zu beruhigen. Manche glauben, daß sie Trost, Freundlichkeit und Liebe nicht verdienen; sie empfinden Schuld oder Scham, wenn sie sich liebevoll um sich selbst kümmern. Andere erwarten den Trost von anderen; sie trösten sich aus Prinzip nicht selbst, oder empfinden Ärger auf andere, wenn diese versuchen, sich selbst zu trösten. Fragen Sie nach Erfahrungen der Klientinnen hierzu.

Hinweis: Es ist wichtig, daß jede Teilnehmerin diese Fähigkeit erlernt. Selbst wenn es zunächst Ärger oder Schuld hervorruft, so sollte es immer wieder versucht werden. Es wird mit der Zeit leichter fallen. Bei manchen Klientinnen allderings sind die Widerstände ausgeprägt. Sie sollten sehr genau darauf achten, daß die Hausaufgaben gemacht werden und daß jede Teilnehmerin zumindest versucht, diese Fertigkeiten zu praktizieren. Fragen Sie dann nach Schwierigkeiten, und helfen Sie bei der Suche nach Lösungen.

3. **Den Augenblick verändern** heißt, negative Ereignisse durch positivere zu ersetzen. Dazu gehören kognitive Techniken, wie die Veränderung der Selbsteinschätzung (Ermutigung) oder Einschätzung der Situation (positives Denken, Bedeutung, Phantasie). Dazu gehören auch veränderte körperliche Reaktionen auf Ereignisse (Entspannung). Beten kann dazugehören und die Konzentration auf eine Sache - beides hat mit Annehmen und Loslassen zu tun.

a. **Phantasie** kann eingesetzt werden, um sich abzulenken, sich zu trösten, sich Mut zu machen und Vertrauen zu gewinnen, auch um zukünftige Belohnungen reizvoller zu machen. Erläutern Sie: „Wenn Sie Ihre Vorstellungskraft einsetzen, können Sie eine Situation schaffen, die anders ist als die aktuelle, in gewissem Sinne verlassen Sie damit die Situation. Sie haben es dabei in der Hand, daß der Ort, an den Sie sich auf diese Weise begeben, Sicherheit und Geborgenheit bietet. Diese Fähigkeit, sich an einen sicheren Ort innerhalb Ihrer selbst zurückzuziehen, kann dann besonders hilfreich sein, wenn Sie in Krisenzeiten von negativen Gefühlen überschwemmt werden. Allerdings müssen Sie die Strategie vorher oft genug geübt haben, damit sie in einer solchen Krisensituation auch tatsächlich verfügbar ist." Die Teilnehmerinnen können ihre Vorstellungskraft auch einsetzen, um besser mit Krisen umzugehen, indem sie etwa wirkungsvolle Bewältigungsstrategien in ihrer Vorstellung üben - und damit ihre Erfolgschancen im wirklichen Leben erhöhen.

b. Viele Menschen kommen besser durch eine Krise, wenn sie einen **Sinn und eine Bedeutung** darin entdecken oder sich selbst schaffen. Victor Frankl beschreibt in seinem Buch „Der *Mensch vor der Frage nach dem Sinn*" (1993) Überlebende des Holocaust, und zeigt auf, daß Menschen schreckliches Leid überleben können, wenn es ihnen gelingt, ihrem Leben Sinn zu geben. Das Finden oder Schaffen eines Sinns hat Ähnlichkeit mit der dialektischen Strategie „aus Zitronen Limonade machen" (vgl. Kapitel 7 des Handbuches).

Diskussion: Das Leben ist manchmal unfair - aus Gründen, die uns unverständlich bleiben. Religiöse oder spirituelle Menschen gehen davon aus, daß es einen Grund für ihr Leiden gibt. Aber auch Menschen, die nicht an eine Vorsehung glauben, können ihrem Leben Bedeutung oder Sinn geben. Fragen Sie nach, wie die Teilnehmerinnen zu diesem Thema stehen.

c. Im **Gebet**, bei der Meditation vollzieht sich im wesentlichen ein vollkommenes Sich-öffnen für den Augenblick. Es hat zu tun mit der Haltung einer radikalen Annahme (dies wird weiter unten noch weiter ausgeführt). Es geht nicht um die Bitte, vom Leid oder der Krise „erlöst" zu werden. Es geht auch nicht darum, zu fragen „Warum gerade ich?".

Praktische Übung: Bitten Sie die Teilnehmerinnen, ihre Augen zu schließen und in Kontakt mit einem aktuellen Schmerz oder Leid zu kommen und dann still für sich jede der genannten Formen des Gebets (ein annehmendes Beten, ein „Erlöse mich davon"-Gebet, ein „Warum gerade ich"-Gebet) zu versuchen. Vor jedem neuen Versuch zu beten sollen sie - für einen Moment - wieder in Kontakt mit dem Schmerz kommen. Sprechen Sie anschließend mit den Teilnehmerinnen über die Erfahrungen. Diejenigen Teilnehmerinnen, denen das Beten gut tut, sollten in der nächsten Krise die verschiedenen Formen für sich ausprobieren und dabei genau darauf achten, welche Form ihnen tatsächlich hilft.

d. Durch **Entspannung** verändert man die körperlichen Reaktionen auf Streß und Krisen. Oft spannen Menschen ihren Körper an, als ob sie dadurch die Situation verändern könnten. Sie versuchen, die Situation zu beherrschen, indem sie ihren Körper kontrollieren. Unser Ziel ist es hier, die Realität mit dem Körper anzunehmen. Dem liegt die Vorstellung zugrunde, daß Körper und Psyche in enger Beziehung zueinander stehen. Ein körperliches Annehmen der Realität kann dabei helfen, sie auch verstandesmäßig annehmen zu können.

Hinweis: Die meisten Klientinnen, die schon einmal in stationärer Behandlung waren, werden bereits das Muskelentspannungstraining kennengelernt haben. Fragen Sie nach, ob sie gut damit zurechtgekommen sind und ob es hilfreich war. Vielleicht möchten Sie an dieser Stelle auch direkt ein strukturiertes Entspannungstraining anbieten; hierfür können Sie eines der käuflichen Entspannungstrainings auf Cassette verwenden. Sie sollten den Klientinnen deutlich vermitteln, daß sie üben müssen, um das Entspannen als Fertigkeit verfügbar zu haben. Die unten angeführten Atemübungen, sowie die Übungen, in denen es darum geht zu lächeln, fördern Akzeptanz und Toleranz. Es sind spezifische und konkrete Übungen, die in Krisensituationen eingesetzt werden können. Wenn Klientinnen sie täglich üben, so wappnen sie sich damit gut gegen Krisen.

e. Sich in jedem Moment nur **auf eine Sache zu konzentrieren**, ist zweite „Wie-Fertigkeit" zur Steigerung der inneren Achtsamkeit (siehe Kapitel 7). Obwohl es manchmal sehr schwer sein kann, sie durchzuführen, kann sie in einer akuten Krisensituation doch sehr nützlich sein und helfen, sich zu beruhigen. Es gilt, daran zu denken, daß der einzige Schmerz, den man überleben muß, „gerade diesen Moment" betrifft. Wir alle leiden oft viel mehr als eigentlich notwendig, weil wir vergangenen Schmerz zurückrufen und über zukünftiges Leid, das uns vielleicht begegnen wird, nachgrübeln. In Wirklichkeit gibt es jedoch „nur diesen Moment". Da diese Fähigkeit für die Annahme der Realität von großer Bedeutung ist, finden sich im folgenden einige konkrete Übungsaufgaben, die den Klientinnen zu mehr und größerer Bewußtheit verhelfen sollen.

Praktische Übung: Bitten Sie die Teilnehmerinnen, die Augen zu schließen und bewußt Kontakt aufzunehmen mit aktuell vorliegendem Unwohlsein oder Angst, jetzt hier in der Sitzung. Weisen Sie sie an, eine Hand leicht zu heben, wenn ihnen dies gelungen ist. Sie sollen genau darauf achten, wie stark ihr momentanes Unwohlsein ist. Dann weisen Sie sie an, über all die vergangenen Male nachzudenken, in denen sie solche Gefühle während der Sitzungen ertragen mußten. Dann sollen sie daran denken, wie häufig solche Gefühle in zukünftigen Sitzungen noch auftreten werden. Bitten Sie sie dann, nochmals genau den Grad ihres Unwohlseins zu beobachten. Schließlich bitten Sie sie, sich wieder auf den aktuellen Moment zu konzentrieren. Sagen Sie: „Sagen Sie sich innerlich „gerade dieser Augenblick". Lassen Sie die Gedanken an die Zukunft und die Vergangenheit los". Und auch jetzt wieder sollen die Klientinnen den Grad ihres Unwohlseins genau beobachten. Diskutieren Sie die Erfahrungen bei dieser Übung mit den Teilnehmerinnen.

f. Es gibt die Möglichkeit, **Urlaub vom Erwachsensein** zu machen. Man gönnt sich eine Pause, in der man sich nicht aktiv mit etwas auseinandersetzt, sich in sich selbst zurückzieht oder anderen erlaubt, daß sie für einen sorgen. Erläutern Sie: „Jeder braucht ab und an mal Urlaub vom Erwachsensein. Es kommt nur darauf an, dies auf eine Art und Weise zu tun, daß kein Schaden entsteht. Die „Ferien" sollten außerdem kurz sein: ein paar Augenblicke, nicht länger als ein Tag. Wenn Sie Verpflichtungen haben, müssen Sie jemanden finden, der Ihre Pflichten für eine Zeitlang übernimmt." Dem liegt eine ähnliche Idee zugrunde, wie dem *geplanten* Rückfall in der Suchtbehandlung (Marlatt & Gordon, 1985). In beiden Fällen liegt die Betonung auf dem Aspekt des *Geplanten*. Es läßt sich auch vergleichen mit einem vorübergehenden Rückzug auf sich selbst, um sich dann wieder in die Gruppe einzugliedern.

Diskussion: Gewöhnlich sind Menschen mit einer Borderline-Störung Experten darin, Urlaub zu machen. Die Schwierigkeit dabei ist aber, daß sie dies nicht kontrollieren können, daß sie Ferien zu unpassenden Zeiten nehmen und zu lange weg bleiben. Diese „kleinen Fluchten" als Fertigkeit zu sehen, die es zu üben gilt, gibt den Klientinnen die Möglichkeit, eine Kontrolle darüber zu bekommen. Fragen Sie die Teilnehmerinnen nach Beispielen für solche unkontrollierten Auszeiten und besprechen Sie Möglichkeiten, solche Ferien zu planen und bewußt einzusetzen.

g. Es gibt auch die Möglichkeit, sich selbst zu **ermutigen**. Erläutern Sie dazu: „Es geht darum, daß Sie sich so zureden, wie Sie es sich von jemand anderem in der Situation wünschten oder wie Sie selbst mit jemandem, den Sie mögen und der sich in einer Krise befindet, sprechen würden." Als Gruppenleiterin müssen Sie an dieser Stelle wahrscheinlich Modell sein und ermutigen.

4. Eine weitere Möglichkeit besteht darin, **an das Pro und Contra zu denken**: Man überlegt die Vor- und Nachteile, die es mit sich bringt, wenn man Leid akzeptiert bzw. wenn man es nicht akzeptiert. Ziel dabei ist, daß die Teilnehmerinnen realisieren, daß es ihnen letztlich besser geht, wenn sie die Wirklichkeit annehmen und Leid tolerieren als wenn sie die Realität zurückweisen und sich weigern, ihr Leid anzunehmen.

Praktische Übung: Viele Menschen mit einer Borderline-Störung reagieren auf Streß und Krisen, indem sie sich selbst schädigen (parasuizidales Verhalten, Suchtmittelmißbrauch, Wutanfälle usw.). Zeichnen Sie eine Tabelle mit einer Pro- und einer Contraspalte an die Tafel, und bitten Sie die Teilnehmerinnen, Pro- und Contraargumente zu finden für das Annehmen und Durchleben einer Krise (das heißt, ohne schädliche und/oder impulsive Handlungen). Dann erstellen Sie eine Liste der Pro- und Contraargumente für das Nichtannehmen der Krise (das heißt, Selbstschädigung, Suchtmittelmißbrauch oder andere Handlungen, die die Teilnehmerinnen genauer betrachten möchten). Beziehen Sie dabei sowohl die kurzfristig wirksamen als auch langfristige Argumente ein, und vergleichen Sie die beiden Listen.

5. Eigene Ideen zum Umgang mit Krisen können die Teilnehmerinnen unter der Überschrift **„Notizen/weitere Ideen"** am Ende von Arbeitsblatt 1 eintragen. Fast immer kennen

die Klientinnen eine Reihe von kreativen Strategien, die nicht in der Liste enthalten sind. Notieren Sie sich diese Ideen, und fordern Sie die anderen Teilnehmerinnen auf, dies ebenfalls zu tun.

Diskussion: Die besprochenen Strategien können wertvolle Stützen sein. Allerdings kann ein Umfeld, das die Person entwertet, dazu führen, daß sie im Übermaß angewendet werden. Weisen Sie darauf hin, daß dies nicht bedeutet, daß die Strategien keinen Wert haben. Eruieren Sie mögliche „Widerstände", die die Klientinnen daran hindern könnten, die Strategien einzusetzen, und suchen Sie gemeinsam nach Lösungsmöglichkeiten.

III. Gehen Sie die **Atem-, Mimik- und Aufmerksamkeitsübungen** durch.

Hinweis: Um Zeit zu sparen, können Sie sich darauf beschränken, die einzelnen Übungen in Grundzügen zu erläutern. Die Teilnehmerinnen sollen die einzelnen Übungen dann für sich nachlesen und praktizieren. Sie können den Teilnehmerinnen auch zusätzlich das Buch von Thich Nhat Hanh (1976) "*The Miracle of mindfulness*" empfehlen. Alle hier beschriebenen Übungen sind diesem Buch entnommen. Es ist sehr wichtig, daß auch Sie als Gruppenleiterin diese Übungen praktizieren.

A. BESPRECHEN SIE ARBEITSBLATT 2 - STRESSTOLERANZ: DAS ANNEHMEN DER REALITÄT: ÜBUNGEN ZUR WAHRNEHMUNG DES ATEMS

Information: In allen großen Religionen und spirituellen Disziplinen hat das Atmen als zentraler Bestandteil von kontemplativen und meditativen Übungen einen wichtigen Stellenwert. Die Konzentration auf das Atmen soll dem Menschen helfen, sich selbst, die Welt und die Wirklichkeit anzunehmen wie sie sind. Auch beim Entspannungstraining und der Behandlung von Panikattacken spielt die Konzentration auf die Atmung eine wichtige Rolle.

1. Besprechen Sie eine oder mehrere Atemübungen aus dem Arbeitsblatt.

a. Tiefes Atmen
b. Den Atem mit Fußschritten messen
c. Den Atem zählen
d. Dem Atem folgen beim Hören von Musik
e. Dem Atem folgen bei einem Gespräch
f. Dem Atem folgen
g. Atmen zur Beruhigung von Körper und Geist

2. Bitten Sie die Teilnehmerinnen, eine Atemübung auszuwählen, die sie während der kommenden Woche ausprobieren möchten.

B. BESPRECHEN SIE ARBEITSBLATT 3 - STRESSTOLERANZ: DAS ANNEHMEN DER REALITÄT: ÜBUNGEN ZUM LEICHTEN LÄCHELN

1. Erklären Sie: „Leichtes Lächeln heißt, die Dinge mit Ihrem Körper zu ertragen und anzunehmen. Dazu entspannen Sie Ihr Gesicht, Ihren Nacken und die Schultern und lächeln sanft. Versuchen Sie, einen gelassenen Gesichtsausdruck einzunehmen. Denken Sie daran, die Muskeln im Gesicht zu *entspannen*." (siehe Kapitel 9 des Manuals und Kapitel 11 des Handbuches für weitere Hinweise).
Information: Gefühle werden zum Teil vom Gesichtsausdruck bestimmt. Menschen können ihre Gefühle zu einem gewissen Grad beeinflussen, indem sie sanft lächeln, einen gelassenen, akzeptierenden Gesichtsausdruck zeigen. Sie können mehr Annehmen empfinden, wenn ihr Gesicht Akzeptanz ausdrückt.

2. Besprechen Sie eine oder mehrere Übungen zum leichten Lächeln aus dem Arbeitsblatt.

a. Leichtes Lächeln beim Erwachen am Morgen
b. Leichtes Lächeln in freien Augenblicken
c. Leichtes Lächeln beim Musikhören
d. Leichtes Lächeln bei Gereiztheit
e. Leichtes Lächeln im Liegen
f. Leichtes Lächeln im Sitzen
g. Leichtes Lächeln bei der Betrachtung des Menschen, den Sie am meisten hassen oder verachten.

Praktische Übung: Bitten Sie die Teilnehmerinnen, ganz ruhig zu sitzen. Fordern Sie sie auf, einen teilnahmslosen, ausdruckslosen Gesichtsausdruck einzunehmen und wahrzunehmen, wie sich das anfühlt. Bitten Sie sie dann, ihr Gesicht zu entspannen - zunächst die Stirn, dann die Augen, die Wangen, den Mund und schließlich den Kieferbereich - und wahrzunehmen, wie sich dies anfühlt. Dann lassen Sie sie Übungen zum leichten Lächeln durchführen und wahrnehmen, wie dies sich anfühlt. Besprechen Sie die wahrgenommenen Unterschiede.

3. Bitten Sie die Teilnehmerinnen, eine Übung zum leichten Lächeln auszuwählen, die sie während der kommenden Woche ausprobieren möchten.

C. BESPRECHEN SIE ARBEITSBLATT 4 - STRESSTOLERANZ: DAS ANNEHMEN DER REALITÄT: ACHTSAMKEITSÜBUNGEN

Information: Diese Übungen können in einer Krise sehr hilfreich sein. Wenn sie täglich geübt werden, kann sich dadurch eine mehr annehmende Haltung entwickeln.

1. Besprechen Sie eine oder mehrere Achtsamkeitsübungen aus dem Arbeitsblatt.
 a. Achtsamkeit für die Körperhaltung
 b. Achtsamkeit für die Verbindung zum Universum
 c. Achtsamkeit bei der Tee- oder Kaffeezubereitung
 d. Achtsamkeit beim Abwaschen
 e. Achtsamkeit beim Wäschewaschen
 f. Achtsamkeit beim Hausputz
 g. Achtsamkeit beim Baden
 h. Achtsamkeit üben durch Meditation

2. Bitten Sie die Teilnehmerinnen, eine Achtsamkeitsübung auszuwählen, die sie während der kommenden Woche ausprobieren möchten.

Hinweis: Unterschätzen Sie nicht den Wert dieser Achtsamkeitsübungen für das Durchstehen von Krisenzeiten. In sehr verweifelten Zuständen können sie außerordentlich wertvoll sein. Nach meiner Erfahrung mögen fast alle Borderline-Klientinnen diese Übungen und praktizieren sie. Am Anfang ist allerdings manchmal ein wenig Überredungskunst notwendig. Weisen Sie darauf hin, daß man auch eigene Abwandlungen der Übungen für sich entwickeln kann.

IV. BESPRECHEN SIE ARBEITSBLATT 5 - STRESSTOLERANZ: GRUNDPRINZIPIEN FÜR DAS ANNEHMEN DER REALITÄT

Hinweis: Das Hausaufgabenblatt für diese Fertigkeiten und die übrigen Fertigkeiten dieses Moduls ist Hausaufgabenblatt 2 - Streßtoleranz: Annehmen und innere Bereitschaft.

A. **Radikales Annehmen** heißt, vom Kampf mit der Realität loszulassen. Der Ausdruck „radikal" soll darauf hinweisen, daß das Annehmen tief aus dem Inneren heraus kommen und vollständig sein muß. Annehmen ist der einzige Weg aus der Hölle. Es ist der Weg, um unerträgliches Leiden in ertragbare Schmerzen zu verwandeln. Schmerzen sind ein Teil des Lebens; sie können emotional oder auch körperlich sein. Schmerzen sind ein natürliches Signal, daß etwas nicht in Ordnung ist oder daß etwas getan werden sollte.

1. Wenn man eine Hand auf eine heiße Herdplatte legt, veranlaßt der Schmerz in der Hand, daß man sie schnell wegzieht. Menschen, die keinen Schmerz empfinden können, sind in Gefahr.
2. Kummer und Mitgefühl bringen Menschen dazu, sich um die zu kümmern, die im Abseits stehen. Ohne dies gäbe es wahrscheinlich keine Gesellschaften oder Kulturen. Niemand würde nach denen sehen, die krank sind, würde nach geliebten Menschen suchen, die vermißt werden, oder würde bei Menschen bleiben, die manchmal schwierig sind.
3. Angst bringt die Menschen dazu, das Gefährliche zu meiden.
4. Wut hilft den Menschen, Hindernisse zu überwinden

Diskussion: Was sind die Vor- und Nachteile, wenn man niemals schmerzhafte Gefühle erlebt? Würden die Teilnehmerinnen Menschen mögen, die niemals schmerzhafte Gefühle haben?

Information: Leiden ist Schmerz, der nicht akzeptiert wird. Leiden entsteht, wenn Menschen nicht in der Lage sind oder sich weigern, den Schmerz zu akzeptieren. Leiden entsteht, wenn Menschen an dem haften, was sie wollen, und sich weigern, das anzunehmen, was sie haben. Leiden entsteht, wenn Menschen sich weigern, die Realität zu sehen, wie sie ist. Es kann sehr schwierig oder sogar fast unmöglich sein, Schmerzen zu ertragen; doch das Leid zu ertragen ist noch viel schwerer. Die Weigerung, die Realität zu akzeptieren, und das damit verbundene Leiden können einer Linderung der Schmerzen entgegenstehen. Es ist wie eine Wolke, die den Schmerz umgibt, und die es schwer macht, dem Schmerz ins Auge zu sehen. Radikales Annehmen verwandelt Leiden in Schmerzen.

Diskussion: Wenn Annehmen als eine Technik eingesetzt wird, um eine Veränderung zu erreichen, als eine Art Vertrag mit Gott („Ich werde es annehmen, und du versprichst mir dafür, daß es besser wird") - dann ist das kein wirkliches Annehmen. Besprechen Sie mit den Teilnehmerinnen Beispiele für solche Verträge.

Hinweis: Für Borderline-Klientinnen (und manche Gruppenleiterinnen) ist es sehr schwierig, den Sinn des radikalen Annehmens zu erkennen. Sie haben große Schwierigkeiten, zu verstehen, daß man etwas akzeptieren kann, ohne es auch gutzuheißen. Sie glauben, daß sie, wenn sie etwas annehmen, es auch nicht mehr verändern können. Es kann zu einem Machtkampf werden, wenn man versucht, sie dazu zu bewegen, die Vorstellung des Akzeptierens anzunehmen. Als Shaping-Strategie können Sie zunächst einmal die Begriffe „anerkennen", „aushalten" oder „ertragen" verwenden. Diskutieren Sie diese Ideen. Wahrscheinlich müssen Sie sie immer wieder diskutieren. Bei dem Thema des radikalen Annehmens braucht man sehr viel Geduld. Bleiben Sie dabei; geben Sie diesen Punkt nicht auf.

Diskussion: Es ist ein verbreiteter Mythos, daß sich etwas auf magische Weise ändern wird, wenn man es nicht akzeptiert, wenn man sich einfach weigert, sich damit abzufinden. Es wird so getan, als könne man es durch Widerstand oder Willenskraft allein verändern. Sammeln Sie Beispiele für diese Haltung. Besprechen Sie die Gründe, weshalb man daran glauben könnte. Sammeln Sie Beispiele von Situationen, in denen Wutanfälle oder verbale Weigerungen, etwas zu akzeptieren, verstärkt wurden.

Diskussion: Manche Menschen haben Angst, daß sie passiv werden und aufgeben oder sich geschlagen geben, wenn sie tatsächlich einmal schmerzhafte Gefühle oder Situationen annehmen. Sammeln Sie Beispiele für Ängste der Teilnehmerinnen, und besprechen Sie diese. Erklären Sie: „Stellen Sie sich vor, daß Sie die Farbe rot hassen. Stellen Sie sich dann vor, daß Ihr Zimmer in rot angestrichen ist. Wenn Sie sich weigern, die Tatsache zu akzeptieren, daß Ihr Zimmer rot ist, dann werden Sie es nie in einer anderen Farbe streichen können." Sammeln Sie Beispiele dafür, daß das Annehmen von Dingen, so wie sie sind, geholfen hat, Leiden zu verringern und zu einer größeren Fähigkeit führte, die Ursache des Schmerzes zu beseitigen. (Dies wird später noch einmal unter dem Punkt „Innere Bereitschaft statt äußeres Wollen" aufgegriffen.)

Diskussion: Die Vorstellung des Annehmens ist ein wesentlicher Bestandteil in jeder großen Religion, im Osten wie im Westen. Sprechen Sie über die Haltung der Teilnehmerinnen dazu und über die Erfahrungen, die sie damit gemacht haben. Die Idee ist auch ähnlich wie die Idee bei den Anonymen Alkoholikern, sich in die Hände einer höheren Macht zu begeben und die Dinge anzunehmen, die man selbst nicht ändern kann.

B. **Sich für einen neuen Weg entscheiden** bedeutet, sich für das Annehmen zu entscheiden. Annehmen erfordert eine bewußte Entscheidung. Man muß sich innerlich bewußt in diese Richtung orientieren. Das Annehmen hält manchmal nur wenige Augenblicke an; darum muß man sich immer wieder für diesen Weg entscheiden. Die Entscheidung muß jeden Tag neu getroffen werden, manchmal viele Male am Tag oder auch viele Male in einer Stunde oder einer Minute.

Diskussion: Diskutieren Sie die Gründe, die gegen das Annehmen, gegen die Entscheidung für einen neuen Weg sprechen. Fragen Sie die Teilnehmerinnen nach Gründen. Was macht es so schwierig, diesen ersten Schritt zu tun?

C. Das Konzept der **inneren Bereitschaft statt äußerem Wollen** ist einem Buch von Gerald May (1982) entnommen.

1. **Innere Bereitschaft** heißt, anzunehmen, was ist und darauf auf wirkungsvolle oder angemessene Weise zu reagieren. Es bedeutet, das zu tun, was möglich ist, was in der gegenwärtigen Situation notwendig ist.
2. **Äußeres Wollen** heißt, seinen Willen der Realität entgegenzusetzen, zu versuchen, alles festzuhalten oder sich zu weigern, das Notwendige zu tun. Es ist das Gegenteil vom Handeln entsprechend dem Möglichen.

Information: Benutzen Sie Bilder, um innere Bereitschaft statt äußerem Wollen zu erklären. Zum Beispiel: Das Leben ist wie Baseball mit einer Wurfmaschine spielen. Die Aufgabe eines Spielers ist, jeden Ball, so wie er kommt, so gut wie möglich zu treffen. Wenn man sich weigert zu akzeptieren, daß der Ball kommt, hindert ihn dies nicht daran. Willenskraft, Trotz, Weinen oder Jammern bringen die Maschine nicht dazu, mit dem Werfen der Bälle aufzuhören; es kommen immer neue Bälle. Der Spieler kann dem Ball im Weg stehen und getroffen werden; er kann dort stehen, ohne etwas zu tun. Ein anderes Bild ist, daß das Leben wie Kartenspielen ist. Für einen guten Spieler ist es gleichgültig, welche Karten er bekommt. Das Ziel ist, so gut wie möglich zu spielen, egal welche Karten man hat. Wenn ein Spiel vorüber ist, wird die nächste Runde gespielt. Das letzte Spiel ist vorbei, und jetzt geht es um das neue. Entscheidend ist, sich auf die jetzigen Karten zu konzentrieren, so gut wie möglich zu spielen, dann loszulassen und sich den neuen Karten zuzuwenden. Es können auch viele andere Bilder benutzt werden (zum Beispiel das Leben ist wie ein Computerspiel).

Diskussion: Sammeln Sie Beispiele für innere Bereitschaft und äußeres Wollen.
Gruppenleiterinnen: Es ist hilfreich, wenn Sie eigene Erfahrungen oder Erfahrungen der Teilnehmerinnen mit innerer Bereitschaft und äußerem Wollen einbringen. Hier ist Einfühlungsvermögen erforderlich. Diskutieren Sie über die Definitionen von May. Fordern Sie die Teilnehmerinnen auf, Zustimmung oder Ablehnung zu äußern.

Praktische Übung: Die beste Möglichkeit, die Idee von innerer Bereitschaft und äußerem Wollen in praktisches Handeln umzusetzen, bieten die Therapiesitzungen. Wenn Sie selbst und/oder die Klientinnen innere Bereitschaft oder äußeres Wollen zeigen, dann weisen Sie darauf hin. Formulieren Sie es als eine Frage: „Glauben Sie alle, daß ich mich jetzt gewollt verhalte?". (Klientinnen haben meist Freude daran, die Gruppenleiterinnen bei äußerem Wollen zu ertappen.) „Hmmm, dann sollten wir uns das einmal anschauen" oder „Sie beharren jetzt nicht ohne Grund auf diesem Thema, nicht wahr?". Wenn in der Sitzung eine schwierige Situation oder ein Konflikt auftaucht, können Sie sagen: „OK, lassen Sie uns alle versuchen, in den nächsten fünf Minuten innere Bereitschaft zu zeigen."

V. Geben Sie eine **Zusammenfassung** der wichtigsten Gedanken bei den einzelnen Themen: Streßtoleranz, Krisenüberlebensstrategien, radikales Annehmen, innere Bereitschaft statt äußerem Wollen.

Anmerkungen

1. R. Matthew Kamins, Cornell Medical Center/New York Hospital in White Plains gab mir hilfreiche Hinweise für eine Überarbeitung dieser Fertigkeiten.
2. Diese Anregung gab mir Steve Wollon von der Vanderbilt Universität.
3. Die Übungen in den Arbeitsblättern 2, 3 und 4 zur Streßtoleranz sind in einer zum Teil leicht modifizierten Form dem Buch „Das Wunder der Achtsamkeit" von Thich Nhat Hanh (Theseus-Verlag, 1993) entnommen.

Literatur

Barley, W.D., Buie, S. E. , Peterson, E. W., Hollingsworth, A. S., Griva, M., Hickerson, S.C., Lawson, J.E., & Bailey, B.J. (in press). The development of an inpatient cognitive-behavioral treatment program for borderline personality disorder. *Journal of Personality Disorders.*

Beck, A.T., Rush, A.J., Shaw, B.F., & Eery, G. (1979). *Cognitive therapy of depression.* New York: Guilford Press.

Borkovec, T.D., & Inz, J. (1990). The nature of worry in generalized anxiety disorder: A predominance of thought activity. *Behaviour Research and Therapy,* 28, 153-158.

Bower, G., & Bower, S. (1980). *Asserting yourself: A practical guide for positive change.* Reading, A: Addison-Wesly.

Chamberlain, P.Patterson, G., Reid, J., Kavanagh, K., & Forgatch, M. (1984). Observation of client resistance. *Behavior Therapy,* 15, 144-155.

de Mello, A., S.J., 191993). *The song of the bird.* Anand, India: Gujarat Sahitya Prakash.

Deikman, A.J. (1982). *The observing self: Mysticism an psychotherapy.* Boston: Beacon Press.

Frankl, V.E. (1984). *Man's search for meaning: An introduction to logotherapy* (3rd ed.). New York: Simon & Schuster.

Goldberg, C.(1980). The utilization and limitations of paradoxical intervention in group psychotherapy. *International Journal of Group Psychotherapy,* 30 287-297.

Hanh, T.N. (1976). *The miracle of mindfulness: A manual on meditation.* Boston: Beacon Press.

Kabat-Zinn, J. (1990). *Full catastrophe living: Using the wisdom of your body and mind to face stress, pain, and illness.* New York: Dell.

Linehan, M.M. (1996). *Dialektisch-Behaviorale Therapie der Borderline-Persönlichkeitsstörung.* München. CIP-Medien. Original: Cognitive behavioral treatment for borderline personality disorder. New York, 1993

Linehan, M.M., Armstrong, H.E., Suarez, A., Allmon, D., & Heard, H.L. (1991). Cognitive-behavioral treatment of chronically parasuicidal borderline patients. Archives of General Psychiatry, 48, 1060-1064.

Linehan, M.M.,Goldfried, .R., & Goldfried, A.P. (1979). Assertion therapy: Skill training or cognitive restructuring. *Behavior Therapy,* 10, 372-388.

Linehan, M.M., & Heard, H.L. (1993). Impact of treatment accessibility on clinical cours of parasuicidal patients. In reply to R.E., Hoffman (Letter to the editor). *Archives of General Psychiatry,* 50, 157-158.

Linehan, M.M., & Heard, H.L., & Armstrong, H.E. (in press). Naturalistic follow-up of a behavioral treatment for chronically suicidal borderline patients. *Archives of General Psychiatry.*

Linehan, M.M., & Koerner, K. (1992). Behavioral theory of borderline personality disorder. In J. Paris (Ed.), *Handbook of borderline personality disorder.* Washington, DC: American Psychiatric Press.

Linehan, M.M., Sharp, E., & Ivanoff, A.M. (1980). *The adult Pleasant Events Schedule.* Paper presented at the meeting of the Association for Advancement of Behavior Therapy, New York.

Maccoby, E.E. (1980). *Social development.* New York: Harcourt Brace & Jovanovich.

Marlatt, G.A., & Gordon, J.R. (Eds.).(1985). *Relapse prevention: Maintenance strategies in the treatment of addictive behaviors.* New York: Guilford Press.

May, G.(1982). *Will and spirit.* San Francisco: Harper & Row.

The original Oxford English dictionary on computer disc (Version 4.10) (Coputer fil). (1987). Fort Washington, PA: Tri Star.

Patterson, G.R.,& Forgatch, M.S. (1985). Therapist behavior as a determinant for client noncompliance: A paradox for the behavior modifier. *Journal of Consulting and Clinical Psychology, 53,* 846-851.

Polanyi,M. (1958). *Personal knowledge.* Chigago: University of Chicago Press.

Shaver, P., Schwartz, J., Kirson, D., & O'Connor, C. (1987). Emotion knowledge: Further exploration of a prototype approach. *Journal of Personality and Social Psychology,* 52, 1061-1086.

ARBEITS- UND ÜBUNGSBLÄTTER

ALLGEMEINE ARBEITSBLÄTTER

INNERE ACHTSAMKEIT

ZWISCHENMENSCHLICHE FÄHIGKEITEN

ZWISCHENMENSCHLICHE FÄHIGKEITEN - ÜBUNGSBLÄTTER

BEWUSSTER UMGANG MIT GEFÜHLEN

BEWUSSTER UMGANG MIT GEFÜHLEN - ÜBUNGSBLÄTTER

STRESSTOLERANZ

STRESSTOLERANZ - HAUSAUFGABENBLÄTTER

ALLGEMEINES ARBEITSBLATT 1

ZIELE

ALLGEMEINES ZIEL
Fähigkeiten lernen und verbessern, mit deren Hilfe Sie Verhaltens-, Gefühls- und Denkmuster verändern können, die zu Schwierigkeiten und seelischen Belastungen in Ihrem Leben führen.

SPEZIFISCHE ZIELE	
Das Verringern von:	**Das Fördern von:**
chaotischen zwischen-menschlichen Beziehungen	befriedigenden zwischen-menschlichen Beziehungen
starken Gefühls- und Stimmungsschwankungen	Fähigkeiten zur Regulation von Stimmungsschwankungen
übermäßiger Impulsivität	Spannungs- und Frustrationstoleranz
Identitätsunsicherheit und Denkstörungen	Fähigkeit zur Achtsamkeit für sich selbst und für andere

Aus: Trainingsmanual zur Dialektischen Therapie der BPS (M.Linehan) © 1996 CIP-Medien

ALLGEMEINES ARBEITSBLATT 2

LEITFADEN ZUM FERTIGKEITENTRAINING

1. Patienten, welche die Therapie aufgeben, sind nicht mehr in Therapie.
2. Jeder Patient sollte in fortlaufender Einzeltherapie sein.
3. Patienten dürfen nicht unter Alkohol- oder Drogeneinfluß zu den Sitzungen erscheinen.
4. Patienten dürfen nicht mit anderen Patienten außerhalb der Therapiesitzungen über parasuizidales Verhalten in der Vergangenheit sprechen, auch wenn dies unmittelbar vorher stattfand.
5. Patienten, welche andere in suizidalen Situationen um Hilfe bitten, müssen auch bereit sein, die Hilfe dieser Person anzunehmen.
6. Die in den Sitzungen erhaltenen Informationen sowie die Namen der Patienten müssen vertraulich bleiben.
7. Patienten, welche verspätet zu einer Sitzung kommen werden, beziehungsweise eine Sitzung versäumen, sollten rechtzeitig Bescheid sagen.
8. Patienten sollten keine privaten Beziehungen außerhalb der Fertigkeitentrainingssitzungen anstreben.
9. Paare sollten am Fertigkeitentraining nicht gemeinsam teilnehmen.

Weitere Regeln für diese Gruppe/Notizen:

SICH SEINER SELBST GEWAHR WERDEN:

FORMEN DER BEWUßTHEIT

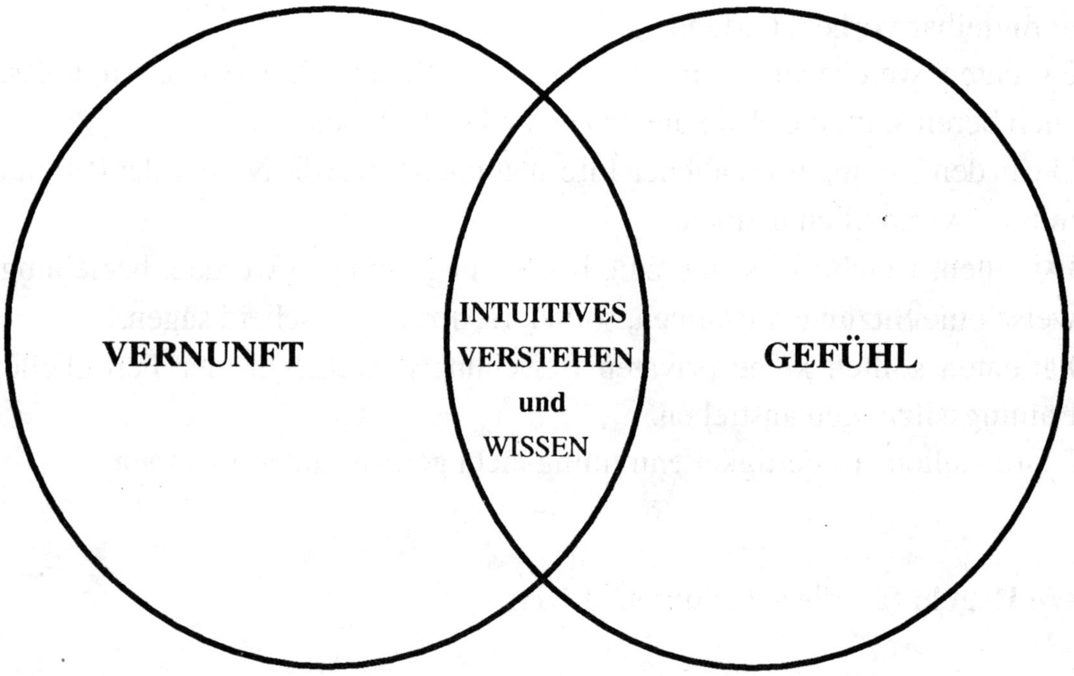

Aus: Trainingsmanual zur Dialektischen Therapie der BPS (M.Linehan) © 1996 CIP-Medien

INNERE ACHTSAMKEIT - ARBEITSBLATT 2

„WAS-FERTIGKEITEN“:
WAS KANN ICH TUN?

WAHRNEHMEN

- **Achten Sie auf Ihr Erleben.** Achten Sie auf Ihre Wahrnehmung, ohne davon eingefangen zu werden. Erleben Sie, ohne auf Ihre Wahrnehmung zu reagieren.
- **Lassen Sie Gefühle** und Gedanken in Ihr Bewußtsein kommen und wieder davon ziehen.
- **Entscheiden Sie** sich, worauf Sie Ihre Aufmerksamkeit richten wollen, und seien Sie ganz offen für das, was Sie dann wahrnehmen. Schieben Sie nichts zur Seite. Bleiben Sie an nichts haften.
- **Seien Sie wie** ein Pförtner an einem Tor: aufmerksam für jeden Gedanken, jedes Gefühl und jede Handlung - all das, was durch das Tor Ihres Bewußtseins kommt.
- **Wenn Sie Ihre Aufmerksamkeit** nach innen richten und beobachten, dann sehen Sie Ihre Gedanken kommen und gehen, wie Wolken am Himmel. Wenn Sie beobachten, dann achten Sie auf jedes Gefühl, wie es aufsteigt und wieder entschwindet, wie Wellen im Ozean. Beobachten Sie genau, was Sie gerade tun.
- **Nehmen Sie wahr**, was von außen durch Ihre Sinne zu Ihnen gelangt - durch Ihre Augen, Ohren, Nase, Haut, Zunge. Schauen Sie, wie andere Menschen handeln und ihre Gefühle ausdrücken.

BESCHREIBEN

- **Benennen Sie Ihr Erleben**. Wenn ein Gefühl oder ein Gedanke in Ihnen aufsteigt, oder Sie etwas tun, dann benennen Sie es. Z.B. sagen Sie sich innerlich: „Ein Gefühl von Traurigkeit ist gerade in mir aufgetaucht“ oder „Die Bauchmuskulatur spannt sich an“ oder „Der Gedanke ich kann das nicht tun' ist mir gekommen“ oder „Ich esse gerade“.
- **Fassen Sie Ihr Erleben in Worte.** Beschreiben Sie sich selbst, was gerade geschieht. Geben Sie Ihren Gefühlen und Regungen eine Bezeichnung. Nennen Sie ein Gefühl ein Gefühl, einen Gedanken einen Gedanken, eine Handlung eine Handlung. Lassen Sie sich nicht von dem Inhalt gefangennehmen.

TEILNEHMEN

- **Gehen Sie in die gegenwärtige Situation.** Seien Sie ganz eins mit Ihrer Erfahrung, und lassen Sie das Grübeln.
- **Handeln Sie ganz aus sich selbst heraus**. Tun Sie genau das, was in einer Situation notwendig ist - wie eine gute Tänzerin, die eins ist mit der Musik und dem Partner, weder verkrampft noch passiv oder kraftlos.

Üben Sie aktiv diese Fähigkeiten, so lange bis sie ein Teil von Ihnen sind, und Sie sie ohne bewußte Steuerung einsetzen können. Üben Sie:

1. UNGÜNSTIGE SITUATIONEN ZU ÄNDERN
2. UNGÜNSTIGES VERHALTEN ZU ÄNDERN
3. SICH SELBST UND DIE SITUATION ZU AKZEPTIEREN, WIE SIE SIND

Aus: Trainingsmanual zur Dialektischen Therapie der BPS (M.Linehan) © 1996 CIP-Medien

ACHTSAMKEIT - ARBEITSBLATT 3

„WIE-FERTIGKEITEN":
WIE KANN ICH DAS TUN?

NICHTBEWERTEND

- **Sehen Sie, aber bewerten Sie nicht**. Nehmen Sie eine nichtbeurteilende Haltung ein. Kümmern Sie sich nur um die Tatsachen. Fügen Sie nichts hinzu, nehmen Sie nichts weg. Konzentrieren Sie sich auf das „was", nicht auf das „gut" oder „böse", das „schrecklich" oder „wunderbar", das „man sollte" oder „man sollte nicht".
- **Trennen Sie** ihre Bewertungen von den Tatsachen, von dem „wer, was, wann und wo".
- **Nehmen Sie** jeden Augenblick an. Nehmen Sie jedes Geschehen an, wie eine Pflanze, die den Regen wie auch die Sonne annimmt.
- **Erkennen Sie** das Hilfreiche, das Heilsame, aber beurteilen Sie es nicht. Erkennen Sie das Schädliche, das Ungesunde, aber beurteilen Sie es nicht.
- **Wenn Sie bemerken**, daß Sie gerade bewerten: Bewerten Sie nicht Ihr Bewerten.

KONZENTRIERT

- **Konzentrieren Sie sich** in jedem Augenblick immer nur auf eine Sache. Wenn Sie essen, dann essen Sie. Wenn Sie gehen, gehen Sie. Wenn Sie baden, dann baden Sie. Wenn Sie arbeiten, arbeiten Sie. Wenn Sie sich in einem Gespräch befinden, dann konzentrieren Sie Ihre Aufmerksamkeit auf den Kontakt mit der anderen Person. Wenn Sie denken, dann denken Sie. Wenn Sie sich ärgern, ärgern Sie sich. Wenn Sie etwas planen, dann planen Sie. Wenn Sie sich an etwas erinnern, erinnern Sie sich. Tun Sie alles mit Ihrer ganzen Aufmerksamkeit.
- **Wenn andere Geschehnisse** oder Gedanken oder heftige Gefühle Sie ablenken, lassen Sie sie los, und gehen Sie zurück zu dem, was Sie gerade tun - wieder und wieder und wieder.
- **Konzentrieren Sie Ihre Gedanken**. Wenn Sie merken, daß Sie zwei Dinge zur gleichen Zeit tun, stoppen Sie, und wenden Sie Ihre Aufmerksamkeit wieder einer Sache zu.

WIRKUNGSVOLL

- **Konzentrieren Sie sich auf das**, was möglich ist. Tun Sie das, was in der Situation zu tun ist. Kümmern Sie sich nicht um „gerecht" und „ungerecht", „richtig" und „falsch", „man sollte" und „man sollte nicht".
- **Halten Sie sich an** die Spielregeln, und schaden Sie sich nicht selbst.
- Handeln Sie so gut Sie können, und halten Sie sich dabei an die Erfordernisse der Situation, in der Sie sich befinden - nicht der Situation, in der Sie gerne wären, nicht der Situation, die angenehmer wäre, nicht der Situation, die ...
- **Denken Sie** in der Situation auch an Ihre Ziele, und tun Sie das, was notwendig ist, um sie zu erreichen.
- **Lassen Sie** Rache, sinnlosen Ärger und übertriebenen Gerechtigkeitssinn, die Ihnen nur weh tun und keinen Erfolg bringen.

Aus: Trainingsmanual zur Dialektischen Therapie der BPS (M.Linehan) © 1996 CIP-Medien

„WAS-FERTIGKEITEN"
ÜBUNGSAUFGABEN

NEHMEN SIE WAHR, BESCHREIBEN SIE, UND NEHMEN SIE TEIL.

Setzen Sie sich auf eine Parkbank und betrachten einfach alles.
Beobachten Sie, was um Sie herum geschieht. Beschreiben Sie, was Sie wahrnehmen.
Richten Sie ihre Aufmerksamkeit nach innen und nehmen Sie wahr, was Sie fühlen.
Sagen Sie sich: „Ich sitze auf einer Parkbank und sehe Menschen, die umhergehen."
Vielleicht sagen Sie sich: „Ich fühle mich entspannt".
Möglicherweise sagen Sie sich auch: „Ich fühle mich angespannt".
Und wenn etwas geschieht, das eine Handlung erfordert, dann tun Sie es.
Wenn es z.B. beginnt zu regnen, dann stehen Sie auf und suchen Schutz vor dem Regen.
Fällt Ihnen z.B. ein, daß Sie noch jemanden anrufen wollen; dann stehen Sie auf und tun Sie es.

Und wenn Sie handeln, dann richten Sie Ihre Aufmerksamkeit auf das, was Sie gerade tun.

Nehmen Sie wahr, was Sie tun, was Sie fühlen und was um Sie herum geschieht.

Üben Sie diese Haltung und diese Weise zu handeln. Sie können das jederzeit tun. Jeder Augenblick bietet die Möglichkeit, sich auf diese Weise dem Innen und Außen zuzuwenden.

Versuchen Sie, zumindest einmal am Tag eine Übung zu machen.
Nehmen Sie sich dafür 15 Minuten Zeit.
Schreiben Sie anschließend Ihre Erfahrungen damit auf.

VORSCHLÄGE FÜR ÜBUNGEN:

1. Sie sitzen in einem Café.
2. Sie gehen eine Einkaufsstraße entlang.
3. Sie warten in einer Bahnhofshalle.
4. Sie fahren mit der Straßenbahn.
5. Sie stehen in einer Warteschlange vor einem Schalter.
6. Andere Ideen:

____

____

Aus: Trainingsmanual zur Dialektischen Therapie der BPS (M.Linehan) © 1996 CIP-Medien

ORIENTIERUNGSHILFEN

PFLEGEN SIE IHRE BEZIEHUNGEN.

- Lassen Sie es nicht zu, daß Kränkungen und Probleme überhand nehmen.
- Setzen Sie Ihre zwischenmenschlichen Fähigkeiten ein, um Probleme abzuwenden.
- Beenden Sie aussichtslose Beziehungen.
- Lösen Sie Konflikte, bevor sie überwältigend werden.

BRINGEN SIE IHRE PERSÖNLICHEN ZIELE UND DIE ANFORDERUNGEN VON ANDEREN MENSCHEN IN EIN GLEICHGEWICHT - SETZEN SIE PRIORITÄTEN.

- Wenn Sie sich von Anforderungen überwältigt fühlen, dann reduzieren Sie die weniger wichtigen, oder schieben Sie sie ganz beiseite.
- Bitten Sie andere um Hilfe; sagen Sie nein, wenn es notwendig ist.
- Versuchen Sie, sich eigene Aufgaben und Strukturen zu schaffen, wenn Sie nicht genügend zu tun haben. Bieten Sie anderen an, etwas zu tun.

BRINGEN SIE DAS VERHÄLTNIS VON WOLLEN UND SOLLEN IN EIN GLEICHGEWICHT.

- Schauen Sie, wie viele Dinge Sie tun, die Sie wirklich tun „möchten", und wie viele Dinge Sie tun, weil sie getan werden müssen und die Sie tun „sollten". Versuchen Sie, beides im Gleichgewicht zu halten, selbst dann wenn:
  - Sie wollen, daß Ihre Meinung ernst genommen wird.
  - Sie von anderen Menschen etwas erwarten.
  - Sie nein sagen zu unerwünschten Forderungen.

ENTWICKELN UND STEIGERN SIE SELBSTACHTUNG UND KOMPETENZ.

- Verhalten Sie sich so, daß Sie sich kompetent und zufrieden fühlen, und nicht mehr hilflos und abhängig,
- Stehen Sie zu sich selbst, zu Ihren Überzeugungen und Ansichten. Folgen Sie ihrem wahren Selbst.

Aus: Trainingsmanual zur Dialektischen Therapie der BPS (M.Linehan) © 1996 CIP-Medien

ZIELE: WOZU DIENEN ZWISCHENMENSCHLICHE FÄHIGKEITEN?

ZIELEFFEKTIVITÄT: ZIELE IN EINER SITUATION ERREICHEN

- Setzen Sie sich für Ihre Rechte ein.
- Erreichen Sie, daß Ihre Meinung oder Ihr Standpunkt ernst genommen wird.
- Fordern Sie andere Menschen auf, Ihren Bitten nachzukommen.
- Weisen Sie unerwünschte oder übertriebene Forderungen zurück.
- Lösen Sie zwischenmenschliche Konflikte.

1. Welche Ergebnisse oder Veränderungen erhoffe ich mir von diesem Gespräch?
2. Was muß ich tun, um meine Ziele zu erreichen? Was wird gelingen?

BEZIEHUNGSEFFEKTIVITÄT: GUTE BEZIEHUNGEN AUFBAUEN UND AUFRECHTERHALTEN

- Verhalten Sie sich so, daß die andere Person Sie weiterhin mag und respektiert.
- Finden Sie ein Gleichgewicht zwischen unmittelbaren Zielen und dem Wert einer langandauernden Beziehung.

1. Wie soll die andere Person mir gegenüber empfinden, wenn die Begegnung vorüber ist?
2. Was habe ich zu tun, um diese Beziehung aufzubauen (oder aufrecht zu erhalten)? Was wird gelingen?

SELBSTACHTUNGSEFFEKTIVITÄT: DIE SELBSTACHTUNG AUFBAUEN ODER AUFRECHTERHALTEN

- Respektieren Sie Ihre eigenen Werte und Überzeugungen. Verhalten Sie sich entsprechend Ihren Werten.
- Verhalten Sie sich so, daß Sie sich kompetent und zufrieden fühlen.

1. Wie möchte ich mich fühlen, wenn die Begegnung mit dem Menschen vorüber ist?
2. Was habe ich zu tun, um mich so zu fühlen? Was wird gelingen?

Aus: Trainingsmanual zur Dialektischen Therapie der BPS (M.Linehan) © 1996 CIP-Medien

HINDERNISSE

MANGEL AN FERTIGKEITEN

Im Moment wissen Sie nicht, was zu sagen ist. Sie wissen nicht, wie Sie sich verhalten sollten, um Ihre Ziele zu erreichen. Sie wissen nicht, was wirksam ist.

STÖRENDE GEDANKEN

Störende Gedanken beeinträchtigen Ihre Fähigkeit, erfolgreich zu handeln. Sie haben die Fähigkeit, aber Ihre störenden Gedanken hindern Sie daran, das zu tun oder das zu sagen, was Sie möchten.

- Sorgen wegen negativer Konsequenzen.
  „Sie werden mich nicht mögen", „Sie wird denken, daß ich dumm bin".
- Sorgen, ob Ihnen auch zusteht, was Sie möchten.
  „Ich bin ein so schlechter Mensch, daß ich das nicht verdiene".
- Sorgen, nicht erfolgreich zu sein - Selbstanklagen.
  „Ich werde es nicht richtig machen", „Ich werde mich lächerlich machen", „Ich bin so dumm".

BEEINTRÄCHTIGENDE GEFÜHLE

Ihre Gefühle (Ärger, Enttäuschung, Angst, Schuldgefühl) beeinträchtigen Ihre Fähigkeit, erfolgreich zu handeln. Sie haben die Kompetenz, aber Ihre Gefühle hindern Sie daran, das zu tun oder das zu sagen, was Sie möchten.

UNENTSCHLOSSENHEIT

Sie können sich nicht entscheiden, was zu tun ist oder was Sie wirklich wollen. Sie haben die Fähigkeit, aber Ihre Unentschlossenheit hindert Sie daran, das zu tun oder das zu sagen, was Sie möchten. Sie sind sich unsicher über Ihre Ziele. Sie sind sich unsicher über das richtige Maß:

- zu viel fragen oder gar nicht fragen
- zu allem nein sagen oder allem zustimmen

UMFELD

Manche Umstände machen es sogar für eine sehr kompetente Person unmöglich, erfolgreich zu sein.

- Andere Menschen sind zu mächtig.
- Andere Menschen fühlen sich bedroht oder haben andere Gründe, zu verhindern, daß Sie sich durchsetzen.
- Andere Menschen wollen Ihnen nicht geben, was Sie brauchen, ohne sie gleichzeitig zu demütigen. Das Gleiche kann Ihnen passieren, wenn Sie etwas ablehnen.

Aus: Trainingsmanual zur Dialektischen Therapie der BPS (M.Linehan) © 1996 CIP-Medien

UNGÜNSTIGE EINSTELLUNGEN (MYTHEN)

1. Wenn jemand versucht, mich aus der Fassung zu bringen, kann ich das nicht aushalten.
   GEGENARGUMENT: ______________________________

2. Wenn sie nein sagen, wird mich das umbringen.
   GEGENARGUMENT: ______________________________

3. Ich bin es nicht wert, zu bekommen, was ich möchte oder brauche.
   GEGENARGUMENT: ______________________________

4. Wenn ich um etwas bitte, wird das zeigen, daß ich ein schwacher Mensch bin.
   GEGENARGUMENT: ______________________________

5. Ich muß wirklich unfähig sein, wenn ich das nicht allein schaffe.
   GEGENARGUMENT: ______________________________

6. Bevor ich um etwas bitte, muß ich wissen, ob die Person ja sagen wird.
   GEGENARGUMENT: ______________________________

7. Um etwas zu bitten ist aufdringlich (schlecht, ichbezogen, selbstsüchtig).
   GEGENARGUMENT: ______________________________

8. Das ist eigentlich gleichgültig; ich lege keinen Wert darauf.
   GEGENARGUMENT: ______________________________

9. Offensichtlich existiert das Problem nur in meiner Vorstellung.
   Wenn ich nur anders denken würde, dann müßte ich andere Menschen nicht belästigen.
   GEGENARGUMENT: ______________________________

10. Diese Situation ist eine Katastrophe (ist wirklich schlimm, ist schrecklich, macht mich verrückt, wird mich zerstören, ist ein Unglück).
    GEGENARGUMENT: ______________________________

11. Eine Bitte abzulehnen, ist immer selbstsüchtig.
    GEGENARGUMENT: ______________________________

12. Ich sollte bereit sein, für andere auf meine eigenen Bedürfnisse zu verzichten.
    GEGENARGUMENT: ______________________________

13. ______________________________
    GEGENARGUMENT: ______________________________

Aus: Trainingsmanual zur Dialektischen Therapie der BPS (M.Linehan) © 1996 CIP-Medien

FÖRDERLICHE AUSSAGEN

1. Es ist in Ordnung, wenn ich von einer anderer Person etwas möchte oder brauche.
2. Es steht mir zu, eine andere Person nach etwas zu fragen, das ich möchte oder brauche.
3. Ich kann es aushalten, wenn ich nicht bekomme, was ich möchte oder brauche.
4. Daß jemand nein zu meiner Bitte sagt, bedeutet nicht, daß ich nicht hätten fragen sollen.
5. Wenn ich meine Ziele nicht erreiche, bedeutet das nicht unbedingt, daß ich dabei etwas falsch gemacht habe.
6. Für mich kann es genau so wichtig sein, „kleine" Dinge zu erreichen, wie es „große" Dinge für andere Menschen sind.
7. Ich darf auf meinen Rechten bestehen und bin dann noch immer ein wertvoller Mensch.
8. Ich habe das Recht auf meine eigene Meinung, selbst wenn dies für andere Menschen manchmal unbequem sein mag.
9. Die Tatsache, daß andere Menschen sich manchmal nicht durchsetzen, heißt nicht, daß ich das auch nicht tun sollte.
10. Ich kann andere Menschen verstehen und schätzen und sie dann noch immer um das bitten, was ich möchte.
11. Es gibt kein Gesetz, das sagt, daß die Meinungen anderer Menschen richtiger sind als meine.
12. Manchmal möchte ich Menschen, die mir wichtig sind, gefallen, aber ich muß ihnen nicht immer gefallen.
13. Geben, Geben ist nicht alles im Leben. Ich bin auch ein wichtiger Mensch in dieser Welt.
14. Wenn ich anderen Menschen eine Bitte abschlage, heißt das nicht, daß ich sie nicht mag. Wahrscheinlich werden sie das auch verstehen.
15. Wenn mich jemand um einen Gefallen bittet, bin ich nicht verpflichtet, ja zu sagen.
16. Wenn ich zu jemandem nein sage, macht mich das nicht zu einem selbstsüchtigen Menschen.
17. Wenn ich zu jemandem nein sage und er ärgerlich wird, heißt das nicht, daß ich hätte ja sagen sollen.
18. Ich kann mit mir selbst im Reinen sein, auch wenn jemand ärgerlich auf mich ist.

ANDERE: ____________________

____

____

Aus: Trainingsmanual zur Dialektischen Therapie der BPS (M.Linehan) © 1996 CIP-Medien

INTENSITÄTSGRADE BEIM FRAGEN UND NEINSAGEN UND FAKTOREN, DIE BEI DER ENTSCHEIDUNG ZU BERÜCKSICHTIGEN SIND

HOHE INTENSITÄT: VERSUCHEN, DIE SITUATION ZU VERÄNDERN

bestimmt fragen, darauf bestehen.................6...bestimmt ablehnen, auf keinen Fall nachgeben
bestimmt fragen, nicht nachgeben................5...bestimmt ablehnen, nicht nachgeben
bestimmt fragen, ein Nein hinnehmen..........4...bestimmt ablehnen, aber nochmals nachprüfen
versuchsweise fragen, ein Nein hinnehmen..3..Ablehnung ausdrücken
direkt andeuten, ein Nein hinnehmen...........2...Ablehnung ausdrücken, aber ja sagen
indirekt andeuten, ein Nein hinnehmen........1...Zögern ausdrücken, ja sagen
nicht fragen, nicht andeuten.........................0...tun was andere wollen, ohne gefragt zu werden

GERINGE INTENSITÄT: DIE SITUATION SO AKZEPTIEREN WIE SIE IST

1. PRIORITÄTEN:

Sind die **Ziele** sehr wichtig? Intensität steigern.
Ist die **Beziehung** unsicher? Eventuell die Intensität verringern.
Steht **Selbstachtung** auf dem Spiel? Die Intensität sollte den eigenen Werten angemessen sein.

2. FÄHIGKEIT:

Kann die Person mir geben, was ich will? Wenn **ja**, steigern Sie die Intensität des Fragens.
Kann ich der Person geben, was sie will? Wenn **nein**, steigern Sie die Intensität des Nein.

3. ZEITPUNKT:

Ist jetzt der richtige Zeitpunkt zum Fragen? Ist die Person in der richtigen Stimmung, um sich mir aufmerksam zuzuwenden? Wenn **ja**, steigern Sie die Intensität des Fragens.

Ist jetzt ein ungünstiger Zeitpunkt, nein zu sagen? Sollte ich die Antwort eine Weile aufschieben? Wenn **nein**, steigern Sie die Intensität des Neinsagens.

4. VORBEREITUNG:

Habe ich meine Hausaufgaben erledigt? Weiß ich alles Notwendige, um meine Bitten zu unterstützen? Bin ich mir klar darüber, was ich will?
Wenn **ja**, steigern Sie die Intensität des Fragens.
Ist die Bitte der anderen Person klar? Weiß ich, zu was ich zustimmen werden?
Wenn **nein**, steigern Sie die Intensität des Neinsagens.

Aus: Trainingsmanual zur Dialektischen Therapie der BPS (M.Linehan) © 1996 CIP-Medien

ZWISCHENMENSCHLICHE FÄHIGKEITEN - ARBEITSBLATT 6 (FORTSETZUNG)

5. ZUSTÄNDIGKEIT:

Bin ich befugt, der Person zu sagen, was sie zu tun hat.
Wenn **ja**, steigern Sie die Intensität des Fragens.
Hat die Person Macht über mich (z.B. meine Vorgesetzte, mein Lehrer)? Liegt das, um das sie mich bittet, innerhalb ihrer Befugnis? Wenn **nein**, steigern Sie die Intensität des Neinsagens.

6. RECHTE:

Ist die Person gesetzlich oder moralisch verpflichtet, mir zu geben, was ich möchte?
Wenn **ja**, steigern Sie die Intensität des Fragens.
Bin ich verpflichtet, der Person zu geben, was sie möchte? Würde ein Nein die Rechte der Person verletzen? Wenn **nein**, steigern Sie die Intensität des Neinsagens.

7. BEZIEHUNG:

Ist das, was ich möchte, der Beziehung angemessen?
Wenn **ja**, steigern Sie die Intensität des Fragens.
Ist das, worum die andere Person mich bittet, der Beziehung angemessen?
Wenn **nein**, steigern Sie die Intensität des Neinsagens.

8. GEGENSEITIGKEIT:

Was habe ich für die andere Person getan? Gebe ich ihr ebenso viel wie ich es mir von ihr wünsche? Bin ich bereit, auch etwas zu geben, falls sie ja sagt?
Wenn **ja**, steigern Sie die Intensität des Fragens. Bin ich der Person einen Gefallen schuldig? Tut sie viel für mich? Wenn **nein**, steigern Sie die Intensität des Neinsagens.

9. KURZ- UND LANGFRISTIGE AUSWIRKUNGEN:

Wird Zurückhaltung zum jetzigen Zeitpunkt die Situation entspannen, aber auf die Dauer zu Problemen führen? Wenn **ja**, steigern Sie die Intensität des Fragens.
Ist eine Zustimmung, eine momentane Einigung wichtiger als das langzeitige Wohl der Beziehung? Werde ich es eventuell bedauern oder ärgerlich darüber sein, nein gesagt zu haben?
Wenn **nein**, steigern Sie die Intensität des Neinsagens.

10. SELBSTACHTUNG:

Tue ich gewöhnlich Dinge für mich selbst? Achte ich darauf, mich möglichst nicht hilflos zu verhalten, wenn ich es nicht bin? Wenn **ja**, steigern Sie die Intensität des Fragens.
Wird Neinsagen dazu führen, daß ich mich schlecht fühlen werde, selbst dann wenn ich mich sorgfältig prüfe? Wenn **nein**, steigern Sie die Intensität des Neinsagens.

WEITERE FAKTOREN:

____

____

____

____

VORSCHLÄGE ZUM ÜBEN

Zwischenmenschliche Fähigkeiten kann man nur lernen, wenn man sie immer wieder übt. Dafür sollten Sie auf jede Möglichkeit zum Üben achten. Wenn keine Situationen von allein auftauchen, sollten Sie sich Gelegenheiten zum Üben schaffen. Einige der folgenden Situationen sind Beispiele für solche, die Sie sich selbst schaffen können. Andere sind Situationen, die in Ihrem Alltag auftauchen können.

1. Gehen Sie in eine Bibliothek, und bitten Sie den Bibliothekar, Ihnen bei der Suche nach einem Buch behilflich zu sein. (Variation: Bitten Sie einen Verkäufer, Ihnen behilflich zu sein.)
2. Wenn Sie mit jemandem sprechen, wechseln Sie einmal das Thema.
3. Laden Sie einen Freund zum Essen ein (nach Hause oder in ein Restaurant).
4. Rufen Sie eine Versicherungsgesellschaft an, und fragen Sie nach der Höhe der Beiträge.
5. Bringen Sie gebrauchte Bücher in ein Antiquariat, und fragen Sie nach ihrem Wert. Gehen Sie, wenn Sie die Auskunft bekommen haben.
6. Bezahlen Sie mit einem 100-Mark-Schein für eine Zeitung, ein Päckchen Kaugummi oder irgend etwas anderes, das weniger als 5 Mark kostet.
7. Gehen Sie in einen Laden, und lassen Sie sich einen 100-Mark-Schein wechseln, ohne etwas zu kaufen.
8. Gehen Sie in ein Restaurant, bitten Sie um ein Glas Wasser, trinken Sie es, bedanken Sie sich, und gehen Sie wieder hinaus.
9. Gehen Sie in ein Restaurant, bitten Sie darum, die Toilette benutzen zu dürfen, und gehen Sie wieder hinaus, ohne etwas zu essen.
10. Rufen Sie die Stadtverwaltung an, und beschweren Sie sich bei dem Leiter der Fuhrparkbetriebe über die Müllabfuhr in Ihrem Wohngebiet (andere Ideen: beschweren Sie sich über den Telefonservice, das schlechte Fernsehprogramm, den Bus- oder Taxiservice).
11. Gehen Sie in das teuerste Bekleidungsgeschäft der Stadt, probieren Sie fünf teure Kleidungsstücke an, und kaufen Sie keines davon. Oder bitten Sie den Verkäufer, Ihnen fünf verschiedene Dinge zu zeigen, die nicht ausgestellt sind.
13. Bitten Sie, während Sie auf die Straßenbahn oder den Bus warten, andere wartende Personen, Ihnen Geld zu wechseln.
14. Lassen Sie sich einen Termin zum Haarschneiden geben, rufen Sie später noch einmal an, und sagen Sie den Termin ab. (Abwandlung: sich einen Tisch reservieren lassen und wieder absagen)
15. Bestellen Sie in einem Restaurant ein Essen, und bitten Sie um eine andere Beilage als auf der Karte angegeben ist.
16. Bitten Sie einen Verkäufer, Ihnen behilflich zu sein.
17. Bitten Sie die Leiterin eines Geschäftes, Ihnen etwas zu bestellen, was im Moment nicht vorrätig ist.
18. Fragen Sie einen Verkäufer in einem Lebensmittelgeschäft, ob sich im Lager noch frischer Salat (oder anderes Gemüse oder Obst) befindet. Abwandlung: Wenn Sie im Regal etwas nicht finden, fragen Sie einen Verkäufer, ob es sich noch im Lager befindet.
19. Gehen Sie in ein Delikatessengeschäft, und verlangen Sie 50 Gramm Käse oder Fleisch. Gehen Sie, ohne etwas anderes zu kaufen.

Aus: Trainingsmanual zur Dialektischen Therapie der BPS (M.Linehan) © 1996 CIP-Medien

ZWISCHENMENSCHLICHE FÄHIGKEITEN - ARBEITSBLATT 7 (FORTSETZUNG)

20. Gehen Sie in einen Laden für Geschenkartikel, und bitten Sie die Verkäuferin, Ihnen bei der Auswahl eines Geschenkes zu helfen. Abwandlung: Fragen Sie die Verkäuferin nach Ihrer Meinung über das, was Sie zu kaufen beabsichtigen.
21. Melden Sie sich telefonisch auf Stellenanzeigen, und informieren Sie sich über die angebotenen Stellen.
22. Bitten Sie Ihre Kollegen um einen Gefallen, z.B. beim Kaffeekochen eine Tasse für Sie mit zu kochen, oder Ihnen eine Rückmeldung zu geben über etwas, das Sie bei Ihrer Arbeit gemacht haben.
23. Lehnen Sie die Meinung eines anderen Menschen ab.
24. Vertreten Sie über irgendein Thema (z.B. ein Fernsehsendung, ein Buch, ein politischer Standpunkt) eine andere Meinung als Ihre Eltern, Ihr Ehemann, Ihre Partnerin oder ein enger Freund.
25. Äußern Sie eine andere Ansicht als Ihre Eltern, Ihre Ehefrau, Ihr Partner oder eine enge Freundin über die Art des Umgangs miteinander.
26. Bitten Sie Ihre Eltern, Ihre Ehefrau, Ihren Partner oder Ihre Kinder, mehr Verantwortung in einem bestimmtem Bereich zu übernehmen.
27. Bitten Sie einen Freund, Ihnen bei etwas zu helfen.
28. Bitten Sie jemanden, der sich zu laut verhält, etwas leiser zu sein (z.B. jemand, der sich im Kino unterhält, eine Nachbarin, die laute Musik hört).
29. Bitten Sie jemanden, Ihnen beim Möbelumstellen zu helfen.
30. Bitten Sie Ihre Vermieterin, etwas in Ordnung bringen zu lassen (z.B. ein undichtes Dach, einen tropfenden Wasserhahn, kaputte Haushaltsgeräte, eine quietschende Tür).
31. Bestellen Sie in einer Bar ein nicht-alkoholisches Getränk.
32. Sagen Sie Bescheid, daß Sie nicht zu einer Veranstaltung gehen können, oder sagen Sie, daß Sie früher gehen müssen.
33. Wenn eine Person etwas tut, das Sie stört, sagen Sie ihr, daß sie damit aufhören soll.
34. Gehen Sie in ein Restaurant, und bitten Sie den Kellner um Auskunft über ein teures Essen oder einen teuren Wein. Bestellen Sie anschließend etwas Billiges.
35. Gehen Sie zu einer Warteschlange an einem Bahnkartenschalter, und bitten Sie jemanden, Sie vorzulassen. Sagen Sie, daß Ihr Zug gleich abfährt.
36. Gehen Sie in eine Veranstaltung, und kommen Sie dabei 10 Minuten zu spät.
37. Gehen Sie ins Kino. Wenn die Eisverkäuferin kurz vor der Vorführung im Kinosaal Eis anbietet, kaufen Sie eins.
38. Lassen Sie sich in einem Juweliergeschäft teuren Schmuck zeigen.
39. Gehen Sie in ein Lebensmittelgeschäft, nehmen Sie etwas (z.B. Schokolade oder Eis) aus dem Regal, und essen Sie es auf. Wenn jemand Sie deswegen anspricht, weisen Sie auf die Verpackung und sagen, daß Sie es gleich an der Kasse zahlen werden.
40. Gehen Sie in eine vollbesetzte Straßenbahn, und bitten Sie jemanden, seinen Platz für Sie frei zu machen. Sagen Sie, daß Sie sich nicht wohl fühlen oder daß Sie krank sind.

Andere Ideen:

____

____

____

RICHTLINIEN FÜR ZIELORIENTIERTES HANDELN - WIE MAN ERREICHEN KANN, WAS MAN ANSTREBT

BESCHREIBEN

Beschreiben Sie die momentane **Situation**.

Benennen Sie die Dinge, auf die Sie reagieren, und teilen Sie sie der anderen Person mit.

AUSDRÜCKEN

Drücken Sie Ihre **Gefühle und Gedanken** über die Situation aus.

Gehen Sie davon aus, daß Ihre Gefühle und Gedanken nicht von außen wahrnehmbar sind. Erklären Sie sie kurz. Benutzen Sie Formulierungen wie „ich möchte", „ich möchte nicht" anstatt von „ich brauche", „du solltest" oder „ich kann nicht".

AUF WÜNSCHEN BEHARREN

Stehen Sie für sich selbst ein, indem Sie um das **bitten**, was Sie wollen oder klar nein sagen.

Gehen Sie davon aus, daß andere es nicht wissen, bevor Sie sich mitteilen. Andere können Ihre Gedanken nicht lesen. Erwarten Sie nicht, daß andere wissen, wie schwierig es für Sie ist, klar zu sagen, was Sie möchten.

VERSTÄRKEN

Verstärken Sie eine andere Person, wenn sie positiv reagiert.

Ermutigen Sie die andere Person im voraus, indem Sie ihr die Auswirkungen ihres Handelns erklären.Erklären Sie ihr die Vorteile, wenn Sie bekommen, was Sie möchten. Erklären Sie ihr die Nachteile, wenn Sie es nicht bekommen. Sorgen Sie dafür, daß sich die andere Person schon vorher gut fühlt, wenn sie das tut, was Sie möchten. Belohnen Sie sie hinterher.

ZWISCHENMENSCHLICHE FÄHIGKEITEN - ARBEITSBLATT 8 (FORTSETZUNG)

KONZENTRIERT

Konzentrieren Sie sich auf Ihre **Ziele**.

„Kratzer auf der Schallplatte". Bleiben Sie bei Ihrer Meinung. Äußern Sie sie immer wieder. Lassen Sie sich nicht ablenken.

Ignorieren. Wenn eine andere Person Sie angreift, bedroht oder versucht, das Thema zu wechseln, ignorieren Sie die Bedrohung, die Bemerkungen oder die Versuche, Sie abzulenken. Reagieren Sie nicht auf Angriffe. Bleiben Sie bei Ihrem Standpunkt.

SELBSTSICHERHEIT ZEIGEN

Zeigen Sie sich **überzeugend** und kompetent.

Drücken Sie in Stimme und Körpersprache Selbstsicherheit aus. Nehmen Sie Blickkontakt auf. Vermeiden Sie es, stockend zu sprechen, zu leise zu sprechen, auf den Boden zu schauen, sich zurückzuziehen, zu sagen „ich bin mir nicht sicher" usw.

VERHANDELN

Seien Sie bereit, **etwas zu geben, um etwas zu bekommen**. Bieten Sie andere Lösungen des Problems an, oder fragen Sie danach. Verringern Sie Ihre Forderungen.
Bleiben Sie bei Ihrer ablehnenden Haltung, aber bieten Sie an, etwas anderes zu tun oder das Problem in einer anderen Weise zu lösen. Konzentrieren Sie sich auf das, was zu einer Lösung führen könnte.

Den Spieß umdrehen. Legen Sie der anderen Person das Problem dar. Fragen Sie nach alternativen Lösungen: „Was meinst du, was wir tun sollten?" „Ich kann nicht ja sagen, und du scheinst das wirklich von mir zu wollen. Was können wir da tun?" „Wie können wir das Problem lösen?"

Aus: Trainingsmanual zur Dialektischen Therapie der BPS (M.Linehan) © 1996 CIP-Medien

RICHTLINIEN FÜR BEZIEHUNGSORIENTIERUNG - DIE BEZIEHUNG AUFRECHTERHALTEN

FREUNDLICH SEIN

Seien Sie bei einer Begegnung **liebenswürdig** und gemäßigt.

Keine Angriffe. Keinen körperlichen oder verbalen Angriffe. Kein Schlagen, kein Fäusteballen. Formulieren Sie Ihren Ärger.

Keine Drohungen. Keine manipulierenden Bemerkungen, keine versteckten Drohungen. Kein „ich werde mich umbringen, wenn du ..." Tolerieren Sie es, wenn Ihre Bitte abgelehnt wird. Beenden Sie nicht ein Gespräch, wenn es anfängt, unangenehm zu werden. Gehen Sie mit Klarheit und Selbstachtung aus dem Gespräch.

Keine Bewertungen. Moralisieren Sie nicht. Kein „wenn du ein guter Mensch wärest, würdest du ... „; kein „du solltest ... „, „du solltest nicht".

INTERESSE ZEIGEN

Versuchen Sie auf die andere Person einzugehen, und hören Sie ihr zu.

Hören Sie der anderen Person zu, wenn sie ihren Standpunkt erklärt. Hören Sie ihre Gründe nein zu sagen, ihre Gründe, Sie um etwas zu bitten. Unterbrechen Sie nicht, reden Sie nicht dazwischen usw. Akzeptieren Sie auch ihren Wunsch, das Gespräch zu einem späteren Zeitpunkt fortzusetzen. Seien Sie geduldig.

ANERKENNEN

Erkennen Sie die Gefühle, Wünsche, Schwierigkeiten und Meinungen der anderen Person an. Beurteilen Sie nicht, und äußern Sie Ihr Verstehen:
„ich kann verstehen, wie du dich fühlst, aber ... „; „ich merke, daß das schwer für dich ist, aber ... „; „Ich sehe, daß du beschäftigt bist, aber... „.

LEICHTIGKEIT

Benutzen Sie ein wenig Humor. **Lächeln** Sie. Nehmen Sie auf sanfte Weise Einfluß. Seien Sie heiter und unbeschwert. Seien Sie diplomatisch und machen sie auch einmal Komplimente.

Aus: Trainingsmanual zur Dialektischen Therapie der BPS (M.Linehan) © 1996 CIP-Medien

RICHTLINIEN FÜR EINE ORIENTIERUNG AUF DIE SELBSTACHTUNG: DIE SELBSTACHTUNG AUFRECHTERHALTEN

FAIRNESS

Seien Sie fair **zu sich selbst** und zu **anderen Menschen**

KEINE RECHTFERTIGUNGEN

Rechtfertigen Sie sich nicht dauernd.
Entschuldigen Sie sich nicht dafür, daß Sie leben. Rechtfertigen Sie nicht, daß Sie um etwas bitten, daß Sie eine Meinung haben, oder daß Sie mit jemandem nicht übereinstimmen.

EIGENE WERTE

Halten Sie sich an Ihre **eigenen Werte**.
Opfern Sie Ihre Werte oder Ihre Selbstachtung nicht für etwas, das es nicht lohnt.
Lassen Sie sich nicht beirren.

AUFRICHTIGKEIT

Bleiben Sie bei der **Wahrheit**.
Verhalten Sie sich nicht hilflos, wenn Sie es nicht sind.
Übertreiben Sie nicht, und machen Sie keine Ausflüchte.

Aus: Trainingsmanual zur Dialektischen Therapie der BPS (M.Linehan) © 1996 CIP-Medien

ZIELE UND PRIORITÄTEN IN ZWISCHENMENSCHLICHEN SITUATIONEN

Name ______________________________________ Datum ___________

Benutzen Sie dieses Blatt, um Ihre Ziele und Wünsche in Situationen zu beschreiben, die Ihnen Probleme bereiten. Das können Situationen sein, in denen 1) Ihre Rechte oder Wünsche nicht respektiert werden, 2) Sie wollen, daß jemand etwas tut oder Ihnen etwas gibt, 3) Sie nein sagen wollen oder sollten oder Sie einem Druck widerstehen wollen, 4) Sie wollen, daß Ihr Standpunkt ernst genommen wird, 5) es einen Konflikt mit anderen Menschen gibt. Beobachten Sie die Situation, und beschreiben Sie so bald wie möglich die Situation und Ihre Ziele oder Wünsche. Wenn Sie mehr Platz zum Schreiben brauchen, dann können Sie auch die Rückseite des Blattes benutzen.

AUSLÖSENDES EREIGNIS FÜR MEIN PROBLEM: Wer verhielt sich wie zu wem? Was führte wozu? Was an der Situation ist ein Problem für mich?

MEINE WÜNSCHE UND BEDÜRFNISSE IN DIESER SITUATION:
ZIELE: Welche Ergebnisse erwarte ich? Wie sollte sich die andere Person verhalten?

BEZIEHUNG: Was soll die andere Person mir gegenüber empfinden, wenn die Begegnung vorüber ist?

SELBSTACHTUNG: Wie möchte ich mich selbst fühlen, wenn die Begegnung vorüber ist?

MEINE PRIORITÄTEN IN DIESER SITUATION: Was ist das Wichtigste? Notieren Sie eine 1. Was ist das Zweitwichtigste? Notieren Sie eine 2. Was ist das am wenigsten Wichtige? Notieren Sie eine 3.

_____ Ziele _____ Beziehung _____ Selbstachtung

KONFLIKTE ZWISCHEN DEN PRIORITÄTEN,
die es schwer machen, in dieser Situation wirkungsvoll zu handeln:

Aus: Trainingsmanual zur Dialektischen Therapie der BPS (M.Linehan) © 1996 CIP-Medien

ZWISCHENMENSCHLICHE KONFLIKTE BEOBACHTEN UND BESCHREIBEN

Name ____ Datum__________

Füllen Sie dieses Blatt während oder unmittelbar nach einer Situation, die Ihnen Probleme bereitet, aus. Das können Situationen sein, in denen 1) Ihre Rechte oder Wünsche nicht respektiert werden, 2) Sie wollen, daß jemand etwas tut oder Ihnen etwas gibt, 3) Sie nein sagen wollen oder sollten oder Sie einem Druck widerstehen wollen, 4) Sie wollen, daß Ihr Standpunkt ernst genommen wird, 5) es einen Konflikt mit anderen Menschen gibt. Beobachten Sie die Situation, und beschreiben Sie so bald wie möglich die Situation und Ihre Ziele oder Wünsche. Benutzen Sie auch die Rückseite des Blattes, wenn Sie mehr Platz brauchen.

Auslösendes Ereignis für mein Problem? Wer verhielt sich wie zu wem? Was führte wozu?

Was ich bisher in der Situation gesagt oder getan habe: Beschreiben Sie genau, was Sie getan haben. Beurteilen Sie die Intensität Ihrer Reaktion. Intensität meiner Reaktion (0 - 6):

Mangelndes Handeln: (Was konnte ich in der Situation nicht?).

Störende Gedanken:

Beeinträchtigende Gefühle:

Unentschlossenheit (oder Konflikte zwischen Zielen):

Ziele: Welche Ergebnisse wünsche ich? Wie soll die andere Person sich verhalten?

Beziehung: Was soll die andere Person mir gegenüber empfinden?

Selbstachtung: Wie möchte ich mich selbst fühlen?

Umgebung:

Aus: Trainingsmanual zur Dialektischen Therapie der BPS (M.Linehan) © 1996 CIP-Medien

ZWISCHENMENSCHLICHE FÄHIGKEITEN - ÜBUNGSBLATT 2 (FORTSETZUNG)

		FRAGEN (Wenn mehr **JA** als **NEIN**, **fragen Sie**.)		**NEIN SAGEN** (Wenn mehr **NEIN** als **JA**, sagen Sie **NEIN**.)
ja	nein	Kann die Person mir geben, was ich brauche?	**Fähigkeit**	Kann ich der Person geben, was sie will?
ja	nein	Ist jetzt ein guter Zeitpunkt, um zu fragen?	**Zeitpunkt**	Ist das ein schlechter Zeitpunkt, nein zu sagen?
ja	nein	Bin ich ausreichend vorbereitet?	**Vorbereitung**	Ist die Bitte klar und deutlich?
ja	nein	Ist die Person zuständig für das, um was ich bitten will?	**Zuständigkeit**	Hat die Person Macht über mich?
ja	nein	Habe ich ein Recht auf das, worum ich bitte?	**Rechte**	Verstößt eine Ablehnung gegen die Rechte der anderen Person?
ja	nein	Ist die Bitte der Person unserer Beziehung angemessen?	**Beziehung**	Ist die Bitte der Person unserer Beziehung angemessen?
ja	nein	Gebe ich der anderen Person ansonsten mehr als das, worum ich sie jetzt bitte?	**Gegenseitigkeit**	Gibt die Person mir viel? Schulde ich ihr etwas?
ja	nein	Ist die Bitte wichtig für langfristige Ziele?	**Ziele**	Steht ein Nein im Konflikt mit langfristigen Zielen?
ja	nein	Verhalte ich mich kompetent?	**Selbstachtung**	Sagt meine Intuition ja?
_____		Summe der **JA**-Antworten		_____ Summe der **NEIN**-Antworten

HOHE INTENSITÄT: VERSUCHEN, DIE SITUATION ZU VERÄNDERN

Fragen		**Neinsagen**
bestimmt fragen, darauf bestehen	6	bestimmt ablehnen, auf keinen Fall nachgeben
bestimmt fragen, nicht nachgeben	5	bestimmt ablehnen, nicht nachgeben
bestimmt fragen, ein Nein hinnehmen	4	bestimmt ablehnen, aber nochmals nachprüfen
versuchsweise fragen, ein Nein hinnehmen	3	Ablehnung ausdrücken
direkt andeuten, ein Nein hinnehmen	2	Ablehnung ausdrücken, aber ja sagen
indirekt andeuten, ein Nein hinnehmen	1	Zögern ausdrücken, ja sagen
nicht fragen, nicht andeuten	0	tun was andere wollen, ohne gefragt zu werden

GERINGE INTENSITÄT: DIE SITUATION SO AKZEPTIEREN WIE SIE IST

Notizen:

ZWISCHENMENSCHLICHE FÄHIGKEITEN EINSETZEN

Name ____ Datum ____________

Füllen Sie dieses Blatt aus, wenn Sie zwischenmenschliche Fähigkeiten üben und auch dann wenn Sie eine Gelegenheit zum Üben haben, es aber nicht tun. Benutzen Sie auch die Rückseite des Blattes.

AUSLÖSENDES EREIGNIS FÜR MEIN PROBLEM?
Wer verhielt sich wie zu wem? Was führte wozu?

Ziele: Welche Ergebnisse wünsche ich? Wie soll die andere Person sich verhalten?

Beziehung: Was soll die andere Person mir gegenüber empfinden?

Selbstachtung: Wie möchte ich mich selbst fühlen?

Intensität meiner Reaktion (0 - 6):_____ **Intensität, die ich mir gewünscht hatte** (0 -6):_____
Was ich in der Situation gesagt oder getan habe:(Beschreiben Sie, und markieren Sie unten das Zutreffende.)

Erreichen, was ich anstrebe

___ die Situation beschrieben?
___ Gefühle/Gedanken gezeigt?
___ auf Wünschen beharrt?
___ andere verstärkt?
___ konzentriert?
  ___ „Kratzer auf der Schallplatte"?
  ___ ignoriert?
___ Selbstsicherheit gezeigt?
___ verhandelt?

Die Beziehung aufrechterhalten

___ freundlich?
  ___ keine Angriffe?
  ___ keine Drohungen?
  ___ keine Bewertungen?
___ Interesse gezeigt?
___ anerkannt?
___ Leichtigkeit?

Die Selbstachtung aufrechterhalten

___ Fairneß
___ keine Rechtfertigungen
___ eigene Werte
___ Aufrichtigkeit

Aus: Trainingsmanual zur Dialektischen Therapie der BPS (M.Linehan) © 1996 CIP-Medien

ZWISCHENMENSCHLICHE FÄHIGKEITEN - ÜBUNGSBLATT 3 (FORTSETZUNG)

Hindernisse für ein wirkungsvolles Handeln (Kreuzen Sie an, und beschreiben Sie)

___ Mangelnde Fähigkeiten:
___ Störende Gedanken:
___ Beeinträchtigende Gefühle:
___ Unentschlossenheit:
___ Umgebung:

FRAGEN (Wenn mehr **JA** als **NEIN**, **fragen Sie**.)				**NEIN SAGEN** (Wenn mehr **NEIN** als **JA**, sagen Sie **NEIN**.)
ja	nein	Kann die Person mir geben, was ich brauche?	**Fähigkeit**	Kann ich der Person geben, was sie will?
ja	nein	Ist jetzt ein guter Zeitpunkt, um zu fragen?	**Zeitpunkt**	Ist das ein schlechter Zeitpunkt, nein zu sagen?
ja	nein	Bin ich ausreichend vorbereitet?	**Vorbereitung**	Ist die Bitte klar und deutlich?
ja	nein	Ist die Person zuständig für das, um was ich bitten will?	**Zuständigkeit**	Hat die Person Macht über mich?
ja	nein	Habe ich ein Recht auf das, worum ich bitte?	**Rechte**	Verstößt eine Ablehnung gegen die Rechte der anderen Person?
ja	nein	Ist die Bitte der Person unserer Beziehung angemessen?	**Beziehung**	Ist die Bitte der Person unserer Beziehung angemessen?
ja	nein	Gebe ich der anderen Person ansonsten mehr als das, worum ich sie jetzt bitte?	**Gegenseitigkeit**	Gibt die Person mir viel? Schulde ich ihr etwas?
ja	nein	Ist die Bitte wichtig für langfristige Ziele?	**Ziele**	Steht ein Nein im Konflikt mit langfristigen Zielen?
ja	nein	Verhalte ich mich kompetent?	**Selbstachtung**	Sagt meine Intuition ja?
_____ Summe der **JA**-Antworten				_____ Summe der **NEIN**-Antworten

HOHE INTENSITÄT: VERSUCHEN, DIE SITUATION ZU VERÄNDERN

Fragen **Neinsagen**

bestimmt fragen, darauf bestehen..................6......bestimmt ablehnen, auf keinen Fall nachgeben
bestimmt fragen, nicht nachgeben................5......bestimmt ablehnen, nicht nachgeben
bestimmt fragen, ein Nein hinnehmen..........4......bestimmt ablehnen, aber nochmals nachprüfen
versuchsweise fragen, ein Nein hinnehmen.3......Ablehnung ausdrücken
direkt andeuten, ein Nein hinnehmen...........2......Ablehnung ausdrücken, aber ja sagen
indirekt andeuten, ein Nein hinnehmen........1......Zögern ausdrücken, ja sagen
nicht fragen, nicht andeuten..........................0......tun was andere wollen, ohne gefragt zu werden

GERINGE INTENSITÄT: DIE SITUATION SO AKZEPTIEREN WIE SIE IST

Aus: Trainingsmanual zur Dialektischen Therapie der BPS (M.Linehan) © 1996 CIP-Medien

ZIELE DES TRAININGS DER GEFÜHLSREGULIERUNG

LERNEN, IHRE GEFÜHLE ZU VERSTEHEN

- Ihre Gefühle identifizieren (beobachten und beschreiben).
- Die Bedeutung und die Auswirkungen Ihrer Gefühle verstehen.

LERNEN,IHRE EMOTIONALE VERWUNDBARKEIT ZU VERRINGERN.

- Übermäßige, selbstschädigende Empfindsamkeit verringern.
- Positiven Gefühlen mehr Raum geben.

LERNEN, EMOTIONALES LEIDEN ZU VERMINDERN

- Schmerzliche Gefühle mit innerer Achtsamkeit wahrnehmen und sie loslassen.
- Schmerzliche Gefühle durch entgegengesetzte Handlungen ändern.

Aus: Trainingsmanual zur Dialektischen Therapie der BPS (M.Linehan) © 1996 CIP-Medien

UNGÜNSTIGE EINSTELLUNGEN (MYTHEN)

1. **In jeder Situation gibt es eine richtige Weise zu fühlen.**
   ODER:

2. **Andere merken zu lassen, daß ich mich schlecht fühle, bedeutet, Schwäche zu zeigen.**
   ODER:

3. **Negative Gefühle sind schlecht und zerstörerisch.**
   ODER:

4. **Emotional zu sein heißt, die Selbstbeherrschung zu verlieren.**
   ODER:

5. **Gefühle können ohne jeden Grund auftauchen.**
   ODER:

6. **Manche Gefühle sind wirklich dumm.**
   ODER:

7. **Alle schmerzhaften Gefühle sind das Ergebnis einer falschen Einstellung.**
   ODER:

8. **Wenn andere meine Gefühle nicht akzeptieren, dann sollte ich diese Gefühle offensichtlich nicht haben.**
   ODER:

9. **Andere Menschen können am besten beurteilen, wie ich mich fühle.**
   ODER:

10. **Schmerzhafte Gefühle sind nicht wirklich wichtig und sollten am besten ignoriert werden.**
    ODER:

11.
    ODER:

12.
    ODER:

13.
    ODER:

Aus: Trainingsmanual zur Dialektischen Therapie der BPS (M.Linehan) © 1996 CIP-Medien

BEWUSSTER UMGANG MIT GEFÜHLEN - ARBEITSBLATT 3

EIN MODELL ZUR BESCHREIBUNG VON GEFÜHLEN

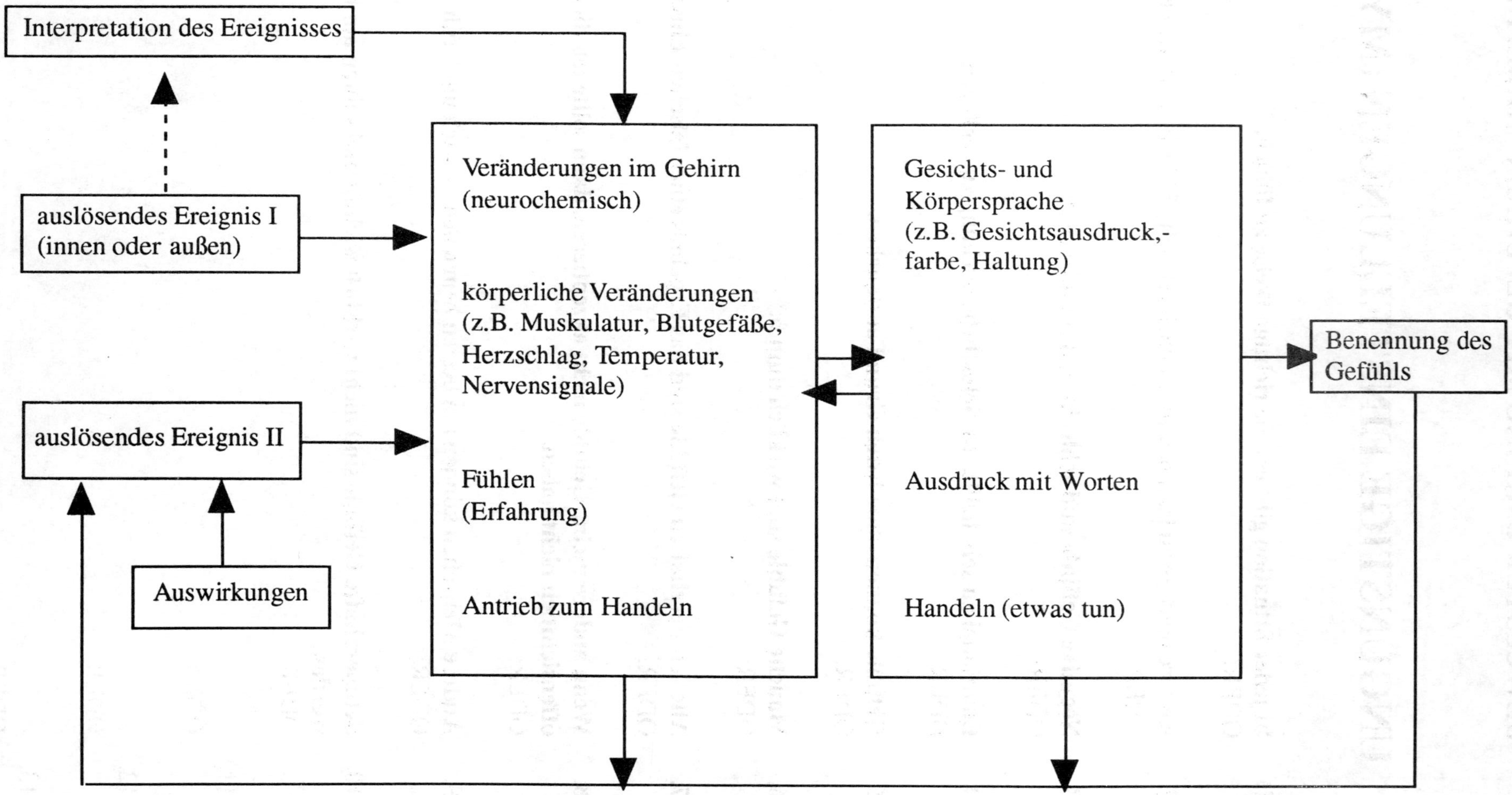

MÖGLICHKEITEN, GEFÜHLE ZU BESCHREIBEN

AUSDRUCKSFORMEN VON LIEBE

Liebe
Bewunderung
Zuneigung
Erregung
Anziehung
Fürsorge
Bezauberung
Entzücken
Nähe
Mitgefühl
Verlangen
Verzauberung
Zärtlichkeit
Betörung
Liebenswürdigkeit
Verliebtheit
Freundlichkeit
Begehren
Sehnsucht
Lust
Leidenschaft
Sentimentalität
Sympathie
Zartheit
Wärme
Vertrautheit

Andere:

ERLEBNISSE, DIE DAS GEFÜHL VON LIEBE ODER VERLIEBTHEIT HERVORRUFEN KÖNNEN

Eine Person gibt Ihnen etwas, das Sie sich wünschen oder brauchen.
Eine Person tut etwas, das Sie sich von ihr wünschen oder brauchen.
Sie verbringen viel Zeit mit einer Person.
Sie teilen ein besonderes Erlebnis mit einer Person.
Sie können sich mit einer Person besonders gut unterhalten.

Andere:

GEDANKEN, DIE DAS GEFÜHL VON LIEBE ODER VERLIEBTHEIT HERVORRUFEN KÖNNEN

Sie glauben, daß eine Person Sie liebt, braucht oder schätzt.
Sie denken, daß eine Person körperlich anziehend ist.
Sie finden das Wesen einer Person angenehm oder anziehend.
Sie glauben, daß Sie auf eine Person rechnen können,
daß sie immer für Sie da sein wird.

Andere:

BEWUSSTER UMGANG MIT GEFÜHLEN - ARBEITSBLATT 4 (FORTSETZUNG)

DAS GEFÜHL VON LIEBE ODER VERLIEBTHEIT ERLEBEN

Sie sind mit jemandem zusammen oder denken an jemanden, und Sie:

fühlen sich aufgekratzt und voller Energie,
haben Herzklopfen,
fühlen und verhalten sich selbstsicher
sind glücklich, froh oder ausgelassen
fühlen sich unverwundbar
fühlen sich warm, geborgen und vertrauensvoll
fühlen sich entspannt und gelöst

Sie wünschen für jemanden das Beste.
Sie möchten jemandem etwas geben.
Sie möchten einen Menschen sehen und Zeit mit ihm verbringen.
Sie möchten Ihr Leben mit einem Menschen verbringen.
Sie wünschen sich körperliche Nähe oder Sex.
Sie wünschen sich mehr Nähe zu jemandem.

Anderes:

DAS GEFÜHL VON LIEBE ODER VERLIEBTHEIT AUSDRÜCKEN

Sagen „ich liebe dich".
Positive Gefühle aussprechen.
Blickkontakt aufnehmen.
Berühren, streicheln, umarmen, schmusen.
Lächeln.
Zeit und Erfahrungen mit jemandem teilen.
Etwas tun, das die andere Person möchte oder braucht.

Anderes:

AUSWIRKUNGEN DER LIEBE ODER VERLIEBTHEIT

Nur noch die positiven Seiten eines Menschen sehen können.
Zerstreut und vergeßlich sein; Tagträumen nachhängen.
Sich offen und vertrauensvoll fühlen.
Sich an andere Menschen, die Sie einmal geliebt haben, erinnern.
An andere Menschen denken, von denen Sie einmal geliebt worden sind.
Sich an schöne Situationen erinnern oder sie sich vorstellen.
Andere:

BEWUSSTER UMGANG MIT GEFÜHLEN - ARBEITSBLATT 4 (FORTSETZUNG)

AUSDRUCKSFORMEN VON FREUDE

Freude	Genuß	Ausgelassenheit
Spaß	Bezauberung	Glück
Wonne	Enthusiasmus	Zuversicht
Fröhlichkeit	Euphorie	Lustigkeit
Zufriedenheit	Erregung	Frohsinn
Entzücken	Heiterkeit	Jubel
Frohsinn	Optimismus	Wohlgefallen
Ekstase	Erheiterung	Vergnügen
Hochstimmung	Stolz	Befriedigung
Triumph	Begeisterung	Hingabe
Übermut	Lust	Schwung

Andere:

ERLEBNISSE, DIE DAS GEFÜHL VON FREUDE HERVORRUFEN KÖNNEN

Sie erledigen erfolgreich eine Aufgabe.
Sie erreichen ein positives Ergebnis.
Sie bekommen, was Sie wollen.
Sie werden respektiert, geschätzt oder gelobt.
Sie bekommen etwas, wofür Sie hart gearbeitet haben.
Sie erleben eine wunderbare Überraschung.
Etwas geht besser aus, als Sie es gedacht hatten.
Die Realität übertrifft Ihre Erwartungen.
Sie haben sehr angenehme Empfindungen und fühlen sich sehr wohl.
Sie tun etwas, das Ihnen gut tut und angenehme Gefühle in Ihnen erzeugt.
Sie werden von anderen akzeptiert.
Sie fühlen sich anderen Menschen verbunden.
Sie empfangen Liebe oder Zuneigung.
Sie sind mit Menschen zusammen, die Sie lieben oder mögen.

Andere:

BEWUSSTER UMGANG MIT GEFÜHLEN - ARBEITSBLATT 4 (FORTSETZUNG)

GEDANKEN, DIE DAS GEFÜHL VON FREUDE HERVORRUFEN KÖNNEN

Sie nehmen schöne Erlebnisse so wahr wie sie sind und verändern nichts daran.
Andere:

DAS GEFÜHL VON FREUDE ERLEBEN

Sich begeistert fühlen.
Aktiv und voller Energie sein.
Lust haben, zu kichern oder zu lachen.
Merken, daß das Gesicht ganz warm wird.
Anderes:

DAS GEFÜHL VON FREUDE AUSDRÜCKEN

Lächeln.
Einen strahlenden Gesichtsausdruck haben.
Lebhaft oder aufgekratzt sein.
Angenehme Gefühle äußern.
Die Gefühle mit anderen teilen.
Jemanden umarmen.
Vor Freude in die Luft springen.
Anderen Komplimente machen.
Über schöne Dinge reden.
Begeisterung in der Stimme tragen.
Gesprächig sein.
Anderes:

AUSWIRKUNGEN DER FREUDE

Zu anderen Menschen freundlich oder liebenswürdig sein.
Anderen etwas Gutes tun.
Eine positive Einstellung haben; die angenehmen Dinge des Lebens sehen.
Eine hohe Toleranz für Sorgen und Ärger haben.
Sich an andere Zeiten erinnern, in denen es Ihnen so gut ging.
Erwarten, daß es Ihnen auch weiterhin so gut gehen wird.
Andere:

BEWUSSTER UMGANG MIT GEFÜHLEN - ARBEITSBLATT 4 (FORTSETZUNG)

AUSDRUCKSFORMEN VON ÄRGER

Ärger	Widerwille	Mißmut	Raserei
Abneigung	Haß	Groll	Destruktivität
Feindseligkeit	Abscheu	Nörgelei	Rachsucht
Verdruß	Wut	Verärgerung	Geringschätzung
Bitterkeit	Grausamkeit	Eifersucht	Bosheit
Verachtung	Enttäuschung	Grausamkeit	Zorn
Gemeinheit	Verbitterung	Erbitterung	Mißachtung
Quälerei	Verdrießlichkeit	Mißgunst	Verstimmung
Gehässigkeit			

Andere:

ERLEBNISSE, DIE DAS GEFÜHL VON ÄRGER HERVORRUFEN KÖNNEN

Sie verlieren Macht.
Sie verlieren Ihren Status.
Sie verlieren an Respekt.
Sie werden beleidigt.
Etwas geht nicht so aus, wie sie es erwartet haben.
Sie haben körperliche Schmerzen.
Es geht Ihnen psychisch schlecht.
Sie werden körperlich oder psychisch von jemandem bedroht.
Eine Ihnen wichtige oder angenehme Tätigkeit wird unterbrochen oder aufgeschoben.
Sie bekommen etwas nicht, das Sie sich wünschen, obwohl ein anderer es Ihnen geben könnte.
Andere:

GEDANKEN, DIE DAS GEFÜHL VON ÄRGER HERVORRUFEN KÖNNEN

Sie erwarten Schmerzen.
Sie meinen, daß Sie ungerecht behandelt worden sind.
Sie glauben, daß die Dinge anders sein sollten, als sie es sind.
Sie sind fest davon überzeugt, daß Sie absolut im Recht sind.
Sie glauben, daß etwas falsch oder ungerecht ist.
Sie glauben, daß etwas unverantwortlich oder rechtswidrig ist.
Sie grübeln über das Ereignis nach, das den Ärger ursprünglich ausgelöst hat.
Andere:

Aus: Trainingsmanual zur Dialektischen Therapie der BPS (M.Linehan) © 1996 CIP-Medien

BEWUSSTER UMGANG MIT GEFÜHLEN - ARBEITSBLATT 4 (FORTSETZUNG)

DAS GEFÜHL VON ÄRGER ERLEBEN

Sie fühlen sich verwirrt.
Sie haben das Gefühl, die Kontrolle über sich zu verlieren.
Sie fühlen sich aufgewühlt.
Sie spüren eine Anspannung oder Starre in Ihrem Körper.
Sie merken, daß Ihr Gesicht heiß wird.
Sie empfinden Gespanntheit, Ängstlichkeit oder Unbehagen.
Sie haben das Gefühl, daß Sie gleich explodieren werden.
Ihre Muskeln spannen sich an.
Sie beißen die Zähne zusammen, spannen den Kieferbereich an.
Sie weinen, können die Tränen nicht aufhalten.
Sie möchten am liebsten mit den Fäusten an die Wand schlagen, etwas durch die Gegend werfen, jemanden anschreien oder etwas zerstören.

Anderes:

DAS GEFÜHL VON ÄRGER AUSDRÜCKEN

Einen finsteren Gesichtsausdruck haben.
Die Zähne zusammenbeißen.
Mit den Zähnen knirschen.
Ein rotes oder erhitztes Gesicht haben.
Die Person, die Ihren Ärger ausgelöst hat, kritisieren oder beschimpfen.
Die Person, die Ihren Ärger ausgelöst hat, körperlich angreifen.
Schimpfwörter oder Obszonitäten gebrauchen.
Schreien oder brüllen.
Jammern oder nörgeln.
Die Fäuste ballen.
Aggressive oder drohende Gebärden machen.
Auf etwas einschlagen, Dinge umher werfen oder zerstören.
Auf den Boden stampfen, Türen zuknallen, hinaus rennen.
Vor sich hin brüten oder sich von anderen zurückziehen.

Anderes:

BEWUSSTER UMGANG MIT GEFÜHLEN - ARBEITSBLATT 4 (FORTSETZUNG)

AUSWIRKUNGEN DES ÄRGERS

Die Aufmerksamkeit wird eingeengt.
Nur noch an das denken, was den Ärger ausgelöst hat.
Dauernd darüber nachgrübeln und sich mit nichts anderem mehr befassen können.
Sich an frühere Situationen erinnern, in denen Sie ärgerlich waren, und darüber nachgrübeln.
Sich Situationen in der Zukunft vorstellen, die Ärger bei Ihnen auslösen werden.
Das Gefühl von Fremdheit (Derealisation) erleben; das Gespür für sich selbst verlieren (Depersonalisation); das Gefühl von Taubheit erleben.
Scham, Angst oder andere unangenehme Gefühle erleben.

Andere:

AUSDRUCKSFORMEN VON TRAURIGKEIT

Traurigkeit	Verzweiflung	Isolation
Enttäuschung	Heimweh	Vernachlässigung
Trauer	Jammer	Unglück
Bestürzung	Zurückweisung	Kummer
Leiden	Schwermut	Einsamkeit
Elend	Gram	Niedergeschlagenheit
Depression	Bedrücktheit	Melancholie
Pein	Trübsinn	Hoffnungslosigkeit
Not		

Andere:

ERLEBNISSE, DIE DAS GEFÜHL VON TRAURIGKEIT HERVORRUFEN KÖNNEN

Etwas geht schlecht aus.
Etwas geschieht, das Sie nicht wollen.
Sie bekommen etwas nicht, das Sie wollen oder brauchen.
Sie bekommen etwas nicht, worum Sie sich bemüht haben.
Die Dinge gehen schlechter aus, als Sie es erwartet haben.
Jemand, den Sie lieben, stirbt.
Sie verlieren eine Beziehung.
Sie sind auf lange Zeit von jemandem, den Sie sehr mögen oder schätzen, getrennt.

BEWUSSTER UMGANG MIT GEFÜHLEN - ARBEITSBLATT 4 (FORTSETZUNG)

Sie werden abgewiesen oder ausgeschlossen.
Sie werden nicht gemocht oder abgelehnt; Sie werden von Menschen, die Ihnen wichtig sind, nicht geschätzt.
Sie merken, daß Sie machtlos sind.
Sie sind mit jemandem zusammen, der traurig oder gekränkt ist oder Schmerzen hat.
Sie lesen über die Schwierigkeiten anderer Menschen oder über die Probleme in der Welt.
Andere:

GEDANKEN, DIE GEFÜHLE VON TRAURIGKEIT HERVORRUFEN KÖNNEN

Sie denken daran, was Sie in Ihrem Leben alles nicht bekommen haben.
Sie denken an den Tod von Menschen, die Sie lieben.
Sie denken an Verluste in Ihrem Leben.
Sie denken daran, wie sehr Sie jemanden vermissen.
Sie glauben, daß die Trennung von einem Menschen sehr lange dauern oder niemals enden wird.
Sie glauben, daß Sie wertlos sind.
Sie glauben, daß Sie das, was Sie wollen oder brauchen, nicht bekommen werden.
Andere:

DAS GEFÜHL VON TRAURIGKEIT ERLEBEN

Sie fühlen sich müde, erschöpft oder energielos.
Sie fühlen sich teilnahmslos und matt; Sie möchten den ganzen Tag im Bett bleiben.
Sie haben das Gefühl, daß es nichts Lebenswertes mehr gibt.
Sie haben Schmerzen oder ein taubes Gefühl in Brust oder Unterleib.
Sie fühlen sich leer.
Sie weinen und wehklagen.
Sie haben das Gefühl, daß Sie nicht mehr aufhören können zu weinen oder das Gefühl, daß wenn Sie einmal beginnen zu weinen, Sie nicht mehr aufhören können.
Die Schwierigkeiten überwältigen Sie.
Atemlosigkeit.
Schwindel und Benommenheit.
Anderes:

BEWUSSTER UMGANG MIT GEFÜHLEN - ARBEITSBLATT 4 (FORTSETZUNG)

DAS GEFÜHL VON TRAURIGKEIT AUSDRÜCKEN

Den Kopf hängen lassen.
Herumsitzen, nichts tun.
Sich langsam und schwerfällig bewegen.
Eine in sich zusammengesunkene, schlaffe Körperhaltung.
Sich von Kontakten mit anderen Menschen zurückziehen.
Wenig oder überhaupt nicht reden.
Mit einer langsamen, leisen oder monotonen Stimme sprechen.
Nur über negative Dinge reden.
Aufgeben und nicht mehr versuchen, etwas zu verbessern.
Vor sich hin brüten, Trübsal blasen.
Nicht lächeln, die Mundwinkel hängen lassen.
Andere:

AUSWIRKUNGEN DER TRAURIGKEIT

Sich gereizt, überempfindlich oder nörglerisch fühlen.
Eine pessimistische Einstellung haben; nur noch an die negativen Dinge des Lebens denken.
Sich selbst die Schuld geben oder sich kritisieren.
Sich an andere Zeiten von Traurigkeit oder Verlusten erinnern oder sich so etwas vorstellen.
Hoffnungslos sein.
Nicht fähig sein, sich an schöne Dinge zu erinnern.
Anfälle von Schwäche oder Ohnmacht.
Alpträume.
Schlaflosigkeit.
Appetitmangel, Verdauungsstörungen.
Sehnsucht nach dem Verlorenen haben.
Das Gefühl von Fremdheit (Derealisation) erleben; das Gespür für sich selbst verlieren.
(Depersonalisation); das Gefühl von Taubheit erleben.
Ärger, Scham, Angst oder andere unangenehme Gefühle.
Andere:

AUSDRUCKSFORMEN DER ANGST

Angst	Schrecken	Panik	Befürchtung
Entsetzen	Schock	Ängstlichkeit	Spannung
Schreckhaftigkeit	Schmerz	Furcht	Grauen
Nervosität	Unbehagen	Sorge	Besorgnis
Unruhe	Leid		

Andere:

BEWUSSTER UMGANG MIT GEFÜHLEN - ARBEITSBLATT 4 (FORTSETZUNG)

ERLEBNISSE, DIE DAS GEFÜHL VON ANGST HERVORRUFEN KÖNNEN

Sie sind in einer neuen oder ungewohnten Situation.
Sie sind allein (z.B. allein spazierengehen, allein zu Hause sein, allein leben).
Sie sind in der Dunkelheit.
Sie befinden sich in einer Situation, in der Sie früher einmal bedroht oder verletzt wurden oder in der schmerzhafte Dinge geschehen sind.
Sie befinden sich in einer Situation, die einer ähnlich ist, in der Sie bedroht oder verletzt wurden oder in der schmerzhafte Dinge geschehen sind.
Sie befinden sich in einer Situation, in der andere Menschen einmal bedroht oder verletzt worden sind oder etwas Schmerzhaftes passiert ist.
Sie verlieren das Gefühl von Kontrolle.
Andere:

VORSTELLUNGEN, DIE GEFÜHLE VON ANGST HERVORRUFEN KÖNNEN

Sie glauben, daß jemand Sie ablehnen, kritisieren, nicht mögen oder gegen Sie sein könnte.
Sie glauben, daß ein Scheitern möglich ist; Sie erwarten zu versagen.
Sie glauben, daß Sie nicht die Hilfe bekommen werden, die Sie möchten oder die Sie meinen zu benötigen.
Sie meinen, daß Sie die Hilfe und Unterstützung, die Sie jetzt haben, verlieren könnten.
Sie glauben, daß Sie jemanden oder etwas verlieren könnten.
Sie halten sich für hilflos.
Sie verlieren das Gefühl, die Dinge im Griff zu haben oder das Gefühl von Kompetenz.
Sie glauben, daß Sie gekränkt werden könnten, oder daß Sie etwas Wertvolles verlieren.
Sie glauben, daß Sie sterben könnten oder daß Sie bald sterben werden.
Andere:

DAS GEFÜHL VON ANGST ERLEBEN

Schweißausbrüche. Sie fühlen sich nervös oder schreckhaft. Sie beben oder zittern.
Die Blicke huschen umher; unruhiges Herumschauen.
Sie haben einen Kloß im Hals, ein würgendes Gefühl.
Sie verspüren Atemlosigkeit, schnelles Atmen.
Muskelanspannungen und Verkrampfungen.
Durchfall, Erbrechen.
Druckgefühl im Magen.
Ihnen wird kalt.
Die Haare richten sich auf.
Andere:

BEWUSSTER UMGANG MIT GEFÜHLEN - ARBEITSBLATT 4 (FORTSETZUNG)

DAS GEFÜHL VON ANGST AUSDRÜCKEN

Um ängstigende Themen kreisen.
Eine zitternde oder bebende Stimme.
Weinen oder wimmern.
Schreien oder brüllen.
Um Hilfe bitten oder rufen.
Weglaufen, fliehen.
Hastig gehen oder laufen.
Das, was Sie fürchten, meiden oder sich davor verstecken.
Versuchen, sich nicht zu bewegen.
Weniger reden oder sprachlos werden.
Ein teilnahmsloser Blick.
Anderes

AUSWIRKUNGEN DER ANGST

Sie verlieren Ihre Fähigkeit, sich zu konzentrieren oder werden verwirrt.
Sie fühlen sich benommen.
Sie haben den Eindruck, die Kontrolle zu verlieren.
Sie erinnern sich an frühere Bedrohungen oder Zeiten, die nicht gut gingen für Sie.
Sie stellen sich vor, daß Sie möglicherweise noch mehr verlieren oder scheitern werden.
Ihre Umgebung erscheint Ihnen unwirklich (Derealisation). Sie verlieren das Gespür für sich selbst (Depersonalisation). Betäubung oder Schock.
Starker Ärger, Scham oder andere negative Gefühle.
Andere:

AUSDRUCKSFORMEN DER SCHAM

Scham	Verwirrung	Erniedrigung	Kränkung
Reue	Verlegenheit	Beleidigung	Bedauern
Schuldgefühl	Vernichtungsgefühl	Zerknirschung	Demütigung
Gewissensbisse			
Andere:			

BEWUSSTER UMGANG MIT GEFÜHLEN - ARBEITSBLATT 4 (FORTSETZUNG)

ERLEBNISSE, DIE DAS GEFÜHL VON SCHAM HERVORRUFEN KÖNNEN

Sie tun (fühlen oder denken) etwas, von dem Sie oder Menschen, die Ihnen wichtig sind, glauben, daß es falsch oder unmoralisch ist.
Sie erinnern sich an etwas Falsches, Unmoralisches oder „Anstößiges“, das Sie früher einmal getan haben.
Etwas sehr Persönliches von Ihnen wird bloßgestellt.
Andere Personen merken, daß Sie etwas falsch gemacht haben. Man macht sich über Sie lustig.
Sie werden öffentlich kritisiert; Sie erinnern sich an öffentliche Kritik.
Ihre Integrität wird angegriffen.
Sie werden von einem Menschen, den Sie lieben, verraten.
Sie werden von Menschen, die Ihnen wichtig sind, zurückgewiesen.
Sie versagen bei etwas, von dem Sie glauben, das Sie eigentlich dazu in der Lage sind.
Sie werden für etwas kritisiert, für das Sie eigentlich Lob erwartet hatten.
Sie haben Gefühle, die früher von wichtigen Personen nicht akzeptiert wurden.
Andere:

VORSTELLUNGEN, DIE DAS GEFÜHL VON SCHAM HERVORRUFEN KÖNNEN

Sie glauben, daß Ihr Körper (oder ein Teil Ihres Körpers) zu groß oder zu klein ist oder nicht das richtige Aussehen hat.
Sie denken, daß Sie böse, unmoralisch oder nicht in Ordnung sind.
Sie glauben, daß Sie Ihren eigenen Erwartungen nicht entsprochen haben.
Sie glauben, daß Sie den Erwartungen anderer nicht entsprochen haben.
Sie denken, daß Ihr Verhalten, Ihre Gedanken oder Gefühle dumm oder albern sind.
Sie halten sich selbst für minderwertig, nicht gut genug oder nicht so gut wie andere Menschen.
Sie vergleichen sich selbst mit anderen und denken, daß Sie ein „Versager“ sind.
Sie glauben, daß Sie nicht liebenswert sind.
Andere:

DAS GEFÜHL VON SCHAM ERLEBEN

Druckgefühl in der Magengegend.
Das Gefühl von Angst.
Weinen, schluchzen, Tränen. Erröten, ein erhitztes Gesicht.
Das Gesicht bedecken oder verstecken wollen.
Ängstlichkeit und Nervosität.
Das Gefühl zu ersticken, würgen.
Anderes:

Aus: Trainingsmanual zur Dialektischen Therapie der BPS (M.Linehan) © 1996 CIP-Medien

BEWUSSTER UMGANG MIT GEFÜHLEN - ARBEITSBLATT 4 (FORTSETZUNG)

DAS GEFÜHL VON SCHAM AUSDRÜCKEN

Rückzug, das Gesicht abwenden, sich verstecken. Den Kopf senken, sich vor anderen klein machen. Eine in sich zusammengesunkene Körperhaltung.
Niedergeschlagene Augen, umherhuschende Blicke.
Sie meiden die Person, die Sie verletzt haben oder die Menschen, die wissen, daß Sie etwas falsch gemacht haben.
Sie sagen, daß es Ihnen leid tut, rechtfertigen sich.
Sie bitten um Verzeihung.
Sie machen Geschenke; versuchen, das Geschehene wiedergutzumachen.
Sie versuchen, den Schaden zu beheben, das Ergebnis umzuändern.
Anderes:

AUSWIRKUNGEN DER SCHAM

Sie vermeiden, über das Geschehene nachzudenken, „dichtmachen", alle Gefühle blockieren.
Sie stürzen sich in unüberlegtes Verhalten, um sich selbst abzulenken.
Sie glauben, daß Sie unzulänglich sind.
Sich fest vornehmen, sich zu ändern.
Ihre Umgebung erscheint Ihnen unwirklich (Derealisation). Sie verlieren das Gespür für sich selbst (Depersonalisation). Betäubung oder Schock.
Starke Gefühle von Ärger, Traurigkeit, Angst oder andere negative Gefühle.
Isolation, das Gefühl der Entfremdung.
Andere:

ANDERE AUSDRUCKSFORMEN VON GEFÜHLEN

Interesse, Aufregung, Neugier, Gereiztheit
Überdruß, Unzufriedenheit, Langweile
Scheu, Zurückhaltung, Schüchternheit, Sprödigkeit
Widerstreben, Mißtrauen, Verschlossenheit, Behutsamkeit, Argwohn.
Überraschung, Verblüffung, Erstaunen, Ehrfurcht, Respekt, Bestürzung, Verwunderung, Befremden, Scheu, Schreck
Mut, Tapferkeit, Kühnheit, Entschlossenheit, Beherztheit
Stärke, das Gefühl von Kompetenz, Begabung, Macht, Überlegenheit, Kraft
Ungewißheit, Zweifel, Unschlüssigkeit
Apathie, Trägheit, Langeweile, Zappeligkeit, Ungeduld, Gleichgültigkeit, Lustlosigkeit, Teilnahmslosigkeit, Stumpfheit
Neid, Sicherheit, Erleichterung, Verbundenheit, Gemeinschaft, Sichwohlfühlen, Klarheit, Neugierde, Erfülltsein
Andere:

WELCHE BEDEUTUNG HABEN GEFÜHLE?

DURCH GEFÜHLE KOMMUNIZIEREN WIR MIT ANDEREN MENSCHEN, UND WIR BEEINFLUSSEN ANDERE MIT IHNEN.

- Gefühle sind eng mit dem Gesichtsausdruck verbunden. Bei Naturvölkern und bei Tieren haben Gesichtsausdrücke die gleiche Funktion wie Worte. Auch in modernen Gesellschaften übermittelt die Mimik Botschaften schneller als Worte es tun.

- Wenn es wichtig für uns ist, anderen etwas mitzuteilen, kann es unter Umständen sehr schwierig sein, unsere Gefühle zu kontrollieren.

- Ob wir es wollen oder nicht, jedesmal wenn wir Gefühle ausdrücken, beeinflussen wir andere Menschen.

GEFÜHLE MOTIVIEREN UNSER HANDELN UND VERSETZEN UNS IN DIE LAGE ZU HANDELN.

- Gefühle motivieren unser Verhalten. Die Motivation zum Handeln ist oft fest mit bestimmten Gefühlen verbunden. Gefühle bereiten uns auf das Handeln vor.

- Gefühle bringen uns dazu, in wichtigen Situationen rasch zu handeln. Wir müssen nicht alles im einzelnen überlegen.

- Intensive Gefühle helfen uns, Hindernisse zu überwinden - Hindernisse in uns selbst oder in der Umgebung.

GEFÜHLE KÖNNEN UNSERE WAHRNEHMUNGEN UND KONZEPTE BESTÄTIGEN.

- Unsere emotionalen Reaktionen auf Menschen oder Ereignisse können uns Informationen über eine Situation geben. Gefühle können Signale dafür sein, daß etwas geschieht.

- Wenn wir ihnen aber zu starke Bedeutung beimessen, dann kann es passieren, daß Gefühle wie Tatsachen behandelt werden: „Wenn ich mich unfähig fühle, dann bin ich es auch." „Wenn ich mich depressiv fühle, wenn ich allein gelassen werde, dann sollte ich nicht allein gelassen werden." „Wenn ich das Gefühl habe, daß etwas richtig ist, dann ist es auch richtig." „Wenn ich vor etwas Angst habe, dann ist es bedrohlich." „Ich liebe ihn, also muß er in Ordnung sein."

Aus: Trainingsmanual zur Dialektischen Therapie der BPS (M.Linehan) © 1996 CIP-Medien

DIE VERWUNDBARKEIT GEGENÜBER SCHMERZHAFTEN GEFÜHLEN VERRINGERN

KÖRPERLICHE KRANKHEITEN BEHANDELN

Achten Sie auf Ihren Körper.
Gehen Sie zum Arzt, wenn es notwendig ist.
Nehmen Sie die verordneten Medikamente.

AUSGEWOGENE ERNÄHRUNG

Essen Sie weder zu viel noch zu wenig.
Halten Sie sich fern von Nahrungsmitteln, die Sie übersättigen und Ihnen nicht guttun.

STIMMUNGSVERÄNDERNDE SUBSTANZEN VERMEIDEN

Meiden Sie nichtverordnete Medikamente, Drogen (einschließlich Alkohol).

AUSREICHENDER SCHLAF

Versuchen Sie, so viel Schlaf zu bekommen, daß Sie sich wohl fühlen.
Machen Sie sich ein Schlafprogramm, wenn Sie Schlafschwierigkeiten haben.

BEWEGUNG

Betätigen Sie sich jeden Tag körperlich.
Versuchen Sie, auf 20 Minuten Training zu kommen.

SELBSTDISZIPLIN

Nehmen Sie sich jeden Tag etwas vor, und erledigen Sie es.
So bekommen Sie Kontrolle über Ihr Leben, und Sie fühlen sich kompetent.

SCHRITTE IN RICHTUNG ANGENEHMER GEFÜHLE

POSITIVE ERFAHRUNGEN SCHAFFEN

KURZFRISTIG: TUN SIE ANGENEHME DINGE, DIE JETZT MÖGLICH SIND.

- Suchen Sie Situationen auf, die positive Gefühle auslösen.
- Suchen Sie sich jeden Tag etwas aus der Liste angenehmer Aktivitäten aus, und führen Sie es durch (s. „Bewußter Umgang mit Gefühlen - Arbeitsblatt 8“).

LANGFRISTIG: ÄNDERN SIE IHR LEBEN SO, DASS POSITIVE EREIGNISSE HÄUFIGER AUFTRETEN KÖNNEN. SCHAFFEN SIE SICH EIN „LEBENSWERTES LEBEN“.

- Arbeiten Sie zielorientiert. Sammeln Sie positive Aktivitäten:
  Machen Sie eine Liste der positiven Ereignisse, die Sie sich wünschen.
  Notieren Sie kleine Schritte in Richtung Ihrer Ziele.
  Machen Sie den ersten Schritt.

- Kümmern Sie sich um Ihre Beziehungen:
  Stellen Sie alte Beziehungen wieder her.
  Bemühen Sie sich um neue Beziehungen.
  Arbeiten Sie an gegenwärtigen Beziehungen.

- Vermeiden Sie das Vermeiden. Vermeiden Sie es aufzugeben.

ACHTSAM FÜR POSITIVE ERFAHRUNGEN SEIN

- Konzentrieren Sie sich auf positive Dinge, die geschehen.
- Wenn Ihre Gedanken zu negativen Dingen gehen, kehren Sie dann zurück zu den positiven.

SICH VON SORGEN ABWENDEN

Lenken Sie Ihre Aufmerksamkeit davon ab, sich zu fragen:

- wann die positive Erfahrung aufhören wird
- ob Sie diese positive Erfahrung überhaupt verdienen
- wieviel jetzt von Ihnen erwartet wird

Aus: Trainingsmanual zur Dialektischen Therapie der BPS (M.Linehan) © 1996 CIP-Medien

BEWUSSTER UMGANG MIT GEFÜHLEN - ARBEITSBLATT 8

LISTE ANGENEHMER AKTIVITÄTEN

1. Ein Bad nehmen
2. Karriereplanung
3. Schulden loswerden
4. Dinge sammeln (Münzen, Muscheln etc.)
5. Urlaub machen
6. Daran denken, wie es sein wird, wenn man die Ausbildung beendet haben wird.
7. Alte Dinge reparieren
8. Zu einer Verabredung gehen
9. Faulenzen
10. Mitten in der Woche in einen Kinofilm gehen.
11. Joggen oder wandern
12. Das Gefühl, einen ganzen Tag gut gearbeitet zu haben
13. Musik hören
14. Sich an gute alte Feste erinnern
15. Im Haushalt Dinge reparieren
16. In der Sonne liegen
17. Eine berufliche Veränderung planen
18. Lachen
19. An frühere Reisen denken
20. Anderen zuhören
21. Zeitschriften oder Zeitungen lesen
22. Hobbys (Briefmarken sammeln, Modelle bauen)
23. Einen Abend mit einem guten Freund verbringen
24. Tagesaktivitäten planen
25. Neue Leute kennenlernen
26. Sich an schöne Landschaften erinnern
27. Geld sparen
28. Spielen
29. Von der Arbeit heimgehen
30. Essen
31. Karate, Judo oder Yoga üben
32. An die Berentung denken
33. Dinge rund ums Haus reparieren
34. Am Auto oder Fahrrad herumbasteln
35. An Worte oder Taten von Menschen, die man liebt, denken
36. Sexy Kleidung tragen
37. Einen ruhigen Abend verbringen
38. Sich um die Pflanzen kümmern
39. Aktien verkaufen oder kaufen
40. Schwimmen gehen
41. Sport treiben
42. Auf einem Stück Papier herumkritzeln
43. Alte Dinge sammeln
44. Auf eine Party gehen
45. Daran denken, sich etwas zu kaufen
46. Golf spielen
47. Fußball spielen
48. Drachen steigen lassen
49. Eine Diskussion mit Freunden führen
50. Die Familie beieinander haben
51. Motorrad fahren
52. Sex
53. Laufen
54. Campen gehen
55. Im Haus laut singen
56. Blumen arrangieren
57. Den Glauben praktizieren (in die Kirche gehen, gemeinsam mit anderen beten etc.)
58. Gewicht abnehmen
59. An den Strand gehen
60. Denken, daß man eigentlich ganz in Ordnung ist
61. Einen Tag lang überhaupt nichts tun
62. An einem Klassentreffen teilnehmen
63. Skateboard fahren
64. Segeln gehen
65. Ins Ausland fahren
66. Malen
67. Irgendwas Spontanes tun
68. Handarbeiten machen
69. Schlafen
70. Auto fahren
71. Sich amüsieren
72. In einen Klub gehen
73. Daran denken zu heiraten
74. Jagen gehen
75. In der Gruppe singen
76. Flirten
77. Musikinstrumente spielen
78. Künstlerisch oder handwerklich tätig sein
79. Jemandem etwas schenken
80. Schallplatten kaufen
81. Bei einer Sportveranstaltung zuschauen
82. Eine Party planen
83. Kochen
84. Wandern gehen
85. Ein Buch, ein Gedicht,einen Artikel schreib
86. Nähen
87. Kleidung kaufen
88. Zum Essen ausgehen

89. Arbeiten
90. Über Bücher diskutieren
91. Einen Stadtbummel machen
92. Im Garten arbeiten
93. In einen Schönheitssalon gehen
94. Frühstück ans Bett bringen lassen
95. Tennis spielen
96. Schmusen
97. Den Kindern beim Spielen zuschauen
98. Daran denken, daß ich viel mehr habe als die meisten Menschen
99. Zu einem Schauspiel oder Konzert gehen
100. Tagträumen
101. An eine Weiterbildung denken
102. An Sex denken
103. Eine Fahrt organisieren
104. Radio hören
105. Die Möbel renovieren
106. Fernsehen
107. Eine Liste von Aufgaben planen
108. Radtouren machen
109. Im Wald spazieren gehen
110. Geschenke kaufen
111. In einen Tierpark gehen
112. Eine Aufgabe beenden
113. Muscheln sammeln
114. Zu einer spektakulären Sportart gehen
115. „Verbotenes" essen
116. Unterrichten
117. Photographieren
118. Fischen gehen
119. Über angenehme Ereignisse nachdenken
120. Eine Diät machen
121. Mit Tieren spielen
122. Ein Flugzeug fliegen
123. Einen Science-fiction-Roman lesen
124. Schauspielern
125. Allein sein
126. Tagebuch oder Briefe schreiben
127. Putzen
128. Sachbücher lesen
129. Die Rolle der Kinder einnehmen
130. Tanzen gehen
131. Zu einem Picknick gehen
132. Sich selbst loben („Das habe ich wirklich gut gemacht")
133. Meditieren
134. Volleyball spielen
135. Mit einer Freundin essen gehen
136. In die Berge gehen
137. Darüber nachdenken, wie es wäre, eine Familie zu haben
138. An glückliche Ereignisse in der Kindheit denken
139. In einen Kaufrausch geraten
140. Karten spielen
141. Rätsel lösen
142. Eine politische Diskussion führen
143. Ball spielen
144. Dias oder Photos anschauen
145. Gitarre spielen
146. Stricken
147. Kreuzworträtsel lösen
148. Sich gut anziehen
149. Sich schminken
150. Darüber nachdenken, wie man sich verbessert hat
151. Dinge für sich selbst kaufen (Parfum, etc.)
152. Telefonieren
153. Ins Museum gehen
154. An Spiritualität denken
155. Kerzen anzünden
156. Radio hören
157. Sich massieren lassen
158. Sagen: „Ich liebe dich"
159. An die eigenen guten Qualitäten denken
160. Bücher kaufen
161. In die Sauna oder ins Dampfbad gehen
162. Skifahren gehen
163. Kanu fahren
164. Kegeln gehen
165. In den Wald gehen, um zu arbeiten
166. Sich Zukunftsphantasien hingeben
167. Ballettunterricht nehmen
168. Debattieren
169. In einem Straßencafé sitzen
170. Ein Aquarium anlegen
171. Erotische Literatur lesen oder in einen Sexfilm ge
172. Reiten gehen
173. Politische Aktivitäten planen
174. Etwas völlig Neues machen
175. Ein Puzzle legen
176. Darüber nachdenken, daß man jemand ist, der eine Menge bewältigen kann

Sonstiges

Anmerkung: Aus: *The Adult Pleasant Events Schedule* von Linehan, E. Sharp, A. M. Ivanoff, 1980, November, meeting of the Association for Advancement of Behavior Therapy, New York. Abdruck mit Erlaubnis der Autoren

EMOTIONALES LEIDEN LOSLASSEN: ACHTSAMKEIT FÜR IHRE GEFÜHLE

BEOBACHTEN SIE IHR GEFÜHL

- Nehmen Sie dessen Anwesenheit wahr.
- Treten Sie einen Schritt zurück.
- Lösen Sie sich von dem Gefühl.

NEHMEN SIE IHR GEFÜHL WAHR

- Wie eine Welle, die kommt und wieder geht.
- Versuchen Sie, das Gefühl nicht zu blockieren.
- Versuchen Sie, das Gefühl nicht zu unterdrücken.

- Versuchen Sie nicht, das Gefühl loszuwerden.
- Schieben Sie es nicht zur Seite.

- Versuchen Sie nicht, das Gefühl aufrecht zu halten.
- Halten Sie das Gefühl nicht fest.
- Verstärken Sie es nicht.

DENKEN SIE DARAN: SIE SIND NICHT IHR GEFÜHL

- Handeln Sie nicht unbedingt aus dem Gefühl heraus.
- Erinnern Sie sich an Zeiten, in denen Sie sich anders gefühlt haben.

ÜBEN SIE, IHRE GEFÜHLE ANZUNEHMEN UND ZU MÖGEN

- Bewerten Sie Ihre Gefühle nicht.
- Lernen Sie, offen für Ihre Gefühle zu sein.
- Akzeptieren Sie Ihre Gefühle vollständig.

Aus: Trainingsmanual zur Dialektischen Therapie der BPS (M.Linehan) © 1996 CIP-Medien

DAS VERÄNDERN VON GEFÜHLEN DURCH ENTGEGENGESETZTES HANDELN

ANGST

- Tun Sie das, wovor Sie Angst haben; probieren Sie es immer wieder.
- Nähern Sie sich Situationen, Orten, Aufgaben, Tätigkeiten oder Menschen, vor denen Sie Angst haben.
- Tun Sie Dinge, um sich selbst ein Gefühl von Kontrolle und Kompetenz zu geben.

SCHULDGEFÜHL ODER SCHAM

(WENN SCHULDGEFÜHLE ODER SCHAM NACH IHREM PERSÖNLICHEN, MORALISCHEN EMPFINDEN GERECHTFERTIGT SIND:)

- Machen Sie das Geschehene wieder gut.
- Sagen Sie, daß es Ihnen leid tut.
- Sagen Sie etwas Nettes zu der Person, die Sie verletzt haben (oder zu einer anderen Person, wenn das nicht möglich ist).
- Verpflichten Sie sich selbst, diesen Fehler in Zukunft nicht wieder zu machen.
- Akzeptieren Sie die Konsequenzen mit Gelassenheit.
- Dann lassen Sie das Gefühl los.

(WENN SCHULDGEFÜHLE ODER SCHAM NACH IHREM PERSÖNLICHEN, MORALISCHEN EMPFINDEN **NICHT** GERECHTFERTIGT SIND:)

- Konfrontieren Sie sich mit der Situation, die Sie Schuldgefühl oder Scham empfinden läßt; probieren Sie es immer wieder.
- Packen Sie die Situation an; vermeiden Sie sie nicht.

TRAURIGKEIT ODER DEPRESSION

- Werden Sie aktiv. Ziehen Sie sich nicht zurück.
- Tun Sie Dinge, durch die Sie sich kompetent und selbstsicher fühlen.

ÄRGER

- Vermeiden Sie eher die Person, auf die Sie ärgerlich sind, anstatt sie anzugreifen. Bevor Sie anfangen zu grübeln, vermeiden Sie es lieber, an die Person zu denken.
- Tun Sie der Person etwas Gutes, anstatt sie zu verletzen oder anzugreifen.
- Versuchen Sie, andere Menschen zu mögen und sie zu verstehen anstatt ihnen Vorwürfe zu machen.

Aus: Trainingsmanual zur Dialektischen Therapie der BPS (M.Linehan) © 1996 CIP-Medien

BEWUSSTER UMGANG MIT GEFÜHLEN - ÜBUNGSBLATT 1

DAS BEOBACHTEN UND BESCHREIBEN VON GEFÜHLEN

Name ______________________________________ Datum ____________________

Wählen Sie ein Gefühl aus, daß Sie jetzt empfinden oder das Sie vor kurzem empfunden haben. Füllen Sie dieses Blatt aus, so weit es Ihnen möglich ist. Möglicherweise ist das auslösende Ereignis für dieses Gefühl ein vorhergehendes Gefühl (z.B. das Gefühl von Angst löste das Gefühl von Ärger über sich selbst aus). Füllen Sie dann ein zweites Aufgabenblatt für dieses erste Gefühl aus. Benutzen Sie auch die Rückseite des Blattes, wenn Sie mehr Platz brauchen.

1. **Gefühl** ________________ ________________ **Intensität** (0 bis 100)________

2. **Auslösendes Ereignis für mein Gefühl**: (wer, was, wann, wo?)
   Wodurch wurde das Gefühl hervorgerufen?

3. **Interpretationen, Vermutungen, Bewertungen, Annahmen** über die Situation?

4. **Körperwahrnehmung und körperliche Veränderungen?**

5. **Körpersprache:** (Wie ist mein Gesichtsausdruck? Gesten? Körperhaltung?)

6. **Handlungsimpuls:** Was würde ich gerne tun? Was möchte ich sagen?

7. **Was ich in der Situation gesagt oder getan habe:** (Beschreiben Sie genau)

8. **Welche Auswirkungen hat das Gefühl auf mich**
   (Befinden, andere Gefühle, Verhalten, Gedanken, Gedächtnis, Körper etc.)?

FUNKTION DES GEFÜHLS: ______________________________

____

____

Aus: Trainingsmanual zur Dialektischen Therapie der BPS (M.Linehan) © 1996 CIP-Medien

GEFÜHLSPROTOKOLL

Name ______________________________ Woche ______________

Schreiben Sie täglich folgende Gefühle auf: entweder das heftigste Gefühl am Tag, das am längsten andauernde, das schmerzhafteste oder dasjenige, das Ihnen am meisten Probleme verursacht hat. Analysieren Sie dieses Gefühl. Wenn notwendig, füllen Sie zusätzlich das Übungsblatt 1 „**Das Beobachten und Beschreiben von Gefühlen**“ aus.

Tag _______ **Gefühl** __________ __________	**Ereignis**	**Funktion des Gefühls**
Tag _______ **Gefühl** __________ __________	**Ereignis**	**Funktion des Gefühls**
Tag _______ **Gefühl** __________ __________	**Ereignis**	**Funktion des Gefühls**
Tag _______ **Gefühl** __________ __________	**Ereignis**	**Funktion des Gefühls**
Tag _______ **Gefühl** __________ __________	**Ereignis**	**Funktion des Gefühls**

BEWUSSTER UMGANG MIT GEFÜHLEN - ÜBUNGSBLATT 3

SCHRITTE, DIE DIE VERWUNDBARKEIT GEGENÜBER SCHMERZHAFTEN GEFÜHLEN VERRINGERN

Name ____ Datum __________

Überprüfen Sie bei jeder Methode zum Umgang mit Gefühlen, ob Sie sie während der Woche geübt haben. Beschreiben Sie, was genau Sie getan haben. Benutzen Sie evtl. die Rückseite des Blattes

DIE VERWUNDBARKEIT GEGENÜBER SCHMERZHAFTEN GEFÜHLEN VERRINGERN:
Habe ich mich um körperliche Krankheiten gekümmert? Habe ich ausgewogen gegessen? Habe ich keine stimmungsverändernden Substanzen genommen? Habe ich ausreichend geschlafen? Habe ich mich körperlich betätigt? Habe ich mich um Selbstdisziplin bemüht? Beschreiben Sie:

POSITIVE EREIGNISSE HÄUFIGER WERDEN LASSEN:

mehr positive Aktivitäten: mo di mi do fr sa so WAS?

langfristige Ziele, an denen ich gearbeitet habe?

mich **um Beziehungen gekümmert**? (Beschreiben Sie.)

das **Vermeiden vermieden**? (Beschreiben Sie.)

ACHTSAMKEIT FÜR POSITIVE ERFAHRUNGEN:
(mich auf positive Erfahrungen konzentriert? Mich von unnötigen Sorgen über positive Erfahrungen abgelenkt?)

ACHTSAMKEIT FÜR DAS GEGENWÄRTIGE GEFÜHL:
(das Gefühl beobachtet? daran gedacht, nicht aus dem Gefühl heraus zu handeln? das Gefühl wahrgenommen? Zeiten, in denen ich mich anders gefühlt habe?)

ENTGEGENGESETZTES HANDELN: WAS HABE ICH GETAN, DAS IM GEGENSATZ ZUM MOMENTANEN GEFÜHL STEHT?

Aus: Trainingsmanual zur Dialektischen Therapie der BPS (M.Linehan) © 1996 CIP-Medien

STRATEGIEN ZUR KRISENBEWÄLTIGUNG

WEGE, UM UNANGENEHME EREIGNISSE UND GEFÜHLE ZU ERTRAGEN, WENN DIE SITUATION SICH NICHT SOGLEICH ÄNDERN LÄSST.

SICH ABLENKEN DURCH:

Aktivitäten
Unterstützen
Vergleichen
Gefühle
Beiseite Schieben
Gedanken
Körperempfindungen

SICH BERUHIGEN MIT HILFE DER FÜNF SINNE:

Sehen
Hören
Riechen
Schmecken
Fühlen

DEN AUGENBLICK VERÄNDERN DURCH:

Phantasie
Sinngebung
Gebet/Meditation
Entspannung
Konzentration auf den Augenblick
Urlaub
Ermutigung

AN DAS PRO UND CONTRA DENKEN

SICH ABLENKEN DURCH:

AKTIVITÄTEN

Beschäftigen Sie sich mit etwas: Übungen, Hobbys, Aufräumen, zu Veranstaltungen gehen, einen Freund anrufen oder besuchen, Computerspiele machen, spazieren gehen, Sport treiben, essen gehen, koffeinfreien Kaffee oder Kräutertee trinken, angeln, Holz hacken, im Garten arbeiten, flippern.

UNTERSTÜTZEN

Unterstützen Sie andere; bieten Sie Ihre Hilfe an; geben Sie jemandem etwas; tun Sie etwas Schönes für eine andere Person; bereiten Sie jemandem eine Überraschung.

VERGLEICHEN

Vergleichen Sie sich mit Menschen, die ebenso wie Sie oder schlechter klar kommen. Vergleichen Sie sich mit Menschen, die weniger glücklich sind als Sie. Schauen Sie sich Seifenopern an; lesen Sie über Unglücksfälle, das Leiden anderer Menschen.

GEFÜHLE

Lesen Sie gefühlvolle Romane, Geschichten oder alte Briefe. Gehen Sie in romantische Filme, oder hören Sie gefühlsbetonte Musik. Seien Sie sicher, daß dadurch andere Gefühle ausgelöst werden. Ideen: Gruselfilme, witzige Bücher, Komödien, religiöse Musik, Schlager oder Popmusik, in einem Laden witzige Grußkarten anschauen.

BEISEITE SCHIEBEN

Schieben Sie die Situation beiseite, indem Sie sie eine Weile innerlich verlassen. Gehen Sie aus der Situation. Bauen Sie in der Vorstellung zwischen sich und der Situation eine Mauer.
Oder schieben Sie die Situation beiseite, indem Sie die Gedanken daran blockieren. Grübeln Sie nicht darüber nach. Lehnen Sie es ab, an die unangenehmen Seiten des Ereignisses zu denken. Schieben Sie den Schmerz auf. Schließen Sie ihn ein, und legen Sie ihn beiseite.

GEDANKEN

Zählen Sie bis 10; zählen Sie die Farben in einem Gemälde, in einem Baum, in Fenstern oder sonst irgendwo; arbeiten Sie an einem Puzzle; sehen Sie fern; lesen Sie.

KÖRPEREMPFINDUNGEN

Nehmen Sie einen Eiswürfel in die Hand; pressen Sie einen Gummiball zusammen; nehmen Sie eine sehr heiße Dusche; hören Sie ganz laute Musik; Sex; binden Sie ein Gummiband um das Handgelenk, ziehen Sie daran, und lassen Sie los.

Aus: Trainingsmanual zur Dialektischen Therapie der BPS (M.Linehan) © 1996 CIP-Medien

SICH SELBST BERUHIGEN MIT HILFE DER FÜNF SINNE

∇

SEHEN

Kaufen Sie eine Blume; gestalten Sie eine schöne Ecke in einem Raum; zünden Sie sich eine Kerze an, und betrachten Sie die Flamme. Nehmen Sie ihr schönstes Geschirr, und decken Sie den Tisch für eine Mahlzeit. Gehen Sie in ein Kunstmuseum. Setzen Sie sich in die Eingangshalle eines schönen, alten Hotels. Betrachten Sie die Natur um sich. Gehen Sie mitten in der Nacht nach draußen, und betrachten Sie die Sterne. Gehen Sie in einem schönen Teil der Stadt spazieren. Schauen Sie sich schöne Abbildungen in einem Buch an. Gehen Sie in ein Ballett oder eine andere Tanzvorführung, oder schauen Sie sich eine im Fernsehen an. Seien Sie achtsam für alles, was Sie um sich herum sehen, ohne daß Sie sich bei etwas aufhalten.

∇

HÖREN

Hören Sie schöne oder beruhigende, aufmunternde oder anregende Musik. Achten Sie auf Laute in der Natur (Vogelgezwitscher, Regenschauer, das Rascheln von Blättern, das Rauschen von Wellen). Singen Sie Ihr Lieblingslied. Summen Sie eine beruhigende Melodie. Lernen Sie ein Musikinstrument. Rufen Sie eine Informationsstelle an, um eine menschliche Stimme zu hören. Seien Sie achtsam für alle Töne um sich herum; nehmen Sie sie auf, und lassen Sie sie wieder ziehen.

∇

RIECHEN

Benutzen Sie Ihr Lieblingsparfüm oder Ihre Lieblingscreme, oder nehmen Sie in einem Laden eine Probe davon. Schaffen Sie einen Wohlgeruch im Raum mit ätherischen Ölen; zünden Sie eine Duftkerze an. Geben Sie Limonenöl auf Ihre Möbel. Stellen Sie einen Duftpotpourri in den Raum. Kochen Sie mit einer Zimtstange, backen Sie Kekse, Kuchen oder Brot. Riechen Sie an Rosen. Gehen Sie im Wald oder Park spazieren, und atmen Sie bewußt die Düfte der Natur.

∇

SCHMECKEN

Essen Sie etwas Leckeres; trinken Sie etwas Beruhigendes wie Kräutertee oder heiße Schokolade; gönnen Sie sich einen Dessert. Trinken Sie Ihren Kaffee mit Schlagsahne. Probieren Sie verschiedene Eissorten in einer Eisdiele. Lutschen Sie ein Pfefferminzbonbon. Kaufen oder bestellen Sie etwas, was Sie sich normalerweise nicht leisten, z.B. frisch gepreßten Orangensaft. Wenn Sie essen, dann achten Sie bewußt auf den Geschmack. Wenn Sie essen, dann essen Sie.

∇

FÜHLEN

Nehmen Sie ein Schaumbad; beziehen Sie Ihr Bett neu. Streicheln Sie Ihren Hund oder Ihre Katze. Lassen Sie sich massieren; nehmen Sie ein Fußbad. Cremen Sie sich am ganzen Körper ein. Legen Sie sich eine kalte Kompresse auf die Stirn. Lassen Sie sich zu Hause in einen ganz bequemen Sessel sinken, oder suchen Sie sich einen in der Halle eines Luxushotels. Tragen Sie eine Bluse, ein Kleid oderein Tuch aus Seide. Bürsten Sie ausgiebig Ihr Haar. Umarmen Sie jemanden. Seien Sie achtsam für alles,was Sie gerade berühren; nehmen Sie wahr, daß Berührungen beruhigend sind.

Aus: Trainingsmanual zur Dialektischen Therapie der BPS (M.Linehan) © 1996 CIP-Medien

DEN AUGENBLICK VERÄNDERN DURCH:

PHANTASIE

Malen Sie sich sehr entspannende Situationen aus. Stellen Sie sich einen geheimen Raum in Ihnen vor, und schauen Sie genau, wie er aussieht. Gehen Sie in diesen Raum, wann immer Sie sich sehr bedroht fühlen. Schließen Sie die Tür vor allem, was Sie verletzen kann. Stellen Sie sich vor, daß alles gut geht. Stellen Sie sich vor, daß Sie alles gut bewältigen. Erschaffen Sie sich eine Phantasiewelt, die schön und beruhigend ist, und schöpfen Sie Ruhe und Kraft daraus. Malen Sie sich eine Geschichte in dieser Welt aus, und stellen Sie sich auf diese Weise vor, daß schmerzliche Gefühle aus Ihnen abfließen.

SINNGEBUNG

Finden oder gestalten Sie eine Absicht, einen Sinn oder einen Wert im Schmerz. Denken Sie an spirituelle Werte, oder lesen Sie darüber. Richten Sie Ihre Aufmerksamkeit auf alle positiven Aspekte einer schmerzlichen Situation, die Sie finden können. Prägen Sie sich diese gut ein.

GEBET/MEDITATION

Öffnen Sie Ihr Herz einem höheren Wesen, größerer Weisheit oder Gott, Ihrem eigenen tieferen Wissen. Bitten Sie um Kraft, die Schmerzen in diesem Augenblick zu ertragen. Geben Sie die Dinge in die Hand Gottes oder eines höheren Wesens.

ENTSPANNUNG

Üben Sie Muskelentspannung, indem Sie jede Muskelgruppe anspannen und wieder entspannen. Beginnen Sie mit den Händen und Armen, gehen Sie dann zu Kopf und Nacken und anschließend nach weiter nach unten. Hören Sie sich eine Entspannungscassette an; machen Sie Gymnastik; nehmen Sie ein heißes Bad; trinken Sie heiße Milch; massieren Sie Ihren Kopf und Nacken, die Waden und die Füße. Setzen Sie sich in eine Wanne mit sehr heißem oder kalten Wasser, und bleiben Sie darin, bis das Wasser lauwarm ist. Atmen Sie tief durch, entspannen Sie Ihr Gesicht, und lächeln Sie ein wenig.

KONZENTRATION AUF DEN AUGENBLICK

Konzentrieren Sie Ihre ganze Aufmerksamkeit auf das, was Sie gerade tun, was immer es auch scin mag. Seien Sie ganz im jeweiligen Augenblick - nehmen Sie in jedem Moment nur eine Sache wahr. Richten Sie Ihre Aufmerksamkeit auf die körperlichen Empfindungen, während Sie etwas tun (spazieren gehen, waschen, Essen zubereiten, putzen, etwas reparieren etc.). Seien Sie sich bei jeder Tätigkeit der Bewegungen Ihres Körpers bewußt. Machen Sie Achtsamkeitsübungen.

Aus: Trainingsmanual zur Dialektischen Therapie der BPS (M.Linehan) © 1996 CIP-Medien

STRESSTOLERANZ - ARBEITSBLATT 1 (FORTSETZUNG)

KURZER URLAUB

Gönnen Sie sich einen kurzen Urlaub. Legen Sie sich ins Bett, und kuscheln Sie sich 20 Minuten unter die Decke. Kaufen Sie sich eine Boulevardzeitung oder ein Unterhaltungsmagazin, legen Sie sich ins Bett, lesen Sie sie und essen Schokolade dabei. Machen Sie sich einen Pudding, setzen Sie sich gemütlich in einen Sessel, und essen Sie ihn langsam. Verbringen Sie einen Nachmittag auf einer Decke liegend im Park. Ziehen Sie einen Tag lang den Telefonstecker heraus, oder schalten Sie den Anrufbeantworter an. Ruhen Sie sich nach einer anstrengenden Arbeit eine Stunde lang aus. Nehmen Sie für ein oder zwei Tage ein Zimmer am Meer oder in den Bergen. Bitten Sie Ihre Zimmergenossin, Ihnen Kaffee ans Bett zu bringen oder Ihnen etwas zu essen zu machen (bieten Sie an, sich zu revanchieren).

ERMUTIGUNG

Ermutigen Sie sich selbst. Wiederholen Sie sich immer wieder: „Ich kann es aushalten", „Es wird nicht ewig andauern", „Ich werde es schaffen", „Ich tue das Beste, was ich kann".

• AN DAS PRO UND CONTRA DENKEN•

Machen Sie eine Liste dessen, was dafür und was dagegen spricht, Streß auszuhalten. Machen Sie eine andere Liste, was dafür und was dagegen spricht, Streß nicht auszuhalten, d.h. sich selbst zu verletzen, Alkohol oder Drogen zu mißbrauchen, oder etwas anderes Unüberlegtes zu tun.

Konzentrieren Sie sich auf langfristige Ziele, auf das Licht am Ende des Tunnels. Erinnern Sie sich an Zeiten, in denen der Schmerz ein Ende nahm.

Denken Sie an die positiven Auswirkungen, wenn Sie Streß aushalten. Stellen Sie sich vor, wie gut Sie sich fühlen werden, wenn Sie Ihre Ziele erreichen, wenn Sie nicht unkontrolliert handeln.

Denken Sie an die negativen Auswirkungen, wenn Sie Streß nicht aushalten. Erinnern Sie sich, was in der Vergangenheit geschehen ist, wenn Sie unüberlegt gehandelt haben, um der Gegenwart zu entfliehen.

STRATEGIEN ZUR KRISENBEWÄLTIGUNG
Notizen/weitere Ideen

Aus: Trainingsmanual zur Dialektischen Therapie der BPS (M.Linehan) © 1996 CIP-Medien

DAS ANNEHMEN DER REALITÄT: ÜBUNGEN ZUR WAHRNEHMUNG DES ATEMS

IHREN ATEM BEOBACHTEN

Richten Sie Ihre Aufmerksamkeit auf Ihren Atem, wie er ein- und wieder ausströmt. Betrachten Sie Ihren Atem als einen Weg, um sich auf Ihr Inneres zu zentrieren. Betrachten Sie ihn als Weg, um sich Ihrer selbst gewahr zu werden und den Kampf mit der Realität und das Nichtakzeptieren aufgeben zu können.

1. TIEFES ATMEN

Legen Sie sich auf den Rücken. Atmen Sie gleichmäßig und sanft, und richten Sie Ihre Aufmerksamkeit auf die Bewegungen Ihres Bauches. Wenn Sie anfangen einzuatmen, lassen Sie die Bauchdecke sich heben, um so dem unteren Teil der Lungen Luft zuzuführen. Wenn sich der obere Teil der Lungen mit Luft zu füllen beginnt, hebt sich Ihre Brust, und die Bauchdecke beginnt zu sinken. Strengen Sie sich dabei nicht an. Tun Sie das für zehn Atemzüge. Das Ausatmen wird länger dauern als das Einatmen.

2. DEN ATEM MIT FUSSSCHRITTEN MESSEN

Gehen Sie langsam und entspannt in einem Garten umher, an einem Fluß entlang oder auf einem Feldweg. Atmen Sie normal. Bestimmen Sie die Länge eines Atemzuges, die Dauer von Ein- und Ausatmen, durch die Anzahl Ihrer Schritte. Tun Sie das für einige Minuten. Fangen Sie damit an, das Ausatmen um einen Schritt zu verlängern. Zwingen Sie sich nicht zu einer längeren Einatmung. Atmen Sie natürlich. Achten Sie beim Einatmen sorgfältig darauf, ob der Wunsch entsteht, es zu verlängern. Tun Sie das während zehn Atemzügen.
Verlängern sie jetzt das Ausatmen um einen weiteren Schritt. Achten Sie darauf, ob sich auch das Einatmen um einen Schritt verlängert oder nicht. Verlängern Sie das Einatmen nur, wenn Sie das Gefühl haben, daß es Ihnen Freude bereitet. Kehren Sie nach zwanzig Atemzügen zum normalen Atmen zurück. Nach etwa fünf Minuten können Sie wieder mit der Übung der verlängerten Atemzüge beginnen. Wenn Sie die geringste Müdigkeit verspüren, kehren Sie zum normalen Atmen zurück. Nach mehreren Sitzungen solcher Übungen verlängerten Atems werden Ein- und Ausatmung gleich lang sein. Dehnen Sie das lange, gleichmäßige Atmen nicht über zehn oder zwanzig Atemzüge aus, und kehren Sie dann zum normalen Atmen zurück.

3. DEN ATEM ZÄHLEN

Setzen Sie sich mit überkreuzten Beinen auf den Boden (im halben oder ganzen Lotussitz, falls Sie diesen beherrschen), oder setzen Sie sich auf einen Stuhl mit den Füßen auf dem Boden, oder knien Sie sich hin, oder legen Sie sich ausgestreckt auf den Boden, oder machen Sie einen Spaziergang. Schauen Sie danach, was Ihnen möglich ist und was Ihnen gut tut. Wenn Sie einatmen, dann seien Sie sich bewußt: „ Ich atme ein, eins.“ Wenn Sie ausatmen, seien Sie sich bewußt: „Ich atme aus, eins.“ Denken Sie daran, vom Bauch her zu atmen. Wenn Sie mit dem zweiten Einatmen beginnen, seien Sie sich bewußt: „Ich atme ein, zwei.“ Wenn Sie langsam ausatmen, seien Sie sich bewußt: „ Ich atme aus, zwei.“ Fahren Sie so fort bis zehn. Wenn Sie bei zehn angekommen sind, dann kehren Sie zu eins zurück. Immer wenn Sie das Zählen vergessen haben, kehren Sie zu eins zurück. Tun Sie das fünf Minuten lang.

4. DEM ATEM FOLGEN BEIM HÖREN VON MUSIK

Hören Sie sich ein Musikstück an. Atmen Sie lange, leicht und gleichmäßig. Folgen Sie Ihrem Atem, seien Sie Herr Ihres Atems. Seien Sie sich des Rhythmus Ihres Atems und Ihrer Empfindungen bei der Musik bewußt. Verlieren Sie sich nicht in der Musik, sondern bleiben Sie weiterhin Herr Ihres Atems und Ihrer selbst.

5. DEM ATEM FOLGEN BEI EINEM GESPRÄCH

Atmen Sie lang, leicht und gleichmäßig. Folgen Sie Ihrem Atem, wenn Sie den Worten eines Freundes oder Ihren eigenen Antworten zuhören. Fahren Sie damit fort wie bei dem Hören eines Musikstückes.

6. DEM ATEM FOLGEN

Setzen Sie sich mit überkreuzten Beinen auf den Boden (im halben oder ganzen Lotussitz, falls Sie ihn beherrschen), oder setzen Sie sich auf einen Stuhl mit den Füßen auf dem Boden, oder knien Sie sich hin, oder legen Sie sich ausgestreckt auf den Boden, oder machen Sie einen Spaziergang. Schauen Sie danach, was Ihnen möglich ist und was Ihnen gut tut. Fangen Sie damit an, sanft und gleichmäßig (vom Bauch her) zu atmen, seien Sie sich bewußt: „Ich atme jetzt normal ein." Atmen Sie aus, und seien Sie sich bewußt: „Ich atme normal aus". Tun Sie das für drei Atemzüge. Beim viertem Atemzug verlängern Sie dann das Einatmen, seien Sie sich bewußt: „Ich atme langsam ein." Atmen Sie aus, und seien Sie sich bewußt: „Ich atme langsam aus." Fahren Sie damit drei Atemzüge fort.
Folgen Sie jetzt sorgfältig Ihrem Atem, und seien Sie sich jeder Bewegung Ihres Bauches und Ihrer Lungen bewußt. Folgen Sie dem Ein- und Ausatmen der Luft. Seien Sie sich bewußt: „Ich atme ein und folge dem Einatmen vom Anfang bis zum Ende. Ich atme aus und folge dem Ausatmen vom Anfang bis zum Ende."

Tun Sie das während zwanzig Atemzügen. Kehren Sie dann zum normalen Atmen zurück. Wiederholen Sie die Übung nach fünf Minuten. Denken Sie daran, beim Atmen ein leichtes Lächeln zu zeigen. Wenn Sie diese Übung beherrschen, gehen Sie weiter zur nächsten.

7. ATMEN ZUR BERUHIGUNG VON KÖRPER UND GEIST

Setzen Sie sich mit überkreuzten Beinen auf den Boden (im halben oder ganzen Lotussitz, falls Sie ihn beherrschen), oder setzen Sie sich auf einen Stuhl mit den Füßen auf dem Boden, oder knien Sie sich hin, oder legen Sie sich ausgestreckt auf den Boden. Schauen Sie danach, was Ihnen möglich ist und was Ihnen gut tut. Üben Sie ein Halblächeln. Folgen Sie Ihrem Atem. Wenn Geist und Körper sehr ruhig sind, fahren Sie fort, sehr leicht ein- und auszuatmen, und seien Sie sich bewußt: „Ich atme ein und mache Atem und Körper leicht und friedvoll. Ich atme aus und mache Atem und Körper leicht und friedvoll." Tun Sie das für drei Atemzüge, und lassen Sie achtsam den Gedanken entstehen: „Ich atme ein, und Körper und Geist sind ruhig und froh. Ich atme aus, und Körper und Geist sind ruhig und froh." Halten Sie diesen Gedanken für fünf bis dreißig Minuten aufrecht, entsprechend Ihren Fähigkeiten und der verfügbaren Zeit. Anfang und Ende der Übung sollten entspannt und sanft sein. Wenn Sie aufhören möchten, massieren Sie zuerst sanft Ihre Beine, bevor Sie in eine normale Sitzhaltung zurückkehren. Halten Sie einen Moment inne, bevor Sie aufstehen.

Aus: Trainingsmanual zur Dialektischen Therapie der BPS (M.Linehan) © 1996 CIP-Medien

DAS ANNEHMEN DER REALITÄT: ÜBUNGEN ZUM LEICHTEN LÄCHELN

LEICHTES LÄCHELN

Begegnen Sie der Realität mit einer entspannten Körperhaltung. Entspannen Sie Gesicht, Nacken und Schultern, indem Sie loslassen oder die Bereiche zunächst anspannen und dann locker lassen, und probieren Sie dann ein leichtes Lächeln. Ein angestrengtes Lächeln ist wie ein Grinsen (und sagt Ihnen vielleicht, daß Sie etwas verbergen). Bei einem leichten Lächeln sind die Mundwinkel leicht nach oben gewandt, und das Gesicht ist entspannt. Versuchen Sie, einen gelassenen Gesichtsausdruck anzunehmen. Denken Sie daran, daß Ihr Körper einen Einfluß auf Ihre Gedanken und Ihre Gefühle hat.

1. LEICHTES LÄCHELN BEIM ERWACHEN AM MORGEN

Hängen Sie sich einen Zweig oder irgendein anderes Zeichen oder sogar das Wort „Lächeln" an die Decke oder an die Wand, so daß Sie es sofort sehen, wenn Sie Ihre Augen öffnen. Dieses Zeichen soll Ihnen als Erinnerung dienen. Nutzen Sie die Momente vor dem Aufstehen, und spüren Sie Ihren Atem. Atmen Sie dreimal sanft ein und aus, und halten Sie dabei ein sanftes Lächeln aufrecht. Folgen Sie Ihren Atemzügen.

2. LEICHTES LÄCHELN IN FREIEN AUGENBLICKEN

Wo immer Sie sitzen oder stehen, üben Sie ein sanftes Lächeln. Schauen Sie ein Kind an, ein Blatt, ein Gemälde an der Wand, irgend etwas, was beruhigend auf Sie wirkt, und lächeln Sie. Atmen Sie dreimal still ein und aus.

3. LEICHTES LÄCHELN BEIM HÖREN VON MUSIK

Hören Sie zwei, drei Minuten ein Musikstück an. Richten Sie Ihre Aufmerksamkeit auf die Worte, die Musik, den Rhythmus und Ihre Empfindungen (nicht auf Ihre Tagträume). Lächeln Sie, und achten Sie auf Ein- und Ausatmen.

4. LEICHTES LÄCHELN BEI GEREIZTHEIT

Wenn Sie bemerken, daß Sie gereizt sind, üben Sie ein sanftes Lächeln. Atmen Sie ruhig ein und aus, und halten Sie das sanfte Lächeln für drei Atemzüge aufrecht.

Aus: Trainingsmanual zur Dialektischen Therapie der BPS (M.Linehan) © 1996 CIP-Medien

5. LEICHTES LÄCHELN IM LIEGEN

Legen Sie sich auf den Rücken, auf eine flache Unterlage, ohne eine Matratze oder ein Kissen als Stütze. Halten Sie die Arme locker auf den Seiten und Ihre ausgestreckten Beine leicht auseinander. Halten Sie ein sanftes Lächeln aufrecht. Atmen Sie sanft ein und aus, und halten Sie Ihre Aufmerksamkeit beim Atem. Lassen Sie jeden Muskel im Körper los. Entspannen Sie jeden Muskel so, als ob er nach unten durch den Boden sänke. Oder als ob er sanft und nachgiebig sei wie ein Stück Seide, das in der Luft zum Trocknen hängt. Lassen Sie alles los, und richten Sie Ihre Aufmerksamkeit nur auf Ihren Atem und das sanfte Lächeln. Stellen Sie sich vor, Sie seien eine Katze, die sehr entspannt vor einem warmen Feuer liegt und die sich ganz an den Boden anschmiegt. Setzen Sie das fort während fünfzehn Atemzügen.

6. LEICHTES LÄCHELN IM SITZEN

Setzen Sie sich auf den Boden, und halten Sie den Rücken dabei gerade, oder setzen Sie sich auf einen Stuhl, mit beiden Fußsohlen auf dem Boden. Üben Sie ein sanftes Lächeln. Atmen Sie ein und aus, und halten Sie das Halblächeln aufrecht. Entspannen Sie sich, und lassen Sie los.

8. LEICHTES LÄCHELN BEI DER BETRACHTUNG DES MENSCHEN, DEN SIE AM MEISTEN HASSEN ODER VERACHTEN

Setzen Sie sich ruhig hin. Atmen Sie, und üben Sie ein leichtes Lächeln. Stellen Sie sich die Person vor, die Ihnen größtes Leid zugefügt hat. Betrachten Sie die Seiten, die Sie am meisten hassen oder verachten oder am widerwärtigsten finden. Versuchen Sie herauszufinden, was diese Person glücklich macht und was ihr in ihrem alltäglichen Leben Leiden bringt. Betrachten Sie die Wahrnehmungen dieser Person; versuchen Sie herauszufinden, welchen gedanklichen Mustern und Argumenten sie folgt. Überprüfen Sie, was die Hoffnungen und Handlungen dieses Menschen motiviert. Betrachten Sie schließlich sein Bewußtsein. Finden Sie heraus, ob seine Ansichten und Einsichten offen und frei sind oder nicht, ob er von irgendwelchen Vorurteilen, von Engstirnigkeit, von Haß oder Wut beeinflußt wird oder nicht. Finden Sie heraus, ob er Herr seiner selbst ist. Fahren Sie mit diesen Überlegungen fort, bis Sie merken, daß Mitgefühl in Ihrem Herzen aufsteigt, wie frisches Wasser aus einer Quelle sprudelt, und Ihr Ärger und Ihre Abneigung allmählich weniger werden. Führen Sie diese Übung viele Male mit derselben Person durch.

NOTIZEN/ANDERE GELEGENHEITEN FÜR DAS LEICHTE LÄCHELN:

Aus: Trainingsmanual zur Dialektischen Therapie der BPS (M.Linehan) © 1996 CIP-Medien

DAS ANNEHMEN DER REALITÄT:

ACHTSAMKEITSÜBUNGEN

1. ACHTSAMKEIT FÜR DIE KÖRPERHALTUNG

Diese Übung können Sie jederzeit und überall durchführen. Fangen Sie damit an, die Aufmerksamkeit auf Ihren Atem zu richten. Atmen Sie ruhig und tiefer als üblich. Seien Sie sich der Haltung Ihres Körpers bewußt, ob sie gehen, stehen, liegen oder sitzen. Seien Sie sich bewußt, welchen Zweck Ihre Haltung hat. Sie sind sich z.B. bewußt, daß Sie auf einem grünen Hügel stehen, um sich zu erfrischen, um den Atem zu betrachten oder einfach zu stehen. Wenn es keinen bestimmten Zweck gibt, dann seien Sie sich bewußt, daß es ohne Zweck geschieht.

2. ACHTSAMKEIT FÜR DIE VERBINDUNG ZUM UNIVERSUM

Diese Übung können Sie jederzeit und überall durchführen. Richten Sie Ihre Aufmerksamkeit auf die Stellen, an denen Ihr Körper etwas berührt (der Boden, die Luft, ein Stuhl oder eine Armlehne, das Bettuch und die Bettdecke, Ihre Kleidung usw.). Versuchen Sie wahrzunehmen, wie Sie mit diesem Gegenstand verbunden sind. Betrachten Sie die Funktion dieses Gegenstandes in bezug auf Sie selbst. Betrachten Sie, was der Gegenstand für Sie tut (z.B. Schutz geben). Nehmen Sie wahr, mit welchem freundlichen Entgegenkommen er das tut. Nehmen Sie wahr, wie Sie diesen Gegenstand berühren, und richten Sie Ihre ganze Aufmerksamkeit auf sein Entgegenkommen. Tun Sie das solange bis ein Gefühl, verbunden zu sein oder geliebt oder umsorgt zu werden, in Ihnen aufsteigt.

Beispiele: Richten Sie Ihre Aufmerksamkeit auf Ihre Füße, wie sie den Boden berühren. Betrachten Sie das freundliche Entgegenkommen des Bodens, der Sie trägt, der Ihnen einen Weg bereitet, um zu anderen Dingen zu gelangen, der Sie nicht hinabfallen läßt. Richten Sie Ihre Aufmerksamkeit auf Ihren Körper, wie er den Stuhl berührt, auf dem Sie sitzen. Betrachten Sie, wie der Stuhl Sie annimmt, wie er Ihren Rücken stützt, wie er Sie davor bewahrt, auf den Boden zu fallen. Richten Sie Ihre Aufmerksamkeit auf das Bettuch und die Bettdecke in Ihrem Bett. Betrachten Sie deren Berührung, wie sie Sie bedecken und halten und wie sie es Ihnen warm und bequem machen. Betrachten Sie die Wände im Raum. Sie halten den Wind, die Kälte und den Regen fern. Denken Sie daran, wie die Wände durch den Boden und die Luft im Raum mit Ihnen verbunden sind. Fühlen Sie das Entgegenkommen der Wände, Ihnen einen sicheren Raum zu bereiten, in dem Sie etwas tun können. Gehen Sie nach draußen, und umarmen Sie einen Baum. Nehmen Sie wahr, wie Sie und der Baum verbunden sind. Leben ist in Ihnen und in dem Baum, und Sie beide werden gewärmt von der Sonne, gehalten von der Luft und getragen von der Erde. Versuchen Sie zu spüren, daß der Baum Sie liebt, indem er Ihnen etwas gibt, an das Sie sich anlehnen können oder wenn er Ihnen Schatten spendet.

3. ACHTSAMKEIT BEI DER TEE- ODER KAFFEZUBEREITUNG

Bereiten Sie eine Kanne Tee oder Kaffee zu, für einen Gast oder für sich selbst. Machen Sie jede Bewegung langsam, in Achtsamkeit. Lassen Sie keine Einzelheit Ihrer Bewegungen geschehen, ohne sich Ihrer bewußt zu sein. Seien Sie sich bewußt, daß Ihre Hände die Kanne am Henkel hochheben. Seien Sie sich bewußt, daß Sie den duftenden, warmen Tee oder Kaffee in die Tasse gießen. Folgen Sie jedem Schritt in Achtsamkeit. Atmen Sie sanft und tiefer als üblich. Werden Sie sich Ihres Atems bewußt, wenn Ihre Gedanken abschweifen.

Aus: Trainingsmanual zur Dialektischen Therapie der BPS (M.Linehan) © 1996 CIP-Medien

STRESSTOLERANZ - ARBEITSBLATT 4 (FORTSETZUNG)

4. ACHTSAMKEIT BEIM ABWASCHEN

Spülen Sie das Geschirr ganz bewußt ab, so als sei jedes Stück Gegenstand Ihrer Betrachtung. Betrachten Sie jedes Teil als heilig. Folgen Sie Ihrem Atem, damit Ihre Gedanken nicht abschweifen. Versuchen Sie nicht, sich zu beeilen, um die Arbeit hinter sich zu bringen. Betrachten Sie den Abwasch als das Wichtigste auf der Welt.

5. ACHTSAMKEIT BEIM WÄSCHEWASCHEN

Waschen Sie nicht zu viele Kleidungsstücke auf einmal. Wählen Sie nur drei, vier Teile aus. Suchen Sie sich die angenehmste Stellung dafür, im Sitzen oder im Stehen, so daß Ihr Rücken nicht schmerzt. Waschen Sie die Wäsche bewußt. Richten Sie Ihre Aufmerksamkeit auf jede Bewegung Ihrer Hände und Arme. Achten Sie auf Seife und Wasser. Wenn Sie mit dem Waschen und Klarspülen fertig sind, sollten sich Körper und Geist so rein und frisch anfühlen wie die Kleider. Denken Sie daran, ein sanftes Lächeln beizubehalten, und achten Sie auf Ihren Atem, wenn Ihre Gedanken abschweifen.

6. ACHTSAMKEIT BEIM HAUSPUTZ

Teilen Sie Ihre Arbeit in Abschnitte ein: aufräumen und Bücher einordnen, Bad und Toilette putzen, den Fußboden wischen und abstauben. Nehmen Sie sich für jede Aufgabe genügend Zeit. Bewegen Sie sich langsam, dreimal so langsam wie üblich. Richten Sie Ihre ganze Aufmerksamkeit auf jede Aufgabe. Wenn Sie z.B. ein Buch in das Regal zurückstellen, schauen Sie sich das Buch an, seien Sie sich bewußt, welches Buch es ist, daß Sie dabei sind, es in das Regal an eine bestimmte Stelle zurückzustellen. Seien sich bewußt, daß Ihre Hand nach dem Buch greift und es hochnimmt. Vermeiden Sie jede abrupte oder hastige Bewegung. Halten Sie die Achtsamkeit auf dem Atem aufrecht, vor allem wenn die Gedanken abschweifen.

7. ACHTSAMKEIT BEIM BADEN

Nehmen Sie sich dreißig bis fünfundvierzig Minuten für ein ausgiebiges Bad. Beeilen Sie sich auch nicht eine Sekunde. Vom Augenblick an, in dem Sie das Badewasser zubereiten, bis zu dem Augenblick, in dem Sie saubere Kleider anziehen, lassen Sie jede Bewegung leicht und langsam sein. Seien Sie achtsam auf jede Bewegung. Richten Sie Ihre Aufmerksamkeit auf jeden Teil Ihres Körpers, ohne Unterscheidung und ohne Furcht. Seien Sie achtsam auf jeden Wasserstrahl auf Ihrem Körper. Nach dem Baden wird sich Ihr Geist so friedvoll und leicht anfühlen wie Ihr Körper. Stellen Sie sich vor, Sie seien in einem sauberen, duftenden Lotusteich im Sommer.

8. ACHTSAMKEIT ÜBEN DURCH MEDITATION

Setzen Sie sich mit geradem Rücken auf den Boden oder auf einen Stuhl, so daß die Füße einen guten Kontakt zum Boden haben. Schließen Sie die Augen, oder öffnen Sie sie leicht und schauen auf etwas nahe vor Ihnen. Sagen Sie bei jedem Atemzug ruhig und sanft zu sich das Wort „Eins“. Wenn Sie einatmen, sagen Sie das Wort „Eins“. Und beim Ausatmen sagen Sie „Eins“, langsam und ruhig. Versuchen Sie, Ihre ganze Aufmerksamkeit zu sammeln und in dieses Wort zu legen. Wenn Ihre Gedanken abschweifen, kehren Sie sanft dazu zurück, „Eins“ zu sagen. ***Wenn Sie sich bewegen möchten, versuchen Sie, sich nicht zu bewegen. Beobachten Sie nur den Wunsch, sich zu bewegen. Fahren Sie noch ein wenig mit dem Üben fort, nachdem der Wunsch aufzuhören aufgetaucht ist. Nehmen Sie einfach Ihren Wunsch aufzuhören wahr.***

Anmerkung: Aus: The Miracle of Mindfulness: A manual of Meditation (pp.84-87) by Thich Hanh, 1976, Boston: Beacon Press. Copyright 1987 by Mobi Ho. Abdruck mit Genehigung.

GRUNDPRINZIPIEN FÜR DAS ANNEHMEN DER REALITÄT

RADIKALES ANNEHMEN

- Freiheit von Leiden erfordert ein tiefgehendes Annehmen dessen, was ist. Erlauben Sie sich, mit dem übereinzustimmen, was im Augenblick ist. Lassen Sie ab vom Kampf mit der Realität.
- Annehmen ist der einzige Weg aus der Hölle hinaus.
- Schmerz führt nur zum Leiden, wenn Sie sich weigern, den Schmerz anzunehmen.
- Annehmen ist die Entscheidung, den Augenblick zu ertragen.
- Annehmen ist anerkennen, was ist.
- Etwas anzunehmen bedeutet noch nicht, etwas gutzuheißen.

SICH FÜR EINEN NEUEN WEG ENTSCHEIDEN

- Das Annehmen der Realität, wie sie ist, erfordert eine bewußte Entscheidung.
  Es ist, als käme man an eine Weggabelung. Es ist jetzt notwendig, den Weg des Annehmens einzuschlagen und den Weg der Realitätsverneinung beiseite zu lassen.
- Verpflichten Sie sich innerlich zum Annehmen.
  Allein die Verpflichtung zum Annehmen entspricht noch nicht der Annahme selbst. Sie gibt nur die Richtung auf der Weggabelung vor. Aber sie ist der erste Schritt.
  Diesen Schritt der inneren Verpflichtung müssen Sie wieder und wieder machen. Manchmal wird es notwendig sein, ihn innerhalb weniger Minuten häufig zu wiederholen.

INNERE BEREITSCHAFT

- Üben Sie, in jeder Situation wach und offen, voll innerer Bereitschaft zu sein und aus dieser Haltung heraus zu handeln.
- Innere Bereitschaft heißt, in jeder Situation in einer einfachen, schlichten Weise gerade das zu tun, was notwendig ist. Innere Bereitschaft richtet sich auf Wirksakeit.
- Innere Bereitschaft heißt, sehr aufmerksam auf Ihre innere Stimme zu hören und aus sich selbst heraus zu handeln.
- Innere Bereitschaft heißt, sich Ihrer Verbindung zum Universum bewußt zu werden - zur Erde, zum dem Boden, auf dem Sie stehen, zu dem Stuhl, auf dem Sie sitzen, zu dem Menschen, mit dem Sie sprechen.

ERSETZEN SIE **UNBEWEGLICHKEIT (WILFULNESS)** MIT **INNERER BEREITSCHAFT.**

- Unbeweglichkeit heißt, untätig zu bleiben, wenn es notwendig ist zu handeln, sich zu weigern, notwendige Veränderungen zu vollziehen.
- Unbeweglichkeit heißt, aufzugeben.
- Unbeweglichkeit ist das Gegenteil von sinnvollem und erfolgreichem Handeln.
- Unbeweglichketeit ist der Versuch, jede Situation festzuhalten.
- Unbeweglichkeit ist die Weigerung, den Augenblick zu ertragen.

Aus: Trainingsmanual zur Dialektischen Therapie der BPS (M.Linehan) © 1996 CIP-Medien

STRATEGIEN ZUR KRISENBEWÄLTIGUNG

Name ____ Datum ____________

Überprüfen Sie bei jeder Bewältigungsstrategie, ob Sie sie während der Woche benutzt haben. Notieren Sie dann jeweils die Höhe Ihrer Streßtoleranz, bevor und nachdem Sie die Strategie benutzt haben: 0 = „keine Toleranz, ein Alptraum" bis 100 = „hohe Toleranz, ein Kinderspiel". Schreiben Sie auf der Rückseite des Blattes auf, was genau Sie geübt haben.

Fertigkeiten	Mo vor/nach	Di vor/nach	Mi vor/nach	Do vor/nach	Fr vor/nach	Sa vor/nach	So vor/nach
Sich ablenken							
Aktivitäten	/	/	/	/	/	/	/
Unterstützen	/	/	/	/	/	/	/
Vergleichen	/	/	/	/	/	/	/
Gefühle	/	/	/	/	/	/	/
Beiseite schieben	/	/	/	/	/	/	/
Gedanken	/	/	/	/	/	/	/
Körperempfindungen	/	/	/	/	/	/	/
Sich selbst beruhigen							
Sehen	/	/	/	/	/	/	/
Hören	/	/	/	/	/	/	/
Riechen	/	/	/	/	/	/	/
Schmecken	/	/	/	/	/	/	/
Fühlen	/	/	/	/	/	/	/
Den Augenblick verändern							
Phantasie	/	/	/	/	/	/	/
Sinngebung	/	/	/	/	/	/	/
Gebet/Meditation	/	/	/	/	/	/	/
Entspannung	/	/	/	/	/	/	/
Konzentration auf den Augenblick	/	/	/	/	/	/	/
Urlaub	/	/	/	/	/	/	/
Ermutigung	/	/	/	/	/	/	/
An das Pro und Contra denken	/	/	/	/	/	/	/

Aus: Trainingsmanual zur Dialektischen Therapie der BPS (M.Linehan) © 1996 CIP-Medien

STRESSTOLERANZ - ÜBUNGSBLATT 1 (FORTSETZUNG)

Die Krisenbewältigungsstrategien, die ich während der Woche angewendet habe:			
angewendete Strategie	Tag	angewendete Strategie	Tag
____________	____	____________	____
____________	____	____________	____
____________	____	____________	____
____________	____	____________	____
____________	____	____________	____
____________	____	____________	____
____________	____	____________	____

Pro und Contra. Suchen Sie sich eine Krisensituation aus, in der Sie es wirklich schwierig fanden, Streß auszuhalten, schädigendes Verhalten zu vermeiden und nicht impulsiv zu handeln.

Schädigendes Verhalten, das ich tun wollte: ____________________

Streß aushalten: Pro (Vorteile des Aushaltens) ____________ ____________ ____________	**Streß aushalten: Contra** (Nachteile des Aushaltens) ____________ ____________ ____________
Streß nicht aushalten: Pro (Vorteile des Nicht-Aushaltens) ____________ ____________ ____________	**Streß nicht aushalten: Contra** (Nachteile des Nicht-Aushaltens) ____________ ____________ ____________

Aus: Trainingsmanual zur Dialektischen Therapie der BPS (M.Linehan) © 1996 CIP-Medien

STRESSTOLERANZ - HAUSAUFGABENBLATT 2

ANNEHMEN UND INNERE BEREITSCHAFT

Name ____ Datum___________

Überprüfen Sie, wann Sie was geübt haben: STRATEGIEN ZUR KRISENBEWÄLTIGUNG, ÜBUNGEN ZUM ANNEHMEN, RADIKALES ANNEHMEN, ENTSCHEIDUNG FÜR EINEN NEUEN WEG und INNERE BEREITSCHAFT. Notieren Sie jeweils die Höhe Ihrer Streßtoleranz bevor und nachdem Sie geübt haben: 0 = „keine Toleranz, ein Alptraum" bis 100 = „hohe Toleranz, ein Kinderspiel". Falls Sie statt dessen Unbeweglichkeit praktiziert haben, notieren Sie das, und schreiben Sie ebenfalls die Höhe Ihrer Streßtoleranz vorher und nachher auf.

Fertigkeiten	Mo **vor/nach**	Di **vor/nach**	Mi **vor/nach**	Do **vor/nach**	Fr **vor/nach**	Sa **vor/nach**	So **vor/nach**
Krisenbewältigung							
Sich ablenken	/	/	/	/	/	/	/
Sich selbst beruhigen	/	/	/	/	/	/	/
Den Augenblick verändern	/	/	/	/	/	/	/
An Pro und Contra denken	/	/	/	/	/	/	/
Beiseite schieben	/	/	/	/	/	/	/
Gedanken	/	/	/	/	/	/	/
Körperempfindungen	/	/	/	/	/	/	/
Annehen der Realität							
Den Atem wahrnehmen	/	/	/	/	/	/	/
Leichtes Lächeln	/	/	/	/	/	/	/
Achtsamkeit	/	/	/	/	/	/	/

Radikales Annehmen	/	/	/	/	/	/	/
Sich für einen neuen Weg entscheiden	/	/	/	/	/	/	/
Innere Bereitschaft	/	/	/	/	/	/	/

Bemerkungen: Was machte es leichter? Was machte es schwieriger? Was genau habe ich getan?

Aus: Trainingsmanual zur Dialektischen Therapie der BPS (M.Linehan) © 1996 CIP-Medien

Ratgeber · Psychotherapie

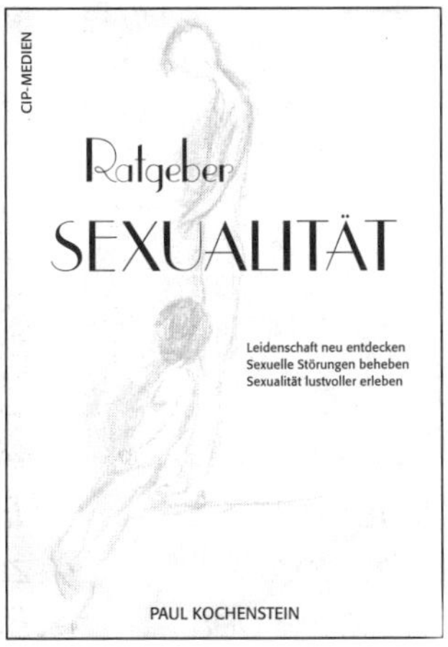

Ratgeber Sexualität

Paul Kochenstein

Leidenschaft neu entdecken - Sexuelle Störungen beheben - Sexualität lustvoller erleben

Lustlosigkeit wird zu einem Symptom unserer Zeit. Auch glückliche Paare klagen über mangelnde Lust am Sex. Junge Eltern haben oft Schwierigkeiten, ihre frühere Leidenschaft wiederzubeleben. Häufig belasten sexuelle Störungen Männer wie Frauen. Dieser Ratgeber gibt Ihnen praktischen Rat und phantasievolle Tips, wie Sie innere Hemmnisse abbauen und Ihrem Sexualleben wieder neuen Schwung verleihen.

1998 • DM 25,90 • € 13,24

Die Krannkheit des Zweifelns

Wege zur Überwindung von Zwangsgedanken und Zwangshandlungen

Willi Ecker

Ein Buch für Betroffene, deren Angehörige und Interessierte, in dem sehr detailliert die Zwangsphänomene und ihre Behandlungsmöglichkeiten dargestellt werden.

1999 • DM 24,00 • € 12,72

Ratgeber Depression

Serge K. D. Sulz

Alles, was Sie für das Verständnis und den Umgang mit Krankheit und Kranken wissen sollten. Betroffene finden den Ursprung Ihrer Depression und erkennen den Weg aus dem Leiden. Angehörige und Helfer finden zum Verständnis des Patienten und lernen richtig zu helfen.

1993 • DM 19,00 • € 9,71

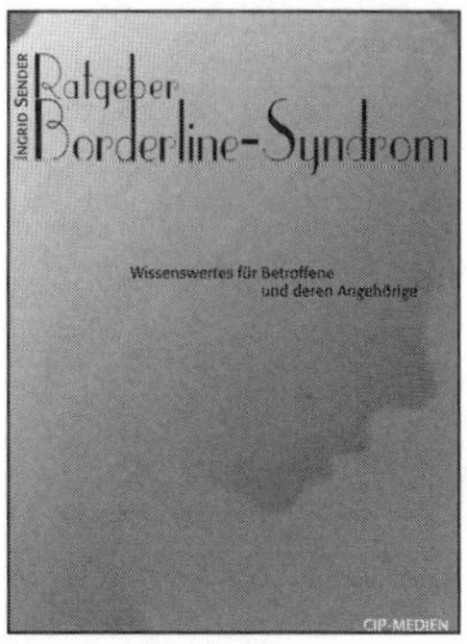

Borderline-Syndrom

Ingrid Sender

Betroffene und Angehörige finden hier eine Beschreibung aller Symptome und Beschwerden, die zum Krankheitsbild gehören. Dem therapeutischen Ansatz liegt die Dialektisch-Behaviorale Therapie von Linehan zugrunde, der es gelang, Einfühlungsvermögen und Zielstrebigkeit in der Therapie zu vereinen.

2000 • DM 19,00 • € 9,71

Als Sisyphus seinen Stein losließ. Oder: Verlieben ist verrückt!

Ein psychologisches Lesebuch über menschliche Überlebensformeln und individuelle Entwicklungschancen

Serge K. D. Sulz

Der Reichtum an klinischer Erfahrung, die Klarheit in der gedanklichen Durchdringung und die emotionale Sensibilität im Erspüren der menschlichen Psyche lassen den Leser eintauchen in das, was Menschsein mit Leib und Seele heißt, lassen ein tiefes Verständnis entstehen, sich selbst in diesem Spiegel zu finden, die Bindungen zu den wichtigen Anderen zu begreifen und die Entstehung und weitere Entwicklung als Kosmos zu erblicken, der unser Leben umspannt. Eine spannende Lektüre für alle, die interessiert sind am Verständnis der menschlichen Psyche und unvermeidlich auch am Verstehen des eigenen Selbst und seiner Beziehungen.

2000 • DM 49,00 • € 25,05

Nichtraucher werden und bleiben

Der Raucher-Ratgeber. Mit frischem Wind gegen den blauen Dunst

Heribert Unland

Aus den zehnjährigen Erfahrungen eines Diplom-Psychologen in der Durchführung von Raucherentwöhnungstherapien

2000 • DM 19,00 • € 9,71

Ihr Fax-Coupon

Telefax-Nummer: 089-132 133

Ja, ich bestelle nachfolgende Titel gegen Rechnung

- ☐ *Sisyphus...* *DM 49,00*
- ☐ *Ratg. Rauchen* *DM 25,90*
- ☐ *Ratg. Sexualität* *DM 19,00*
- ☐ *Ratg. Borderline* *DM 19,00*
- ☐ *Ratg. Depression* *DM 19,00*
- ☐ *Ratg. Zwang* *DM 24,00*

Buchhandel

Name/Vorname

Straße/Nr.

PLZ/Ort

Telefon

Telefax

E-Mail

Datum/Unterschrift X

CIP-Medien *Nymphenburger Str. 185 • 80634 München*
e-mail: cipmedien@cs.com
Internet: www.CIP-MEDIEN.com

Fachliteratur • Psychotherapie

Das Therapiebuch

Kognitiv-Behaviorale Psychotherapie in Psychiatrie, Psychotherapeutischer Medizin und Klinscher Psychologie

S. K. D. Sulz (Hrsg.)

Ein Überblick über praktizierte Psychotherapie und ein Einblick in die Praxis erfahrender Psychotherapeuten

1999 • DM 98,00 • € 50,11

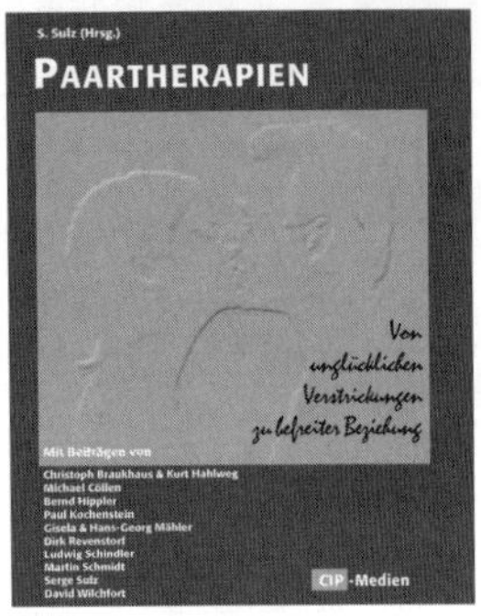

Paartherapien

Von unglücklichen Verstrickungen zu befreiter Beziehung

S. K. D. Sulz (Hrsg.)

Neue Studien zeigen die grosse Bedeutung der Paartherapie für die Behandlung psychischer Störungen • State of the art der Paartherapie • Bringen Sie sich auf den neuesten Stand

2000 • DM 49,00 • € 25,05

Kurzpsychotherapien

Wege in die Zukunft der Psychotherapie

S. K. D. Sulz (Hrsg.)

1998 • DM 49,00 • € 25,05

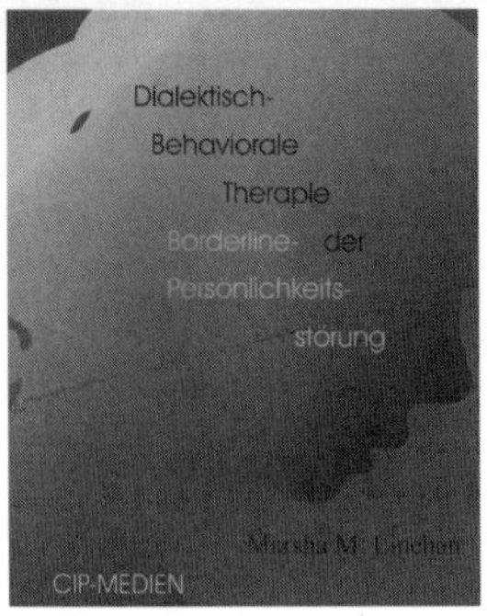

Dialektisch-Behaviorale Therapie der Borderline-Persönlichkeitsstörung

Marsha Linehan

1996 • DM 118,00• € 60,33

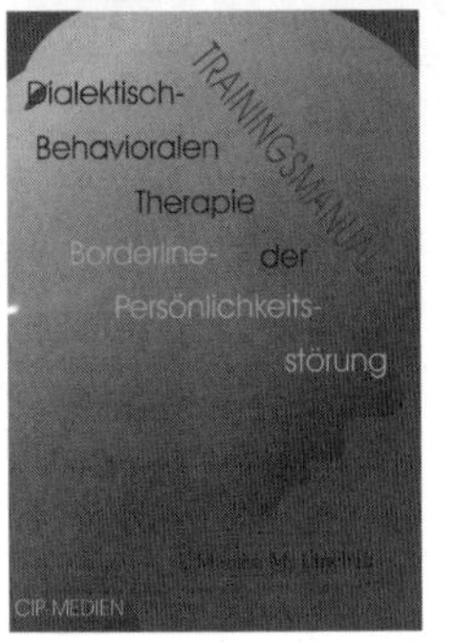

Trainingsmanual zur DBT der Borderline-Persönlichkeitsstörung

Marsha Linehan

1996 • DM 68,00• € 34,77

Verhaltensdiagnostik und Fallkonzeption

Das Handbuch zum Verhaltensdiagnostiksystem VDS

S. K. D. Sulz

Ihr Handbuch für Ihren Kassenantrag und den Bericht an den Gutachter.

2000• DM 98,00 • € 50,11

Strategische Kurzzeittherapie

Wege zur effizienten Psychotherapie

S. K. D. Sulz

Der direkte Zugang zu einem integrativen Verständnis des Menschen, seiner Bedürfnisse, Emotionen, Beziehungen, Konflikte. Schritte der Selbst-Entwicklung zur Heilung psychischer und psychosomatischer Leiden.

1994 • DM 98,00 • € 50,11

Praxismanual zur Strategischen Kurzzeittherapie

Ein sicherer Weg zu den Ursachen psychischer Fehlentwicklung. Eine zuverlässige Hilfe aus dem Dickicht fehlgeleiteter Gefühle zur Entwicklung einer gesunden Persönlichkeit. Ein Therapiemanual mit einer Fülle von therapeutischen Interventionen. Für Einzeltherapie und Selbsterfahrung.

1995 • DM 39,00 • € 19,94

Traumatherapie

Die Bewältigung schwerer posttraumatischer Störungen

Willi Butollo

Aus der Erfahrung mit Kriegsopfern in Bosnien ist ein Manual zur Therapie von Posttraumatischen Belastungsstörungen bei Kindern entstanden, in welchem die wissenschaftliche Psychotherapie und die humanitäre Hilfe von Opfern und Angehörigen auf glückliche Weise aufeinandertreffen.

1997 • DM 49,00 • € 25,05

Von der Kognition zur Emotion

Die Bewältigung schwerer posttraumatischer Störungen

S. K. D. Sulz & G. Lenz (Hrsg.)

Alles, was Therapeuten über Emotionen wissen wollen (und müssten).

2000 • DM 98,00 • € 50,11

Ihr Fax-Coupon

Telefax-Nummer: 089-132 133

Ja, ich bestelle nachfolgende Titel gegen Rechnung

☐ *Therapiebuch*	*DM 98,00*	☐ *VDS*	*DM 98,00*
☐ *Paartherapien*	*DM 49,00*	☐ *SKT*	*DM 98,00*
☐ *Kurzpsychot.*	*DM 49,00*	☐ *Manual SKT*	*DM 39,00*
☐ *DBT Linehan*	*DM 118,00*	☐ *Traumatherapie*	*DM 49,00*
☐ *Manual Linehan*	*DM 68,00*	☐ *Emotion*	*DM 98,00*

Buchhandel

Name/Vorname

Straße/Nr.

PLZ/Ort

Telefon

Telefax

E-Mail

Datum/Unterschrift X

CIP-Medien *Nymphenburger Str. 185 • 80634 München*
e-mail: cipmedien@cs.com
Internet: www.CIP-MEDIEN.com

Alles, was Sie brauchen!

VDS

Ihr HANDBUCH
für Ihren
KASSENANTRAG und den
BERICHT AN DEN GUTACHTER.

Jetzt völlig überarbeitet in der 3. Auflage

Wegweiser durch das Buch

Themen	Praxis Seite	Antrag Seite
1. Anlaß und Beschwerden	34	36
2. Lebens- und Krankheitsgeschichte	38	96
3. Psychischer Befund	101	128
4. Somatischer Befund	130	131
5. Verhaltens- und Bedingungsanalyse	132	155
6. Diagnose und Differentialdiagnose 160	162	
7. Therapieziele und Prognose	164	171
8. Behandlungsplan	177	180
9. Umwandlungsantrag	183	184
10. Kurzzeitantrag	185	191
11. Differentialindikation Kurz-/Langzeit	193	197
12. Verlängerungsantrag	288	293

- Das Antragsverfahren
- Verhaltenstheoretische Grundlagen
- Störungsmodelle (Verhaltens- u. Zielanalyse u. zum Therapieplan)
- komplette Beispielanträge
- Therapieverlaufskontrolle und Therapieevaluation
- Qualitätssicherung und Qualitätsmanagement
- Computerunterstützte Antragstellung u. Verhaltensdiagnostik
- Das Verhaltensdiagnostiksystem

☐ Ich bestelle das VDS-Handbuch 2000

DM 98,– inkl. Porto

Titel/Name/Vorname

Straße/Nr.

PLZ/Ort

Telefon

Telefax

E-Mail

Datum/ Unterschrift X

Antwort an Fax 089-132 133
CIP-Medien
Nymphenburgerstr. 185

80634 München

An den
CIP-Mediendienst
Nymphenburger Str. 185
80634 München

Fax-Nr. 089-132133

BESTELLUNG

Hiermit bestelle ich verbindlich folgende Bücher:

Autor/Hrsg.	Titel des Buches	Anzahl	Preis
Summe = Gesamtwert meiner Bestellungen			
Zusätzlich Versandkosten (bei Bestellungen unter DM 98.- Gesamtwert)			8.-
Ich habe einen Verrechnungsscheck beigelegt* über d. Gesamtbetrag			incl. 7% MwSt.

Titel: .... Vorname: .... Name: ....
Meine Berufsbezeichnung: ....
Name der Institution, falls hier z.B. die Instituts- oder Klinikadresse angegeben wird:
....
Straße: .... Haus-Nr. ....
PLZ: ________ Ort:: ....
DATUM: .... UNTERSCHRIFT: .... STEMPEL: bitte hier

***Oder: Einzugsermächtigung:** Hiermit ermächtige ich Sie, obigen Rechnungsbetrag von meinem
Konto Nr.: .... Bank: ....
BLZ: .... in (Ort): ....
abzubuchen. Sollte das Konto keine Deckung aufweisen, ist die Bank nicht verpflichtet, die Überweisung vorzunehmen.
DATUM: .... UNTERSCHRIFT: ....